삼가분립 이야기

三價分立 돈과 권력 그리고 명예

三價分立

개정판

삼가분립 이야기

돈과 권력 그리고 명예

김수환

KNOWLEDGE COMMUNITY 공동체

서문

그때에도 여름에는 더웠습니다. 기억으로 보아 부모님들은 한낮 더위를 피하여 오후 3~4시가 되어야 들로 나가서 일을 하셨습니다. 저녁식사를 마치고 고단한 일과가 끝나면 우리 가족은 물론이고 이웃들도 함께 마당에 모여 앉았습니다. 멍석을 깔고 모깃불을 피워놓고 할머니는 부채를 들어 더위와 모기를 쫓아 주셨습니다. 저는 할머니의 무릎에 누워 밤하늘의 별을, 은하수가 흐르는 것을 보면서 할머니의 이야기에 취하여 잠이 들곤 하였지요. "옛날 어떤 마을에 한 가난한 선비가 살고 있었단다. …" 할머니는 저에게 많은 이야기를 들려 주셨지만 가난한 선비가 어렵사리 공부하여 과거에 급제하고 출세하여 잘 살게 된다는 이야기를 수없이 반복적으로 해 주셨습니다. 그래서 저는 할머니에게 들은 옛날이야기를 아직도 생생하게 간직하고 있으며 당시의 여름밤 정경을 생각할 때면 제 마음이 촉촉하게 젖어오게 됩니다. 할머니의 옛날이야기에는 손주들이 훌륭한 사람으로 성장하기를 바라는 간절한 마음이 진하게 녹아들어 있었습니다. 그래서 할머니의 옛날이야기는 재미도 있었지만 손주들에게 항상 교훈적이었으며 아마도 할머니의 가르침은 오늘의 저를 만들어 주셨다고 확신합니다. 고생하시고 힘들게 살다 가신, 오로지 자식들 잘되기를 바라셨던 할머니를 생각할 즈음이면 아직도 마음이 아련해 집니다.

Money
Power
Honor

할머니가 손주들에게 들려주시던 그 옛날이야기를 이제 저는 제 자녀들과 손주들, 그리고 제가 사랑하는 제자들에게 '요즘이야기'로 들려주려 합니다. 이들의 곁에서 친구나 이웃들도 함께하여 제 이야기를 들어준다면 크나큰 기쁨일 것입니다. '삼가분립 이야기 : 돈과 권력, 그리고 명예'는 이렇게 시작된 것입니다. 이 이야기는 할머니로부터 물려받은 전래동화가 아니라 선조들이 주신 지혜와 학문적 지식을 바탕으로 저자가 구성한 사람들이 살아가는 일상생활 이야기입니다. 할머니의 옛날이야기처럼 여러분들에게도 유용하게 받아들여졌으면 하는 간절한 마음에서 이야기의 줄거리를 구성하였고 글로 엮었습니다. 오늘의 우리 사회는 너무 어지럽습니다. 혼란스럽습니다. 사회는 풍요로워졌지만 예전보다 오히려 살아가기 더 힘들어졌다고 합니다. 많은 사람들은 앞으로의 세상은 넉넉한 환경과 조건에도 불구하고 삶의 만족도는 더 떨어질 것으로 보고 있습니다. 어떻게 사는 것이 잘 사는 것일까 하고 우리들 자신에게 물어 봅니다. 글쓴이는 자신의 수준과 역량에서 나름의 일견을 이야기로 남기고자 하였습니다.

이렇게 시작된 이 이야기책에서 담아내고 있는 핵심적인 내용은 돈과 권력 그리고 명예의 세 가지 가치는 서로 명확한 경계를 가지고 있어야 하며 상호 분립되어야 한다는 것입니다. 나아가 세 가치는 하나씩 개별적으로 존중되어야 합니다. 뿐만 아니라 세 가지 가치를 실현하는 방법도 대단히 중요합니다. 거미처럼 살지 말고 개미의 삶을 넘어서 꿀벌처럼 살아가는 모습을 방법론으로 그려내고 있습니다. 이러한 구도에서 그린 그림은 삼권분립의 이치와 닿아 있습니다. 삼가분립의 내용과 방법은 학문을 탐구하고 지식과 이론을 강의하면서 일생 동안 사회복지학자로서 살아 온 나름대로의 결실을 작품으로 만든 결과물입니다. 이야기의 무게를 더하기 위해서 이론적으로 배경을 먼저 구성하였으며 이론적 배경을 바탕으로 현실을 조망하고 이야기의 핵심적 구도를 만들었습니다. 사람이 살아 있고, 자신만의 고유한 삶을 살아가더라도 모든 사람은 일상에서 권력과 돈과 명예로움의 세 가지 가치 중에 어느 한 가지로부터 자유로울 수 없다는 생각을 하게 되었습니다. 권력을 추구하든, 돈을 벌든, 아니면 명예를 소중히 여기는 일을 하든 개인의 의지는 존중되어야 합니다. 다만, 자신이 추구하는 가치의 본질과 의미를 살펴보고 정체성을 가다듬어야 하며 지나친 탐욕으로부터 어느 정도 자유로워야 합니다. 그리고 자신의 가치를 실행하는 방법을 사려 깊게 생각하고 결정하는 것이 일생을 아름답게 만들 것이라고 보았습니다. 학술적 표현을 빌려온다면 사람들은 누구나 내면의 참자기 모습을 찾아 승자의 삶을 실현함으로써 '지금의 여기'에서 진정한 기쁨을 누리고 성공적인 인생을 이루어 낼 자유와 권리가 있는 것입니다. 이러한 인간의 자유와 권리는 대단히 소중하고 존중되어야 합니다.

문제제기의 차원에서 돈과 권력, 명예의 가치에 대한 무분별한 추구와 끝없는 탐욕은 어떤 불행한 결과를 가져오게 되는지를 구체적으로 보여주고자 하였습니다. 나아가 현실세계에서 이들 가치를 가장 유용하게 실현하면서 살아가는 지혜에 관한 내용을 이야기로 엮고자 하였습니다. 그러한 길을 걸어갈 때, 자신만의 고유하고 의미 있는 삶을 살아갈 때, 어떻게 하는 것이 가장 보람 있고 뉘우침이 없는 여정이 될 수 있는가에 대한 나름의 이야기를 담으려 노력하였습니다. 그래서 문장과 문체도 학술적인 면에 유의하면서 할머니가 해 주셨던 이야기체를 중심으로 썼습니다. 이야기를 구성하면서 현실세계에 노출되어 있는 여러 가지 문제와 고통스러운 상황들을 이야기 속으로 불러들였습니다. 현실의 실태와 문제, 우리 사회가 나아갈 방향과 관련하여 많은 분들의 매스컴 보도내용과 기고문을 검토하고 참고하였습니다. 매스컴에 보도되거나 해설, 논설한 여러분들의 글을 부분적으로 인용하였습니다. 이분들의 글을 인용함에 있어서 저작권법에 유의하여 무단전재 및 재배포 금지의 규준을 지키고자 하였으며 저작권자의 권리를 존중하려고 노력하였습니다. 사건 당시와 현재의 사실을 설명하기 위해 언론인, 기자, 칼럼니스트, 교수님 등이 쓴 기사와 고견을 빌려왔음을 이해해 주시면 감사하겠습니다.

현실세계를 탐구하고 이해하기 위해서, 당면한 문제와 과제를 풀어 가기 위해서 전제군주주의 국가 체제와 가부장제 사회문화의 개념을 도입, 설정하였습니다. 그리고 오늘의 현대사회에서 아주 소중한 이념이자 사상인 자유민주주의 관점을 현실과 미래를 조망하는 또 하나의 기준으로 삼았습니다. 이는 전제군주주의와 자유민주주의의 두 개념을 우리의 현실을 이해하고 미래사회를 조망하는 이념적 기둥으로 설정하였음을 의미합니다. 인류의 역사는 크게 보아 이러한 두 줄기의 큰 흐름을 형성하고 있었으며 그 두 줄기를 타고 역사는 도도히 흐르고 있었습니다. 전제군주주의는 인류의 역사가 시작된 이래 거의 모든 국가에서 최근까지 오랜 기간 지속되어 왔습니다. 아직까지 진행형으로 남아 있습니다. 자유민주주의는 미국의 역사와 프랑스 대혁명에서 대표적으로 찾아볼 수 있습니다. 자유민주주의는 프랑스 대혁명에서 이념적 근거를 구축하였으며 미국에서 꽃을 피우고 세계사에서 새로운 큰 흐름으로 자리매김하게 되었습니다. 가장 핵심적인 이러한 이념적 축이자 관점은 기본적으로 '개인과 사회'의 관계와 패러다임을 가지고 와서 사상과 이념을 조망한 결과입니다. '개인과 사회'는 지금까지, 현재, 앞으로도 인간을 연구하고 사람들이 살아가는 사회와 국가에 관심을 가진다면 영원한 화두가 될 것입니다. 지역사회와 국가, 크고 작은 조직들은 그 자체로서 이미 하나의 사회입니다. 이러한 사회는 모두가 개인을 그 구성단위로 하고 있습니다. 그래서 개인과 사회는 불가분의 관계를 가지고 있으며 끊임없이 그 관계는 지속될 것입니다. 다만, 사회를 보다 강조하고 중시하는 기풍을 가질 것인지, 아니면 개인을 보다 우선시하고 존중하는 흐름을 만들 것인지는 시대와 사회에 따라 달라져 왔습니다. 그리고 거기에 따라 이념과 사상도 다르게 명명되었던 것입니다. 이렇게 개인과 사회는 우리 인간과 역사에서 매우 소중한 개념이 되어 있습니다.

또 다른 이야기가 있습니다. 저는 정년퇴임을 하면서 남은 삶의 여정을 생각하였습니다. 길지 않을 남은 일상을 더 이상 자신과 가족을 위하여 살기보다는 이웃과 사회를 위해서 나누고 봉사하면서 살기로 마음먹었습니다. 그래서 마땅한 공간을 마련하기 위해 여기저기 알아보고 있었습니다. 어느 날 평소에 가깝게 지내던 분이 저에게 말씀하셨습니다. "형님, 퇴임 후 봉사하면서 지낼 사무실을 구하고 있다면서요?" "…" 그분은 물류회사를 경영하고 계시는데 해운대에 있는 아주 좋은 현대식 건물에 사장실을 가지고 계셨습니다. "제 사무실에 조그마한 공간이 있으니 그냥 와 계시죠." 그렇게 하여 저만의 독립된 과분한 연구실을 얻게 되었습니다. 넓은 창 너머로 잔잔하게 흐르는 수영강이 눈앞에 내려다보입니다. 강변으로 도심 공원의 푸른 숲과 중학교의 교정이 자리하고 있으며 저 멀리 광안대교 일부가 아련하고 금련산이 우뚝 서 있습니다. 책상과 소파, 컴퓨터와 전화를 비롯한 연구실의 집기도 아주 좋은 것으로 넣어 주셨습니다. 어느 것 하나 부족함이 없습니다. 제가 일생 동안 사용하였던 학교 연구실보다 여건이 더 좋습니다. 이 이야기책은 퇴임 후 지난 시간 동안 이 연구실에서의 작품입니다. 그리고 아직은 가끔씩 어려운 가족문제를 가진 분들이 찾아오십니다. 저는 그분들에게 정기적으로 상담을 해드리고 있습니다. 물론 돈은 받지 않았습니다. 저에게 이렇게 좋은 연구실을 열어주신 분은 최상기 사장님이십니다. 그분은 라파엘 천사처럼 평소에도 이웃을 위한 나눔과 지역사회 봉사활동을 많이 하고 계십니다. 한꺼번에 많은 돈을 내어놓는 것도 쉽지 않지만 그보다 더 어려운 일은 돈을 버는 일을 하시는 분이 일상에서 다른 사람을 이해하고 배려하며 섬기는 일입니다. 제 눈에는 그분은 돈을 버는 기업가이지만 꿀벌처럼 살아가고 계십니다. 삼가분립의 모범을 보이고 있는 분이시지요. 찬사와 감사의 인사를 드리지 않을 수 없습니다.

저는 전공이 사회복지실천, 그중에서도 가족문제치료상담을 포함한 가족복지실천입니다. 이론과 실천이 함께해야 하는 과학이라 저의 가족은 항상 연구와 실천의 대상이 되었습니다. 제가 말은 못하였지만 가장 가까운 곳에서 가장 친밀하게 연구와 실천의 대상이 되어준 가족들에게 감사한 마음을 전합니다. 한편으로는 미안하기도 합니다. 그럼에도 불구하고 저를 버리지 않고 사랑한다는 말을 매일 하면서 저를 챙겨주고 나아가 두 아들까지 낳아 훌륭하게 성장시킨 우리 집의 큰 기둥 이화경 님에게 감사 인사를 드립니다. 이제 주어진 삶이 얼마나 더 계속될지 모른다는 생각을 하니, 이화경 씨와 함께하는 두 사람만의 오늘 하루는 더없이 기쁘고 행복하다는 느낌이 가슴에서 솟아오릅니다. 가끔씩 만나는 어린이집 다니는, 그리고 돌 지난 손주들의 눈동자와 입가의 웃음, 잘했다고 칭찬해 주면 손뼉을 치고 달려와서는 덥석 안기는 아이, 화장실에서 양치질을 할 때면 뚫어져라 쳐다보면서 따라하는 아이의 눈망울 속에 이 세상 모든 행복이 들어 있음을 느낍니다. 건강하게 자라나서 행복하게 살아가기를 바라는 할아버지의 소중한 바람, 이 이야기책을 쓰게 한 강력한 동기입니다. 이러한 기쁨과 평화가 제 가족을 통해 이웃과 지역사회로 넘치기를 기도합니다. 아이들과 제자들이 돈과 권력과 명예의 삼가분립 이야기에 귀를 열고, 귀를 기울이게 하시어 시간이 걸리더라도 우리 사회가 조금만이라도 더 살기 좋은 곳으로 나아갈 수 있기를 간절한 마음으로 기도합니다. 그리고 이 이야기책을 출간하려다 보니, 대학교재도 아니고 수익을 크게 창출할 수 있는 대중소설도 아니어서 선뜻 출판할 수가 없었습니다. 현직에 있을 때 교재 출판으로 알게 된 공동체 출판사 김동훈 사장님께 연락을 드렸더니 쾌히 승낙해 주셨습니다. 감사드립니다. 이 모든 인연들이 한 데 어우러져 이 작은 책을 세상에 선보이게 되었습니다. 하느님께 감사의 기도를 올립니다.

이 이야기책을 구성하고 이해하는 데 핵심을 이루고 있는 용어는 다음과 같습니다.

가치, 전제군주주의와 자유민주주의, 프랑스 대혁명, 가부장제 사회문화, 개인과 사회, 개인주의와 사회주의, 욕망과 탐욕, 패러다임과 인지구조, 경쟁주의, 참자기와 거짓자기, 카오스, 승자와 패자, 돈과 권력 그리고 명예, 실존주의와 구성주의, 성숙한 민주주의, 사회복지와 복지국가, 복지사회, 거미와 개미 그리고 꿀벌, 삼가분립.

해운대 센텀중앙로 연구실에서

김 수 환

차례

프롤로그 철수네 이야기

하느님으로부터 생명을 부여받은 아담과 하와는 인간 세상에서 부부로서 무수히 많은 자손들을 생산합니다. 사람들이 계속적으로 늘어나면서 가족은 하나의 조직 형태를 갖추게 되고 사회적 단위로 발전하게 됩니다. 가족생활에서 아담은 하느님으로부터 가족 내 절대적인 권력자로서의 지위와 권한을 부여받았습니다. 인류의 역사는 이렇게 시작되었으며 가부장제 부부관계를 출발시키고 자녀들을 출산함으로써 가족제도의 전형을 마련하였습니다. 인간과 가족, 이 둘은 본래부터 존재하던 것이며 오랜 기간 인류의 역사가 흘러오면서 늘 함께하였습니다. 인구가 크게 늘어나고 사회가 번창하면서 사람들은 촌락과 지역사회를 형성하기 시작합니다. 가족을 단위로 하는 촌락과 마을 공동체는 가족과 마찬가지로 일정한 형태의 조직을 필요로 하게 됩니다. 그리하여 촌락과 지역사회를 대표하는 사람들은 다수가 모여 지역사회 수준을 넘어서 국가를 설립하고 일정한 영토를 확충하여 자기들만의 고유한 공간과 세계를 구축하게 됩니다. 그들은 가정에 가부장적 가족왕이 있었듯이 국가의 최고 책임자로 국왕을 옹립하여 나라를 통째로 맡겼습니다. 그래서 국왕은 국가를 통치하고 가족왕은 가정을 다스렸습니다. 아주 오랜 세월 동안 말입니다.

20세기 중엽에 '철수'라는 이름을 가진 사람이 태어났습니다. 물론 철수라는 이름은 아버지가 지어준 것이었습니다. 그는 자신이 왜 '철수'라고 불리고 있는지, 자신이 정말로 철수인지는 알 수가 없었습니다. 그냥 부모가 '철수야' 하고 부르면 '예' 하고 대답하다 보니 철수가 되었습니다. 철수는 혼인으로 맺어진 아버지와 어머니로부터 정상적인 출산으로, 아버지의 나이 30대 후반에 맏이 남자아이로 태어났습니다. 온 가족이, 특별히 아버지가 그토록 기다리던 아들이었습니다. 아들은 가부장 아버지의 뒤를 이어 가장으로서 가문을 이어가야 합니다. 철수에게는 영희라는 여동생이 있었으며 철수 어머니의 존재는 희미하여 사회나 주위로부터 아무런 주목을 받지 못하였습니다.

철수의 아버지 이야기부터 시작됩니다. 철수의 아버지는 서라벌 김 씨로서 왕손의 핏줄을 타고 난 것을 자랑스럽게 여겼습니다. 철수의 조상들은 대대로 국가의 녹봉을 받는 높은 지위에 있었습니다. 그의 할아버지는 일제시대에도 고위 관직을 지낸 분으로서 일제에 부역한 사람으로 인정되어 친일 인명사전에 올라 있었습니다. 철수의 아버지는 가문의 전통을 이어받아 가부장적 가장으로서 가정을 아주 경직된 규율로 다스리고 자녀들도 엄격하게 키웠습니다. 그것은 철수의 아버지가 국왕이 나라를 다스리고 가족왕의 아버지가 가족 구성원들을 통제하는 전제군주주의 국가의 전통적인 가부장적 가족에서 태어났기 때문입니다. 고위 관직에 있었던 할아버지의 영향으로 철수의 아버지는 국가와 민족을 위해 아주 큰 뜻을 세우고 군인들을 양성하는 무관학교에 진학합니다. 학교를 졸업한 후 군인으로서 나라 지키는 일에 뛰어들게 됩니다. 이전의 철수 선조들이 문인과 선비의 길을 걸었다면 철수의 아버지는 무인의 길을 택하여 군인으로 살면서 야심을 키웁니다. 군 조직 내에서 세력을 형성하고 뜻을 같이하는 사람들을 하나둘 모으게 됩니다. 일정한 시기에 이르러 나라가 돌아가는 상황을 보니 이대로 두어서는 국가가 망하고 장래가 암울하게 되겠다는 생각을 합니다. 그래서 진급을 거듭하는 가운데 자신과 뜻을 함께할 동지들을 규합하니 상당한 규모로 조직화 되었습니다. 철수 아버지의 지위도 장군으로 진급하여 막강한 세력을 가지고 있었기에 아무런 두려움이 없게 되었습니다. 드디어 군대를 동원하여 거사에 성공하게 되고 철수 아버지는 군복을 벗어 던지면서 최고 권력자의 자리에 오르게 됩니다. 이러한 아버지의 행태를 두고 사람들은 혁명이라 부르는가 하면 쿠테타라고 명명하기도 하였습니다. 쿠테타라고 말하는 사람들은 나라가 이미 민주주의 국가로서 면모를 갖추고 있으며 국민들의 선출에 의한 대통령이 있어서 그를 중심으로 국가가 운영되고 있었기 때문입니다. 그렇게 보는 사람들이 훨씬 더 많았기에 아버지의 행위는 쿠테타로 규정되었습니다. 철수의 아버지는 무력으로 강압에 의하여 대통령의 지위를 얻었기에 자신은 곧 국왕의 지위를 가졌다는 생각을 하게 되고 그는 국왕으로서 한 치의 흐트러짐 없이 국가를 다스리고 국민들을 통치하였습니다. 다수의 국민들은 그를 따르고 지지하였으며 추앙하는 사람들까지 생겨났습니다. 왜냐하면 민주주의 국가로서 선거에 의한 대통령제도가 도입되어 있었으나 역사가 아주 짧았으며 오랜 세월 동안 국왕과 가족왕이 다스리는 일상생활에 많은 국민들이 익숙해져 있었기 때문입니다. 결국 새로운 국왕의 등장을 별다른 저항 없이 다수의 국민들이 받아들이게 되었습니다. 더욱이 아버지는 대물림된 가난과 전쟁의 역경으로 허덕이고 있던 국가와 국민들을 빈곤으로부터 벗어나게 해 줍니다. 사회개발과 경제개발계획의 수립과 추진을 통한 계획경제의 도입, 국민들의 의식 혁명 등을 통해서 잘사는 나라로 탈바꿈하게 되면서 사람들은 다시 전제군주주의 국가, 가부장제 사회문화 속으로 빠져들게 됩니다. 국민들은 끼니를 굶지 않고 쌀밥과 고깃국을 먹을 수 있게 해 주는 국왕이 너무도 고맙고 감사할 따름이었습니다. 민주주의 사회에 대한 동경이나 자신의 자유가 제약되어도 다수의 국민들은 그것을 문제 삼지 않았습니다. 국민은 국가를 위해서 존재하는 것이며, 국가가 국민을 위해서 있어야 한다는 생각을 하지 못하게 만들었습니다. 사람들 개개인의 주체성과 자율성, 창의성은 배제되었습니다. 철수의 아버지는 그렇게 나라를 바로세우고 국민들을 복되게 하였다고 생각하였습니다. 약 20수년간 이어져 온 국왕에 의한 국가 통치는 철수 아버지가 믿었던 측근의 반란으로, 철수의 아버지는 독살당하게 됩니다. 그리고 왕자와 공주로 태어났던 철수와 영희는 어느 날 갑자기 부모를 잃어버린 고아가 되었으며 왕궁에서 쫓겨납니다. 왜냐하면 더 이상 왕궁에 머물 명분이 없었으며 평소에 아버지가 아끼고 키워온 최측근의 군인이 아버지처럼 새로운 왕으로 등극하여 왕궁을 차지하였기 때문입니다.

철수는 왕자의 신분으로 태어났기 때문에 어린 시기에는 그러한 지위에 걸맞은 대접을 받고 왕세자처럼 자랐습니다. 아침이면 잠자리에서 일어나 세수하고 아침식사를 하는 것에서부터 저녁 잠자리에 들기까지 융숭한 대접과 시중을 받았습니다. 왕궁에 갇힌 생활이라 친구도 별로 없었으며 새로운 친구를 사귀는 일은 불가능하였습니다. 오로지 부모님이 제시한 일정에 따라 정해진 과업을 수행해야 했으며 저녁이면 부모님의 무릎에서 귀염둥이 재롱만 피우도록 훈련되었습니다. 학교에 입학하면서 학교에도 아버지가 보낸 사람들이 동행하였습니다. 하굣길에 친구와 함께 구멍가게에 들러 무언가 사먹고 싶은 것도 있었지만 자기를 지키는 사람들이 허용하지 않았습니다. 학교에 가면 선생님도 다른 학생들과는 달리 자신에게 각별한 대접을 한다고 느꼈습니다. 아버지는 항상 철수에게 말씀하셨습니다. "아버지처럼 대를 이어서 너도 왕이 되어야 한다. 너는 왕자로 태어났으니 다른 것은 아무것도 생각하지 말고 오로지 왕이 되는 길만 걸으며 옆이나 뒤도 돌아보지 마라." 그래서 철수는 어리지만 '나는 훗날 아버지처럼 왕이 될 수 있고 왕이 되어야 하는구나. 왕으로서 자질을 갖추고 능력을 확보하기 위해서는 아무리 큰 어려움이나 고통도 참아야지. 내 인생은 오로지 왕이 되는 것에 맞추어져 있어. 훗날 내가 왕이 되지 못한다면 나는 실패한 인생이야.' 아버지가 살아계시는 동안 철수는 아버지 말씀만 잘 들으면 자연스럽게 왕이 될 수 있다고 생각해 왔습니다. 그러던 어느 날 갑자기 아버지가 돌아가시니 철수는 하늘이 무너지는 것과 같은 무서움과 외로움이 밀려왔습니다. 하지만 마음속에는 아버지가 하시던 '너는 왕자로 태어나서 왕이 되어야 한다'는 말씀이 계속적으로 되살아나곤 하였습니다. 아버지가 하신 말씀이기 때문에 '어떻게 해서든 나는 왕이 되어야 한다'고 스스로 굳은 다짐을 하였습니다. 나이가 들어 철수는 결혼을 하게 되었습니다. 배우자가 될 여성은 아버지가 왕의 자리에 계실 적에 이미 결정해 놓았습니다. 배우자는 당시에 굴지의 대 재벌회사 총수의 딸이었습니다. 3살 연하의 여성으로서 미모도 출중하였으며 어느 것 하나 나무랄 곳이 없었습니다. 아버지가 돌아가시고 나서 철수는 아버지가 정해 놓은 여성과 결혼을 해야 할지 아니면 다른 여성을 찾아야 할지, 그것도 아니면 결혼 자체를 포기하고 혼자 살아야 할지에 대한 진지한 고민을 한 번도 하지 않았습니다. 왜냐하면 아버지께서 철수가 왕이 되는 길을 마련해 놓았을 것이며, 배우자를 맞이하는 것과 같은 중차대한 일은 아버지가 이미 결정해 놓으셨기 때문에 그대로 따라야 한다고 생각했습니다. 그렇게 결혼을 하고 아기도 낳았습니다. 나도 아버지처럼 왕자를 낳았구나 하면서 이름을 건국이라 하고 스스로 감격해 하였습니다. 세월이 가면서 철수의 나이는 마흔이 넘어가게 되었습니다. 철수는 이제 본격적으로 왕이 되어야겠다는 야심을 가지고 곰곰이 방법을 생각하였습니다. 아버지는 군대 장군의 신분으로 무력을 사용하여 왕위에 올랐으며 아버지 후임들도 무력을 바탕으로 권력을 거머쥐는 과정을 거쳤는데 자신에게는 그런 무력이 없다는 것을 알고 있었습니다. 그래서 철수는 아버지와 다른 길을 걷게 됩니다. 자신이 국왕의 자리에 오를 수 있는 길은 정치를 하는 것이라고 말입니다. 아버지 곁에서 부귀영화를 누리던 측근들을 찾아 의논하였으나 모두가 말렸으며 도와주지 않았습니다. 권력과 세월의 무상함을 철수는 느끼고 모진 마음으로 다짐을 합니다. 정당에 입당하고 국회의원에 출마하여 쉽게 당선됩니다. 아마도 아버지의 후광효과라고 할 수 있었겠지요. 아버지가 통치하였던 20수년간의 세월, 그리고 아버지가 이룬 경제발전의 과실로 주민들이 철수를 밀어주고 힘이 되어 주었습니다. 그러한 아버지의 후광효과를 바탕으로 정당의 대표 자리에 올라 본격적인 정치를 하게 되었습니다. 이때부터 철수는 아버지로부터 물려받은 왕자의 자산이 있었기에 그리고 아버지 측근들의 정치세력이 있었기에 큰 어려움 없이 권력의 핵심부로 진입할 수 있었습니다. 그뿐만 아니라 정당의 대표로서 국회의원으로서 일을 함에 있어서도 한두 마디 말을 해주고 결정만 내리면 아랫사람들이 다 알아서 해 주는 것이었습니다. 그래서 철수는 왕이 되는 것도 그리 힘 드는 일이 아니라는 생각을 가지게 되었습니다.

세월이 지나고 결국 철수는 대통령 선거에서 치열한 선거전 끝에 대통령에 당선이 됩니다. 드디어 아버지처럼 국왕의 지위에 합법적으로 오르게 된 것입니다. 아버지의 후광효과가 있었기는 하지만 자신의 노력으로 이루어 내었다는 사실이 기뻤습니다. 아버지와 오래전에 살았던 왕궁에 다시 들어가게 되었습니다. 이제 국가의 대소사를 결정하고 처리하는 일만 남았습니다. 철수를 아는 사람들로부터 철수는 머리에 든 것이 없고 무식하다는 지적을 받았지만 아버지가 하시던 왕의 일을 어릴 때부터 보고 자랐기 때문에 아무런 문제가 되지 않는다고 생각했습니다. 법과 제도가 있기는 하지만 모든 것은 내 생각대로 내가 결정하고 처리하면 된다고 여겼습니다. 그래서 아버지로부터 배운 대로 업무를 처리하였습니다. 국가는 국민을 위해서 있는 것이 아니라 국민은 국가를 위해서 있는 것이라는 아버지의 통치철학을 그대로 실행에 옮겼습니다. 왕궁의 업무도 규정에 따르기보다는 자신의 의지에 따라 집행하였습니다. 행정부는 물론이고 입법부와 사법부도 자신의 의지나 생각을 그대로 집행하는 도구로 삼았습니다. 권력의 정점에 있었기에 절대적인 권력을 행사하였습니다. 아버지가 재임 시 하셨던 것처럼 재벌을 키우고 재벌 총수들도 왕궁으로 불러 말 한마디만 하면 모든 일들이 그대로 집행되었습니다. 세 가지의 보편적인 가치, 즉 권력과 돈과 명예를 다 거머쥐게 되었습니다. 더 이상 추구할 가치도 욕망도 없었습니다. 다만, 한 가지 마르고 닳도록 왕의 자리에 머무를 수 없다는 아쉬움은 있었지만 전제군주주의 국가 국왕의 모습으로 여러 해 재임하였습니다.

그러나 아버지가 국가를 통치하기 시작한 이후 지금까지 50~60년의 세월이 흐르면서 국가와 사회, 조직, 가족생활에는 작지 않은 변화가 일어났습니다. 아버지를 신봉하고 아버지의 노선을 따르던 사람들은 이제 서서히 사라지고 소수가 되었으며 새로운 사고와 행동, 의지, 가치를 가진 사람들이 점차 늘어나게 되었습니다. 그들은 국왕의 통치에 순종하지 않았으며 민주주의 국가의 대통령 모습을 찾아 나서게 되었습니다. 그러던 어느 날 큰 사건이 일어납니다. 한 중학교에서 배를 타고 행사를 가던 학생들 수백 명이 침몰 사고로 죽었습니다. 이 사건은 철수의 정치적 운명을 결정하는 중요한 계기가 됩니다. 민주주의 국가의 대통령이라면 그러한 큰 사고에 적극적으로 대처하는 것이 대통령으로서 해야 할 책무에 속하는 것입니다. 그러나 철수는 아버지로부터 그러한 일을 배우지 못하였으며 국민은 국가를 위해서 있는 것이라는 가르침을 받았기에 철수는 사건을 대수롭지 않게 여기고 해야 할 일을 방치하게 됩니다. 이 사건이 터지고 사고를 수습하는 과정에서 대통령의 직무유기가 심각한 국가문제로 부각됩니다. 다수의 국민들은 대통령이 국가와 국민을 보호하고 위기에서 구해야 한다는 직무를 소홀히 하여 보다 많은 학생들이 물에 빠져 죽게 되었다는 문제를 제기한 것입니다. 동시에 지금까지 국가의 공무를 법과 원칙에 따라, 공식적인 행정업무 라인을 통해 처리하지 아니하고 개인적으로 가까운, 조직 내 아무런 직위를 가지지 않은 철수의 사사로운 인맥을 통해서 처리한 것이 밝혀집니다. 지금까지 국왕으로 살아온 철수에 대해 국민들이 불신과 배신감을 쏟아내기 시작한 것입니다. 한 마디로 말한다면 철수는 자유민주주의 국가의 대통령으로 당선되고 취임하였으나 아버지를 닮아 국왕의 위치에서 일을 처리하고 국민들 위에 군림하였던 것입니다. 이에 국민들의 분노는 심화되고 국왕의 자리에서 하야하라고 요구합니다. 무수히 많은 사람들이 거리로 쏟아져 나오고 국왕의 퇴진을 외칩니다. 결국 철수는 자신의 확고한 의지에도 불구하고 민주주의 원칙과 법적인 절차에 따라 국왕의 자리에서 물러나게 됩니다. 그리고 법원은 철수가 그동안 지은 죄로 인하여 감옥으로 갈 것을 명합니다. 하지만 철수는 자신이 왜 왕의 자리에서 내려와야 하며 감옥에 가야 하는지 모르겠다고 말합니다. 자신은 처음부터 끝까지 잘못한 것이 없다고 주장합니다. 감옥에 갇혀 있으면서 법정에 나와 재판을 받고 있습니다. 가끔씩 재판에 나오지 않으면서 자신은 죄가 없고 어떤 잘못도 저지르지 않았다고 외칩니다. 그렇습니다. 철수가 보듯이 그가 '국왕'이라면 죄도, 조그마한 잘못도 없습니다. 하지만 민주주의 국가의 국민들, 보통사람들의 수준에서 보는 '대통령의 자리'라면 분명 그에게는 잘못이 있습니다. 죄가 있습니다. 아마도 철수의 마음속에 있는 생각이나 사고방식, 최고 권력자에 대한 인식이 바뀌지 않는 한 그는 죄가 없다고 여길 것입니다. 차가운 감방에서의 고독한 일상은 철수의 몸과 마음을 병들게 합니다. 왕의 침실과 식당, 시종 드는 사람에 이르기까지 하나부터 열까지 모두가 불편하기 짝이 없습니다. 가까운 가족과도 떨어져 있습니다. 거울에 비친 모습은 시들고 야위어 갑니다. 마음도 황폐화되고 있습니다. 세상이 원망스럽고 모두가 미워집니다. 울분이 치솟습니다. 가슴이 답답해져 오고 목 놓아 울고 싶습니다. 아버지가 야속하게 여겨집니다. 어머니와 아내라도 곁에 있으면 안겨 잠들고 싶습니다.

감옥의 좁은 공간에서 잠을 설친 어느 날 새벽, 자리에서 일어나 눈을 감고 가부좌를 틀고 앉았습니다. 한기가 몸을 휘감아 돌았지만 그래도 정신은 오히려 더욱 또록또록해져 왔습니다. 어린 시절 부모님과 왕궁의 앞뜰에서 뛰어놀던 생각에서부터 가족들끼리 오붓하게 식사하던 순간, 학교의 담임선생님이 오셨을 때 국왕인 아버지가 마당까지 뛰어 나오던 일까지… 철수는 생각하였습니다. 나는 누구인가? 내가 지금 왜 여기서 이러고 있는 것이지? 내가 태어난 가족이 왕족이 아니었다면, 그리고 평범한 보통의 가정에서 태어나 자랐다면, 아버지로부터 왕이 되어야 하는 가르침을 받지 않았더라면… 그리고 생각이 대학으로 옮아갔습니다. 내가 정치학을 전공하지 않고 다른 공부를 하였다면 어떤 길을 가고 있으며 어떤 모습으로 변해 있을까? 진정으로 내가 하고 싶었던 공부는 어떤 것이었나? 정치활동을 하면서도 가끔씩 머리를 스치고 지나가는, 그리고 그 길을 가지 못하는 안타까움을 뒤로한 적이 있었습니다. 정치란 무릇 사람들과 관계를 맺고, 그들로부터 지지와 도움을 이끌어 내는 것이라고 여기면서도 가끔씩 심리학에 대한 공부를 하고 싶다는 생각이 들었습니다. 그리고 자신의 내면의 소리에도 귀를 기울이고 싶었습니다. 하지만 태어나면서부터 철수 자신의 생각과 의지, 욕구나 마음가짐은 절대로 중요하지 않았습니다. 오로지 아버지, 그래도 조금은 어머니의 생각과 의지, 가르침이 중요하였기에 부모님의 요구대로 살아야 했습니다. 부모님이 나의 인생을 설계하고 결정하고 나아가게 했습니다. 철수는 부모님이 정해준 길을 충실하게 걸어가기만 하면 되는 것이었습니다. 철저하게 거짓자기의 형상으로 살았습니다. 내가 아닌 아버지의 허수아비로 살았습니다. 겉으로 보기에는 아주 성공적이고 절대적인 강자의 삶을 살아온 것으로 여겨집니다. 희미하게 저 멀리서 마음속에 보입니다. 귓전에 들려옵니다. 지금까지 진실로 내가 원하는 삶을 살아오지 못하였다고 절규하는 자신의 참모습입니다. 내 안에서 울부짖고 있는 참자기의 모습입니다. 뒤를 돌아보니 지나온 삶의 여정들이 한편의 영화를 본 듯합니다. 종막을 눈앞에 두고 있는 연극임에 분명합니다. 나 철수는 아버지와 가족이 써준 각본에 따라 무대 위에서 화려한 연기를 하였습니다. 한때는 많은 사람들로부터 박수갈채도 받았습니다. 박수소리에 취하였습니다. 앙코르 공연을 외치는 소리로 들리기도 했습니다. 감방의 새벽 한기와 더불어 소름이 돋으면서 눈에서 주르르 눈물이 흐릅니다. 아들 건국이의 모습이 떠올랐습니다. 건국이도 이미 그릇된 길을 한참이나 왔다고 생각하니 눈앞이 캄캄합니다. 이제 재판의 결말이 나왔으니 판결의 형량으로 보아 감형이 이루어지지 않는다면 감옥 안에서 죽게 될지도 모릅니다. 결국 철수는 자신의 삶을 살지 못하고 부모님의 삶, 특별히 아버지의 의지와 다른 사람들의 최면술에 걸려서 그들이 시키는 삶을 각본에 따라 그렇게 살았습니다. 진실된 자신의 모습을 한 번 본 적도, 마주한 적도 없습니다.

그래도 마음속에는 아직 희망을 가지고 있습니다. 철수의 무죄를 주장하며 감옥에 있는 것이 잘못되었다고 외치는 사람들이 있습니다. 철수의 사면이나 복권을 위해 노력하는 사람들이 아직 정계와 사회에 포진하고 있어서 그들에게 기대를 해 봅니다. 아버지 시대에 성장한 60~70대 국민들은 전통적인 교육을 받았기에 어떤 경우에도 자신을 배신하지 않을 것이며 끝까지 섬긴다는 것을 철수는 잘 알고 있었습니다. 일정한 기간이 지나면 전직 대통령처럼 특별사면이 이루어질 것이며 다시 자유로운 몸이 되고 정치를 할 수 있을지도 모른다는 생각에 마음이 벅차오름을 느낍니다. 역사는 진화하고 발전하기에 어떠한 형태이든 전제군주주의는 계승될 것입니다. 다시 심장의 고동이 쿵쾅거리고 마음이 뜨거워집니다.

제1장

인간과 가치

01
일상적 삶과 가치

가치 있는 삶이란 무엇인가
욕망을 충족시키는 삶은 결코 아니다.
그건 한때일 뿐이다.
욕망은 새로운 자극으로 더 큰 욕망을 불러일으킨다.
욕망을 채워가는 삶은 결코 가치 있는 삶이라고 할 수 없다.
가치 있는 삶이란 의미를 채우는 것이다.

법정 스님의 『산에는 꽃이 피네』에 나오는 '가치 있는 삶이란 무엇인가' 라는 제목의 시 일부입니다. 제목에서 보듯이 스님은 가치 있는 삶이란 무엇인가라는 매우 근원적인 질문을 우리에게 던지고 있습니다. 그리고 곧바로 답을 주십니다. 사람이 살아가는 데 가치 있는 삶이란 욕망으로부터 벗어나서 삶의 의미를 채우면서 살아가는 것이라고 규정하셨습니다. 여기에서 핵심적인 언어는 가치 있는 삶과 욕망입니다. 물론 '삶'이라는 말에서 숨겨진 주어는 인간입니다. 이를 풀어서 설명한다면 인간의 삶에서 가치 있는 일은 자신의 욕망으로부터 벗어나서 의미 있는 삶의 길로 나아가는 것이라고 할 수 있습니다. 법정 스님의 가르침 훨씬 이전에, 고대 그리스의 위대한 철학자 소크라테스도 인간과 가치에 관한 문제를 제기하였습니다. 인간이 살아감에 있어서 '무엇이 가치 있는 삶인가?' 사람은 동물이면서도 동물과는 다른 차별성을 가지고 있다고 했습니다. 그것은 인간은 가치와 의미를 추구하면서 살아가는 존재이기 때문이지요. 그래서 사람들은 의미 있는 삶, 또는 가치 있는 삶을 말합니다. 사람이 일생을 살아가는 인생사에서 존재의 의미와 가치를 배제한다면 인간으로서의 위상이나 사람됨 자체를 부정하는 것이나 다름없을 것입니다.

학교 수업시간에 있었던 일입니다. 저자가 수업하는 내용에는 '사회복지실천의 가치와 윤리'라는 부분이 나옵니다. 그 부분에서 수강자들에게 항상 하는 질문이 있습니다. "지금 이 순간에 눈을 감고 잠시 생각을 합니다. 여러분이 가장 절실하게 바라고 원하는 것, 즉 여러분들이 간절히 추구하는 가치는 무엇입니까?" "가급적이면 지금 마음속에 떠오르는 것을 말하기보다는 평소에 여러분들이 마음속으로 간직하고 있었던 소중한 것을 이야기해 주세요." 학생들은 나름대로 눈을 감고 생각하기도 하고, 어떤 학생들은 옆자리의 학생들과 담소로 의견을 나누기도 합니다. 그리고 몇몇 학생들이 대답을 합니다. "돈을 많이 벌어 부자가 되었으면 좋겠어요." "취직을 해서 안정적인 일자리를 구하고 싶어요." "사랑하는 사람과 결혼하여 자녀를 낳고 오순도순 행복하게 살고 싶어요." … 대체로 학생들은 자신들이 처한 현실상황, 그리고 앞으로 나아갈 방향과 관련된 과업을 중심으로 대답을 하였습니다. 저자는 다시 학생들에게 묻습니다. "그리고 또?"라는 질문을 하고 학생이 대답하면 그 내용을 교단의 화이트보드에 적고 다시 질문을 계속한 끝에 한 학생이 손을 번쩍 들고 미소 머금은 모습으로 대답합니다. "교수님, 사랑이요." "저는 제 마음을 다 주어도 아깝지 않은 지극한 사랑을 하는 것이 가장 가치 있는 일이라 생각됩니다." 다른 학생 모두가 "와아~" 하는 함성과 함께 교실은 웃음바다가 되었습니다. 분위가 가라앉기를 기다렸다가 제가 말을 이어갑니다. "그래, 영철이는 대학교 2학년 젊은이 답구나! 대학교 2학년의 청춘이라면 돈 타령이나 출세를 이야기할 것이 아니라 이상적인 이성을 만나 멋진 연애를 하고 그 사람을 위해서라면 나의 모든 것을 바칠 수 있는, 로미오와 줄리엣 같은 사랑에 빠지는 것이 최고의 가치가 될 수 있겠지요." 그러고 나서, "앞으로 그런 이성을 만날 수 있기를 바랍니다. 그리고 두 사람이 데이트 하느라 수업에 빠진다 해도 문제 삼지 않겠으며 돈이 없어서 사랑을 나누지 못할 경우, 연구실로 오면 데이트 자금도 주겠습니다"라고 일러주었습니다. 다시 학생들이 "와~" 하는 함성으로 웅성거렸습니다.

가치란 사람이 보다 바람직하다고 생각하고 선호하며 나아가 아주 절실하게 추구하는 과업이나 과제에 관련된 개념이라고 말할 수 있습니다. 그러나 그 개념이 다소 관념적이며 광범하여 '가치'에 대한 내용이나 의미를 설명하고자 할 때 그것을 규정하는 학문이나 관점에 따라서 다르게 설명될 수 있습니다. 인터넷 포털 다음의 백과사전에 의하면, 가치란 "어떤 사물 · 현상 · 행위 등이 인간에게 의미 있고 바람직한 것임을 나타내는 개념", "인간이 대상과의 관계에 의해 지니게 되는 중요성" 혹은 "좋음과 나쁨, 옳음과 그름, 아름다움과 추함 등에 대한 사람들의 신념과 감정의 세계"라고 설명되고 있습니다. 사회사업사전에 의하면 가치란 "관습이나 신념, 행동의 규준, 그리고 문화나 일군의 집단, 혹은 개인에 의해서 바람직하다고 생각되는 원칙"이라고 하였습니다. 일부 학자들은 가치란 "사람들이 인간으로서 존재하고 행동함에 있어서 옳고 좋은 것으로 선호되는 것에 대한 지속적인 생각이나 신념"이라고 보고 있습니다. 혹은 선과 악, 옳고 그름, 바람직한 것과 바람직하지 않다고 생각되는 것에 대한 사회적 합의라고 하였습니다. 가치에 대한 이러한 정의나 설명들은 학술적이고 전문적인 측면이 있는 것이라 하겠는데 이를 단순화시켜 말한다면 가치란 '사람들이 좋다거나 긍정적이라거나 혹은 일상생활에서 의미가 있어서 아주 중요하게 생각하고 추구하는 것'이라고 할 수 있습니다. 이러한 개념의 가치는 인간의 존재 이유, 욕구 등을 나타내는 것이며, 동시에 사람들이 살아가는 현실세계에서 인간이 세상과의 관계를 설정할 때 인간의 사고방식과 태도에 영향을 미치는 개념으로 이해될 수 있습니다. 그리고 가치는 좋음이나 나쁨 그 자체, 옳고 그름을 나타내는 것, 아름다움과 추함에 대한 판단을 할 때 사람들이 가지고 있는 신념이나 인지체계를 설명하는 말이기도 합니다. 그래서 가치는 개인에게 어떤 선택이나 행동이 바람직한지 그렇지 않은지에 대한 판단 기준을 제공하게 되며 사회 구성원들의 집단적 판단과 행동에도 매우 큰 영향을 미치게 됩니다. 결국 가치는 사람들이 다른 사람과 세상을 바라보는 시각이나 관점, 사고방식, 신념과 관련이 있는 말입니다. 단순히 개인의 사고과정에 머무는 것이 아니라 직접적인 실천행동이나 경험으로 나아가기 때문에 개인에게는 물론이고 사회적, 국가적으로 지대한 영향을 미치게 되는 것이라 하겠습니다.

이와 같이 '가치'는 한 개인이 세상을 바라보는 방식과 내용에 관련되어 있는 용어이기도 합니다. 자신이 세상을 어떻게 바라볼 것이며 구체적으로 세상과 관계를 어떻게 형성할 것인지에 대한 생각이나 믿음을 나타내 줍니다. 그래서 가치는 자신과 세상과의 접점을 찾아가게 하는 기능을 가지고 있습니다. 사람은 태어나면서 하나의 유기체로서 생명력과 에너지를 가지고 있습니다. 생의 초기에는 생명을 지키고 에너지를 활성화하기 위해서 주로 동물적인 차원에서 세상과의 관계를 맺고 있지만 차츰 성장 발달하면서 인간적이고 사회적인, 문화적인 차원에서 사회를 바라보게 되고 관계를 수립하게 됩니다. 동물들은 먹이 활동과 관련하여 배가 고프면 닥치는 대로, 가급적이면 충분한 양을 일시에 채우려 들지만 인간은 먹는 시간을 정하여 규칙적인 식사를 합니다. 그리고 먹을 음식도 저장하거나 차별화하며 어떤 음식은 다른 음식물보다 선호하게 됩니다. 식사는 하루에 세 번 하는 것이 바람직하고 그것은 보편적인 가치에 속하는 것이라고 생각합니다. 가급적이면 아침식사와 저녁식사는 혼자서 하는 것이 아니라 가족과 함께 오붓하게 나누는 것이 더 좋다고 여깁니다. 식탁의 메뉴는 온 가족이 모두 좋아하고 어머니의 사랑을 나눌 수 있는 것이면 더욱 만족합니다. 이는 인간의 삶이나 일상에서 극히 일부분이기는 하지만 이러한 가치 판단은 다른 영역으로 확대되면서 가족 구성원 개개인이 자신의 인생을 어떤 방향으로 어떻게 살아갈지, 그리고 어떤 내용을 중심으로 살아갈지를 제시해 주는 기능을 합니다. 어떤 사람에게 한 번 내재화한 가치는 어린 시절부터 형성되기 때문에 일생 동안 쉽게 바뀌지 않는 경향이 있습니다. 월쉬Walsh라는 학자는 이러한 의미의 가치를 개인적 가치, 사회적 가치, 전문적 가치로 구분할 수 있다고 하였습니다. 개인적 가치는 자신만의 신념을 나타내는 것으로서 다른 사람과의 공통 부분을 추구할 필요는 없으며 사람에 따라서 독특하고 차별화할 수 있는 것입니다. 사회적 가치는 달리 표현하면 보편적 가치로서 사회의 다수 구성원들이 옳다거나 선한 것, 보다 바람직하다고 선호하는 것에 대한 의견의 일치를 이루는 것입니다. 전문적 가치는 어느 특수한 집단이나 전문 직업군에서, 전문직 집단 구성원들의 전문직 활동에 있어서 특별히 업무를 안내하게 된다고 하였습니다. 사회적, 보편적 가치는 사회 구성원들의 공통적인 가치에 관련되어 있습니다. 사회 구성원들 간에는 개인적인 차이가 있을 수 있지만, 태어나고 살아가는 상황, 환경이 비슷하기 때문에 동일한 시대, 동일한 사회에 사는 사람들이라면 서로가 유사한 가치나 동일한 가치를 공유하는 경향이 있습니다. 가령 전제군주주의 사회에서는 사회적으로 높은 지위를 얻거나 권력을 획득하여 귀하게 되는 것이 가장 선호하는 가치가 되었습니다. 그리고 간혹 학문을 크게 이루어 사회적으로 큰 명성을 얻어서 만인으로부터 존경과 신뢰를 얻는 것을 가문의 영광으로 여기기도 하였습니다. 자본주의가 발달한 현대산업사회 이후에는 돈을 많이 벌어서 부자가 되고 재력을 과시하는 것을 최고의 가치로 여기게 되었습니다. 물질적인 풍요로움은 재화의 가치를 극대화하였기 때문입니다. 오늘날 재물에 대한 가치는 나라와 사회를 초월하여 모든 사람들로부터 선택받는 가치가 되었습니다. 대부분의 사람들이 이와 같이 높은 권력과 사회적 명성, 부자가 되는 것을 바람직한 것으로 여기고 추구해 왔다는 것을 의미합니다. 그리고 또 다른 측면에서 가치를 본다면 사람은 성장 발달하고 늙어가면서 가치의 의미와 내용을 조금씩 바꾸어 갑니다. 어린 아이 시절에 가장 소중한 가치는 돈을 많이 벌어 부자가 되는 것이었다면 젊은 시절에는 참사랑을 만나 일생을 행복하게 사는 것이라고 말할 수도 있습니다. 그리고 나이가 들어 늘그막에는 모든 가족이 건강하고 정을 나누면서 행복하게 사는 것이라고 말할 수 있습니다. 그리고 가치는 그것을 이루기 위해서 정열과 에너지를 쏟아붓게 합니다. 결국 인간과 가치는 불가분의 관계에 놓여 있습니다. 가치를 추구하면서 살아가는 인간이 동물과 구별되는 이유이기도 합니다. 가치에 대한 추구는 사람을 사람답게 해 주는 큰 명제이자 화두입니다.

02
보편적 가치의 유형

시대와 사회, 국가와 민족, 사람들의 지위와 나이, 환경에 따라서 가치에 대한 관념이나 태도는 어떻게 나타나고 있을까요? 이러한 가치관이나 태도에 월쉬의 가치 유형에 따른 선호도를 더 보탠다면 가치는 어떤 형태로 모습을 보일까요? 나아가 이 모든 범주를 넘어서서 인류사회에 보편적인 사회가치는 어떻게 규정될 수 있을까요? 인터넷 포털 다음의 한민족문화대백과사전 '가치관'에는 우리 사회에서 가치와 가치관이 어떠한지, 그리고 어떻게 논의되어 왔는지에 관하여 매우 흥미롭고 유용한 내용을 담고 있습니다. 이 사전에서는 전통소설에 나타나 있는 가치관을 검토하여 우리나라의 전통적인 가치관의 연원을 찾아가고 있습니다. "소설을 통해 간접적으로 확인할 수 있는 다섯 가지 인생의 소망 및 이상은 높은 가문, 고관의 지위, 유덕한 인품, 명성, 그리고 지존이었다. 동시에 사람들이 강하게 추구한 가치는 건강과 장수, 자손의 영달, 안락한 죽음이었고 이것이 다름 아닌 행복의 조건이었다.

처자와 더불어 물심양면으로 안정된 생활을 유지하고, 단란한 가정생활을 누리며, 자손 대대로 번창하고, 대가 끊이지 않는 일 등이 행복의 잣대였던 것이다. 그 이상의 가치들은 안으로는 입신양명을 통해서 가문을 더욱 빛내는 것이었고, 밖으로는 사람의 지킬 바를 반드시 지킴으로써 명예롭고 깨끗한 삶을 유지하여 지조, 정조, 의리의 사람으로 칭송을 얻는 일이었다. 그렇지만 오늘날과 마찬가지로 조선시대의 양반과 고관들이 말로는 재물을 가벼이 여기는 듯이 하면서 행동으로는 몹시 그것을 탐내는 모순도 범하였다." 소설 속에 나타나 있는 한국인의 바람은 높은 가문, 고관의 지위, 유덕한 인품, 명성, 지존의 다섯 가지라고 합니다. 이를 가장 이상적인 가치로 여기고 있으며 이의 실현을 위해서 노력한다는 것을 알 수 있습니다. 그리고 행복한 생활의 조건으로서 건강과 장수, 자손의 영달, 안락한 죽음을 들고 있다는 것입니다. 그리고 "조선시대 사람들의 가치관에서 가장 두드러진 특성은 '자기중심성'이 강하다는 것이다. 높은 관직에 올라 영화를 누리는 것을 가장 귀한 것으로 여기기 때문에, 어떤 방법을 동원해서라도 고위 관직에 오르기 위한 경쟁, 당쟁에 쉽게 빠지게 되었고, 그 결과 세도정치, 당파정치를 통해 자기 사람을 편파적으로 우대하는 파벌정치를 낳게 되었다. 또한 신분제로 인한 숙명론적 사고가 또 하나의 중요한 특성이다"라고 규정하였습니다. 아주 특별하게 높은 관직에 올라 부귀영화를 누리는 것을 가장 귀한 것으로 여겼습니다. 그러기 위해서 경쟁과 파벌을 만들고 당파정치를 일삼게 되었다는 것입니다. 글은 예나 지금이나 "인간은 현실 삶 속에서 끊임없는 가치충돌의 긴장 속에서 살아갈 수밖에 없다"고 말하면서 사람들은 두 가지 가치를 지향한다고 하였습니다. "인간은 크게 두 가지 가치를 지향하며 살게 된다. 그 하나가 외면적 가치로서 금전, 권력, 지위, 명예, 향락 등을 포함한다. 다른 하나는 내면적 가치로서 인격, 지식, 예술, 우정, 정의 등을 포함한다. 대부분의 경우 사람들은 외면적 가치를 우선적으로 선택한다. 그런데 문제는 사회적 강자나 부자들이 내면적 가치의 실현보다는 외면적 가치를 계속적으로 유지하고 싶다는 유혹에서 벗어나지 못하고 이를 독점하기 위해 공평하지 않은 방법을 동원한다는 점이다. 겉으로는 내면적 가치를 추구하는 것을 강조하며, 일반인의 계몽을 꾀하고 있지만 현실에서는 사회 지도층 심지어 지식인들마저도 이중 잣대를 가지고 위선적인 언행 불일치를 일삼고 있다. 결국 이러한 위선과 허위의식은 일반인들에게까지 확산되어 사회 전체가 외면적 가치만을 추구하게 된 결과, 경쟁, 시기, 질투, 쏠림, 모방 현상이 적나라하게 드러나고 있다. 최근 들어 명품구매가 계층, 세대, 지역에 상관없이 확산되는 것은 이러한 외면적 가치 추구현상을 단적으로 보여주는 예이다." 인간이 추구하는 가치에는 두 가지가 있는데, 그것은 내면적 가치와 외면적 가치라는 것입니다. 사람들은 외면적 가치, 즉 금전, 권력, 지위, 명예, 향락 등을 보다 선호하고 있다는 것입니다. 이러한 경향성은 오늘날까지 지속되고 있는 것으로 보았습니다.

위 글에서 보듯이 시대적 사회상은 조선시대가 그 배경이 되고 있습니다. 조선시대는 전제주의, 군주주의 국가 체제로서 왕족과 양반, 상민 등으로 나뉘는 계급사회였으며, 동시에 가부장제 사회문화가 지배하는 전통적인 보수주의 사회였습니다. 그래서 사회와 세상의 중심인물은 사회지도층이었으며 역사 또한 그들을 중심으로 구성되어 왔습니다. 가족생활에서는 남성의 가장이 가족 내 권력을 절대적으로 장악하고 전권을 행사하는 구조를 가졌습니다. 당시 사람들이 살아가는데 있어서 인생의 소망이나 이상, 행복의 조건 등 추구하는 가치는 주로 사회적으로 높은 지위의 획득, 인품을 지녀 사회적 명망을 얻는 것, 건강과 장수, 가족의 행복추구 등으로 요약될 수 있는 것입니다. 그리고 재물에 대한 탐익이나 추구도 포함되고 있었지만 그 자체가 핵심적인 가치가 되지는 않았습니다. 그러하기에 이 중에서도 가장 으뜸인 것은 고위 관직에 올라 권력을 얻고 부귀영화를 누리는 것이라 하였습니다. 왜냐하면 높은 관직에 오르고 권력을 획득하게 되면 많은 재물을 모을 수 있게 되고 사회적 명성도 따라오는 것으로 여겼기 때문입니다. 그리고 나아가 가문을 빛내는 일이라 보았습니다. 특별히 주목할 부분은 우리의 선조들도 여느 국가, 사회와 마찬가지로, 가치를 외면적 가치와 내면적 가치로 나누었을 때 외면적 가치에 치중하여 금전, 권력, 지위, 명예, 향락을 선택하고 그 가치의 실현을 위해 적극적으로 노력하였다는 것입니다. 이러한 외면적 가치는 인간의 삶에서 겉으로 드러나 보이는 물질적이고 형이하학적인 것으로서 1차적인 만족과 기쁨을 가져다줄 수 있을지라도 진실하고 속 깊은 행복감과는 다소 거리가 있다는 것입니다. 이러한 성향은 오늘날까지 이어져 오고 있으며 외면적 가치를 좇아서 사는 사람들이 우리 사회의 거의 대부분을 이루고 있습니다. 이와 같이 외면적 가치를 최고로 여기는 이들은 다수가 거짓자기에 충실한 삶, 내면적 가치에 소홀한 삶, 즉 진정한 의미의 승자가 아닌 패자로서의 길을 걸어가는 경향이 있습니다.

이러한 전제군주주의 국가, 가부장제 사회는 대한민국 국가 수립과 동시에 구조적으로 큰 변화를 맞이하게 됩니다. 국가를 대표하고 국민들 위에 군림하던 국왕은 사라지고 대신에 민주적인 방식과 절차에 의거하여 국민들이 대통령을 선출하게 되면서 형식상으로는 전제군주주의 국가는 종식을 고합니다. 국가 권력의 큰 틀이 대 변혁을 맞이하게 되었던 것입니다. 이러한 국가 권력의 대 변혁은 사회생활과 가족생활에 있어서도 변화의 물결을 일으키고 가부장제 사회문화의 대 변혁이 일어나기 시작하였습니다. 동시에 자본주의 경제시스템이 발달하고 서구의 문물이 들어오면서 우리 사회는 매우 급격한 변화와 가치갈등의 소용돌이 속으로 빠지게 됩니다. 국가 독립과 정치적 자유의 획득, 6 · 25 이후 산업화의 과정과 경제발전, 정치적 자유와 민주주의의 적극적 실행, 시민의식의 변화, 민주화의 과정 등을 통해서 우리 사회의 사회적 가치와 가치관념에도 점진적 변화가 일어나게 되었습니다. 하지만 그러한 가치관의 변화도 기존의 전통적인 가치관의 범주를 온전히 벗어나는 것이라고 보기는 어려웠습니다. 전통적인 사회에서는 높은 지위에 오르는 것, 즉 권력을 취득하는 것이 재물을 많이 가진 부자들의 위력보다 상위에 있었으며 보다 선호하는 가치가 되었습니다. 그래서 국왕을 두었던 제도에서 대통령을 선출하는 방식으로 권력의 세습 구조가 바뀌면서 정치하시는 분들의 대통령을 비롯한 권좌를 향한 질주는 아주 강력하였으며 선거는 치열하게 이루어졌습니다. 전제군주주의 국가에서의 권력진입과 자유민주주의 국가에서의 권력진입은 방법과 수준, 노력의 정도가 확연히 달랐던 것입니다. 지금도 권력을 향한 경쟁과 노력은 다른 것과 비교할 수 없을 만큼 강력합니다. 목숨을 걸고 싸우는 형국입니다. 또한 돈이나 재물에 대한 가치와 접근 방법도 크게 변화하였습니다. 우리나라도 산업화의 과정을 거치면서 자본주의 경제체계로 근원적인 변모가 시작됩니다. 이전에는 권력의 획득이 재물과 명예를 함께 가져다주었다면 자본주의 사회에서는 돈을 직접적으로 벌어모으는 구조로 바뀐 것입니다. 이전에는 주로 농경지와 그 생산물을 기반으로 하는 부의 축적이었다면 오늘날의 자본주의 사회에서는 농경지와 농산물은 부의 수단이 되지 못하고 있습니다. 오히려 농어업에 종사한다는 것은 사람들의 건강한 먹을거리를 생산, 공급한다는 면에서 명예로운 직업으로 자리 잡아가고 있습니다. 그리고 이전의 전통사회에서는 명예롭게 되는 것은 사회적으로 숭상하는 가치로 자리매김하고 있었지만 대한민국 설립 이후 현대사회에서는 명예로움의 가치는 크게 퇴색하고 존립이 위태롭게 되었습니다. 하지만 예전이나 지금이나 돈과 권력과 명예는 우리 사회에서 여전히 가장 소중한 보편적, 사회적 가치로 인식되는 경향이 있습니다.

인터넷 포털 다음의 백과사전에 의하면 돈은 '재산이나 재물을 일컫는 말'이고 권력은 '남을 복종시키거나 지배할 수 있는 공인된 권리와 힘'이며, 명예란 '세상에 널리 인정을 받아 얻은 좋은 평판이나 이름'으로 규정되고 있습니다. 우리 사회에서 돈과 권력과 명예는 아주 친숙한 말로 통용되고 있으며 보편적인 용어가 되었습니다. 돈을 많이 번 사람으로서 소위 '재벌의 총수'들과 수많은 기업인, 사업가들이 있으며, 권력의 정점에는 대통령을 비롯하여 행정부 고위관료들은 물론이고 입법부와 사법부의 다양한 직책들이 많이 있습니다. 그리고 우리 사회에서 돈과 권력과 무관한 명예로운 인물은 김수환 추기경님과 성철 스님과 같은 종교계 지도자들과 이태석 신부님이 계십니다. 이러한 가치들 중에서도 특별히, 돈은 많은 사람들로부터 가장 많이 선택되는 가치로서 매우 유의미하게 다가오고 있습니다. 백과사전에 의하면 돈은 '돈다'라는 동사에서 유래하였는데, 이는 돈의 속성이 어느 한 곳에 머물지 않고 돌아다닌다는 뜻으로 이해됩니다. 우리말에 '돈이 있으면 귀신도 부린다.' '유전무죄, 무전유죄', '돈 없으면 적막강산이요. 돈 있으면 금수강산이라'라는 말이 있듯이 돈의 위력은 대단한 것으로 인식되고 있습니다. 하지만 우리는 전통적으로 돈을 벌어 모으기만 하고 쓰지는 않는 사람을 '구두쇠', '수전노', '자린고비' 등으로 부르며 이들을 비판합니다. 그리고 '개같이 벌어서 정승처럼 써라'라는 말도 생겨났지요. 최영 장군은 '황금을 보기를 돌같이 하라'는 가르침을 주셨으며 '사람 나고 돈 났지, 돈 나고 사람 났나?'라는 말에서 보듯이 돈보다 사람이 보다 소중하다는 조상들의 가르침도 마음에 와 닿습니다. 이처럼 돈의 가치는 오랜 세월, 모든 사람들에 의해서 가장 소중하게 여겨져 왔으며 많은 사람들로부터 선택받아 온 가치라 하겠습니다.

다음의 글은 인터넷 포털 네이버의 '돈, 명예, 권력(직장인 몸값 1억 만들기-01)'에 나오는, 어느 젊은 청년이 쓴 글의 일부분입니다. 글쓴이는 대학교 3학년 시절에 교수님께서 수업시간에 하신 말씀을 이렇게 적고 있습니다. "그때 교수님이 이런 말을 했었다. '남자는 태어나서 세 가지 중 한 가지를 선택해야 합니다. 돈, 명예, 권력이에요. 이 중 두 가지를 선택하면 패가망신 합니다. 명심하고 살아가세요.' 지금 생각해보면 그 교수님이 참 현명했다는 생각이 든다." 교수님께서 수업 중에 돈과 권력과 명예 중에서 어느 한 가지만 추구하라는 가르침을 주셨다는 것입니다. "23살의 청년이었던 나는 졸다가 일어났지만, 지금 심각한 고민에 빠졌다. '돈, 명예, 권력' 중에 나는 무엇을 선택하면 좋을까? 돈은 회사에 다니거나 주식을 하거나 하면 될 것 같고, 명예는 군인, 교수? 권력은 나랑 상관없는 것인가? 경찰이 되면 권력에 조금 가까워지는 것인가? 결국 나는 돈을 선택하기로 했다. 어릴 때부터 듣던 어머니의 '돈 없어', '힘들어.' 이런 이야기를 더는 듣고 싶지 않았기 때문이다." 이 젊은이는 자신의 진로를 결정하면서 교수님의 말씀을 생각하고 돈을 버는 길로 들어섰다는 이야기를 하고 있습니다. 그러한 가르침을 귀담아 들었으니 오로지 돈 버는 일에만 몰두하고, 그것도 가급적이면 꿀벌처럼 돈을 벌며 살아갔으면 좋겠습니다. 돈과 권력과 명예에 관한 이야기는 인터넷 사이트 조갑제닷컴에도 나옵니다. "돈, 권력, 명예 중 하나만 가져야 안전하다!" "세 가지 중에서 하나만 가져야 정상이다. 권력을 잡는 정치인은 돈과 명예를 탐하지 않아야 한다. 명예를 소중히 여기는 지식인은 권력과 돈으로부터 멀리 있어야 한다. 부자는 권력과 명예를 가지려 하여서는 안 된다." 조갑제 대표도 사람은 살아가면서 돈과 권력과 명예 중에서 한 가지만 가져야 한다는 것을 말하고 있습니다. 두 분의 글을 소개하였지만 내용은 거의 동일합니다. 한 분은 이제 막 자신의 삶을 본격적으로 살아가기 시작한 젊은이입니다. 대학을 다니면서 돈과 명예와 권력 중 하나만을 가져야 한다는 교수님의 강의를 듣고 자신의 인생을 설계하는 지표로 삼아 돈의 길을 걸어간다는 이야기입니다. 그리고 다른 한 분은 우리 사회에서 널리 알려진 언론인입니다. 미국의 트럼프 대통령을 돈과 권력을 모두 취한 욕심쟁이로 보고 비판적인 글을 인터넷에 올리고 있습니다. 이들 두 분의 글에서 전제된 것은 인간의 삶에서 보편적, 사회적 가치가 돈과 권력과 명예임을 잘 나타내고 있는 것이라 하겠습니다. 그리고 세 가지 가치 중 한 가지만 추구하면서 살아야 한다는 것입니다. 돈과 권력과 명예에 관한 이야기는 이어집니다. 인터넷 '최원영의 행복산책'(인천in.com)에 나오는 '돈 · 권력 · 명예? 환상에서 벗어나야겠다'라는 제목의 글 중 일부입니다. "최근에 우리 사회가 겪고 있는 진통을 보면서, 돈과 권력, 그리고 명예가 우리에게 행복을 줄 것이라는 환상에서 벗어나야겠다는 생각을 해 봅니다. 사실 이 부분과 관련된 연구들이 많이 진행되었는데요, 결론은 반드시 행복하지만은 않다는 것이었습니다. 돈과 명예에다가 잘생긴 외모까지 갖춘 사람들을 보면 부러움이 생기곤 합니다." "권력이나 명예에만 집착하는 사람들은 자신의 개인적 삶을 소홀히 대하기 일쑤입니다. 그런 사람들에게는 명예욕이 오히려 고문기계로 작용한다고도 합니다. 왜냐하면 늘 미래에 자신이 받아야 할 평판이나 지위에 대한 욕망으로 가득 차 있기 때문에 자신이 지금까지 이루어 놓은 모든 성취를 위한 그동안의 노력에 대해 감사할 줄 모른다는 거예요. 그러니 마음속에는 늘 결핍에 대한 불만으로 가득 차게 되겠지요." 최원영 님의 글은 이미 앞에서 언급하였던 인간의 내면적 가치와 외면적 가치를 생각나게 합니다. 보통 사람들은 내면적 가치보다 주로 외면적인 가치를 추구하고 살지만 그러한 외면적 가치는 결코 사람들을 만족시켜 주지 못한다고 하였습니다. 최원영 님의 글도 아마 그런 수준에서 내용을 전하고 있는 것으로 보입니다. 즉, 돈과 권력과 명예는 사람들이 보편적으로 추구하는 가치인 것은 분명하지만 그러한 가치추구가 개인적 삶에서 만족과 기쁨을 가져다주지 못한다는 것을 말하고 있습니다. 그러나 이러한 가치들이 사람들에게 참된 기쁨과 행복을 가져다주지 못함에도 불구하고 왜 오늘을 살아가는 현대인들은 돈과 권력과 명예를 좇아서 자신의 삶을 불태우고 있는가를 말해 주고 있습니다. 그리고 거기에서 벗어나야 한다고 말합니다. 가능할까요? '삼가분립 이야기'의 주제입니다. 돈과 권력과 명예의 가치, 이는 인류사회가 과거와 마찬가지로 현재에도 미래에도 계속적으로 추구하는 보편적인 가치임에 분명합니다. 그럼에도 불구하고 세 가치는 사람들에게 진정한 기쁨과 만족, 행복을 가져다주지 못한다는 것입니다. 그 이유는 몇 가지 차원에서 논의해 볼 수 있겠습니다. 첫째는 이미 위의 글들에서 지적한 바와 같이 어느 한 가지 가치만 추구하는 것이 아니라 두 가지 이상의 가치를 동시에 누리려는 탐욕 때문입니다. 둘째는 한 가지 가치를 지향하고 있더라도 지향하는 가치의 본질이나 속성을 제대로 이해하고 수용하지 못하기 때문에 문제가 일어나는 것입니다. 셋째, 그리고 어느 가치이든 추구하는 방법이 아주 중요하다는 것을 모르기 때문에 발생합니다. 그 방법을 알고 지혜롭게 대처하지 못하기 때문에 만족과 행복이 멀리 있으며 문제와 불만족이 발생할 수도 있다는 것입니다.

극히 일부의 개인적 사정이 있는 이들을 제외하고, 현대인들은 대부분이 지금-여기에서 생명력 있는 존재로 실존하고 있다면, 그는 돈과 권력과 명예의 가치 중 어느 한 가지의 가치를 추구하면서 살아가고 있습니다. 이들 세 가지 유형의 가치 중에서도 우리 사회에서 돈, 즉 재물에 대한 선호도는 가장 높은 것으로서 거의 절대적인 우위를 차지하고 있는 것으로 보입니다. 그것은 마치 블랙홀과도 같아서 돈이나 재물의 가치는 권력과 명예의 가치도 삼켜버릴 만큼 강력한 형국을 이루고 있습니다. 거의 대부분의 사람들은 재물의 노예가 되었다고 말해도 지나치지 않을 만큼 세상은 물질화되어 갑니다. 인간의 존엄과 가치도 외면당하고 있을 만큼 재물에 대한 가치의 어두운 그림자는 짙게 드리워져 있습니다. 이러한 사회적 모습이 우리가 그토록 달려오고 싶었으며 앞으로 계속 나아가야 할 이상사회일까요? 불교의 경전에 나오는 가르침 중 한 부분입니다. 사람들이 살아가는 데 있어서 자기가 가진 재물을 전부 잃어버리게 된다면 그것은 자기가 가진 것의 극히 일부분을 잃어버리는 것이고, 자신이 가진 권력을 놓아버리면 자기가 가진 것의 상당한 부분을 잃어버리는 것이며, 그리고 자신이 가지고 있는 명예를 잃어버린다면 자신이 가지고 있는 것의 거의 대부분을 잃어버린다는 가르침이 있습니다. 불경에서도 사람이 살아가는 데 필요한 재물과 권력과 명예의 가치를 인정하고 있습니다. 하지만 가치의 우선순위는 명예를 가장 소중히 하고 그 다음이 권력, 재물의 순이라고 하였습니다. 오늘을 살아가는 우리들에게 던져 주는 의미가 작지 않을 것입니다.

03
욕망이라는 이름의 전차

'욕망이라는 이름의 전차A Streetcar Named Desire', 이 말은 중년 이후의 세대들에게는 다소 익숙한 말이기도 합니다. 테네시 윌리엄스 작가가 쓴 희곡으로서 1947년에 초연되었으며 1951년에는 할리우드에서 영화로 제작되어 우리 사회에 소개되었습니다. 많은 분들이 알고 계시겠지만 줄거리는 다음과 같습니다.

무대의 배경이 된 곳은 미국의 남부입니다. 가장 핵심적인 인물 블랑쉬 드부아는 부유한 남부 귀족 가문의 벨리브 농장에서 태어나서 동생 스텔라와 어린 시절을 함께 보냅니다. 이들 두 자매는 서로가 대비되는 삶의 여정을 선택하고 살아가게 되는데, 블랑쉬는 어린 나이에 일찍 결혼을 하지만 동성애자였던 남편은 불륜으로 블랑쉬가 보고 있는 데서 자살을 하게 됩니다. 불행하게도 집안과 자신의 삶이 동시에 파탄나게 되면서 블랑쉬는 그러한 현실을 받아들이지 못하고 방황하면서 현실도피적인 행각을 보입니다. 여러 남자들을 유혹하고 학교선생님으로 있으면서 학생과 적절치 못한 관계를 맺는 등 스캔들로 인하여 고향에서 살지 못하고 쫓겨나게 됩니다. 블랑쉬는 결국 동생 스텔라가 살고 있는 뉴올리언스로 '욕망이라는 이름의 전차'를 타고 찾아가게 됩니다. 스텔라는 언니와는 달리 지극히 현실을 존중하면서 살아가는 인물로 묘사되고 있는데, 그녀는 뉴올리언스의 빈민가 뒷골목을 연상케 하는 허름하고 보잘것없는 집에 세 들어 살고 있었습니다. 하지만 스텔라는 남편 스탠리와 아주 평화로우면서도 평범한 일상을 살아가고 있었는데 블랑쉬의 등장으로 이들의 가정에는 검은 먹구름이 끼게 됩니다. 자신의 현실에 대한 인식도 없으며 자신이 무엇을 잘못하고 있는지도 모르고 살아가는 블랑쉬는 동생 집에 와서도 화려하였던 과거를 회상하면서 언제나 허상을 쫓아갑니다. 가령 1온스에 25불 하는 향수를 사용하고 온수는 언제나 펑펑 썼습니다. 그리고 스탠리의 친구 '미치'와 사랑을 속삭이면서 결혼하자고 유혹합니다. 하지만 스탠리는 사람들에게 블랑쉬의 과거를 모두 알려주고 그녀의 거짓말은 들통이 납니다. 스탠리는 매우 직설적이고 가부장적인 면모를 가지고 있어서 가끔씩 아내를 폭행하기도 하며, 특히 성적인 욕망 앞에서는 자신을 통제하지 못하고 충동적인 행동을 서슴지 않는 인물입니다. 그는 물질적인 풍요로움을 누리고 성적인 쾌락을 즐기는 사람입니다. 스텔라가 출산하러 병원에 간 사이에 스탠리에게 겁탈당한 블랑쉬는 결국 정신 착란 증세를 보이고 의사와 간호사가 그녀를 데리러 옵니다. 블랑쉬가 정신병원으로 나간 후 모든 사람들은 아무 일도 없었던 것처럼 각자의 일상으로 돌아가게 됩니다.

이 영화는 미국사회에서 시민전쟁을 거치면서 무너져 내린 남부 귀족사회와 노예제도가 스토리의 배경이 되고 있습니다. 이미 와버린 산업사회와 자유민주주의 국가의 모습, 그 안에서 살아가는 인간과 사회, 부와 빈곤, 사랑과 믿음과 우애, 육체적 유혹과 성적인 욕망, 욕망을 추구하고 실행하면서 빚어지게 되는 필연적인 거짓말과 합리화, 그리고 파멸과 죽음의 나락으로 끝이 나게 됩니다. 그리하여 인간 내면에서부터, 아니 타고나면서 이미 가지고 있는 내 마음속의 끝없는 탐욕, 보통 사람들이 꿈꾸며 살아가는 삶의 허상, 그리고 파국적인 결말을 진지하게 그려내고 있는 것입니다.

'욕망의 대지The Burning Plain', 이 영화는 2008년 미국에서 제작되어 2015년, 최근 우리나라에서 개봉된 인간의 욕망을 다룬 것입니다. 영화 속에 나오는 무대는 미국의 남서부의 어느 평범한 가정입니다. 바깥나들이가 잦은 어머니, '지나'를 대신하여 3명의 동생들을 보살피는 맏딸 '마리아나'는 어느 날 우연하게 어머니가 전화하는 것을 엿듣게 됩니다. 그리고 어머니를 미행한 끝에 트레일러에서 다른 남자, '닉'과 바람피우는 것을 목격합니다. 동시에 마리아나는 어머니에 대하여 형용할 수 없는 배신감, 그리고 외로움 같은 느낌을 강하게 경험합니다. 마리아나는 순수한 마음에서 어머니가 집으로 돌아오게 할 목적으로 트레일러에 불을 지르게 됩니다. 그러나 가스사고로 트레일러가 폭발하면서 어머니와 남자는 죽게 됩니다. 어머니의 장례식 후 마리아나는 어머니가 바람을 피운 남자의 아들 '산티아고'에게 미묘한 연정을 느끼게 되면서 두 사람은 사랑에 빠져들고 비극적인 로맨스가 시작됩니다. 강렬한 이끌림에 두 사람은 가족들의 반대에도 불구하고 결실을 맺습니다. 산티아고는 멕시코에서 평화로운 삶을 새롭게 시작하려 하지만 마리아나는 어머니와 산티아고의 아버지를 죽인 것에 대한 죄의식 때문에 새로운 출발을 망설이게 됩니다. 이 영화는 인간의 불타는 듯한 강렬한 욕망을 다루고 있습니다. 지나와 닉의 욕망, 마리아나와 산티아고의 욕망, 그들이 나서 자라고 살았던 대지는 그렇게 불타고 있었습니다.

'욕망의 불꽃'이라는 제목으로 2010년 10월부터 2011년 3월까지 MBC에서 매주 주말에 방송된 드라마가 있습니다. 이 드라마의 홈페이지에 나오는 기획의도를 살펴보겠습니다. "우리는 지난 50년간 풍요를 향한 무한 질주를 해 왔다. 그 덕분에 우리는 수많은 아름다운 가치들을 잃어버렸다. 무엇보다 가족의 붕괴라는 뼈아픈 대가를 치뤘다. 쉽게 사랑하고 쉽게 갈라선다. 성은 사랑의 표현이 아니라 쾌락의 수단일 뿐이다. 재산을 둘러싼 형제간의 다툼, 부부간의 다툼, 심지어 부모와 자식 간의 다툼이 벌어지고 부끄러움마저 느끼지 않는다. 가족의 의미는 우리를 묶어주는 사랑의 울타리가 아니라 편의상 모여 사는 도구로 전락했다. 이 세상의 모든 것을 뛰어넘는 가치, '가족'의 의미를 되새겨 보고자 한다." "이 드라마의 배경은 어느 재벌가의 가족사다. 한 재벌가의 이야기를 중심으로 인간의 끝없는 욕망과 파멸을 부르는 탐욕, 권력에 대한 갈구, 부에 대한 동경과 멸시 · 애증이 엇갈린 사랑을 주제로 한다. 소위 재벌가는 어떻게 살고 있을까. 일반인의 상식을 뛰어넘는 그들의 뒷얘기를 통해서 물질의 허구를 들여다보고자 한다. 이 드라마는 다양한 성격의 인물들이 펼치는 파노라마식 드라마다. 한 재벌가의 후계자를 둘러싼 형제들의 대립과 음모, 애증으로 얼룩진 부부의 삼각관계가 주 스토리다. 사건을 풀어가는 열쇠는 일반인의 상식을 뛰어넘는 이들의 초 도덕적인 사건 해결방식이다. 부자라는 딱지를 떼어놓고 보면 우리와 다름없는 평범한 인생사에 웃고 울고 분노하지만 우리와 다르게 그들은 재벌가라는 가면을 쓰고 허위의 삶을 살아갈 수밖에 없다. 그 속에서 인간의 참 모습을 추구해 갈 것이다. 드라마의 주제는 무겁다. 그러나 주제는 감춰지고 분주한 삶과 명쾌함, 미워할 수 없는 인간의 약점들, 사람의 슬픔과 인간에 대한 그리움, 치열한 음모, 반전과 또 반전, 정체를 알 수 없는 인간들의 미스터리, 그리고 종장에는 그 모든 소동을 뛰어넘은 휴먼스토리로 완성될 것이다." 이 드라마는 드라마 부문 1~2위의 시청률을 넘나들며 인기리에 방송되었는데, 주제는 돈과 권력에 대한 인간의 끝없는 욕망, 그리고 사랑, 결과적으로 파멸로 이어지게 되는 과정을 그리고 있었습니다. 이러한 인간들의 욕망 추구는 우리의 전통적인 가치였던 '가족'과 대비시켜, 인간의 탐욕은 가족의 소중한 가치도 삼켜버리게 되는 허망함을 그래내고 있는 것이지요. 다만, '욕망이라는 이름의 전차', '욕망의 대지'와는 달리 종극이 휴먼스토리로 완성되고 있다는 점에서 약간의 차이가 있습니다. 그것은 아마도 극중에서 파멸을 여지없이 그려내고 있는 것으로 대신한 것으로 보입니다.

인간에 있어서, 인간의 삶에 있어서 욕망은 무엇일까요? 욕망은 어디에서 왔으며 그 형상은 어떠하고, 사람에게 어떤 기능을 하는 것일까요? 몰락하는 두 명의 전직 대통령을 TV 화면에서 보면서 우리 사회에서 '인간과 욕망'을 생각하는 분들이 아주 많았을 것으로 여겨집니다. 여기에서 욕망은 부정적인 측면이 부각되고 있습니다. 우리가 보통 욕망이라는 말을 생각하고 표현할 때 주로 이러한 부정적인 면에서 인간과 욕망을 이야기하게 됩니다. 그러나 다음백과사전에 의하면 욕망desire은 "인간의 행동을 야기시키는 동인"이라고 규정되어 있습니다.

여기에 한 사람의 인간이 유기체로서 생존하고 있습니다. 그는 자신의 생존과 안전, 평화, 의미 있는 무언가를 추구하게 되고 그것을 실현하기 위하여 노력합니다. 그래서 욕망은 일종의 추진력이며, 목표를 향한 인간의 에너지입니다. 달리 표현한다면 욕망은 인간이 자신이 원하는 것에 마음을 두고 그것에 집착하는 현상을 말합니다. 이러한 의미에서 욕망은 스탠리 쿠니츠가 말한 "삶의 원동력은 무엇일까? 첫째도 욕망, 둘째도 욕망, 셋째도 욕망이다"라는 말에 뜻이 잘 나타나 있습니다. 기독교에서는 인간의 욕망이란 인간뿐만 아니라 우주만물과 모든 생명체를 창조하신 분의 작품이라고 보기도 합니다. 그러하기에 욕망은 창조주께서 주신 우주만물과 모든 생명체의 원초적 동력이라고 해석됩니다. 인간에게 욕망이 없다면 인간의 삶 자체도, 문화도 문명도 모두가 사라지게 된다는 것입니다. 이러한 측면에서 욕망은 선한 기능을 하고 있으며 아름답고 정당한 것, 인간의 삶에서 꼭 필요한 것이라고 하겠습니다. 인류의 역사에서 욕망은 이와 같이 긍정적이며 순기능을 해왔다는 것을 인정하여야 합니다. 여기에서 '욕망은 인간 본질 그 자체'라고 규정한 스피노자의 말을 다시 음미할 필요가 있습니다. 우리는 욕망이 제거된 상태의 인간을 상정할 수 없기에 욕망은 인간이 인간답게 되는 가장 기본적인 요소이자, 인간 그 자체입니다.

하지만 "욕망은 우리를 자꾸 자꾸 끌고 간다. 도달할 수 없는 곳으로 끌고 간다. 우리의 불행은 거기에 있다"라고 말한 루소의 충고에 귀 기울이는 것도 중요합니다. 이러한 의미에서 욕망은 탐욕greed과 동의어로 보아도 무방합니다. 위에서 언급된 2편의 영화와 1편의 드라마의 제목에서 풍기는 뉘앙스로 미루어 볼 때 욕망은 바로 탐욕을 말하고 있다고 할 수 있습니다. 탐욕은 지나친 욕심을 가지고 그것을 실현하기 위하여 노력하는 것이라고 말할 수 있습니다. 인간의 마음에 그 뿌리를 두고 있는 욕심과 탐욕은 깨진 항아리에 물 붓는 것과 같은 이치입니다. 채워도 채워지지 않는 바닥이 깨어진 항아리, 그것은 곧 인간의 마음입니다. 식욕과 성욕, 권력욕, 물질욕, 소유욕, 지배욕, 명예욕 … 인간의 욕망은 유형도 깊이도 헤아릴 수 없을 만큼 다양하고 깊습니다. 그것을 충족시키기 위해서 자신이 파멸과 죽음으로 나아가는 것도 모른 채 달려갑니다. 기독교에서는 또한 이렇게 가르치고 있습니다. 돈을 더 벌고 소유물을 더 가지려는 것 때문에 하느님에게서 멀어지는 것이 제1차 죄악이며, 그것 때문에 살인이나 강도짓 등을 행하여 계명을 어기고 죄를 짓게 되는 것이 2차 죄악이라고 합니다. 사실 성경에서 탐욕은 자신이 가진 재물을 남을 위해 쓰지 않고 인색하게 행동하는 것을 말합니다. 그리고 자신에게 필요한 수준 이상의 재물을 모으려고 욕심내는 것을 말합니다. 이를 한마디로 말하여 자신의 육체와 물질에만 집착한다면 인간의 삶에서 선한 의미의 욕망은 탐욕으로 변질된다는 것입니다. 우리 사회에서 사회적으로 지탄의 대상이 되고 있는 일부 목사님들과 스님들의 언행을 보면 이러한 성경의 가르침도 아무런 의미가 없음을 알 수 있습니다. 20세기 프랑스의 철학자이자 정신분석학자였던 라캉은 욕망을 사람의 마음속에서 채워질 수 없는 근원적인 결여를 강조하는 개념으로서 간주하고 있습니다. 욕망은 마치 환유처럼, 계속적으로 이어지는 사슬처럼 그 대상의 흐름을 타고 끝없이 나아가는 것이라고 보았습니다. 욕망은 결코 충족될 수 없는, 충족되어 결말이 나서는 안 되는 괴물과도 같은 것입니다.

이와 같이 욕망은 두 가지 측면이 있습니다. 긍정적인 면과 부정적인 면이 그것입니다. 긍정적인 면은 극대화하고 부정적인 면은 극소화하는 것이 우리가 나아가야 할 길로 보입니다. 긍정적인 면에 충실한 삶은 자신이 추구하는 세 가치 중 특정의 하나의 가치에 집중하여 꿀벌처럼 온전하게 일상을 살아가는 것입니다. 부정적인 면에 치중하게 되면 두 명의 전직 대통령처럼 탐욕과 파멸의 그림자가 짙게 드리우게 됩니다. 그러한 모습은 우리 국민들 개개인과 자유로울 수 없는 오늘을 사는 우리들, 우리 모두의 자화상이기도 합니다. 하느님께서 주신 욕망의 영역은 긍정적인 것에 만족하든, 아니면 탐욕의 세계로 빠져들어 파멸의 길을 걷든 우리 인간들이 선택하고 결정하라고 가르치신 것으로 보입니다. 인간은 '욕망의 대지' 위에 살 수밖에 없지만 '욕망의 불꽃'을 피우고 '욕망의 전차'를 운행할 것인지, 그리고 그 전차를 타고 달릴 것인지는 온전한 우리의 몫으로 남았습니다. 인간의 끝없는 탐욕으로 인해 돈과 권력과 명예의 가치는 그 본연의 모습과 빛을 잃어버리고 인간 사회를 대혼돈의 시대로 몰아버렸습니다. 사람 사는 세상이 아닌 정글의 세계, 약육강식에 의한 동물적 위계 구조와 질서, 자기 파멸적 무한 경쟁의 시대로 진입하게 되었습니다. 이제라도 우리는 긍정적이고 정의로운 길로 함께 갔으면 좋겠습니다. 그런 시각에서 오늘을 조명하고 내일을 조망하기를 기대합니다. 욕망의 굴레는 오늘을 살아가는 우리에게 아주 소중한 화두가 되었습니다.

04

개인과 사회

성경에 의하면 하느님께서는 천지를 창조하시고 동시에 사람도 만드시었습니다. 인류 최초의 조상 아담과 하와는 하느님의 작품입니다. 그렇게 사람이 이 세상에 나오게 되었습니다. 이와 같이 인간이 하느님의 의지에 따라 만들어졌다는 것은 최초의 인간 존재를 설명하기 위한 것으로 이해됩니다. 하지만 아담과 하와 이후의 인간은 부부와 부모자녀 간의 관계와 존재를 신의 영역이 아닌 신의 가르침을 바탕으로 한 인간사회의 수준에서 이해해야 합니다. 여기에 어떤 사람이 태어났습니다. 물론 부모님의 관계에 의해서 잉태되었으며 어머니의 배 속에서 10개월간 보호받으며 의존적인 삶을 살았습니다. 태어나는 순간 온 가족의 환영과 환호 속에서 더없는 축복을 받았습니다. 인간 개인은 누구든 반드시 사회 속에서 태어났습니다. 이 세상에 오는 순간 그 사람은 자연스럽게 사회의 일원이 됩니다. 개인의 자유의지와 자기결정에 의한 것이 아닙니다. 내가 부모를 선택할 수 없듯이 출생 후 일정 기간 자신이 속한 사회, 그 자체를 선택할 수 없습니다. 가족, 이웃, 조직, 지역사회, 국가, 세계, 인류사회에 나는 소속하지 않을 수가 없습니다. 나는 사회와 불가분의 관계를 가지고 태어났습니다. 훗날 언젠가 나는 죽게 될 것입니다. 죽을 때도 마찬가지로 사회 속에서 죽게 됩니다. 가장 가까운 가족들이 나의 임종을 지켜보면서 울거나 웃을 것입니다. 죽는 순간까지 사회적 행위와 깊이 연루되어 있습니다. 거기에 그치지 않습니다. 죽고 난 뒤에도 육신은 가고 없지만 일정 기간 자손들에게 사회적 존재로 남게 됩니다. 인간 개인은 이러하듯 사회와 불가분의 관계 속에서 태어나고 생존하며 살아가게 됩니다. 그래서 개인은 사회를 결코 떼어놓고 논의하거나 설명할 수 없는 것입니다.

비록 개인과 사회는 불가분의 관계 속에 있다고 하더라도 중심인물은 개인입니다. 성인으로서 자신은 스스로 생각하고 판단하고 행동할 수 있습니다. 자유의지를 가지고 창의적인 과업과 일들을 수행해 나갈 수 있습니다. 자신의 행동에 주체적으로 나서며 다른 사람의 간섭과 지배를 단호히 거부할 수 있습니다. 그리고 결과와 행동에 대하여 책임을 질 수 있습니다. 자신만의 고유하고 진지한 삶의 여정이 있으며 추구하는 가치의 실현을 위해 모든 것을 바칠 준비가 되어 있습니다. 나 자신은 살아 있는 유기체이고 생명체로서 일상과업을 수행함에 있어서 종이 아닌 주인으로 살아갈 권리가 있으며 때로는 보편적 일탈도 정당화될 수 있습니다. 이에 개인이, 특정한 개인만이 아니고 모든 개개인이 이 세상에서 가장 소중하고 존중되어야 하며, 그러한 정신을 우리는 개인주의individualism라 합니다. 그래서 개인주의가 인간사회에 모습을 드러내게 되었습니다. 개인주의는 오늘날 미국 등의 나라에서 자유주의liberalism로 발전해 왔습니다. 사전에 의하면 개인주의는 몇 가지로 나뉘어 설명이 되고 있는데 그중에서 두 가지를 소개합니다. 첫째, 개인주의란 '개인의 권위와 자유를 중히 여기어, 개인을 기초로 하고 모든 행동을 규정하려는 윤리주의'입니다. 이러한 의미의 개인주의는 전체주의와 반대되는 개념입니다. 둘째, 개인주의란 '개인의 자유활동의 영역이 개인 사이에 침범되지 아니함을 이상으로 삼는 주의'입니다. 이러한 의미의 개인주의는 사회주의와 반대되는 개념입니다. 그래서 이 책에서 사용하는 개인주의는 전체주의나 사회주의에 반대되는 개념으로서 개인의 자유를 중시하여 개인의 자유로운 활동이 다른 사람의 자유를 침범하지 않는 범위에서 최대한 존중하는 사조를 말합니다. 자유주의는 '정치 · 경제 · 사회 · 문화 등 각 방면에 있어서 기본적인 인권을 인정하고 자유를 강조하는 주의'입니다. 이러한 사전적 의미의 자유주의는 일상의 일정한 범주 내에서 개인의 자유활동이 실현되는 것을 최대한 보장하거나 최대한 존중하는 사조를 말합니다.

그럼 사회란 무엇인가를 묻는다면 사회는 넓은 의미에서 개인들의 모임이자 조직이고 생활공동체입니다. 사회를 구성하는 핵심적인 인물은 당연히 개인입니다. 한 사람, 한 사람의 개인이 모여서 사회를 이루었습니다. 내 자신의 자유 의지는 아니지만 내가 부모님으로부터 태어나는 순간 사회에 속하기로 묵시적인 동의가 이루어졌습니다. 아담과 하와 이후 사람이 있었듯이 사회도 그렇게 있었습니다. 물론 특정한 조직의 형태로 새로운 사회를 내가 만들 수도 있습니다. 하지만 모든 사람이 속하고 있는 '보편적인 사회'는 거기에 그렇게 있었습니다. 그러한 사회는 개인을 핵심적인 구성원으로 삼기 때문에 구성원 개개인은 사회에서 아주 소중하고 귀한 존재입니다. 개인들이 모두 사라진다면 사회도 동시에 사라지기 때문입니다. 그럼에도 불구하고 사회가 소멸되거나 사회의 건전성이 문제가 되면 그 자체가 심각한 문제이며 개인의 존립 또한 심각한 도전에 직면하게 됩니다. 사회는 구성원 개인의 소중함에 못지않게 구성원들로부터 존중되어야 합니다. 그래서 사회주의socialism는 많은 사람들로부터 지지와 긍정적인 평가를 받아왔습니다.

사전에 의하면 사회주의는 의미가 매우 광범하여 개념을 규정하는 학술적 영역과 관점에 따라 약간의 차이가 있습니다. 먼저 경제학의 영역에서 아주 보편적으로 사용하는 사회주의는 '생산 수단을 공유하는 사회제도, 또는 그러한 사회제도를 실현하려는 사회사상 및 사회운동'입니다. 보다 넓은 의미에서 사회주의는 '사회주의 운동을 둘로 구분하여 공산주의에 대립하는 사회민주주의 및 민주적 사회주의'를 말합니다. 따라서 이 책에서 사용하는 사회주의는 광의의 개념으로서 사회민주주의를 포함합니다. 경제학의 범주와 공산주의의 영역에 국한되지 않으며 개인주의와 자유주의의 대척점에 있는 개념입니다. 그래서 사회주의는 '인간의 일상과 사회활동에서 개인과 자유에 대한 인식을 가지지만 사회를 먼저 생각하고 사회적 가치를 보다 존중하는 사조'를 의미합니다. 민주주의와 상관성이 있으면서도 조직과 사회, 국가를 중시합니다. 여기에서 사용하는 사회주의는 '사회중심주의', '사회우선주의'의 의미로 해석해도 무방합니다. 그러한 까닭에 구성원 개개인의 자유를 최고의 가치로 여기는 개인주의와 마찬가지로 사회주의와 사회주의 사상은 외면되거나 버림받아서는 안 됩니다. 인류와 인류의 역사에 있어서 사회와 사회주의는 대단히 소중한 의미와 가치로 자리매김하고 있었습니다. 아주 특별히 대한민국의 오늘에서 사회주의는 혹독한 비판과 경계의 대상이 되어 있음은 주지의 사실이고, 그러한 사실은 매우 안타까운 현상입니다. 그것은 북한과의 관계를 염두에 둔 나머지 지나치게 공산주의와 상관적으로 사회주의를 규정하였기 때문입니다. 보다 넓은 의미에서 자유주의나 민주주의 사상과 관련성을 함께 검토하여야 합니다.

가령 우리는 지금 인구가 급감하고 있음을 걱정하고 있습니다. 최근 들어 나타나는 현상입니다. 자유민주주의를 표방하고 있는 프랑스 등의 서구에서 이미 오래전에 나타났던 일입니다. 우리나라도 자유민주주의 국가로 새롭게 출발하면서 개인주의, 자유주의 의식이 자리 잡은 것과 깊은 관련이 있어 보입니다. 요즘 결혼시기에 다다른 젊은이들은 결혼하여 가정을 꾸리는 것을 비판적인 시각에서 보는 이들이 점차 늘어나고 있습니다. 결혼을 하더라도 굳이 자녀를 출산하여야 하는지 의문을 제기합니다. 그리고 자녀를 낳더라도 하나만 가지겠다는 사람들이 많아졌습니다. 거기에는 여러 가지 이유가 있는 것으로 보입니다. 그래서 인구절벽이라는 말도 나오게 되었습니다. 이대로 간다면 머지않아 우리나라 인구는 반 토막이 날 것이 분명합니다. 개인주의와 자유주의가 적령기 젊은이들의 그러한 사고방식과 행동에 영향을 미친 것으로 보입니다.

한겨레신문(2018. 12. 7) 화예랑 기자가 쓴 "문제는 '삶의 질'인데 … 정치권은 아직도 '출산, 얼마면 되겠니'"에 나오는 기사의 내용을 보면 인구 감소 문제의 심각성이 잘 나타나 있습니다. 이 보도에 의하면 우리나라는 세계에서 유례를 찾을 수 없을 만큼 출산율이 저조하다고 합니다. 2002년 이후 만 19~49살 가임기 여성 한 사람당 출산하는 평균 아이의 수를 나타내는 합계출산율이 평균 1.3명 이하로 밑돌게 됩니다. 심지어 2018년도 2~3분기 합계출산율은 1명에도 못 미치는 역대 최저 수준으로 떨어졌다는 것입니다. 이러한 저출산으로 인한 사회문제는 고령 인구의 비중을 증가시키고, 노인부양비의 점진적 증가, 지방 인구의 급격한 소멸 등으로 이어질 것이라는 위기감이 팽배해지고 있다는 것입니다. 그래서 이를 예상하고 정부에서는 2005년 저출산 · 고령사회기본법을 제정하고 '저출산대책'을 추진하면서 그동안 136조 원이라는 막대한 국가 예산을 쏟아부었다고 합니다. 하지만 출산율 하락은 멈추지 않았다는 것이 기사의 핵심적인 내용입니다.

심각한 인구 감소 문제와 거기에 대한 대책을 말하고 있습니다. 이는 국가와 사회를 이끌어 가는 분들만이 걱정하고 논의할 사안이 아닙니다. 대체로 나이 들고 국가의 장래를 걱정하는 사람들은 이러한 세태를 염려하면서 인구대책을 세워야 한다고 말합니다. 전통적이고 고전적인 의미에서 가족과 가족제도를 지켜야 한다는 생각을 합니다. 남녀가 혼인을 하고 자녀를 출산하며 사회생활공동체로서 가족생활을 할 수 있도록 국가는 적극적으로 지원하여야 한다고 주장합니다. 가족은 본래부터 개인주의와는 거리가 멀고, 사회주의와 가까운 개념입니다. 만약에 하느님께서 아담과 하와를 부부로 맺어주고 가족제도를 만들지 않았다고 가정을 한다면, 즉 남녀가 혼인을 하지 않은 상태에서 군집생활을 하였다면 사회적 혼란과 무질서, 살인과 다툼은 계속되었을 것입니다. 사회생활의 주도권을 쥔 남성들의 여성들을 차지하기 위한 갈등과 파국은 말로 형언할 수 없을 만큼 어지러웠을 것입니다. 집단과 조직, 사회와 국가가 성립할 수 없었을지도 모릅니다. 일정한 형태로 남녀가 결합하는 것을 제도적으로 보장하고 사회적으로 인증함으로써 평화롭고 안락한 일상이 가능하게 되는 것입니다. 그러한 가족제도 위에 지역사회와 국가가 서 있게 되는 구도입니다. 이에 국가와 사회의 장래를 걱정하고 이에 대한 구체적인 대책을 수립해야 한다는 입장은 사회주의적 관점입니다. 그리고 보수주의conservatism 입장에 닿아 있습니다. 보수주의는 사전에 의하면 '현상유지를 목적으로 하여 역사 · 관습 · 사회조직을 고수하는 주의'라고 하였습니다. 이는 재래의 풍속이나 습관, 전통을 중시하며 나아가 그것을 보전하여 지키는 것을 최고의 가치로 여기는 사조를 말합니다. 그러한 의미에서 보수주의는 혁신주의와 대척점에 있습니다. 직면한 인구문제에 있어서 인구의 감소를 막아 내고 전통적인 가족제도를 유지 존속하겠다는 것은 보수주의의 입장을 나타내는 것입니다. 오로지 자신의 인생과 삶만을 염두에 두고 일상을 살아가려는 개인주의를 마냥 탓할 수는 없습니다. 다만, 사회와 국가의 장래를 걱정하는 사람들은, 사회주의 가치를 존중하는 사람들과 보수주의자들은 개인주의자, 자유주의자들이 국가와 사회를 염려하며 봉사할 수 있는 길을 열어주어야 합니다. 그분들이 사회를 염두에 두고 스스로, 주체적으로 결정하고 헌신할 수 있는 시스템을 구축해 주어야 합니다. 그래서 개인주의와 사회주의는, 자유주의와 보수주의는 앞으로도 지속적으로, 상호보완적으로 나아가야 할 가치이자, 이념이고 사상입니다. 개인과 사회의 관계처럼 말입니다.

인간 존재로서 존엄을 지닌 개인과 그들이 만들고 구성원이 된 사회, 이 두 가치 지향적 개념은 인류사회에서 오랜 화두가 되어 왔으며 앞으로도 영원히 이어져 갈 것입니다. 물고기가 물에서 살고 있듯이 사람은 사회에서 살아갑니다. 그래서 인간을 사회적 존재라고 말합니다. 개인주의를 주장하고 그 실현을 위해서 노력을 하더라도 사회와 사회주의에 대한 관심을 소홀히 하여서는 우리에게 미래가 없습니다. 그렇다고 사회주의를 주장하고 사회주의 국가 건설을 목표로 삼는다 하더라도 개인주의와 자유주의에 대한 인식을 가볍게 하여서는 복지사회에 진입할 수 없습니다. 우리나라는 역사적 발전과정에서 북한과의 경쟁관계를 형성하느라 북한사회의 이념적 한 축인 사회주의에 대한 콤플렉스를 국민들에게 심어놓았습니다. 그래서 사회주의는 무조건 나쁜 것이고 우리 사회에서 배척되어야 한다는 인식을 정치지도자와 위정자들이 폭넓게 확산시켰습니다. 불행한 일입니다. 최 근년에 우리 사회는 자유민주주의 물결이 도도히 넘쳐흐르는 경험을 하였습니다. 대한민국 정부가 수립되기 이전까지 실질적으로 우리나라를 지배하고 있었던 전제군주주의 국가체계와 가부장제 사회문화가 송두리째 부정되고 척결의 대상이 되었습니다. 소위 촛불집회로 상징되는 다수의 민중에 의한 민주화운동으로 말입니다. 비록 전제군주주의 국가체계와 가부장제 사회문화는 소멸되더라도 그 속에 묻혀 있는 사회주의는 주목받아야 하며 계승, 발전되어야 마땅합니다. 개인주의와 자유민주주의를 신봉하고 그 운동을 하는 이들, 특히 그 분야의 지도자들은 개인의 복리를 넘어서서 국가와 사회의 장래를 내다보아야 합니다. 앞으로도 인류사회는 개인과 사회의 두 축을 중심으로 역사를 이루며 흘러갈 것입니다. 동일한 차원에서 개인주의와 사회주의는 강화와 쇠락을 거듭하면서도 반복적 진화를 거듭해 나갈 것입니다. 제로섬 게임의 논리가 아니라 상호보완적 의존관계의 패러다임과 이념으로서 자리매김해 가는 것이 바람직할 것입니다. 개인과 사회가 서로 보완적 의존관계에 놓여 있듯이 말입니다. 개인과 사회, 개인주의, 즉 자유주의와 사회주의의 개념은 이 책에서 이야기를 구성하고 이해하는 하나의 핵심적인 관점이 되고 있습니다.

05

참자기와 거짓자기

프로이드S. Freud는 19세기 후반 오스트리아에서 태어났습니다. 오스트리아의 정신과 의사였으며 동시에 정신분석학파의 창시자로서 널리 알려져 있는 세계적인 심리학자입니다. 그는 인간의 보이지 않는 내면세계, 정신세계, 심리세계를, 아주 특별히 무의식의 세계를 손에 닿을 듯이 선명하게 우리들에게 보여주었습니다. 프로이드는 자신의 정신분석이론을 오스트리아 정신과 의사 모임인 정신의학회에서 처음으로 발표하게 됩니다. 당시에 프로이드의 성이론을 경청하였던 많은 정신과 의사들은 프로이드의 발표를 다 듣기도 전에 퇴장하면서 그에게 욕설을 하고 심지어 침을 뱉기도 합니다. 프로이드는 흔들림 없이 유명한 말을 남기면서 연설을 마무리하게 됩니다. "새로운 것은 진실하지 아니하며, 진실한 것은 새롭지 아니하다." 그 이후 그의 이론은 급속하게 확산되어 그는 현대 심리학의 아버지로 추앙받을 만큼 많은 사람들로부터 지지를 받게 됩니다. 그의 이론은 뿌리가 되어 큰 나무와 숲으로 확대되고 정교화하였으며 인간 심리연구 분야에서 고전으로 주목을 받게 되었습니다. 프로이드의 연구 이후 많은 심리학자와 정신의학자들은 그의 이론을 확대, 재생산함으로써 다양한 학파로 발전되어 왔습니다. 돈과 권력, 그리고 명예에 관한 삼가분립 이야기, 우리 사회의 분위기로 보아 다수의 사람들로부터 외면당함으로써 진실하지 못한 새로운 것으로 남아 있을 것입니다. 그래도 언젠가는 새롭지 못하지만 진실한 것으로 거듭날 수 있기를 기대해 봅니다.

프로이드 정신분석학에서 다양하게 진화한 오늘날 심리학 내용에는 인간이 존재하고 살아가는 모습을 두 가지로 유형화하는 이론이 있습니다. 인간 존재는 참자기real self와 거짓자기pseudo self의 형상을 가지고 있다는 것입니다. 참자기는 진짜자기, 거짓자기는 가짜자기false self로 불리기도 합니다. 이러한 참자기와 거짓자기 이론은 정신분석학에서 발달해 나온 대상관계이론에서 중요한 부분으로 자리 잡았으며, 정신과 의사였던 보웬Bowen은 만성불안과 자기분화의 개념을 설명하면서 가짜자기의 개념을 설명하고 있습니다. 그리고 보다 최근에는 브래드쇼Bradshaw가 그의 저서 『The Family』에서 진짜자기와 가짜자기의 개념을 활용하여 인간의 내면세계를 아주 생생하게 그려내고 있습니다.

지금 여기에 한 사람이 태어났습니다. 아기는 배가 고플 때 어머니의 품 안에서 어머니의 젖을 먹고 적절하게 배설을 하면서 무럭무럭 자랄 것입니다. 어머니는 이런저런 사정이나 이유로 인해서 아이에게 젖을 물리지 않고 우유로 키울 수도 있습니다. 아기는 하루 중 많은 시간을 잠으로 보내면서 오로지 욕구와 본능에 충실한 일상을 살아갑니다. 그러한 삶은 지극히 자연스러우며 순리적으로 진행될 것입니다. 차츰 어머니와 의사소통을 시작하고 가족의 일원으로 성장하게 될 것입니다. 하지만 그는 사람으로 태어나기는 하였지만 어떤 사람으로 거듭 태어나게 될지는 아무도 모릅니다. 고기를 좋아하여 육식가가 될지, 아니면 채식주의자가 될지, 의사로 자라날지, 선생님이 될지, 스포츠 선수가 될지, 성실한 노동자가 될지, 아니면 예술가로 크게 성공할지, 권력을 추구하여 사람들 위에 군림하게 될지, 그것도 아니면 많은 돈을 벌어서 호사를 누리며 살게 될지, 어머니의 품 안에 안기는 순간부터 스스로 독립하는 단계를 거쳐 죽을 때까지, 그 사람이 어떤 삶을 어떤 방식으로 살아가게 될지는 아무도 모릅니다. 다만, 흐릿하게나마 어머니는 아이의 장래를 머리와 마음속에 그리고 있습니다. '이런 사람, 이렇게 살아가는 사람으로 키워야지' 하고 마음속으로 아이의 장래를 생각합니다. 그리고 그 길을 향해 어머니는 최선을 다해서 아이를 양육합니다. 따라서 지금, 여기에 태어난 한 사람은 거의 전적으로 어머니를 중심으로 한 가족의 품 안에서 자신의 모습을 형성하고 존재감을 만들어 갑니다.

하지만 일반 동물과 식물은 사람과 판이하게 구분됩니다. 여기 수정된 독수리 알이 하나 있다면 그 알 속에는 어미를 닮은 한 마리의 독수리가 될 소인과 자질, 가능성이 완벽하게 갖추어져 있습니다. 어미가 할 수 있는 일은 일정 기간 어미의 품 안에서 알을 품어주고 알이 부화하면 고기 먹이를 물어다 먹이는 것입니다. 사람과 달리 비슷한 시기에 함께 태어난 형이나 동생이 있다면 어미의 먹이를 두고 경쟁을 하며 경쟁에서 진 새끼는 도태되거나 떨어져 죽게 됩니다. 어미는 그러한 경쟁을 묵인하거나 방치합니다. 일정한 기간이 다시 지나면 어미처럼 날아다니면서 사냥을 하게 되고 어미의 뒤를 이어 독립하여 살아가게 됩니다. 독수리 알에는 독수리의 전형적인 모습이 이미 각인되어 있어서 알의 장래 형상을 정확하게 예상할 수 있는 것이지요. 사람과는 사뭇 다릅니다. 그리고 여기에 밤 한 톨이 있습니다. 이 밤은 땅속에 묻히고 적당한 물을 공급받게 되면 싹이 트고 잎이 자라나게 됩니다. 그리고 점점 커지면 훗날 한 그루의 커다란 밤나무로 자라게 되면서 봄이면 밤꽃을 피우고 가을이면 밤송이 속 먹음직스러운 밤을 주렁주렁 매달게 됩니다. 어린 새싹이 거목으로 자라남에 있어서 오로지 자연환경의 영향만 받게 됩니다. 비가 오면 수분을 공급받고, 햇볕이 나면 탄소동화작용을 하여 무럭무럭 자라납니다. 어린 밤나무 곁에 어떤 나무나 생물이 있든 상호작용이나 영향은 거의 일어나지 않습니다. 아주 특별히 어미나무나 가족의 영향이나 어떤 직접적인 도움도 필요하지 않습니다. 한 톨의 밤은 커다란 밤나무의 기질만 오롯이 가지고 있는 것이지요. 그래서 밤 한 톨은 어떤 장래모습을 가지고 있을지 누구나 쉽게 예측할 수 있습니다. 이 역시 사람과는 사뭇 다릅니다.

사람들은 문명과 문화가 발달하면서 어머니와 가족이 그 사람의 됨됨이에 미치는 영향과 간섭이 심화되어 왔습니다. 동식물처럼 자라나고 스스로 성장하는 것이 아니라 어머니와 가족의 영향력의 정도에 따라 자신의 장래가 결정되어 버리는 것입니다. 여기에 갓 태어난 한 사람은 자연스럽게 자라나고 스스로 성장하는 것이 아니라 어머니와 가족, 사회에 의해서 양육되고, 키워지며, 돌보는 이에 의해서 형상화되어 가는 것입니다. 보다 극단적으로 말한다면 특정한 유형의 사람으로 만들어지게 되는 것입니다. 아이는 자라면서 컴퓨터 게임에 매력을 느끼고 게임 전문가의 길을 가고자 하였으나 어머니는 이런저런 이유로 아이를 만류하고 의사가 되기를 바랐습니다. 그래서 컴퓨터학과를 포기하게 하고 의과대학에 진학시켰습니다. 그리고 아이는 의사가 되었습니다. 그리고 어머니의 가르침을 따라 의사로서 충실한 삶을 살아갑니다. 돈도 많이 벌고 사회적 인정도 받았습니다. 그리고 무엇보다 그런 삶을 있게 해준 어머니에게 감사한 마음을 가지고 어머니를 보살펴 주기를 어머니는 강력하게 원합니다. 하지만 아이는 어머니에게 효도하기를 거부하였습니다. 거짓자기에 충실한 삶을 살았습니다. 이 책의 머리에 나오는 프롤로그에는 거짓자기의 모습으로 살아가는, 권력과 돈만을 최고의 가치로 여기는 주인공의 모습이 그려져 있습니다. 그러한 철수는 모든 것이 아주 철저하게 부모님이 만든 작품입니다. 패자의 모습을 보고 내면의 참자기에 귀를 기울이지만 이미 늦었습니다. 우리 사회에서 대부분의 현대인들은 권력과 돈과 명예에 사로잡힌 노예의 삶을 살아가는 형국이 되어 있습니다. 그래서 오늘을 사는 우리는 다수가 행복하지 못합니다.

브래드쇼가 쓴 책머리에 나오는 휴 이야기는 휴먼스토리입니다. 휴의 가짜자기로 모자이크 되고 그렇게 살아가고 있는 모습은, 그리고 죽을 때까지 진정한 자기를 만나지 못하게 되는 그러한 휴의 모습은 오늘을 살아가고 있는 보통사람들을 형상화한 것이라 할 것입니다. 인간의 이러한 모습은 아주 잘못된 것이고 크나큰 비극이며 현대사회의 위기라고 브래드쇼는 말합니다. 내가 누구인지도 모르고 다른 사람들과 주위 환경에 비위나 맞추면서 살아가는 불쌍한 사람, 영혼의 질병을 앓고 있는 중증 환자의 모습이 곧 우리들의 모습이라고 합니다. 그래서 브래드쇼는 이 책의 주제를 '진정한 나를 찾아 떠나는 심리여행'이라고 하였습니다. 현대를 살아가는 절대 다수의 사람들은 자유의지에 반하여 자신에게 씌워진 굴레, 가짜자기의 모습으로 일생을 살아가게 됩니다. 그리고 간혹, 혹은 생을 마무리할 즈음에 내면에서 소리치는 진짜자기의 울부짖음에 잠시 귀를 기울이기도 합니다. 그러나 그것도 잠시 지나가는 순간일 뿐입니다.

그렇다면 이러한 인간의 거짓자기는 어떻게 형성되는 것이며 왜 참자기로 나아가지 못하게 되는 것일까요? 이러한 물음에 대한 브래드쇼의 답은 아주 명쾌합니다. 사람들의 가짜자기와 진짜자기 뒤에는 가족이 도사리고 있다는 것입니다. 어떤 가족에서 태어나고 어떻게 성장 발달하는가에 따라서 다르게 나타난다는 것입니다. 아주 특별하게 가부장제 가족은 가짜자기의 모습으로 살아가는 사람들을 만들어 내는 직접적인 요인으로 지목되고 있습니다. 가부장제 가족은 국가, 사회적으로 전제군주주의와 맞물려 있는 것으로서 가족 내 가장과 국가의 군주는 동일한 패러다임으로 가정과 국가를 다스리게 된다는 것입니다. 가부장은 자녀를 일방적으로 훈육하고 가르치며 체벌이나 처벌도 당연시합니다. 그래서 자녀들은 부모와 어른들에게 반드시 복종하고 순종해야 합니다. 그리고 어른들을 섬겨야 합니다. 이와 같이 경직된 가족규칙과 문화는 역기능적인 가족을 만들게 되고 역기능적인 가족에서 자란 사람들은 가짜자기를 형성하게 된다는 것입니다. 여기서 더욱 심각한 문제는 이러한 역기능적 가족이 어느 한두 가족만의 문제가 아니라 21세기 사회, 민주주의 국가에서도 보편적으로 나타나고 있다는 것입니다.

역기능적 가족에서 자라난 아동의 가장 대표적인 예가 성인아이입니다. 성인아이는 두 가지 의미로 해석됩니다. 성인'아이'는 신체와 연령이 어른이 되었음에도 아이처럼 사고하고 행동하는 것을 의미합니다. 이는 어린 시절의 미충족된 욕구나 미완성된 과업, 미해결된 어린 시절의 상처가 강하게 남아 있어서 성인이 된 후에도 그것을 계속적으로 추구하기 때문에 나타나는 현상입니다. 그리고 '성인'아이는 현재 아이의 나이와 몸이지만 어른처럼 조숙하여 매우 합리적, 이성적으로 사고하며 행동을 보인다는 것입니다. 아이답지 못하고 어른답다는 것을 말합니다. 전통사회에서 거의 대부분의 부모들은 이러한 '성인'아이를 선호하고 칭찬하였습니다. 이러한 행태를 보이는 아이들은 자신의 성장 발달 과정과 속도에서 벗어나 부모의 기준에 부합되는 언행을 보임으로써 적응하게 되고 살아남게 되는 것이라 하겠습니다. 이와 같이 개인의 인성발달에 가족이 지대한 영향을 미치는 것은 분명해 보입니다. 그래서 가족과 가족생활의 건강 정도가 개인의 인성발달, 즉 진짜자기와 가짜자기 형성에 직접적인 관련성이 있다고 하겠습니다. 즉, 가짜자기의 모습으로 살아가는 사람들의 뒷면에는 건강하지 못한 그의 원가족과 어린 시절의 가족생활이 자리매김하고 있다고 보아야 할 것입니다. 결국 가짜자기의 모습으로 살아가는 사람들은 성인아이의 모습으로 쉽게 형상화되지만 이러한 모습은 전적으로 자기를 돌보아 주고 있는 사람의 모습을 그대로 반영한 것이라 하겠습니다. 이와 같이 자기를 돌보아 주는 사람의 모습으로 자신이 형상화된다는 것은 몇 가지 면에서 문제가 발생합니다. 첫째는 내면의 욕구나 자기모습과는 거리가 멀다는 것이며, 둘째는 돌보아 주는 이의 온전하지 못한 문제적 측면을 고스란히 물려받게 된다는 것입니다. 셋째는 가부장제 가족문화 속에서 이루어진 주입식 유해한 교육은 자녀들의 주체적이고 창의적인 성장과 발달을 도모할 수 없게 한다는 것입니다. 이러한 가정에서 자라나게 되면 아이들은 가족 내 경계선에 문제가 있으며 모호한 역할, 자유의 상실, 망가진 의지, 심화된 상호의존 증상, 방어적 행동 등을 보이게 됩니다. 심한 경우에는 강박적 행동, 중독증상, 자존감의 극심한 손상, 폭력행동, 정신질환으로 나아가게 됩니다.

이러한 가짜자기의 모습은 자신을 방어하고 보호하기 위해서 가면을 쓰는 것과 같은 이치인데, 이러한 가면은 내면의 진짜자기가 고통이나 외로움으로부터 벗어나게 하는 목적을 가지고 있게 됩니다. 그러나 가면을 오랫동안 쓰게 되면 나 자신은 내면의 진짜자기를 잊어버리거나 접촉이 단절되고 가면적 행동은 고착되어 버립니다. 이를 인간의 보편적 가치와 상관적으로 본다면 돈과 권력에 대한 지나친 집착, 수단과 방법을 가리지 않는 돈과 권력의 추구, 돈과 권력과 명예를 싹쓸이 하려는 과대한 욕심의 발로 등으로 나타나게 됩니다. 결코 채워지지 않는 바구니처럼 돈과 권력과 명예를 향한 탐욕은 그칠 줄 모르게 되는 것이라 하겠습니다. 내가 왜 존재하며 무엇 때문에 살아가는지를 나 자신 내면의 목소리를 잊어버리고 가면을 쓰고 연극하는 일에만 매달리는 형국이 조성되는 것이지요. 돈이 전부요, 권력이 전부이며, 명예를 거머쥐는 일에 모든 것을 쏟아붓게 되는 것입니다. 보다 더 많은 돈, 더 많은 섹스, 더 좋은 음식, 더 많은 술과 약물, 더 강한 쾌락과 흥분과 오락, 더 높은 지위와 더 많은 권력, 더 유명한 사람이 되기를 끊임없이 추구합니다. 탐욕은 끝없이 이어지게 됩니다. 그래서 우리는 휴의 자문자답처럼 스스로에게 아주 가끔씩 묻습니다. 내가 돈을 더 벌어서 무엇을 하지? 돈을 왜 벌지? 하지만 소용이 없습니다. 이미 역을 출발한 기차가 레일 위를 달리기만 하는 것처럼, 자신 속의 가짜자기는 그러한 질문에 머무는 것은 순간일 뿐이며 돈을 향해 달리기만 하면 되는 메커니즘을 가졌기 때문입니다. 사람이 성장하는 과정에서 어린 시절에 어머니가 미치는 영향이 가장 지대하다는 것을 프로이드를 비롯하여 많은 심리학자들이 이미 증명하였듯이 어머니의 위상과 기능, 역할이 가장 중요하게 다가오는 이유입니다. 유해한 가족교육과 가짜자기와의 관련성을 생각합니다. 어른들의 말씀과 관습에 의하면 어린 아기의 돌잔치에서 돈과 권력과 명예를 상징하는 여러 가지 물건들을 올려두고 아무것도 모르는 아기가 어떤 상징물을 집어 들게 되는지 보면서 어른들은 아이의 장래를 말하고 떠들었습니다. 어머니는 아이가 돌잔치에서 어른들이 올려놓은 상징물 중 하나를 아이가 선택하는 것을 지켜보면서 귓속말로 이렇게 속삭입니다. '돈을 많이 벌거나 권력이 높은 지위에 올라라.' '그리고 출세하여라'라고 말입니다.

이러한 거짓자기와 참자기 이론에는 정도와 수준이 있습니다. 사람들은 동일하면서도 상이한 가족과 환경에서 태어나고 성장하기 때문에 사람마다 참자기와 거짓자기를 형상화한 정도는 다르게 나타나는 것으로 볼 수 있습니다. 아마도 100% 완벽한 참자기로 사는 사람, 혹은 100% 거짓자기의 모습으로 살아가는 사람은 실제로 존재하지 않을 수도 있습니다. 이론적으로는 100% 그런 사람이 존재할 수 있지만 보편적으로 말한다면 사람마다 형상화한 정도의 차이는 있을 것입니다. 진짜자기와 가짜자기 형상의 합은 이론적으로 100이 됩니다. 이 말은 실제로 일어나는 현상은 100 이상이 될 수도 있으며 100이 되지 않을 수도 있다는 의미입니다. 그것은 약간의 변수와 요인을 감안해야 한다는 뜻입니다. 그리고 개인의 삶에서 진짜자기의 비중이 높으면 상대적으로 가짜자기의 비중이 낮아지게 되고 가짜자기의 비중이 높으면 진짜자기의 비중은 낮아지게 됩니다. 가령 50이라는 숫자는 진짜자기와 가짜자기가 각기 50으로 나타난 삶을 삶고 있다는 것이며, 어떤 사람이 30%의 진짜자기 모습을 보이고 있다면 그의 가짜자기 모습은 70% 수준에 이른다는 것을 의미합니다. 이러한 분류는 하나의 기준이 될 수는 있지만 실제로 활용하기에 어려움이 따를 수 있습니다. 왜냐하면 자신의 모습을 정확하게 수치로 나타낸다는 것이 용이하지 않기 때문입니다. 보다 큰 범주로 보아 진짜자기의 모습을 최소한 50% 이상 보이는 사람들의 집단은 대체로 건강한 삶의 여정을 걷고 있는 사람들이라 하겠습니다. 그러나 진짜자기의 모습은 줄어들고 가짜자기의 모습은 증대되는 사람들의 영역이 있습니다. 이 영역에서 살아가는 사람들 중에서도 가짜자기의 비중이 매우 높은 사람들은 돈과 권력과 사회적 명성을 좇아 가는 불나비와 같은 행동을 보입니다. 건강하고 아름다운 삶을 살지 못하고 있는 사람들이라 하겠습니다. 우리 사회에서 이런 유형의 삶을 살고 있는 사람들이 얼마나 많은지, 그리고 우리는 각자 어느 영역에 속한 삶을 살아가고 있는지에 대해서 생각해 보면 스스로 답을 할 수 있는 부분이라 여겨집니다.

제2장

카오스

01

카오스 이론, 지금 여기 우리들의 이야기

카오스chaos는 원래 그리스 신화에 나오는 말입니다. 그리스 신화에서 카오스는 우주의 삼라만상이 생기기 이전 아무것도 없는 '텅빈 공간'을 지칭합니다. 성경에서 말하는 하느님께서 천지창조를 이루시기 이전의 '완전한 무의 상태'를 의미하는 것과 같습니다. 그래서 카오스는 완전한 무의 상태, 혹은 온전한 공간으로서 있다는 것을 말합니다. 영어에서 chaos는 무질서, 혼란상태, (천지창조 이전의) 혼돈 등으로 번역되고 있습니다. 그러나 물리학에서는 혼돈이론chaos theory이라 하여 '무질서하고 혼돈의 상태에 있는 것으로 보이는 현상, 혹은 전혀 예측 불가능한 것으로 보이는 현상도 배후에는 모종의 정연한 질서, 즉 논리적 법칙이 존재한다는 이론'으로 규정할 수 있습니다. 이 이론이 지향하는 바는 무질서하고 예측이 불가능해 보이는 현상 속에 숨어 있는, 그래서 겉으로 쉽게 드러나지 않는 질서정연한 논리나 법칙을 드러나게 하여 현상이나 세계에 대한 새로운 사고방식이나 이해의 방식을 제시하는 것이라 하겠습니다. 카오스 이론은 1920년 로버트 메이Robert May에 의하여 제기되었는데, 그 이후 1963년에 에드워드 로렌츠Edward Lorenz에 의해서 '나비효과'이론이라는 이름으로 보다 발전하게 되어 우리나라에도 널리 알려져 있습니다.

연구방법론에서 카오스 이론은 주사위를 던졌을 때 나오게 되는 무작위성 결과와는 자주 대비되고 있습니다. 즉, 주사위를 계속해서 몇 번 던지게 되면 매번 특정한 숫자들이 나오게 됩니다. 이때 나오게 되는 숫자들의 나열과 같은 무작위성과는 대비되는 개념으로서 카오스는 겉으로 보기에는 무작위한 것처럼 보이지만 거기에도 전체적인 흐름을 지배하는 법칙이 내재하고 있다는 것입니다. 그러한 지배법칙은 계속적으로 영향을 미치게 되고 미래의 상태를 결정하게 되는 결정론적 본성을 가지고 있습니다. 따라서 어떤 주어진 초기의 상황을 알 수 있다면 그러한 초기상황으로 미루어 보아 미래의 모습을 어느 정도 예측할 수 있다는 것입니다. 이러한 입장은 거시적으로 보아 전통적인 과학방법론에서 말하는 인과관계 모델에 속하고 있는 것으로서 카오스 이론은 '무질서 속의 질서를 탐구하는 이론'이라 할 수 있겠습니다.

그리고 로렌츠의 '나비효과'이론은 나비의 작은 날갯짓 하나가 폭풍우와 같은 엄청난 결과를 가져올 수 있다는 것입니다. 기상학자였던 로렌츠는 컴퓨터를 이용하여 기상과 관련된 모의실험을 하던 중, 초기에 투입한 조건 값의 미세한 차이가 커다란 다른 결과를 만들어 낸다는 것을 발견하게 됩니다. 로렌츠의 컴퓨터에 나타난 실험의 과정을 그린

나비의 날개 모양의 그림에는 다소 혼란스러워 보이기는 하지만 일정한 모양과 규칙을 갖추고 있다는 것을 알게 됩니다. 즉, 초기 값의 미세한 차이는 큰 변화를 이끌어 오게 되며 다소 혼돈스럽지만 거기에는 질서가 내재되어 있다는 것을 알게 됩니다. 그리하여 그는 나비효과를 확인하게 됩니다. 이러한 카오스 현상과 카오스 이론은 자연과학 영역에서 발달하게 되었습니다. 이후 다양한 영역으로 확대되어 갔으며 사회과학에서도 이 이론을 활용하기에 이르렀습니다. 겉으로 보기에 아주 무질서하고 혼란스러워 보이는 사회현상을 설명할 수 있습니다. 지금의 대 혼란 현상이 정신을 차릴 수 없을 만큼 어지럽고 복잡하게 보이지만 거기에도 질서와 규칙이 숨어 있다는 것입니다. 그리고 지금의 조그마한 나비의 날갯짓과 같은 행위도 미래에 매우 커다란 사회적 변혁을 불러올 수 있다는 것입니다.

2019년 오늘의 대한민국, 건국 이후 21세기 오늘에 이르기까지 최근 우리들 앞에 전개되고 있는 대 혼돈과 혼란은 무엇일까요? 카오스입니다. 사회적 질서도 없고 가치와 윤리는 뿌리 채 흔들리고 있으며, 우리들 눈앞에는 자욱하게 낀 안개처럼 저 멀리를 내다볼 수 없는 불확실한 현상이 계속적으로 일어나고 있습니다. 앞으로 다가오는 다음 세대의 미래사회에는 짙은 안개가 걷히게 될까요? 아니면 끝없는 안개 속을 걸어가야 할까요? 우리에게 일어나고 있는 카오스 현상은 무엇이며 그 속에는 눈에 보이지 않는 어떤 합리적인 논리나 법칙이 숨어 있는 것일까요? 그 법칙을 찾아내고 보일 수 있도록 드러낸다면 나비효과는 있는 것일까요? 우리의 미래사회는 어디로 가게 될 것이며, 가야 할 길, 그 목적지는 어디일까요?

아래에 나오는 글은 『영혼을 위한 닭고기 수프』에 나오는 '나 자신'이라는 제목의 글 일부입니다. 영국의 웨스트민스터 대성당 지하 묘지에 있는 어떤 주교의 무덤 앞에 적혀 있는 글이라고 합니다. "내가 젊고 자유로워서 상상력에 한계가 없을 때, 나는 세상을 변화시키겠다는 꿈을 가졌었다. 좀 더 나이가 들고 지혜를 얻었을 때 나는 세상이 변하지 않으리라는 걸 알았다. 그래서 내 시야를 약간 좁혀 내가 살고 있는 나라를 변화시키겠다고 결심했다. 그러나 그것 역시 불가능한 일이었다. 황혼의 나이가 되었을 때 나는 마지막 시도로, 나와 가장 가까운 내 가족을 변화시키겠다고 마음을 정했다. 그러나 아무도 달라지지 않았다. 이제 죽음을 맞이하기 위해 누운 자리에서 나는 문득 깨닫는다. 만일 내 자신을 먼저 변화시켰더라면, 그것을 보고 내 가족이 변화되었을 것을. 또한 그것에 용기를 얻어 내 나라를 더 좋은 곳으로 바꿀 수 있었을 것을" 이 글을 남긴 주교는 젊은 날에 세상을 바꾸어 보겠다는 야심을 가지고 살지만 결국 허망하다는 것을 깨닫게 됩니다. 그리고 죽음이 임박하여 자신을 먼저 바꾸었다면 세상도 바뀔 수 있었다는 회한을 말합니다.

위 이야기에서 나오는 것처럼 우리는 자신의 삶을 살아가면서도 자신이 아닌 다른 사람과 세상을 바꾸려 합니다. 남편은 아내를 자신의 기준에 맞추어 변화시키려 합니다. 아내도 마찬가지입니다. 결혼을 하는 순간부터 서로를 향한 '당신 변화'의 집념은 집요합니다. 일생 동안 포기하지 않습니다. 하지만 그러한 목표는 절대로 달성할 수가 없습니다. 상대방은 자신의 변화를 통한 나의 변화 구조를 결코 받아들이지 않기 때문입니다. 그래서 부부간의 갈등과 다툼은 계속 이어지게 됩니다. 그러한 '당신 변화'의 구조는 가족 전체, 집단과, 조직, 지역사회, 국가, 인류사회로 확장되어 갑니다. 결국 가족도, 집단과 조직도, 지역사회와 국가도 바람직한 사회로 바뀌지 않습니다. 배우자를 바람직한 방향으로 바꾸려면 내가 먼저 바뀔 수밖에 없습니다. 가족이 바뀌고 사회가 바뀔 것이며 나라가 온전하게 변모할 것입니다.

2019년 현재, 우리 앞에 놓인 무수히 복잡하고 미묘하면서도, 얽히고 설킨 사회적 난제들, 해결하기에는 너무도 힘들고 어려운 과제들, 우리가 감당할 수 없을 만큼 무거워 보이는 대 혼란이 놓여 있습니다. 그러면서도 모두가 네 탓이고, 사회지도층의 책임이라고 울부짖는 상황에서, 그들을 처단하고 일벌백계함으로써 문제는 사라지고 이상적인 사회는 도래하는 것일까요? 그러한 문제와 혼란현상의 원인 제공에 있어 나는 자유로운 것이며, 아무런 책임도 없는 것일까요? 영국의 성공회 대주교의 무덤 앞 묘비에 적힌 글처럼 우리는 각자의 인지구도에서 먼저 변화의 바람을 미약하지만 불러일으켜야 합니다. 처음에 혼자서는 미약하지만 가족과 이웃으로 번지게 되면 태풍으로 자랄 수도 있습니다. 수단과 방법을 가지지 않고 돈을 벌고 재물을 모으기 위해 몸부림치는 우리들의 모습에서 교훈을 얻지 못한다면 우리 사회는 가야 할 길이 아득하게 멀리 있을 것입니다. 그래도 우리는 아직도 가야 합니다. 가야 할 길의 이야기, 이제 시작입니다.

오늘을 살아가고 있는 대한민국 국민들의 마음은 착잡합니다. 그리고 혼란스럽습니다. 현기증이 일어날 정도로 어지럽고 정신을 가다듬을 수 없을 만큼 무질서해 보입니다. 정치, 경제, 사회, 문화, 행정, 교육, 산업, 외교, 국방, 일상 등 모든 분야에서 제자리를 지키면서 순기능을 하고 있는 것은 얼마나 될까요? 과학과 기술은 고속열차보다 더 빠르게 달려가고 있으니 아찔한 나머지 머리가 아픕니다. 질주하는 과학기술의 고속열차에서 내릴까 고민도 하지만 내 마음대로 내릴 수도 없습니다. 이 모든 상황은 역사가 도도히 흐르면서 나타나는 과도기적 현상일까요? 아니면 우리들 모두가 만들고 키워온 결과일까요? 정치와 권력, 경제와 사회부문을 살펴볼까요. 2017년 3월 초까지 권력의 정점에 있었던 대통령은 소위 국정농단으로 대통령직에서 파면당하였을 뿐만 아니라 감옥에 수감된 상태에서 재판을 받고 있습니다. 우리나라 재벌의 여러 총수들 역시 권력과 유착되어 국법을 어겼다는 죄목으로 재판을 받고 있습니다. 우리나라의 대표적인 문인으로 노벨문학상 후보에 오를 만큼 명성이 높은 한 시인은 성추행과 관련하여 동료이자 후배 시인으로부터 폭로, 비판을 받아 명예가 크게 실추된 지경에 이르렀습니다. 국회는 당리당략과 개인의 이해관계를 중심으로 정치를 하느라 국민들의 따가운 시선을 면하기 어렵습니다. 국민들이 그래도 기대고 의지하면서 사회정의를 실현해 줄 것으로 믿었던 사법부는 정치적 거래에 의해 판결하였다고 수사를 받고 있습니다.

일반 국민들은 어떨까요? 매일같이 언론에 보도되는 보통사람들의 비리와 문제들, 돈과 권력을 추구하면서 관련된 크고 작은 사건과 범죄, 윤리적 문제까지 쏟아지고 있습니다. 그러한 와중에서도 가장 심각한 문제는 대부분의 국민들이 전체적이고 장기적인 구조에서 국가의 미래를 보지 않고 오로지 자신의 이득을 중심으로 현재에 벌어지는 일에만 관심을 가지고 있다는 것입니다. 노정된 국가적, 사회적 문제에 대한 자신의 책임과 해결 노력은 뒤로한 채, 자신의 이익을 극대화하려는 입장에 서서 다른 사람과 사회, 국가를 향해 손가락질을 하면서 '네 탓이요'의 패러다임으로 갈등을 증폭시키고 있습니다. 물론 법을 어기면 처벌을 받아야 합니다. 죄를 지으면 벌을 받고 대가를 치러야 합니다. 양심과 도덕률을 침범하면 속죄하여야 합니다. 더욱이 국가와 사회의 지도자들에게는 그러한 규준이 더욱 엄격하게 적용되어야 합니다. 그래서 지금 잘못을 하고도 회개할 줄 모르는 지도자들은 보다 엄한 대가를 치러야 합니다. 하지만 정치지도자들, 권력자들, 사회적 명망가들, 큰 부자들에게 더 이상 기대할 수가 없습니다. 그들은 죄를 지은 것도 모자라, 자신은 죄를 짓지 않았다거나 죄 지은 줄 모른다고 강변합니다. 국가적 재난과 사회적 문제는 자신과 무관하다고 말합니다. 국민들이 나무라면 회개하는 척합니다. 그리고 다시 반복합니다. 왜냐하면 그들은 거짓자기의 가면을 쓰고 있어서, 돈과 권력과 사회적 명망을 향한 욕망의 굴레에 갇혀 스스로 노예가 되었기 때문입니다. 더욱 심각한 것은 대부분의 국민들도 그러한 욕망의 열차를 함께 타고 있거나, 욕망의 열차를 타기 위해 몸부림을 치고 있다는 것입니다. 뿐만이 아닙니다. 최근 들어와서 들불처럼 확산되어 가고 있는 '미투Me Too' 운동으로 우리 사회는 명예로움의 소중한 가치가 나락으로 떨어지고 있습니다. 사회적으로 핫 이슈가 되어 있는 것은 주로 남성 사회지도자들이 위계에 의해 손아래 여성들을 성추행하거나 성폭력을 행사함으로써 야기되는 사회문제입니다. 우리 사회에서 엄격한 기준으로 이 문제를 다스리고 숨겨진 모든 내용들이 드러나게 된다면 걷잡을 수 없는 혼란이 일어날 것입니다. 왜냐하면 이러한 성과 관련된 문화는 뿌리가 깊고 오래되었으며, 매우 광범하게 우리 사회에 퍼져 있기 때문입니다. 이러한 성과 관련된 문제는 전제군주주의 국가체계와 가부장제 사회문화와 깊숙하게 연계되어 있습니다. 대한민국은 자유민주주의 국가로 자리매김하였음에도 불구하고 사회는 그것을 따라가지 못하였으며 가부장제 사회문화가 아직 짙게 드리워져 있습니다. 그러기에 성인들 중에서 직 · 간접적으로 이러한 성 문제와 관련되지 않고 정말로 떳떳하다고 주장할 수 있는 사람이 얼마나 될지 생각해 볼 일입니다. 전제군주주의 제도와 가부장제 문화가 지배하고 있는 사회에서는 성추행이나 성폭력은 사회적 문제로 부각되지 못하였으며 오히려 당연시하는 사회였다고 하겠습니다. 아직도 전제군주주의 제도와 가부장제 문화가 남아 있는 것으로 보이는 나라와 사회에서는 이러한 문제들이 사회적으로 이슈화되지 않고 있습니다. 따라서 이러한 성과 관련된 문제는 특정한 남성이나 지도자의 문제가 아니라 우리 국민 모두가 직 · 간접적으로 연루되어 있는 보편적인 현상으로 보아야 합니다. 나와는 무관하다고 말하는 일반 국민들도 자신을 성찰하고 잘못한 부분이 없는지를 살펴보아야 합니다. 그래서 지금의 이 시점에서 우리에게 유의미하게 다가오는 성경구절이 있습니다. '여기 누가 죄 짓지 않은 자 있으면 이 여인에게 돌을 던져라.' '어찌하여 너는 형제의 눈 속에 있는 티는 보면서 제 눈 속에 들어 있는 들보는 깨닫지 못하느냐?' 오늘을 사는 우리에게 주님께서 내리신 큰 가르침입니다. 우리는 너나 할 것 없이 모두가 현실의 문제와 관련하여 내가 지은 죄를 돌아보고, 내 눈 속에 들어 있는 들보를 찾아내야 합니다. 그리고 진실로 회개함으로써 그러한 노력을 넘어 새로운 세계에 대한 지평을 열어야 합니다. 상대방을 향하여 삿대질만 할 것이 아니라, 싸움질 할 것이 아니라, 가슴에 손을 얹고 눈을 감아 머릿속에서 대안을 찾아 나서야 합니다.

이제 구시대가 막을 내려가면서 성숙한 민주주의의 도도한 물줄기가 우리 국가와 사회를 휘감아 돌아들고 있으며 보다 성숙해질 것입니다. 성숙한 민주주의 국가는 국민 개개인이 주인이 되는 사회입니다. 주인이 된다는 것은 권리에 대한 사회적 보장이 이루어짐을 말하지만 거기에는 책임과 의무가 있다는 것을 의미합니다. 어쩌면 지금의 이 카오스와 아노미는 많은 이들이 권리만 찾고 책임과 의무를 다하지 않았기에 일어나는 현상이라 할 수도 있습니다. 그래서 우리 모두의 일상 속에서, 개개인의 아주 조그마한 일상 사건과 사고와 행동에서 해결의 실마리를 찾고, 바람직한 미래사회를 구상하여야 합니다. 결국 이러한 모든 악과 부조리는 우리 사회를 구성하고 있는 국민 개개인의 마음가짐과 정신, 인지구조, 사고방식과 가치, 문화에서 찾아야 하겠지요. 그러면서 동시에 국가와 사회를 귀중하게 여겨야 합니다. 어느 특정인, 어느 정치지도자, 어머니, 선생님이나 학자의 문제나 잘못이 아닙니다. 모두가 이미 물들어 있습니다. 끝없는 이기심과 불타는 욕망으로 빚어낸 공동의 결과물입니다. 네 탓이라고 손가락질 할 수 있는 자격을 갖춘 이는 얼마나 될까요? 우리 사회에서 사람들은 태어나면서부터 무자비한 경쟁구도 속으로 내몰리게 됩니다. 국가와 사회로부터 살아남든가 도태되든가 선택을 강요당합니다. 그래서 어머니는 아이를 철저하게 학습시키고 아이는 세뇌를 받습니다. 무조건하고 남보다 앞서거나 이겨야 한다고 말입니다. 어머니로부터 받은 선물이기에 그러한 성향과 패러다임은 우리에게 거부할 수 없는 강박증적인 차원으로 자리 잡았습니다. 경쟁주의! 비교 우월주의! 결국 이 모든 파탄과 대혼동 현상은 우리들이 스스로 뿌린 씨앗의 결과물입니다. 그렇지만 우리는 위기의 순간에 희망을 봅니다. 그것은 전쟁에 시달린 사람들은 평화에 대한 갈망이 더욱 강한 것과 같은 이치입니다. 그리고 그 평화를 향한 여정의 출발은 한 사람의 개인, 나 자신에서부터 비롯되어야 합니다.

2019년 현재 우리 사회에 일어나고 있는 가치 혼돈의 대표적인 장면과 모습을 구체적으로 살펴볼까요? 우리나라 정부에서는 사립유치원에 유치원 운영과 관련하여 국고를 지원합니다. 그러나 국가의 지원금을 받아서 유치원 설립자나 원장들이 돈을 부당하게 지출하였다는 사실이 드러났고, 국가적, 사회적으로 문제가 되어 질책을 받고 있습니다. 이는 언론에 대대적으로 보도되었고 국회에서 문제가 되어 관련법을 제정, 개정하려 합니다. 한국유치원총연합회(약칭 한유총)를 중심으로 하는 사립유치원의 설립자나 경영자들은 유치원이 개인 소유의 사유재산이고 이익을 추구하는 것이 정당하다고 주장합니다. 정말로 그럴까요? 가장 중요한 사실이자 가치를 우리는 보지 못하거나 외면하고 있습니다. 아마도 한유총 관계자들은 유치원의 사회적 가치를 아예 무시하고 있는 것으로 보입니다. 바로 유치원은 교육기관이라는 사실입니다. 유치원은 이윤 창출을 목적으로 하는 기업이 아닙니다. 유치원 경영은 기업활동이 아니라는 사실을 인지하고 동의하여야 합니다. 개인에 대한 유아교육의 중요성과 국가적, 사회적으로 미치는 영향을 생각한다면 유치원 교육의 올바른 자리매김은 대단히 의미 깊은 것이라 할 것입니다. 그러하기에 사립유치원 사태는 오늘날 우리 사회가 얼마나 혼란스러우며 가치와 윤리와 도덕이 무너져 내리고 있는가를 아주 잘 설명해 주고 있습니다. 언론에 보도된 유치원 비리와 사회적 문제에 관련된 내용을 살펴보겠습니다.

다음의 MBC 보도 자료에 의하면 일부의 사립유치원들은 비리 복마전으로서 그 파장이 커지고 있는데, 국민의 세금으로 지원된 돈이 일부 유치원에서 쌈짓돈으로 사용되고 있다는 것입니다. 이러한 사립유치원들은 학부모에게도, 국회에게도 갑질을 하고 있다는 내용을 보도하고 있습니다.

MBC 〈뉴스외전〉 월~금 14:00 ~ 15:30
진행 : 차미연 앵커
출연 : 박소희 기자, 더불어민주당 장하나 전 의원
- '비리 복마전'…사립유치원 비리 파장
- '총체적 부실'…쌈짓돈 된 세금 2조원
- 감사대상 20000곳 중 1800곳이 '비리'
- 사립유치원 부모에 '갑' · 국회에도 '갑'

news1(2018. 10. 17) 손인해 기자가 쓴 "한유총, '비리 사립유치원 명단 공개금지 가처분 신청'"이라는 제목의 보도내용과 조선일보(2018. 10. 17) 박세미 기자가 쓴 "사립유치원에 준 나랏돈 10조… 어디 썼나 확인도 안 했다"라는 제목의 보도를 보면 사건의 전모와 사태의 심각성을 잘 알 수 있습니다. MBC의 보도 내용과 손인해 기자, 박세미 기자의 보도 자료에 의하면 정부는 전국의 사립유치원에 많은 재정을 지원하였습니다. 가령 만 3~5세 아동의 무상보육을 목적으로 하는 '누리과정'사업을 2012년부터 추진하면서 지금까지 약 11조 4,000억 원이라는 엄청난 재정을 사립유치원에 지원하였다는 것입니다. 이 누리과정사업으로 정부는 사립유치원에 다니는 아동에 대하여 1인당 월 29만 원을 지원하였는데 2018년도 전국에 있는 유치원 9,029개소에 지원된 예산만 하더라도 1조 8,341억 원에 달한다고 합니다. 정부는 사립유치원에 지원금을 주면서 유치원을 운영하는 데 필요한 경비로서 인건비, 교재 교구비, 수업료 등에 사용하라는 기본적인 지침을 주었다고 합니다. 그러나 일부 사립유치원에서 정부의 지원금을 유치원 설립자나 운영자들이 해외 여행경비나 개인적 용도로 사용한 것이 드러나면서 사회적으로 큰 물의를 일으키게 됩니다. 그동안 정부에서는 국가의 재정이 투입되는 사업이라 국고가 목적에 맞게 잘 쓰이고 있는지 감시하고 지도하려 하였으나 사립유치원들은 '한국유치원총연합회'라는 단체를 결성하여 조직적으로 저항하거나 정부의 개입을 거부하였습니다. 중앙정부의 교육부서와 광역시도의 교육청이 이러한 문제를 파악하고 2014년에 '에듀파인'이라는 회계시스템을 사립유치원에 적용하겠다고 나섰으나 유치원들의 반대로 무산되었다고 합니다. 이러한 여러 가지 문제점들을 인지한 박용진 국회의원이 비리가 있는 유치원 1,800여 개소 중에서 일부 유치원의 이름들을 공개하고, 2018년 5월 국회에서 '유치원 비리 근절을 위한 정책 토론회'를 열려고 하자 한유총 소속 회원 300여 명이 토론회장을 점거해 토론회가 파행되기에 이릅니다. 그래서 사립유치원들의 비리문제는 용기 있는 한 국회의원에 의해서 시작되었다고 할 수 있습니다. 사실 국회의원이라고 하더라도 각자의 지역구에서 유치원 관련자들은 선거에서 많은 영향력을 행사하는 것으로 알려져 있었기에 한유총과 시시비비를 가린다는 것은 결코 쉬운 일이 아니었습니다. 그동안 한유총은 국회의원들과 관련 공직자들을 대상으로 로비를 한다는 소문이 끊이지 않았던 것입니다. 그래서 비리를 행한 유치원들의 실명이 공개되자 교육계에서는 그동안 곪아서 터질 게 터졌다는 반응이 나온 것으로 알려지고 있습니다. 일이 이렇게 진행되자 한유총에서는 법무법인 광장과 계약을 체결하고 박용진 의원과 비리 사립유치원 명단을 공개한 MBC를 상대로 법적인 조치를 하겠다고 공언하고 나섰습니다. 한유총에서는 집단행동도 불사하면서 사립유치원은 사유재산이기 때문에 사유재산을 투입하여 유치원을 경영하는 관계로 국가에서 지원하는 돈은 아무렇게나 사용하여도 문제가 되지 않는다는 취지로 항변하고 있습니다. 한마디로 말한다면 사립유치원은 교육기관이 아니라 영리를 추구하는 기업이라는 주장입니다.

유치원 교육은 미래에 우리 사회를 구성하고 지키고 가꾸며 발전시켜 나갈 인재를 보살피고 양육하는 곳입니다. 연구 결과 많은 이론에서 영유아기의 성장과 발달은 개인의 삶에 지대한 영향을 미친다는 것을 말해주고 있습니다. 유아교육의 중요성은 아무리 강조해도 지나침이 없을 것입니다. 그래서 유치원 교육에 종사하는 사람들은 스스로를 명예롭게 생각하고 자랑스럽게 여겨야 합니다. 그럼에도 불구하고 한유총 관계자들은 명예로운 길로 들어와서는 돈을 추구하는 가치로 돌아섰습니다. 유치원의 설립과 운영을 돈벌이 수단으로 삼고 있는 것이지요. 개인이 돈벌이를 목적으로 하는 가치를 추구하기로 마음먹었다면 유치원을 운영할 것이 아니라 기업을 설립하여 이익을 창출하여야 합니다. 그것이 한유총 소속 유치원 설립자와 원장선생님들이 가야 할 길입니다. 더구나 국민 세금인 국가예산을 유아교육활동에 필요한 경비로 지원을 해 준다면 더욱 감사하고 헌신하는 자세로 유아교육에 임하는 것이 도리입니다. 하지만 보도내용에서 보듯이 많은 유치원에서 국가지원금을 목적에 맞지 않게 집행하고 심지어는 개인이 유용한 사례도 있었습니다. 이러한 행태는 교육자 본연의 자세에서 겸허하게 반성하고 잘못을 뉘우치며 학부모와 국민들에게 사죄하여도 모자랄 것입니다. 하지만 오히려 큰소리를 치고 있습니다. 아무런 잘못도 없으니 유치원 경영자들을 압박하거나 비난하지 말라는 것입니다. 정말 혼란스럽습니다. 유치원 본래의 기능과 역할의 관점에서 볼 때 그들의 부당한 지원금 사용에 문제가 있었다는 지적이 혹시 잘못된 것일까요? 그리고 나아가 그들의 주장이 오히려 올바른 것일까요? 이들은 자신들의 잘못을 인정하기는커녕 법에 호소하여 자기들의 주장이 정당함을 보여주겠다는 태도를 보입니다. 소위 가처분 신청이지요. 이는 곧 우리 사회의 혼란스러운 단면을 보여주는 하나의 대표적인 사례에 속할 수 있습니다. 유치원은 사람을 사람답게 교육하는 곳, 즉 교육기관이지 이윤을 추구하는 기업이 아닙니다. 유치원 운영에서 지금까지의 비리에 대하여 정당성을 주장하는 이들, 유치원비상대책위원회 간부들은 사유재산권을 들고 나오는 것으로 보아 유치원을 기업이라고 생각합니다. 사립유치원은 사립의 초등, 중등, 대학처럼 엄연한 교육기관입니다. 이러한 우리의 현실은 보통 국민들의 마음을 아주 참담하게 만들고 있습니다. 위로는 최고의 권력자였던 대통령으로부터 고위 관료, 돈 많은 재벌의 총수에서 서민에 이르기까지 자신이 하는 일에 대한 자부심도, 자존심도 명예로움도 다 내팽개치고 오로지 돈을 긁어모으는 데 혈안이 되어 있는 것처럼 보입니다. 한마디로 우리 사회 전체가 미쳤다고나 할까요? 법을 어기고 죄를 지으면 처벌을 받아야 합니다. 윤리와 도덕을 침범하면 성찰하고 반성하여야 합니다. 그리고 거기에 머물지 않고 우리 사회 전체를 정화하고 바른 사회로 나아가는 데 앞장을 서야 합니다.

우리 사회 대 혼돈의 핵심에는 이와 같이 돈과 재산이 최고의 가치로 자리매김하고 있다는 것과 깊은 관련이 있습니다. 우리 사회에서 돈의 위력은 인간 삶에 필요한 재화의 의미를 넘어서 이제는 신앙의 경지에 이르렀습니다. 소위 물신주의이지요. 이는 인간의 삶과 일상에서 돈보다 더 소중한 가치는 없어졌다는 것을 뜻합니다. 이러한 현상은 비단 대한민국의 문제만이 아니라 선진 국가와 후진 국가, 문명사회와 미개사회, 자본주의 국가와 공산주의 국가를 넘어선 문제로 보입니다. 보다 부유한 개인과 사회, 국가일수록 돈의 가치는 위대하고 돈에 대한 숭상은 심화되고 있는 것으로 보입니다. 애초에 사람은 돈, 즉 화폐를 필요한 수단으로 만들어 그 주인으로 행세하였으나 이제는 돈이 인간을 지배하는 역설적 현상인 돈의 노예로 전락하고 말았습니다. 자신이 하고 있는 일이 본래부터 수익을 창출하여 돈을 버는 직업이라면 말할 것도 없거니와, 권력을 추구하는 직업이든, 명예를 추구하는 직업이든, 그 어떤 직업도 직업적 정체성은 사라지고 오로지 돈을 벌어들이는 일에만 집중하게 되었습니다. 나아가 재화의 축적에는 한계와 상한선이 없어졌습니다. 무조건 많이 벌면 벌수록 좋다는 풍조가 만연하였습니다. 경제적 이익을 창출하는 일이라면 수단과 방법을 가리지 않습니다. 탈법, 위법, 불법도 서슴지 않습니다. 심지어는 악의적인 범죄를 저질러 가면서도 돈을 긁어모으려 합니다. 돈을 왜 벌어야 하고 돈을 벌어서 무엇을 할 것인지에 대한 문제제기는 아예 하지도 않습니다. 그런 말을 하는 사람은 바보 취급을 당합니다. 우리 사회는 이런 유형의 사람들로 넘쳐나고 있습니다. 무슨 일을 하든, 심지어 공익을 추구하는 자리에 있는 사람들도 다수가 자신의 이익을 추구하는 일에 몰두하고 있습니다. 다시 묻습니다. 이런 사람들이 절대다수가 되어 모여 사는 국가와 사회가 정상적이고 건강한 사회일까요? 우리가 가야 할 이상향일까요? 어떤 부잣집에서는 애완동물이 호의호식하면서 귀빈대접을 받고 있지만 어떤 가난한 사회에서는 사람들이 기근으로 굶어 죽어가고 있습니다. 그리고 부자 나라에서도 재화의 결핍으로 불행한 삶을 이어가거나 죽어가는 사람들이 있습니다. 문제는 전 인류가 살아가는 데 필요한 재화의 절대적 결핍이 아니라 온 인류가 쓰고도 남을 수 있지만 재화가 편재되어 있다는 것입니다. 부자들이 재화를 지배하고 있기 때문입니다. 21세기 인류가 직면한 최대의 위기로 간주되는 기후변화와 기후문제도 가진 자들이 경제적 이익을 극대화하려는 상업주의에 기반을 두고 있거나 밀접하게 연계되어 있습니다. 국가적 성장 제일주의와 사회적으로 무자비한 경쟁주의 패러다임은 이러한 인간의 탐욕을 뒷받침하고 있습니다. 결국 돈에 대한 탐욕이 인류를 멸망의 길로 나아가게 하는 것이지요. 지구의 한 모서리에서는 아직도 농경사회의 그늘이 짙게 드리워져 있음에도 불구하고 과학과 기술의 발달은 정보사회를 넘어서 인류사회와 국가의 위상을 크게 바꾸어 놓을 것입니다. 인간의 삶과 일상은 획기적 전환기를 맞이하게 될 것입니다. 인간성 상실과 인간 소외는 심화 되어 갈 것이며, 인간 주체성의 종속화, 환경에 대한 노예화는 가중될 것입니다. 가진 인간에 의한 인간의 지배는 보편화 되어 갈 것입니다. 이전의 사회에서 이러한 현상은 주로 정치적이고 권력적인 측면에서 오랫동안 지속되어 왔다면 지금은 경제적 제국주의, 경제적 전제군주주의 시대가 도래하고 있는 것입니다. 그리고 앞으로는 문화적 전제군주주의가 함께 다가올 것으로 보입니다. 이는 보통 심각한 문제가 아닐 수 없습니다. 왜냐하면 전제군주주의 시대에 다수의 보편적 인간이 말살되었듯이 새로운 이름으로 그러한 현상이 다시 살아나기 때문입니다. 삼가분립과 삼가분립운동이 절실히 요청되는 이유입니다. 삼가분립의 길은 언제나 열려있습니다. 인간 내면으로부터 용솟음치듯 솟아오르는 끝없는 욕망, 즉 탐욕으로부터 어느 정도 자유로워야 합니다. 개인적인 가치도 소중하지만 사회적 가치도 존중되어야 합니다. 무릇 사람이라면 거울 속에 비친 거짓자기의 굴레를 벗어나고 내면의 참자기를 챙길 줄 알아야 합니다. 왜 인간은 주어진 자유를 포기하고 복종과 의존의 길로 접어들게 되는지 자신의 적응 노력을 되돌아보아야 합니다. 그리고 가장 중요한 것은 사람이 살아가는 삶의 내용과 방식을 주목하고 그러한 규준을 바탕으로 현실에서 일어나고 있는 문제와 카오스를 바로 볼 수 있어야 한다는 것입니다. 그러면 그 너머에 있는 삼가분립운동도 눈에 들어오게 될 것입니다.

02

정경유착과 절대권력의 몰락

권력을 가진 사람은 다른 사람들을 복종하게 할 수 있는 힘을 가지고 있다는 것을 우리는 잘 알고 있습니다. 그래서 권력은 다른 사람들을 지배할 수 있는 공인된 권리와 힘이라고 규정하였습니다. 이를 단순화시키면 다른 사람을 강제하는 힘이라 할 수 있습니다. 이러한 의미의 권력은 개인의 사회적 지위나 직책과 관련이 있으며 조직사회에서 필연적으로 나타나는 현상이라 할 수 있습니다. 대부분의 사람들은 높은 지위에 올라 합당한 권위를 가지고 권력을 행사하기를 원합니다. 그래서 어떤 학자들은 권력을 인간의 기본적인 욕구의 하나로 보기도 합니다. 사람은 다른 사람을 지배하고 복종시키려는 바람이나 욕심을 가지고 태어난다는 것입니다. 그래서 권력은 사회의 모든 집단과 조직에서 목격될 수 있습니다. 개인이 아닌 집단이나 조직은 일정한 형태의 구조를 가지게 되고 구성원 간에 이루어지는 에너지의 흐름은 필연적인 것이라 할 수 있습니다. 집단이나 조직에서 구조나 에너지는 반드시 권력으로 나아가게 합니다. 거꾸로 본다면 권력은 집단과 조직을 본래의 모습답게 유지, 존속, 발달시키는 기능을 가지고 있는 것으로 보입니다. 일정한 형태의 지역사회와 국가는 대체로 규모가 큰 조직에 속합니다. 당연히 권력의 문제가 떠오르게 됩니다.

현대에 들어와서 '권력 삼국지'라는 말이 유행할 정도로 우리 사회에서 권력의 지형은 크게 바뀌고 있습니다. 여기에서 말하는 권력의 지형은 우리가 흔히 사회를 말할 때 사용하는 정치, 경제, 사회, 문화의 분류와 관련이 있습니다. 즉, 정치권력, 경제권력, 사회문화권력이 그것입니다. 정치권력은 이미 보편적으로 사용되고 있는 바와 같으며, 경제권력은 재벌권력이 핵심을 이루고 있습니다. 그리고 사회문화권력은 주로 언론권력을 지칭합니다. 그래서 권력 삼국지라고 할 때 그 의미는 정치권력과 재벌권력, 언론권력이 삼국지 형태를 이루고 있으며 서로 간에 교묘하게 견제와 균형을 이루면서 각자의 입지를 굳히고 있다는 것을 말합니다. 여기에서 정치권력은 국가의 공권력을 말하는 것이고 재벌권력은 재벌중심의 경제집단이 국가적, 사회적으로 막강한 권력을 점유, 행사하고 있다는 것이며, 언론 또한 권력 구조의 한 정점에 서 있음을 의미합니다. 그래서 우리 사회에서 정치권력은 물론이거니와 재벌과 언론은 막강한 권력을 가지고 있습니다. 이들 권력집단들은 주어진 권력을 국가와 사회, 국민들을 위해서 행사하여야 하지만, 말과 달리 그들은 자신들의 이익을 극대화하고 사회적 입지를 보다 확대하기 위한 수단으로 권력을 남용하고 있는 것으로 많은 국민들은 판단하고 있습니다. 국가와 사회와 국민들을 주무르고 있는 것이지요. 소위 '삼성공화국'이니, '언론재벌'이니 하는 말들은 그러한 국민들의 시각과 무관하지 않은 것으로 보입니다. 아시다시피 경제권력과 사회문화권력은 원래는 권력의 범주에 들어 있지 않았습니다. 기업중심의 경제집단은 나라의 살림살이와 국민들의 먹고 사는 과제를 감당하는 부분이며, 언론은 시민들의 사회생활과 문화생활을 원활하게 도와주는 공공의 그릇과 같은 기능을 하여 왔습니다. 하지만 이들 두 세력은 특정한 정치권력과 결탁과 야합을 거듭하여 사회적 영향력을 극대화함으로써 국민들을 섬기기는커녕 국민들을 조종하는 위치에 이르렀습니다. 이들 3권력은 이미 난공불락의 도성을 쌓고 기득권층을 형성하여 끊임없이 부와 권력을 확대, 재생산하려는 구조를 확립하였습니다. 가지고 있는 모든 기득권을 더욱 키우는 일은 물론이고 대를 이어 물려주는 세습 제도를 그대로 유지하려 합니다. 즉, 전제군주주의 국가 체제는 무너지고, 가부장제 사회문화는 크게 변화하고 있지만 정치권력을 제외한 두 권력들은 아직 구체제, 구제도의 그늘 속에 숨어서 왕족이나 귀족과 같은 호사를 누리고 자손들에게 지속시키려 하는 것입니다. 당연히 여기에서 권력의 문제를 다루면서 재벌권력과 언론권력의 개혁을 함께 논의하여야 하지만 그렇지 못하여 아쉬움이 남습니다.

정치권력은 가장 강력하면서도 많은 사람들이 선호하는 권력이라 할 수 있는데 이 정치권력은 국가권력의 핵심으로 간주되기도 합니다. 하지만 역사를 통해서 볼 때 정치권력은 쉽게 부패할 수 있으며, 권불십년이라는 말처럼 절대권력은 오래가지 못한다는 것을 우리는 잘 알고 있습니다. 우리 사회도 권력, 그중에서도 정치권력과 관련하여 최근 대혼란과 급격한 변화를 경험하고 있습니다. 1948년 대한민국이 정식으로 수립되고 자유민주주의 국가체계를 갖추었습니다. 이승만 초대 대통령을 시작으로 제19대 문재인 대통령에 이르기까지 국민들에 의해 직·간접적으로 선출된 대통령이 권력의 정점에 있었습니다. 하지만 이들 열두 명의 대통령들은 자유민주주의 국가체제에서 국민들에 의해 선출되었음에도 불구하고 다수의 대통령들은 전제군주주의 국가체제에서 군주들이 국가를 통치하는 모습을 연상하게 하였습니다. 즉, 대다수의 대통령들이 군주나 국왕과 같은 인식을 가지고 국가를 운영하고 절대권력을 행사해 왔습니다. 그래서 그들은 자유민주주의를 신봉하고 그 실현을 위해 노력하는 다수의 국민들로부터 비판과 부정적인 평가를 받아왔습니다. 그리고 아름다운 결실을 맺지 못하는 경우 또한 있었습니다. 이는 우리가 잘 아는 사실입니다. 우리 사회에서 국가권력이 어떤 위상을 가지고 국민들 위에 군림해 왔는지, 자유민주주의 국가체제에서 국가 권력 기관이 국민들을 어떻게 탄압하고 다스려 왔는지, 정치적 절대권력이 얼마나 타락하였으며 정경유착이라는 이름으로 국가적 병폐를 가져왔는지, 그리고 전제군주주의의 절대권력이 어떻게 몰락의 길을 걸어왔는지 구체적으로 살펴보겠습니다.

2016년에 당시의 교육부 정책기획관이 언론사 기자들과의 사적인 자리에서 심각한 문제를 야기할 수 있는 발언을 하게 됩니다. 언론의 보도를 요약하면 교육부 고위 관료 나향욱 정책기획관은 기자들에게 다수의 민중, 즉 보통의 국민들은 개나 돼지로 보고 단순하게 먹고 살게 해 주면 되는 것이라고 말합니다. 우리 사회에서 신분의 차이는 어쩔 수 없는 것으로서 당연하게 받아들이고 신분제는 더욱 공공하게 만들어야 한다는 취지의 발언을 한 것입니다. 그의 이러한 의미의 말은 언론에 보도되면서 엄청난 파장을 불러일으키게 됩니다. 그것도 다른 부처가 아닌 우리나라의 교육정책을 수립하고 실행하는 교육부의 고위 관료의 입에서 나온 말이라 그 심각성은 아주 큰 것이었습니다. 그렇지 않아도 우리 사회는 양극화 현상이 두드러지게 나타나고 있으며 특별히 돈과 권력을 가진 자들은 그들만의 철옹성을 쌓고 난공불락의 영역을 구축해 가고 있다는 지적이 심심치 않게 나오고 있는 형국입니다. 굳이 이름을 붙인다면 가진 자들에 의한 '빈곤의 정치학'이라고 할까요. 다수의 민중들은 가난을 대물림하여 먹고 사는 문제에 매달려 정치에 관여하지 못하도록 만들고, 가진 자들의 종으로서 오로지 주인을 섬기면서 주인이 주는 밥그릇의 크기에만 모든 집념을 집중시키게 한다는 것입니다. 그리고 교육은 그러한 사회적 계층 간의 경계를 더욱 확고하게 다지는 역할을 하여야 합니다. 최근 jtbc에서 인기리에 방송되었던 '스카이 캐슬'이라는 드라마에서 보듯이, 실제로 부와 권력은 교육을 통해서 전승되고 확대 재생산하는 구조를 가지고 있는 것은 아닐까요. 경향신문(2016. 7. 11)에 게재된 "[조호연 칼럼] '개 · 돼지 민중'과 최저임금"이라는 제목의 글에서도 통렬한 비판이 가해지고 있습니다. 이 칼럼에 의하면 우리 사회는 상위 1%의 인구가 부와 권력과 명예를 독점하고 있으며 나머지 99%는 1%가 부여한 질서 속에서 신분의 장벽을 넘지 못하고 하층민으로 살아가고 있다는 것입니다. 그래서 나 기획관의 말이 일부 얼빠진 공직자의 망상만으로 넘어갈 수 없는 이유라고 하였습니다. 그렇습니다. 어쩌면 나 기획관의 언행은 돈을 가진 자들과 유착관계를 형성한 권력 상층부의 안목을 그대로 나타내고 있는지도 모를 일입니다. 전 국민들의 교육을 담당하는 부서의 고위 공직자이기 때문에 그가 어떤 생각을 하고 어떤 가치를 가지고 있는지는 국민들에게 매우 중요합니다. 우리나라 교육정책 수립과 실행에 지대한 영향을 미치기 때문입니다. 내용을 들여다보면 보편적 국민들은 개나 돼지처럼 주인의 말을 잘 듣고 주인의 입장에서 언제든지 이익을 창출할 수 있는 도구로서의 기능만 하는 그런 가축과 같은 존재라는 것입니다. 그런 가축으로 국민들을 가르치고 길들여야 한다는 논리입니다.

이제부터 정치권력의 정점에 있었던 박근혜 전 대통령에 관한 이야기를 하려 합니다. 박근혜 전 대통령은 1960년대부터 1970년대까지 제5, 6, 7, 8, 9대에 걸쳐 우리나라를 통치하였던 박정희 전 대통령과 육영수 여사의 맏이로 1952년에 태어납니다. 태어날 당시에 아버지 박정희는 육군 고위급 장교로 재직하고 있었으며 9살이 되면서 부모님과 함께 청와대에 들어가서 오랜 기간 대통령의 맏딸로서 성장하게 됩니다. 27살이었던 1979년에 아버지가 부하가 쏜 총탄에 맞아 돌아가시면서 청와대를 떠나고 부모를 여읜 상태에서 자립의 길을 걸어갑니다. 1997년부터 본격적으로 정계에 입문하여 정치활동을 하게 되는데 1998년 대구 달성 국회의원 재보궐 선거에 신한국당 후보로 출마하여 당선됩니다. 그 이후 아버지의 뒷배경을 바탕으로 여러 차례 국회의원에 당선되면서 정치활동을 본격적으로 하였습니다. 우여곡절 끝에 2012년 대선에서 제18대 대통령으로 당선되어 정식으로 대통령에 취임하여 다시 청와대에 입성합니다. 이미 아버지와 온 가족이 함께 오랫동안 살았던 정든 곳이었기에, 그리고 아버지 박정희 전 대통령이 대통령직을 수행하는 것을 직접 보고 들으면서 살아왔기 때문에 거침없이 직무를 수행하였습니다. 아버지를 닮거나 아버지의 역할을 흉내 내는 방식의 국정수행은 현실적으로 많은 문제를 야기하게 되었습니다. 가장 대표적인 문제와 비판이, 청와대에 근무하는 측근들은 물론이고 국민들과 소통이 되지 않는다는 것이었습니다. 인터넷 사이트에서는 오직하면 '박근혜 불통'이라는 말이 나돌 정도였습니다. 그것은 전제군주 시대의 왕들이 신하나 백성들을 지배하고 다스리는 구조에서 나타나는 현상으로서 자유민주주의 국가에서는 받아들여질 수 없는 일이었기에 다수의 국민들로부터 큰 도전에 직면하게 됩니다. 하지만 정작 박근혜 당시 대통령은 그러한 사실과 현상을 전혀 인지하지도 평가하지도 않았습니다. 그러한 대통령의 직무수행 방식과 업무처리는 구체적인 정책의 결정과 시행에 있어서도 그대로 나타났습니다. 가령 일제강점기에 일본군 위안부로 끌려갔던 '일본군 위안부 피해자 문제'는 우리나라 당사자들과의 소통은 뒤로한 채 대통령의 의중을 그대로 반영한 합의를 일본정부와 이끌어 냅니다. 지금까지 그 문제로 당사자 할머니들과 시민단체에서는 오랫동안 집회를 이어오며 일본의 공식적인 사과를 요청하고 있는 실정입니다.

박근혜 당시 대통령의 집권 2년차인 2014년 4월 16일 오전 8시 50분경에 제주도로 수행여행을 가던 경기도 안산시 단원고등학교 학생들과 교사 등 476명이 탑승한 '세월호' 여객선이 전라남도 진도군 조도면 부근 해상에서 침몰하게 됩니다. 그리고 실종자들을 포함하여 304명의 사람들이 죽게 됩니다. 사고에 적극적으로 대처하여 인명을 구조하고 사건을 수습하여야 할 정부는 책임을 방기하고 늑장대응과 부실대처, 컨트롤타워의 부재 등의 사실이 밝혀지면서 박근혜 정부는 국민들로부터 혹독한 평가와 극심한 비판을 받았습니다. 그 모든 책임의 핵심에는 박근혜 대통령의 불통의 정치가 가로놓여 있었으며 모든 문제는 거기에서 비롯되는 것으로 보았습니다. 즉, 다수의 국민들은 박근혜 당시 대통령의 집무내용과 방식을 두고 전제군주주의 국가체제에서 볼 수 있는 현상으로 여기게 되었습니다. 그러한 와중에 2016년 9월경 일부 언론의 보도를 시작으로 청와대의 '비선실세 최순실 의혹'사건이 터져 나옵니다. 박근혜 대통령은 공식적인 행정 라인을 통해 이루어지는 소통은 잘 드러나지 않고 오히려 국민들과 매스컴으로부터 불통이라는 말로 비판을 받게 됩니다. 반면에 자신의 사사로운 오랜 최측근 최순실과 그 인맥을 이용하여 국가의 업무를 실행한 정황이 속속 드러나게 됩니다. 이른바 '국정 농단 사건'이 터진 것입니다. 여기에서 언급한 두 사건 이외에도 크고 작은 사건들이 한데 묶이면서 박근혜 대통령에 대한 비판과 대통령직을 그만두라는 요구가 일어나기 시작합니다. 그 구심점에 촛불집회가 있었는데, 당시의 촛불집회는 전국적으로 아주 거세게 일어납니다. 연인원수 천만 명에 달할 만큼 많은 국민들이 적극적으로 촛불집회에 참여하게 되고 결국 박근혜 당시 대통령은 민주적이고 법적인 절차에 따라 탄핵을 받게 됩니다. 다수의 국민들의 요구는 명백하였습니다. 국민들은 자유민주주의 국가의 대통령을 선출하여 국정을 위임한 것이지 전제군주주의 국가의 국왕을 모신 것이 아니라고 말입니다. 다수의 국민들의 요구가 정당하고 기세가 너무나 당당하여 국회는 대통령의 탄핵을 다수의 의결로 통과시키고, 헌법재판소에서는 2017년 3월 10일 박근혜 대통령 탄핵심판 청구에 관한 재판관 8인 전원일치로 인용결정을 내리면서 파면하기에 이릅니다. 박근혜 18대 대통령은 전직 대통령의 딸이자 우리나라 첫 여성 대통령으로서 자리매김하였으나 안타깝게도 불명예스럽게 대통령의 직을 마무리합니다. 그리고 특검과 검찰에 의하여 구속되고 2019년 1월, 집필을 하고 있는 현재 감옥에 수감되어 재판을 받고 있습니다. 멀지 않아 최종심이 끝나면 일정한 기간 형을 살고 보통 사람으로서의 일상으로 돌아오게 될 것입니다. 우리 사회의 최고권력자는 정치적으로 이렇게 비참한 종말을 맞이하게 되면서 국민들에게 많은 교훈을 던지고 있습니다. 기존에 가지고 있었던 지위와 권력과 명성, 그 모든 것도 함께 잃어버리고 말았습니다. 권력의 본질과 속성을 제대로 이해하지 못한 결과일 수도 있습니다. 공공의 권력을 사유화한 결과일 것입니다. 권력은 공권력답게 행사하여야 합니다. 사회적 정의와 국민을 섬기는 권력이 되어야 한다는 것을 느끼게 해 줍니다. 그러한 측면에서는 우리나라 역대 대통령들 중 다수가 비슷한 결말을 맞이하였다는 것은 박근혜 전 대통령과 비슷한 메커니즘을 가지고 일을 하였다는 방증이기도 합니다. 많은 국민들은 박근혜 전 대통령을 마지막으로 전제군주주의 국가체계와 국왕에 의한 국가 통치는 이제 막을 내렸으면 하는 바람을 가지고 있을 것입니다.

그러나 정작 박근혜 전 대통령은 자신은 잘못을 행하지 않았으며 정치보복으로 억울한 옥살이를 하고 있어서 재판조차 받을 수 없다고 항변을 하고 있습니다. 아마도 박근혜 전 대통령의 사고방식과 가치는 아직도 전제군주주의 국가 안에 살고 있는 것으로 보입니다. 본인이 무엇을 잘못하였는지에 대한 인식이 부족한 것으로 보이기 때문입니다. 그것은 박근혜 전 대통령이 전제군주주의를 신봉하는 아버지를 두었으며 성장 발달하는 과정에서 그러한 문화에 익숙한 것과 관련이 있을 것입니다. 사람들이 지적하듯이 공주처럼 태어나서 오랜 세월 동안 공주로 귀하게 자랐으며 주위의 모든 사람들은 자신을 섬기는 분위기에서 자기가 최고라고 여겼습니다. 특별히 대통령으로서 아버지 박정희의 모습과 역할을 모델링하였기에 자유민주주의 국가의 대통령에 대한 인식이 부족하였겠지요. 본인은 대통령으로서 아무런 잘못도 하지 않았다고 여기는 것이지요. 그래서 박근혜 절대권력은 자유민주주의를 신봉하는 다수의 국민들로부터 심판받은 것이라 하겠습니다. 이에 많은 이들이 박근혜 대통령의 당선과 취임, 그리고 탄핵에는 항상 박정희 대통령의 그림자가 함께하고 있는 것으로 해석하기도 합니다. 박근혜 대통령으로 상징되는 절대적 권력의 몰락을 '제왕적 대통령제', 즉 전제군주주의가 이 땅에서 종말을 고하는 것으로 보는 이들도 있습니다. 결국에는 박근혜 대통령의 국정농단과 그것으로 말미암은 국민에 의한 탄핵국면은 우리나라에서 전제군주주의 권력의 실질적인 몰락과 전제군주주의의 퇴조를 의미하는 것이기에 현대역사에서 매우 중요한 사건이고 뜻 깊은 내용이라 하겠습니다. 이러한 박근혜 대통령의 탄핵과 관련하여 우리 사회에서 그동안 일어난 두 가지 사회적 운동을 주목할 필요성도 있습니다. 그 하나는 촛불집회이며 다른 하나는 태극기집회입니다.

촛불집회는 말 그대로 사람들이 촛불을 들고 집회를 열고 시위나 행진을 하는 집단적 행위입니다. 이는 비폭력적이며 평화적 방법의 집회 성격을 지니고 있으며 집회에 모인 사람들은 동일한 목적이나 지향하는 바를 공유하게 됩니다. 그리고 공개적인 장소에서 합법적으로 자신들의 주장을 내보이는 민주주의 사회에서 볼 수 있는 집합적 의사표현의 한 방식입니다. 우리나라에서 촛불집회가 사회적으로 주목받기 시작한 것은 2000년대 이후입니다. 아마도 2002년 미군의 장갑차에 여중생이 희생되면서 시민들로부터 일어난 촛불집회가 그 시작으로 기억됩니다. 그리고 2008년 미국산 쇠고기의 광우병 파동을 거치면서 촛불집회는 본격화됩니다. 당시의 촛불집회는 대규모의 군중과 함께 100일 이상 지속되었습니다. 그리고 크고 작은 여러 차례 촛불집회를 거치면서 2014년에는 세월호 침몰 사고의 진상을 규명하라는 대규모 촛불집회와 시위가 일어나게 됩니다. 2016년 11월 12일에는 서울 광화문 일대에서 박근혜 대통령 국정농단과 관련하여 다시 대규모 촛불집회가 일어납니다. 집회의 명칭은 '2016 민중총궐기대회'로 주최 측 추산 100만 명, 경찰 추산 26만 명이 참석하여 역대 최대 규모를 이루게 됩니다. 이 대회는 사실상 '박근혜 정권 퇴진 비상국민행동'이었습니다. 이 집회는 전국적으로 대도시에서 동시다발적으로 열렸으며, 오랜 기간에 걸쳐 수십 회의 집회와 시위가 계속되었습니다. 그리고 결국은 박근혜 대통령의 탄핵과 파면으로 이어지게 됩니다. 이러한 촛불집회는 대한민국 건국 이후 점진적으로 발전해 온 '민주화 운동'의 연장이자 1차적 완성이라는 차원에서 보아야 한다는 주장도 있습니다. 이를 달리 표현한다면 지금까지 대한민국을 지배하고 있는 전체주의 이념과 전제군주주의 통치체계가 무너졌다는 것을 의미합니다. 그동안 많은 분들이 우리나라의 민주주의 실현을 위해 피를 흘리고 정열을 쏟아 왔습니다. 그 결실이 촛불집회로 나타났다는 것입니다. 그래서 많은 사람들은 박근혜 대통령 관련 촛불집회를 '촛불혁명'이라고 부르기도 합니다.

태극기집회는 박근혜 대통령을 지지하고 탄핵을 반대하는 사람들이 모여서 태극기를 들고 집회와 시위를 하면서 붙여진 이름입니다. 태극기집회는 처음에 법원이 박 전 대통령에 대한 구속영장을 발부하면서 시작되었습니다. 박 전 대통령의 적극적인 지지자들을 중심으로 서울도심에서 규모 있는 집회를 열었습니다. 2017년 10월 14일에 있었던 일입니다. 이들은 박근혜 대통령은 죄가 없다고 외치면서 탄핵무효와 박 전 대통령 석방을 강력하게 요구하였습니다. 아주 특별하게 주목하여야 할 부분은 태극기집회 참가자들도 촛불집회 참가자들과 마찬가지로 대한민국의 민주주의가 무너지고 있다는 주장을 한다는 것입니다. 이들 두 집회는 모두 민주주의의 실현을 외치고 있지만 태극기집회 참가자들은 촛불집회 참가자들과 반대의 입장을 보이고 있었습니다. 태극기집회 참가자들은 2019년 현재도 집회를 계속하고 있습니다. 박현선 연세대 미디어아트연구소 전임연구원은 지난 해 '문화과학' 가을호에 실린 '태극기집회의 대중심리와 텅빈 신화들'에서 태극기 집회를 "변화를 거부하는 퇴행적 뭉침"으로 묘사했습니다. 태극기집회의 탄생은 그 시작부터 촛불집회라는 변화에 대한 분노와 두려움을 기반으로 한 '거부감'에서 시작되었다는 게 정설이라는 것입니다. 그래서 처음에는 그 이름이 촛불집회에 대항한 '맞불집회'로 불리다 차차 '태극기집회'로 자리를 굳혔습니다. 태극기집회를 주도해 온 국민운동저항본부는 박 전 대통령 지지자들을 모아 보수정당을 창당하기로 하고 자유한국당이 당명을 바꾸면서 주인이 없어진 '새누리당'을 당명으로 내걸었습니다. 대선 이후 내부세력의 갈등으로 분당이 이루어졌고 유일한 국회의원이었던 조원진 의원을 중심으로 2017년 8월 '대한애국당'이 창당되었습니다. 대한애국당은 박 전 대통령 탄핵의 기폭제가 된 jtbc의 태블릿 PC 보도를 거짓이라고 주장하고 촛불집회의 결과로 탄생하게 된 문재인 정부에 대한 비판을 계속하고 있습니다. 김왕배 연세대 사회학과 교수는 지난해 '문화와 사회'에 기고한 '언어, 감정, 집합행동 : 탄핵 반대 태극기집회의 사례를 중심으로'에서 태극기집회에 대해 "광화문 촛불집회에 대한 거부감과 두려움, 그 집회를 주도하고 있다고 믿는 '종북 좌파 세력'에 대한 극도의 혐오와 분노 등을 표출했다"고 평가했습니다. 이어 그는 촛불집회와 헌법재판소의 판결, 언론 등에 대한 분노와 증오, 나라가 망할 것이라는 두려움 등의 감정이 집회의 에너지로 표출됐다고 보았습니다. 김 교수는 "국가 안보와 종북 좌파 척결과 같은 구호와 전략은 점차 젊은 세대에게 큰 호소력을 지니지 않으리라고 전망된다"라면서도 "(이런 정신이) 당분간 살아 움직이는 불멸의 유령처럼 한국사회를 배회할 것"이라고 밝혔습니다.

촛불집회와 태극기집회는 위에서 보듯이 대척점에 서 있습니다. 겉으로 드러난 것은 박근혜 대통령의 탄핵이 이슈가 되어 있습니다. 촛불집회는 탄핵을 지지하는 모임이고 태극기집회는 탄핵을 반대하는 모임으로 출발합니다. 시기적으로 본다면 촛불집회가 태극기집회보다 먼저 시작되었으며 역사도 오래되었습니다. 수적인 면에서는 촛불집회가 훨씬 우위에 있지만 태극기집회에 참여하는 시민들은 개인적 열성과 참여도가 아주 강렬합니다. 아마도 우리나라 현대사에서 이들 두 집회는 아주 중요하면서도 유의미한 측면으로 기록될 것입니다. 결국 촛불집회는 집회와 시위의 목적을 달성하게 되지만 태극기집회는 아직 목적을 이루지 못하고 있습니다. 그것은 어느 정도 예견된 것이며 당연한 결과라 할 수 있습니다. 왜냐하면 태극기집회가 박근혜 전 대통령을 정점으로 하는 전제군주주의의 존속을 주장하고 있다면, 촛불집회는 진정한 자유민주주의의 실현을 내걸고 있기 때문입니다. 인류의 역사는 전제군주주의 국가에서 민주주의 국가로 진화해 왔으며 그러한 패러다임으로 발전하고 있습니다. 태극기집회에서도 민주주의를 외치고 있습니다. 그리고 성조기도 흔들고 있습니다. 하지만 그들이 말하는 민주주의와 성조기는 전제군주주의로의 회귀와 사대주의를 말하는 것으로 보여지고 해석될 수 있습니다. 그래서 태극기집회는 촛불집회를 이길 수 없었을 수도 있습니다. 앞으로도 이길 수 없을지도 모릅니다. 역사는 항상 앞으로 나아가기 때문입니다. 자유민주주의, 성숙한 민주주의는 전제군주주의에 비하여 보다 발전적이고 절대다수의 보편적 사람들에게 유익합니다. 그래서 중앙일보의 이하경 주필은 박근혜 대통령과 그의 정치세계를 앙시앵 레짐ancien regime으로 표현하고 있습니다. 그는 2016년 12월 13일에 쓴 칼럼에서 박근혜 전 대통령의 집권을 박정희 전 대통령의 연장선상에 서 있는 것으로 규정하였습니다. 그래서 박근혜 대통령에 대한 탄핵은 프랑스의 대혁명에 비유하여 설명하고 있습니다. 올바른 시각에서 아주 정확하게 사태를 분석했다는 생각이 들었습니다. 박근혜 전 대통령은 아버지처럼 복종과 타협을 선택하라는 패러다임을 작동시키고 결국은 '이제 아버지를 놓아 드렸으면 한다'는 약속을 지키지 못하였기에 일어난 일이라고 보았습니다. 그리고 그러한 패러다임을 깨트린 것은 연약한 촛불을 들고 광장에 나와 미지의 운명에 몸을 맡긴 명예시민이라고 하였습니다. 그래서 촛불혁명은 앙시앵 레짐에 의해 훼손된 정의와 시민적 가치의 지체 없는 회복을 명령하고 있다고 하였습니다. 그렇습니다. 이하경 주필은 박근혜 대통령의 등장을 프랑스 대혁명의 이전상태로 돌려놓은 것으로 보았으며 소위 제왕적 대통령의 모습을 가지고 있어서 절대권력은 시들 수밖에 없었다는 것을 말해주고 있습니다. 그의 표현대로 '제왕적 대통령의 독주와 일탈을 뒷받침하는 전근대적 권력 장치는 즉시 철거돼야 한다'는 것입니다. 박근혜 전 대통령은 처음부터 권력의 길로 들어서서 권력의 가치를 추구하며 살았습니다. 아버지로부터 물려받은 가문의 전통이었습니다. 그러나 권력을 민주주의 사회에 걸맞은 수준으로 인식하지 못하고 구시대의 전제군주주의 권력에 심취하였습니다. 나아가 아버지처럼 재벌과 부당한 돈을 가까이 하면서 문제가 발생하였던 것입니다. 그리고 탄핵의 상황을 맞이하게 되었습니다. 이러한 논리의 연장선상에서 본다면 우리나라 촛불집회는 1789년의 프랑스 대혁명에 비유될 수 있어서 촛불혁명으로 거듭나게 됩니다. 나아가 오늘을 살고 있는 많은 이들이 이러한 담론에 어느 정도 뜻을 함께하리라 생각됩니다. 그렇게 박근혜 전 대통령은 한 시대의 종막을 고하는 대통령으로 역사에 길이 남게 될 것입니다. 일면에 있어서 박근혜 전 대통령은 대한민국의 국가 사회 발전을 위한, 나아가 인류사회의 진화를 위한 역사적인 모멘텀을 제공하였다는 평가를 받을 수 있을지도 모릅니다.

이러한 측면에서 보면 박근혜 전 대통령의 탄핵과 관련하여 한겨레21(2017. 3. 24), “뉴욕타임스로 보는 세계, 탄핵, 개혁의 첫걸음: 박근혜의 평화적 파면이 한국 민주주의 성숙함을 증명했다”라는 제하의 글은 많은 것을 생각하게 합니다. 이 글은 한마디로 말하면 제목에도 나타나 있듯이 박근혜 대통령의 평화적 파면이 한국 민주주의의 성숙함을 증명했다는 것입니다. 뉴욕타임스는 대통령 박근혜가 파면된 다음 날 ‘혼란스러운 한국’이라는 제하의 사설을 썼는데 핵심적 내용은 두 가지였습니다. 하나는 대통령이 무능하고 부패하였으며, 소임을 다하지 못하였다는 것, 다른 하나는 법과 원칙, 민주적인 절차에 따라 평화적으로 대통령을 파면함으로써 한국의 민주주의가 크게 성숙하였다는 것입니다. 물론 두 가지 내용 중에서 무게의 중심은 후자에 있었습니다. 즉, 뉴욕타임스는 대통령의 과오를 지적하였지만 더욱 주목할 부분은 한국에서 전제군주주의식의 구시대가 종막을 내리고 자유민주주의에 의한 정치가 성숙한 단계로 진입하게 되었다는 것을 강조한 것으로 해석할 수 있습니다. 그리고 뉴욕타임스는 다음과 같은 내용을 추가하고 있습니다. "면책특권을 상실한 박 전 대통령은 이단 종교지도자 딸과의 오랜 관계에서 저지른 뇌물 수수, 강요, 권력남용 혐의로 수사받을 것이다. 이번 스캔들은 한국 최대 재벌 기업 삼성의 이재용 부회장을 포함한 범위로 확대된 상태다. 부패와 결탁한 경제 발전이 당연한 결과처럼 용인된 한국의 정치판을 철저히 개혁해야 한다는 목소리도 나온다."(한겨레21) 그렇습니다. 박근혜 대통령의 탄핵과 파면은 우리나라 역사에서, 나아가 세계사에서도 아주 중요한 의미를 지니고 있는 것입니다. 뿐만 아니라 우리 사회의 고질적인 문제라 할 수 있는 정경유착의 심각성을 정확하게 지적하고 있습니다. 이러한 지적은 앞으로 우리들이 해결해야 할 문제이자 우리 사회가 나아가야 할 길을 구체적으로 언급하고 있는 것이라 하겠습니다.

이제 이명박 전 대통령 이야기를 할까 합니다. 이명박 전 대통령은 일제 강점기에 1941년 일본 오사카에서 태어났습니다. 해방이 되면서 포항에 정착하게 되고 성장기에는 가난으로 힘겨운 생활을 하였으며 고등학교 시절 온 가족이 서울로 이사를 하게 됩니다. 대학 졸업 후 1965년에 현대건설에 입사하여 12년 만에 사장의 직위에 오르고 1988년에는 현대건설 회장 자리에 이릅니다. 1992년 14대 총선에서 민자당 전국구 의원으로 국회에 입성하게 되고 2002년 한나라당 서울 시장 후보로 출마하여 당선됩니다. 그리고 서울시장 경력을 바탕으로 2007

년 대선에서 한나라당 후보로 출마하여 당선되면서 대한민국 제17대 대통령으로 2008~2013년까지 재임합니다. 그리고 퇴임 후 4년이 지난 2018년 3월 여러 가지 죄명으로 구속이 되고 지금은 감옥에 수감되어 재판을 받고 있습니다. 정확하게 말한다면 2018년 3월 22일 서울중앙지검이 청구한 뇌물수수, 횡령, 배임, 조세포탈 등의 혐의로 구속영장이 법원으로부터 발부되어 서울동부구치소에 수감되었습니다. 2018년 9월 6일에는 다스 실소유주로 349억 원대의 비자금을 조성한 혐의 등으로 재판에 넘겨져 검찰은 이 전 대통령에게 징역 20년, 벌금 150억 원을 구형하게 됩니다. 이에 1심 재판부는 10월 5일 16가지 공소 사실 중 7가지를 유죄로 인정하여 징역 15년 벌금 130억 원을 선고하였습니다. 그리고 2019년 3월 6일 보석으로 감옥에서 석방된 상태로 항소심 재판을 받고 있습니다. 그동안 가끔씩 재판에 나오지 않기도 하며 계속적으로 '국격'이라는 말을 하고 전임 대통령으로서의 지위를 인정하여 체면을 세워달라는 요구를 하고 있습니다. 이 전 대통령은 전두환, 노태우, 박근혜 전 대통령에 이어 헌정사상 네 번째로 부패혐의로 구속되어 재판을 받은 대통령으로 남게 되었습니다. 또 한 번 최고 권력의 끝없는 추락이며 타락한 장면입니다.

이러한 이명박 전 대통령의 문제에 대하여 오홍근 기자는 다음과 같은 기사를 썼습니다. 프레시안(2018. 2. 19) 오홍근 칼럼니스트가 쓴 "이명박의 죄와 벌 : [기고] '도덕적으로 완벽'했다던 정권의 추악한 모습"에 나오는 일부의 내용을 인용하였습니다. "뉴스와 신문에 그가 나오지 않는 날은 거의 없다. 그것도 하루에 한 건씩만 나오는 게 아니라, 어떤 날은 각각 다른 사안으로 서너 건씩도 나온다. 이명박 전 대통령

이야기다. 본인 말고도 등장인물들이 참 많다. 가까이는 부인에다 아들에 형님들에 조카들에, 처가 권속들까지 끼어 있다. 이와 함께 건설회사 사장 때나 서울시장 때 부리던 '내 사람들'에, 측근들에, 핵심 측근에, 문고리 측근에, 재산관리인에, 금고지기 외에도, 꼬리치던 공무원들과 한눈 팔던 군 출신들에 뇌물 관련 기업인들까지 일일이 헤아릴 수가 없다." 2018년 2월 19일을 전후하여 이 당시에는 대부분의 언론에서 이명박 전 대통령의 재임기간 중 이루어졌던 각종 비리와 문제들을 앞다투어 보도하고 있었습니다. 그래서 오 기자의 지적처럼 뉴스와 신문에 이명박 전 대통령의 이야기가 나오지 않는 날은 하루도 없었을 만큼 관련기사가 넘쳐났습니다. "한마디로 그의 죄는 대통령 자리를 이권(利權)으로 알고 덤빈 데서 비롯됐다고 말하는 사람들이 많다. 국익이나 공익보다 사익을 추구하며 눈을 번뜩인 대목들이 잇달아 드러나고 있다. 한두 가지가 아니다. 그런 일 저지르면서 그는 가장 큰 걸림돌이 되고 거추장스러웠던 민주주의를 콘크리트 바닥에 패대기치며 발로 짓이겼다. 그의 가장 큰 죄다. 최근 잇달아 쇠고랑을 찬 '그의 국정원 사람들'이 저지른 죄도 바로 그 민주주의 작살내기였다. 댓글 작업 같은 추저분한 여론조작에 국민세금을 물 쓰듯 하며 민초들을 속여 댔다. 바른 일 하고 바른 말 하는 사람들 무자비하게 탄압했다."(프레시안 오홍근 칼럼니스트) 제17대 대통령 선거 당시에 가장 이슈가 되었던 부분은 이명박 후보의 경제정책이었습니다. 현대건설이라는 대기업의 회장을 역임한 경제인이었기에, 그리고 서울시장을 지낸 행정경험을 더 보태어 당시의 어려운 나라 경제를 살려낼 수 있을 것으로 모두가 기대하였습니다. 그러나 그러한 국민적 기대는 물거품이 되고 오히려 고양이에게 생선을 맡긴 형국이 되었다는 것입니다. 국가경제를 살리기는커녕 개인의 잇속을 챙기기에 급급하였다는 것이 사정기관과 국민들의 판단입니다. 오홍근 칼럼니스트도 그 점을 지적하고 있는 것입니다. 아주 특별하게 '다스'라는 회사를 설립하여 친인척 등 측근에게 경영과 관리를 맡기고 자신은 열매만 따먹었다는 것이 사정당국의 판단인데도 이전 대통령은 그러한 사실이 없었다고 부인하고 있습니다. 잘못을 저지르는 수준을 넘어서서 거짓말을 일삼으며 약간의 성찰도 보이지 않는다고 법원은 질책하고 있는 것입니다. 오홍근 칼럼니스트는 다음과 같은 내용을 이어갑니다. "MB가 퇴임한 후에도 죄를 추궁하지 않고 안전을 보장해 줄 수 있는 사람을 대통령으로 만들기 위해서였다. 검찰, 경찰, 국세청 등 권력 기관 외에도 사이버 사령부와 기무사 등 군 조직에 끌어댈 수 있는 공무원 조직이 총동원되었다. 2012년 대선은 그래서 민주주의를 도둑맞은 선거였다고 단정하는 목소리들이 많다. 민주주의 하는 나라가 아니었다. 심지어 나라 지키는 데 써야 할 국정원 특수활동비까지 대통령 일가의 개인 호주머니로 들어간 사실이 드러나고 있다. MB 부인도 그 돈 갖다 썼다고 한다. 바른 여론이 생성되지 못하도록 하는 데는 최시중 씨가 혁혁한 공을 세웠다. 새로 종편 허가를 내준다는 당근을 앞세워, 비판 기능이 핵심인 언론을 자기의 애완동물로 만들어 놓았다. 말 듣지 않는 기자는 가차없이 회사에서 몰아냈다. 숱하게들 쫓겨났다. 민주주의 핵심요소여야 할 언론을 그렇게 초토화시켜버렸다. MB의 용서받지 못할 죄였다. 그 무렵 그런 언론을 필자는 '이른바 언론'이라고 불렀다." 이러한 내용은 경제적인 비리나 문제를 일으킨 것으로 끝나는 것이 아니고 민주주의를 철저하게 유린하고 개인의 욕심을 채웠다는 말로 사안의 중대성을 지적할 수 있을 것입니다. 권력기관을 동원하여 대통령 선거에 개입하였다는 것입니다. 국가의 공금을 용도에 맞지 않게 사사로이 사용하였다는 것입니다. 심지어는 언론까지 통제하고 말을 듣지 않으면 언론인들을 탄압하였다는 것이 오홍근 칼럼니스트의 지적입니다. 이러한 내용 이외에도 검찰 공소장에는 숱한 내용들이 더 나오고 있습니다. 이렇게 이명박 전 대통령은 국가를 도탄에 빠트리고 국민들을 기망하였습니다. 최고 권력자로서 이 전 대통령은 끝없이 추락하고 있습니다.

이러한 이명박 전 대통령의 문제는 조선일보 사설에서도 언급되고 있었습니다. 조선일보(2018. 3. 23) "[사설] 이명박 전 대통령도 구속, 전직 대통령 2명이 감옥에"라는 제하의 사설 중 일부의 내용을 소개합니다. "이명박 전 대통령이 어제 구속 수감됐다." "이 전 대통령에게 적용된 혐의는 110억 원대 뇌물 수수, 350억 원대 (주) 다스 회사 자금 횡령 등 10가지가 넘는다. 개중에는 과거 정권에서도 관행적으로 있었던 일들이 있다. 그러나 국정을 책임진 대통령이 한 일이라고는 믿기지 않는 내용들도 있다. 검찰은 이 전 대통령이 자동차 부품회사 다스의 투자금 반환소송 비용 67억 원을 대납시켰다고 한다." 이명박 전 대통령은 뇌물 수수 혐의와 회사 자금횡령 등으로 구속되었다는 내용입니다. "이 전 대통령은 지난 14일 검찰 조사를 받으면서 '모르는 일'이라거나 과거 측근들이 처벌을 모면하려 거짓 진술을 한 것이라고 말했다고 한다. 이 전 대통령의 부인에도 구속영장은 발부됐다. 법원이 일정 수준 혐의가 소명(疏明)됐다고 본 것이다. 이 전 대통령은 사실관계를 떳떳이 밝혀 책임질 것은 책임지겠다는 자세로 재판에 임해야 한다." 이 사설에 나타난 것은 대부분이 검찰의 업무처리의 내용을 사실 그대로 보도하고 있습니다. 그리고 이명박 대통령은 관행으로 실행한 일도 있지만 대통령으로서 해서는 안 될 내용도 포함되어 있다는 것을 지적하고 있는 것입니다. 즉, 대통령이 잘못한 것도 있다는 것입니다. 그리고 이 전 대통령은 자신이 잘못한 부분은 떳떳하게 밝히고 책임을 져야 한다는 충고를 하고 있는 것입니다.

이어서 경향신문의 사설에서는 1심 재판의 결과를 바탕으로 한 내용이 나옵니다. 경향신문(2018. 10. 5) "[사설] 이명박 징역 15년, '사익 추구'한 전직 대통령의 말로"라는 제목의 보도 내용 중 일부를 소개합니다. "다스 자금을 횡령하고 삼성 등으로부터 거액의 뇌물을 챙긴 혐의로 구속 기소된 이명박 전 대통령이 1심에서 징역 15년과 벌금 130억 원, 추징금 82억여 원을 선고받았다. 이 전 대통령은 전두환 · 노태우 · 박근혜 전 대통령에 이어 유죄 선고를 받은 4번째 전직 대통령이 됐다." 이명박 전 대통령은 구속에 이어 1심 재판에서 징역 15년과 벌금 130억 원 등을 선고받았다는 내용을 담고 있습니다. "10년 넘게 논란이 된 의혹의 실체적 진실이 드러난 것은 뒤늦게나마 다행이다. 그러나 일그러진 역사를 생각하면 안타깝기 짝이 없다. 법적으로나 도덕적으로나 자격이 없는 이가 허위와 조작으로 국가 최고 지도자에 오르더니 그 자리를 치부의 통로로 악용했다. 개인비리만 자행한 것도 아니다. 이 전 대통령 재임 기간, 경제 · 사회적 불평등 구조는 심화되고 남북관계는 악화일로를 걸었다. 국가정보원을 비롯한 국가기관들이 댓글공작에 총동원돼 박근혜 전 대통령 당선을 도왔다. '이명박근혜 시대 9년 적폐'의 출발점은 바로 다스였다." 결국 이명박 전 대통령은 1심 법원에서 왜 그런 선고를 받게 되었는지에 대한 이유를 설명하고 있는 것입니다. 재판부는 이 전 대통령의 선고와 관련하여 "대통령 직무의 공정성과 청렴성을 훼손하는 데 그치지 않고, 공직사회 전체의 인사와 직무집행에 대한 신뢰를 뿌리째 뽑는 행위로서 비난 가능성이 매우 크다"고 질책한 것으로 알려졌습니다.

이명박 전 대통령은 권력의 정점에서 감옥의 나락으로 떨어졌다는 결과만 본다면 박근혜 전 대통령과 크게 다를 바가 없습니다. 대통령으로서 절대권력을 누렸으며 자유민주주의 국가의 대통령이 아니라 국왕처럼 군림하고 통치하였습니다. 다만, 지은 죄의 본질이나 성격은 확연히 다른 것으로 보입니다. 부분적으로는 돈이나 재물과 관련된 공통적인 부문이 없는 것은 아니지만 이명박 전 대통령에게 없는 것을 박근혜 전 대통령은 가지고 있습니다. 두 전 대통령의 가장 중요한 차이는 사욕에 있는 것 같습니다. 박근혜 전 대통령은 성장 발달 과정에서 군주, 혹은 국왕의 아버지 모습을 보면서 자라났으며 그러한 아버지의 형상을 내면화하였을 가능성이 높습니다. 그래서 권력을 추구하였으며 권력을 장악하고 난 후에도 아버지의 통치방식을 그대로 답습한 듯한 느낌을 주고 있습니다. 그래서 감옥에 가서 재판을 받고 있으면서도 본인은 잘못한 것이 없다고 생각하고 있으며 재판도 거부하고 있는 것입니다. 하지만 이명박 전 대통령은 권력의 문제라기보다 돈의 문제로 심판을 받고 있는 것으로 보입니다. 가난한 가정에서 자라나서 재벌 기업의 회장 자리에 올랐습니다. 많은 돈을 벌었습니다. 그것만으로도 성공적인 삶을 살았으며 사회적으로 높은 신망을 얻고 만족하였으면 개인적으로나 사회적으로 아주 바람직한 상황이었습니다. 돈을 벌어 성공한 사람이 권력까지 탐욕을 내고 손을 내밀었습니다. 삼가분립을 현저하게 침탈하였습니다. 이러한 점에서 긍정적인 평가를 받을 수는 없는 것입니다. 나아가 결과적으로 본다면 권력의 길로 들어선 것도 권력을 이용하여 재물을 모으기 위한 몸부림으로 해석됩니다. '삼가분립 이야기'에서 본다면 그 가치를 심각하게 훼손한 것입니다. 돈과 권력과 명예를 싹쓸이한 것으로 결론이 납니다. 돈을 바탕으로 권력을 취하고 그 다음 권력을 이용하여 다시 돈을 모으는 형국입니다. 그 많은 돈을 모아서 무엇을 하려 하였을까요? 대통령으로서 국가를 반석 위에 올리고 국민들의 삶의 질을 높이겠다는 임무나 역할은 처음부터 없었던 것으로 보입니다. 오로지 사욕만을 추구한 것처럼 비치는 것은 저만의 개인적 시각을 넘어서는 문제라 여겨집니다. 개인도 불행하고 나라도 거덜나는 결과를 만들었습니다. 이명박 전 대통령은 인간사회의 보편적 세 가치 중에서 많은 돈을 모으고 사회적 명성까지 얻게 되어 성공적인 삶을 살았지만 권력마저 거머쥐려고 한 것입니다. 지나친 욕망으로 세 가지를 모두 가지게 되었지만 결과적으로 쌓아올린 업적과 의미가 무너져 내렸으며 가지고 있던 모든 것을 잃어버렸습니다. 개인적인 재산과 권력과 명예를 잃어버린 것에 머물지 않고 국민들의 마음에도 깊은 상처를 남겼습니다. 그럼에도 불구하고 자신을 중심으로 일어난 모든 사건들을 아직도 온전히 받아들이지 못하고 있는 것처럼 보입니다. 아주 철저하게 거짓자기의 모습으로 점철되어 있다는 것을 느끼기에 충분합니다. 겉으로 드러나는 태도로 보아 자신은 잘못도 죄도 없다고 합니다. 우리 보통사람들, 국민들 눈에는 잘 보이는데 말입니다. 안타까운 일입니다.

지금까지 우리나라 행정부를 중심으로 한 국가의 정치권력을 이명박 전 대통령과 박근혜 전 대통령 재임 시에 제왕적 대통령으로서 권력의 부당한 사용과 남용, 불법적 행사 등과 관련하여 구체적인 내용들을 통해 살펴보았습니다. 그리고 행정부 고위 관료들의 일탈행위도 있었습니다. 주로 언론에 보도된 내용들을 정리하고 인용하였습니다. 우리가 삼권분립을 말할 때 입법, 사법, 행정 중에서 행정에 해당하는 영역을 중심으로 다루었습니다. 두 전직 대통령의 사건이 너무도 엄청난 것이고 역사에 미치는 영향이 컸기에 우선적으로 중점적으로 논의하였습니다. 이제 우리나라 삼권분립의 세 축 중 나머지 두 축인 국회와 사법부도 주목하려 합니다. 입법부인 국회와 사법부에서도 엄중한 사건들이 일어났습니다.

대한민국의 법률을 제정하는 국회는 어떤 모습을 하고 있을까요? 국회는 단순하게 법을 만드는 곳이 아니라 정치를 하는 곳이기도 합니다. 각 지역을 대표하는 의원들이 지역 주민들로부터 선택과 위임을 받아 국정을 논의하고 제도를 만드는 일을 하기 때문입니다. 조선일보(2018. 2. 20) 박상기, 윤형준 기자가 쓴 "국회 · 정당 '13일 놀고 수당 챙긴 의원, 최저임금 적용을' 청원 27만"이라는 제목의 보도 내용을 보면 국회가 일을 하지 않고 정쟁만 일삼고 있음을 보여줍니다. "여야는 19일 파행 13일 만에 임시국회 정상화에 합의했다. 2월 임시국회(30일) 기간 절반을 허송세월한 것이다. 의원들이 논(놀았던) 13일간 번 돈은 1인당 수당 등 세비 498만 원과 특활비 40만 원 등 약 538만 원이다. '일 안 하는 의원'에게 최저임금만 지급하자는 청와대 국민청원이 20만 명을 돌파한 가운데 여야 의원이 '무노동'으로 시간당 5만 2,000원가량(하루 8시간 13일 근무기준)을 번 것이다. 현재 최저임금은 시간당 7,530원이다." 2018년 2월에 소집된 임시국회에서 여야 국회의원들은 서로 간에 정쟁을 일삼느라 국회를 개원하지 못하고도 1인당 538만 원의 세비를 받았다는 것입니다. 그것도 우리 사회에서 시간당 최저임금이 (당시) 7,530원으로서 사회적 문제가 되어 있는데 국회의원들은 놀면서 시간당 5만 2,000원을 받아 챙겼다는 것입니다. "여야 대립으로 국회 공전한 기간(13일)은 2월 임시국회 기간(1월 30일부터 2월 28일까지 총 30일)의 절반에 가깝다. 국회는 의원들에게 이 기간 1인당 40만 원씩 총 1억 2,000여만 원의 수당을 지급할 예정이다. '국회의원 수당 등에 관한 법률'에 따르면 의원들은 회기 중엔 아무 일을 하지 않아도 하루 3만 1,360원씩 '특별활동비'를 받는다. 이 돈은 월급에 해당하는 '국회의원 수당'과는 별도 항목이다. 의원들이 사무실운영비를 제외하고도 각종 수당으로 월평균 1,149만 원을 받는다. 한편 청와대 홈페이지 국민 청원 코너에 등록된 '국회의원 급여를 최저시급으로 책정해 달라'는 국민청원은 지난 14일까지 한 달 만에 27만 명이 넘는 사람이 참여했다." 이러한 조선일보의 보도 내용을 중심으로 본다면 국회의원들은 일은 하지 않고, 그것도 국민들로부터 주어진 책무를 방기하고 각종 명목의 수당을 받고 있다는 것입니다. 오죽하면 국민들이 청와대에 국민청원을 넣었을까요? 문제는 이러한 국회의원들의 행태를 제지하거나 질책할 수 없는 수단이나 방법이 없다는 것입니다. 국민들 무서운 줄 모르고 자신들의 잇속을 챙기기에 급급한 것으로 비판을 받지만 모두가 담합을 하였는지 한통속이라 어쩔 수가 없습니다. 오죽하면 사람들이 '국회를 없애야 한다'는 말까지 하겠습니까?

국회의원들의 비행은 계속적으로 이어집니다. 서복경 연구원이 한겨레(2018. 5. 23) 사설 · 칼럼에 쓴 "[야! 한국사회] 국회, 왜 그랬을까"

에 나오는 내용입니다. "국회가 또 한 건을 했다. 국회의원 체포동의안 처리는 늘 후폭풍이 따른다는 걸 모를 리 없다. 더구나 이번 건은 모두 비리 혐의 건이다. 그중 하나는 수년 동안 검찰 수사만 세 번째 진행되고 있는 묵고 묵은 사안이다. 취업비리, 공천거래, 검찰 부실수사 및 외압 논란이라는 뇌관을 여러 개 장착한 사건임에도, 부결시킨 국회의원들은 꿋꿋했다. 홍문종, 염동열 의원의 소속 정당인 자유한국당은 부결 결과에 대해 '불구속 수사와 무죄추정의 원칙이 지켜졌다'는 입장을 내놓는 대범함을 보였다." 국회가 개회되어 열리고 있다면 국회의원을 함부로 체포할 수 없게 법률로 규정하고 있으며, 다만 국회의 동의를 받은 경우에는 예외로 하게 됩니다. 그래서 국회는 국회의원들이 죄를 짓고 검찰에서 법원의 영장을 발부받아 체포하려 하면 국회를 개원하여, 소위 '방탄국회'를 열어 동료의원을 보호하는 것으로 알려져 있습니다. 이러한 일을 처리하는 데 아주 신속하며 여야를 가리지 않고 서로 협력하는 것으로 보입니다. 정치적으로 반대의 입장을 가진 의원이라 하더라도 이 부분만큼은 긴밀하게 협력합니다. 소위 국회의원으로서 '제 식구 감싸기'입니다. 이뿐만이 아닙니다. 서복경 연구원의 글은 이어집니다. "대법원은 2018년 5월 국회 특수활동비 내역을 공개하라는 판결을 두 번째로 내렸지만, 여전히 특수활동비 정보는 국민들의 손에 있지 않다. 시민단체 소송으로 2004년에도 대법원은 정보공개 판결을 했지만, 결국 국회는 내역을 공개하지 않았다. 이미 대법원 판례가 있었기에 결과가 뻔했음에도, 국회는 법정 논란 제2라운드를 벌였고 기어이 대법원까지 이 문제를 또 끌고 갔다. 피감기관 지원 해외출장 관행이 문제가 되었을 때도 20대 국회는 '앞으로' 하지 않겠다는 다짐을 내 놓았을 뿐 기존 정보공개를 거부했다." 한때 행정부의 고위 관료들의 특수활동비가 문제가 되어 아주 호된 신고식을 치루었는데 국회에도 그러한 특수활동비가 있었다는 것입니다. 시민단체의 소송으로 대법원에서 특수활동비의 구체적인 내역을 공개하라는 판결이 내려졌음에도 국회는 내역을 공개하지 않고 있다는 것입니다. 이러한 문제들이 누적되면서 국민들은 정치, 국회, 국회의원들에 대한 불신과 배척이 극도로 심해지고 있으며, 일부의 과격한 이들은 국회무용론까지 들고 나오고 있습니다. 이렇게 자신들의 이익은 챙기면서 막상 해야 할 일은 소홀하고 있다는 지적도 있습니다.

국회는 기본적으로 국가와 국민을 위해서 법률을 제정함을 그 본질로 삼아야 합니다. 그럼에도 불구하고 가장 중요한 의무인 입법 활동을 게을리하고 있다는 보도내용이 있습니다. 파이낸셜 뉴스(2018. 6. 27)에서 김호연 기자가 보도한 기사의 내용을 보면 국회의원들의 민낯을 만날 수 있습니다. "국회가 공전을 거듭하는 가운데 본연의 책무인 '입법 활동'이 사실상 뒷전으로 밀려나면서 비판 목소리가 커지고 있다. 법안 심사를 위한 상임위원회가 '방탄국회' 논란과 6 · 13지방선거 등으로 인해 '올스톱'된 사이 계류 법안은 약 1만 건까지 늘어났고, 법안 투표율은 70%대에 불과한 것으로 분석됐기 때문이다. 정치권에 대한 국민들의 불신이 더욱 커지는 것 아니냐는 우려가 나온다. 계류법안 1만 건 '초읽기' 27일 국회 의안정보시스템에 따르면 이날 현재 국회에 계류 중인 법안은 총 9,850건이다. 접수된 법안의 수가 전체 1만 3,570건인 점을 감안한다면 10건 중 7건 이상이 논의되지 못한 채 잠들어 있는 셈이다." 국회는 정말로 한심합니다. 이렇게 할 일이 산처럼 쌓여 있음에도 불구하고 임시국회를 방탄국회로 소집하지를 않나, 일은 하지 않고 허송세월 하면서 세비 등을 꼬박꼬박 받아가고 있는 것입니다. 김호연 기자의 기사는 계속됩니다. "10명 중 3명 법안투표 '불참', 국회의 부실한 '입법활동'에 대한 민낯은 법안 처리의 최종 단계인 '본회의 의결' 과정에서도 여실히 드러난다. 시민단체인 법률소비자연맹이 이날 발표한 국회의원 '법안 투표율' 자료에 따르면, 지난해 5월부터 올해 5월까지 1년간 국회 본회의에서 표결된 법안(877개)에 대한 투표율은 71.67%로 조사됐다. 10명 중 3명 가까이는 법안 투표에 불참했다는 것이다." 국회가 전반적으로 입법 활동에 불성실할 뿐만 아니라 그나마 처리한 법안에 약 30%에 이르는 국회의원들이 투표에 참여하지 않았다는 것입니다.

그러면 우리 사회에서 제정된 법률을 판결하고 집행하는 사법부는 어떠할까요? 최근에 일어나고 있는 '사법농단' 사건을 지켜보면서 사법부의 행태 또한 국민들의 심판을 받을 도마 위에 올라 있습니다. 서울신문(2018. 6. 4), "[사설] 국민 64% 재판 불신, 사법부 신뢰회복 절박하다"에 나오는 내용을 소개합니다. "국민 10명 중 6명 이상이 사법부 판결을 불신하다는 여론조사 결과가 나왔다. 사법부 판결의 신뢰도를 100점으로 환산했더니 모든 연령층과 진보 · 보수 모두 30점대를 준 것으로 집계됐다. 낙제 점수로, 사실상 사법부에 대한 불신이다. 여론조사 전문기관 리얼미터가 CBS 의뢰로 지난 1일 성인 500명을 상대로 사법부의 판결 신뢰도를 조사한 결과(95% 신뢰 수준에 표본오차 ±4.4% 포인트) '불신한다'는 응답이 63.9%로 나타났다. 매우 신뢰, 상당히 신뢰, 다소 신뢰를 다 합한 신뢰 응답 27.6%의 두 배를 훌쩍 넘었다. '잘 모름'은 8.5%였다. 구체적으로는 사법부 판결의 신뢰도에서 보수층(33.3점), 진보층(35.1점), 중도층(38.9점) 모두 30점대였다. 연령별로도 모두 30점대이고, 광주 · 전라를 제외한 나머지 모든 지역도 신뢰도가 30점대였다." 일반국민들이 사법부에서 내린 재판의 결과를 신뢰하지 못한다는 여론조사가 공개되었습니다. 국민들은 법률에 대한 전문적인 식견을 가지고 있지 않지만 상식적인 수준에서, 법 감정의 차원에서 판단하건대 사법부가 정의로운 판결을 하지 못한다고 보는 것입니다. 우리 사회에서 '유전무죄', '무전유죄'라는 웃지 못할 말들이 사람들의 입에 오르내리고 있습니다. 돈을 많이 가졌거나 권력이 있는 사람은 죄를 지어도 벌을 받지 아니하고, 반대로 돈이 없거나 권세가 없으면 죄를 짓지 않았음에도 벌을 받게 된다는 세상 돌아가는 이치를 풍자하고 있는 것입니다.

세간에 떠도는 이러한 풍자와 국민들의 사법부에 대한 불신은 '사법농단' 사건으로 인하여 사실임이 드러나고 있습니다. 한겨레(2018. 7. 29) 석진환 사회1 에디터의 "[편집국에서] '사법농단' 사례"라는 제목의 글에 나오는 내용의 일부분을 소개합니다. "검찰이 최근 확보한 문건을 보면, 당시 행정처는 정반대로 움직였다. 대법관인 법원행정처장이 부산고등법원장에게 은밀히 전화해 사건 무마를 당부했다. 사실관계를 파악했다던 '윤리감사관실'은 무마전화를 위한 '말씀자료'를 작성했다." 검찰에서 입수한 자료에 의하면 법원행정처장이 부산고등법원장에게 전화로 사건을 무마하라는 취지의 말을 하였다는 것입니다. 즉, 재판을 담당하는 법관의 양심과 법리, 원칙에 따른 판결이 아니라 특정한 입장에서 판결을 하라는 주문을 대법관이 하였다는 것입니다. "법원장에게 전화한 당사자로 의심받는 이는 지금도 대법관으로서 '최고 재판' 업무를 하고 있다. 검찰이 부산의 재판 개입 사건을 다시 살펴보려 하자, 법원은 지난 주말 압수수색영장을 기각했다. 그뿐 아니다. 법원은 지금도 법원행정처 압수수색만은 절대로 안 된다고 버티고 있다. '국가의 중대한 이익과 관련된 공무상 비밀' 등이 그 이유로 거론된 모양이다. 국정 농단 수사 때 '청와대 압수수색만은 절대 안 된다'던 박근혜 정부 논리와 똑같다." 이러한 사실이 밝혀져서 검찰이 압수수색을 하여 제대로 된 수사를 하려 하자 법원은 이상한 논리로 압수수색 영장을 발부하지 않고 있다는 것입니다. 글은 이어집니다. "대법원 특별조사단이 지난 5월 추려놓은 410개 문서 파일 중 아직 공개되지 않은 228건의 문건이 이르면 30일 공개된다고 한다. 또 얼마나 충격적인 내용이 쏟아져 나올지 두렵다. 더운 날씨만큼이나 벌써 숨이 턱 막힌다. 밀랍 날개로 태양에 너무 가까이 갔던 신화 속 인물처럼, 법원은 앞으로 속절없이 추락할 것이다. 그 추락의 끝이 어디인지 아직은 아무도 모른다." 법원에서 이루어진 어두운 부분들, 아직 밝혀지지 않은 범죄나 비리가 더 나타날 가능성이 많다는 지적과 함께 사법부는 앞으로 끊임없이 추락하게 될 것이라고 지적하고 있는 것입니다.

이러한 사법부의 어두운 그림자는 양승태 전 대법원장에 의한 '사법농단 의혹'으로 이 세상에 그 전모가 드러나게 됩니다. 2018년 연초부터 시작된 크고 작은 사법부의 비리 사건들은 2018년 4월 대법원의 자체조사 결과 자체적으로 처리하는 것이 불가능하다고 여겨져서 5월28일 김명수 대법원장이 검찰수사에 협조하겠다는 의견을 발표합니다. 검찰은 기다렸다는 듯이 사법농단에 대한 수사를 본격화합니다. 대한 변호사협회에 소속된 변호사 2,015명은 이와 관련하여 시국선언을 발표합니다. 사법농단에 대한 문건들을 공개하고, 책임자에 대한 형사처벌, 징계, 탄핵요구 등 검찰수사 및 대법원장의 고발을 촉구하는 시국선언이었습니다. 검찰의 수사 내용을 중심으로 사법농단의 내용을 살펴보면 양승태 당시 대법원장은 상고법원의 도입을 위하여 청와대와 재판을 거래하였으며 비자금을 조성하여 부정하게 돈을 쓰는 등의 비리를 행하였다는 것입니다. 보다 구체적으로는 법원행정처가 특정 판사들의 블랙리스트 감시자 명단을 작성한 의혹, 재판거래, 세월호 관련 적정 관할법원 및 재판부 배당방안, 대법원에서 저질러진 횡령 및 비자금, 검찰총장 협박, 헌법재판소 내부정보 빼돌리기 등 종류도 매우 다양합니다. 그리고 검찰은 일제 강제징용 피해자 소송과 관련하여 김기춘 당시 청와대 비서실장과 대법원 간의 재판거래 정황도 포착하였다고 합니다. 그래서 결국 2019년 1월 24일 양승태 전 대법원장에 대한 구속영장이 법원으로부터 발부되고 서울구치소에 수감되어 수사와 재판을 받게 되었습니다. 이러한 사실은 우리나라의 사법부가 얼마나 썩어 있으며 국민들을 위한 판결을 정의롭게 하지 못하였다는 것을 실증적으로 말해주고 있는 것입니다. 여론조사에서 나타난 국민들 중 60%는 사법부를 불신한다는 의견이 올바르다는 것을 입증하는 것이기도 합니다.

사법부는 삼권분립의 구도에서 권력의 견제와 균형을 잡아주는 핵심적인 역할을 하게 되며, 나아가 불의의 척결과 범죄의 처벌을 통해 사회정의를 실현하는 중심에 서 있습니다. 그래서 가장 공명정대하게 판결을 내리고 철저하게 법과 원칙에 따라 재판을 진행하여야 합니다. 그래야 국가의 기강을 세우고 국민들의 권리를 증진시키게 됩니다. 그럼에도 불구하고 법원조직은 국민들로부터 불신을 당하고, 적폐로 인식되어 청산의 대상으로 떠올랐습니다. 무엇이 아쉬워서 그랬을까요? 우선 겉으로 드러난 것은 일부 지도자들의 탐욕에 기인한 것으로 보입니다. 하지만 이러한 사법부의 적폐도 우리나라 전체 국민들의 의식수준과 맞물려 있는 것이라고 한다면 지나친 평가일까요? 다시 말한다면 보통의 일반사람들이 부당한 재판을 하였던 판사들의 자리에 앉으면 거의 비슷한 수준의 재판을 하지 않을 사람이 얼마나 되겠습니까? 그래서 사법부의 개혁 또한 우리 국민들 개개인의 성숙한 시민의식의 함양에서부터 비롯되어야 합니다. 나 자신부터 나에게 유리하고, 상대방에게 반드시 이기는 재판을 하려고 수단과 방법을 가리지 않으려는 의지와 태도를 버려야 합니다. 가급적이면 죄를 짓지 않고 바르게 살도록 노력하여야 합니다. 어쩔 수 없이 죄를 지으면 벌을 받고 잘못은 인정하며 피해자와 국민들에게 솔직하게 용서를 구하여야 합니다. '사법농단 의혹사건' 그 모든 것도 이와 같은 우리의 보통 사람들의 삶의 패러다임과 결코 무관하지 않을 것입니다. 판결에 의해서 억울한 사람들이 생기지 않도록, 판사님들이 정의로운 판결을 내릴 수 있도록 국민들이 그들을 지켜주어야 합니다.

삼권분립은 다음백과사전에 의하면 "국가를 입법, 사법, 행정의 삼권으로 나누어 서로 견제하고 균형을 유지하도록 하여 권력의 남용을 막고, 국민의 권리와 자유를 확보하기 위한 국가조직상의 원리"라고 합니다. 삼권분립은 권력의 집중으로 인하여 발생할 수 있는 권력의 남용이나 횡포를 막아 국민들의 보편적인 권리를 증진시키고자 하는 국가적 장치로서 근대사회 이후 입헌적 의미의 헌법에서 가장 중요한 골격을 이루고 있습니다. 이러한 의미의 삼권분립은 원래 전제군주주의 국가에서 전제군주들의 절대적 지배권한에 대항하여 법을 만드는 입법권을 의회가, 법을 집행하고 심판하는 사법권은 군주로부터 독립된 재판소가 행사하도록 제도화하려는 노력으로 나오게 된 것입니다. 따라서 삼권분립은 전제군주주의 국가와는 거리가 먼 것이며, 자유민주주의 국가와 밀접한 관련이 있는 국가 조직의 근간이라 하겠습니다. 우리나라는 헌법에 의하여 삼권분립이 명확하게 규정되고 있음에도 불구하고 전제군주주의 국가에서 나타나는 절대권력이 국민들을 지배해 왔음을 우리는 목격하였습니다. 우선 삼권분립이 제대로 실현되어 왔느냐에 대한 문제제기입니다. 대한민국 헌법 제40조에서 제65조는 국회(입법부)에 관한 내용이며, 제66조에서 제100조까지 정부(행정부), 제101조에서 제110조까지는 법원(사법부)에 관한 내용으로 구성되어 있습니다. 아주 명확하게 각 기관에 대해 규정하고 있습니다. 그럼에도 불구하고 오늘에 이르기까지 많은 국민들과 위정자, 입법자, 법집행자들은 이러한 삼권분립에 대한 인식이 부족하였다고 볼 수 있습니다. 다시 말하면 자유민주주의에 대한 가치나 의식이 결여되어 있었습니다. 그러한 의식은 대통령에 대한 인식이 여전히 전제군주주의 형태로 남아 있어서, 대통령은 무소불위의 절대 권력을 휘두를 수 있으며 권력남용은 아무런 문제도 없다는 시각입니다. 일반 국민들의 생각은 대통령이 입법권과 사법권을 침범하더라도 아무런 문제가 없다는 것이지요. 그래서 사회적으로 용인될 수 있었습니다. 그러한 구조와 인식에서 벗어나고 진정한 자유민주주의 국가로 나아가야 한다는 움직임과 노력, 그것이 우리 사회에서 1970년대부터 시작된 민주주의 운동이고 민주화의 과정이었습니다. 그래서 박근혜 전 대통령은 취임과 동시에 이미 지금의 결과를 예고하고 있었을 것입니다. 박근혜 대통령이 국정 농단의 그림자에서 자유로울 수 없었던 것은 이러한 우리의 시대상을 반영한 것이라 하면 지나친 것일까요? 대통령 한 사람만의 문제가 아니고 우리 국민들 다수의 의식과 가치를 그가 그대로 표출한 것이었다면 무리일까요? 이제 대통령을 정점으로 한 절대권력의 몰락과 삼권분립의 자리매김은 자유민주주의 국가를 향한 새로운 도약입니다. 정부는 정부다워야 하고 국회는 국회답게 자리매김해야 합니다. 그리고 사법부의 판결은 공명정대해야 합니다. 그것이 삼권분립과 삼가분립을 기반으로 한 자유민주주의 국가의 참모습일 것입니다. 이제 그러한 참모습의 국가와 사회가 열리고 있는 것입니다. 그리고 우리 일반 시민들의 의식과 가치도 함께 성숙해져야 합니다. 아직은 자유민주주의의 진정한 가치에 우리는 눈을 크게 뜨고 우리의 나라와 미래를 가꾸어 가야 할 때입니다.

이쯤에서 잠롱 스리무앙 전 방콕시장님의 이야기를 할까 합니다. 잠롱 시장님은 1935년에 태국에서 태어나 태국의 군인, 정치인, 행정가로서 일생을 살아오신 분입니다. 그분은 태국의 수도 방콕시 시장직을 맡아 직무를 수행하면서 널리 알려진 인물인데, 청백리의 대명사라고 불러도 손색이 없을 만큼 청렴하고 공정한 관리로서, 권력가로서, 정치가로서의 삶을 살아오셨습니다. 그래서 태국어로는 '나이시안', 영어로는 'Mr. Clean'으로 불리었습니다. 다음 나무위키에 의하면 우리나라에는 1990년 4월 MBC가 방콕 현지에서 촬영해 제작한 '인간시대'라는 다큐멘터리 프로그램을 통해 '태국의 청백리 시장'으로 소개되었으며 같은 해 10월에는 경실련과 시사저널의 공동 초청으로 처음 한국을 방문해 우리나라 정치계 관계 인물들을 면담하고 강연회를 개최하였다고 합니다. 그 이후 매년 우리나라를 방문하여 명예학위 수여를 받고 특히 태국의 농업 발전을 위해 강원도 원주에 있는 가나안농군학교에 입교해 유기농 농법을 비롯한 농업기술을 직접 배우기도 하였습니다.

잠롱 스리무앙 시장님은 방콕 근교에서 태어나 아주 어릴 적에 아버지가 돌아가시고 어머니와 함께 경제적으로, 사회적으로 어렵게 자랐다고 합니다. 육군사관학교에 진학하여 군인의 길을 걷게 되는데 군에 몸을 담고 있으면서 미국에 유학을 하고 수상의 비서와 상원의원직도 경험하게 됩니다. 1979년에는 프렘 수상의 비서실장을 지냈으며 1985년에는 육군 소장으로 군복을 벗고 정치가로서의 길로 들어서게 됩니다. 전역과 동시에 소속 정당도 없이 방콕시 초대 민선 시장으로 당선됩니다. 1988년에는 팔랑탐 당을 창설하고 당수에 취임합니다. 1992년에는 반 군사독재, 민주화 운동을 주도해 군부와 반대 세력의 공격을 막으려고 노력하였으며 민주화가 어느 정도 이루어지면서 막사이사이상 사회봉사 부문을 수상하고 1994년에는 정부의 부총리직에 오르게 됩니다. 1996년에 정계를 은퇴하고 야인으로 남았습니다.

그분은 방콕 시장으로 재직할 당시에 시장에게 주어지는 130만 원 정도의 월급을 자신과 가족을 위해 쓰지 않고 전액을 자선단체에 기부하였다고 합니다. 자신은 매달 10만 원 정도 나오는 군 퇴직 연금으로 가난한 생활을 이어갔다고 합니다. 비가 오면 물난리가 나는 방콕시의 상하수도와 도로를 정비하고 시민들의 건강과 일자리를 챙기고 부정과 부패를 몰아내는 일에 앞장섰습니다. 그래서 4년의 임기가 끝나고 1990년의 재선에서도 압도적인 표 차이로 당선되었습니다. 그 결과 뇌물이 없이는 크고 작은 민원이 해결되지 않았던 부정행위 풍토가 크게 바뀌었으며 시민들로부터 큰 환호를 받았던 것입니다. 이러한 청백리의 행보는 "적게 먹고, 적게 쓰며 일은 많이 하고, 남는 것은 남을 위해 나누어 갖는 것"이라고 말하는 그분의 인품에서 나오는 것이라 하겠습니다. 더욱 중요한 것은 보통 사람으로 돌아간 후의 일상도 청빈하고 봉사하면서 나누는 삶을 살아가고 있다는 것입니다. 하루에 한 끼만 먹고 수십 년 전의 옷장을 그대로 쓰고 있는가 하면, 중학교 시절의 낡은 책상을 아직도 그대로 사용하고 있다는 것입니다. "나는 큰 집을 팔고 정원이 없는 자그마한 집으로 이사를 하였습니다. 그래서 정원을 다듬고 관리하느라 시간을 낭비하지 않아도 되고 도둑을 걱정할 필요도 없게 되었습니다." 사회의 부정과 부패를 척결하려는 의지가 있고 그 노력을 실행한다면 자신부터 부정부패가 없으며 깨끗해야 합니다. 남을 단죄하고 사회를 정화하려는 사람은 자신부터 떳떳하고 정의로워야 합니다. 그러한 모습이 진정한 권력자의 길입니다. 내부의 강렬한 탐욕으로부터 어느 정도 자유로워지셨습니다. 권력자로서의 길을 걸어가면서도 그 방법은 꿀벌처럼 살아가는 것이지요. 방콕 시장으로서의 잠롱의 모습은, 우리 시대에 공직자, 권력자, 정치 지도자들이 겉으로는 그럴듯한 구호를 내걸고 정죄의 칼을 휘두르고 있지만 속을 들여다보면 정당성이 결핍되어 있다는 것을 웅변하고 있는 것이라 하겠습니다. 잠롱 전 시장님은 삼가분립의 구도에서 권력자의 길을 가고 있는 모범을 보여주고 있는 것입니다.

03

권세화하고 추악해진 재력

그리스 신화에 나오는 미다스의 황금 이야기입니다. 줄거리는 이렇습니다.

미다스는 프리기아 지방의 왕이었습니다. 그의 부친은 원래 고르디아스라는 가난한 농부였는데 사람들이 그를 왕으로 추대하면서 왕이 되었습니다. 미다스는 아버지의 왕위를 이어받았던 것입니다. 어느 날 우연하게 술에 취한 한 노인 실레노스를 농부들이 미다스왕에게 데리고 오게 됩니다. 미다스왕은 실레노스를 알아보고 따뜻하면서도 융숭한 대접을 하였습니다. 그리고 열하루 만에 디오니소스에게 데려다 주었습니다. 디오니소스 신은 스승이자 양아버지로서 실레노스를 모시고 있었던 것입니다. 디오니소스는 미다스에게 실레노스를 대접한 답례로 소원을 한 가지 말하라고 합니다. 미다스는 디오니소스에게 자신의 손이 닿는 것이면 무엇이든 황금으로 변하게 해 달라고 부탁하였습니다. 디오니소스는 미다스가 보다 현명한 부탁을 했으면 좋았을 것이라는 생각을 하면서도 그의 소원을 들어줍니다. 미다스왕은 이 새롭게 얻은 능력을 좋아하고 매우 기뻐하면서 집으로 돌아갔습니다. 그리고 그의 능력을 곧바로 시험하였습니다. 떡갈나무에서 잔가지를 자르자 그것이 순식간에 황금의 가지가 된 것을 보고 그는 자기의 눈을 의심할 정도였습니다.

이번에는 돌멩이를 주웠더니 그것도 황금으로 변하였습니다. 잔디를 만지고 사과를 따 보았습니다. 만지는 것은 무엇이든 모두가 황금으로 변하였습니다. 그는 너무나 기뻤습니다. 엄청난 부자가 되었기 때문입니다. 그는 하인에게 먹을 음식을 준비시켰습니다. 그리고 식사를 하려고 빵을 만지는 순간 빵은 그의 손에서 황금으로 변하는 것이었습니다. 모든 음식은 그가 입으로 가져가는 순간 황금덩어리가 되어서 먹을 수가 없게 되었습니다. 포도주도 마찬가지였습니다. 황금으로 인한 부자가 되었다는 생각은 잠시이며 이 놀라운 재난에 미다스는 정신이 아찔하였습니다. 우선 음식을 먹을 수 없으니 그보다 큰 재난은 없었던 것입니다. 조금 전까지 그렇게도 탐을 내었던 황금이 보기도 싫어지고 미워지기 시작하였습니다. 그리하여 미다스는 어떻게 하더라도 이러한 마력에서 벗어나야겠다는 생각을 하게 됩니다. 하지만 아무리 애를 써도 소용이 없었으며 이제는 굶주림으로 죽게 되었습니다.

미다스왕은 금빛으로 번쩍이는 두 팔을 높이 들고 디오니소스신에게 구원의 기도를 합니다. 부디 이 황금의 재난으로부터 벗어나게 해 달라고 말입니다. 디오니소스는 자비로운 신이었기에 미다스의 말을 듣고 그의 소원을 즉시 들어주게 됩니다. 디오니소스신은 말했습니다. "그러면 팍타로스 강줄기를 거슬러 올라가 머리와 몸을 물에 담그고 네 죄와 벌을 씻어 내도록 해라" 미다스왕은 신의 가르침에 따라 강줄기를 찾아 샘과 물에 몸을 담그고 손을 씻으니 황금을 만들어 내는 마력이 물속으로 사라졌습니다. 그래서 강의 모래가 황금으로 변했는데, 그 금모래는 아직도 남아 있다고 합니다. 그 후로 미다스왕은 부귀와 영화를 멀리하고 시골에 살면서 들판의 신 '판'의 숭배자가 되어 조용하게 살았다고 합니다.

예나 지금이나 황금은 돈입니다. 재물입니다. 미다스왕은 왕의 지위를 가지고 절대 권력을 행사하는 자리에 있었지만 우리의 일부 대통령들처럼 재물을 탐하게 됩니다. 그리고 부자는 되었지만 황금에 대한 탐욕으로 더 큰 재난에 직면하게 되면서 대오각성한 후 황금을 멀리하게 됩니다. 결국 재물에 대한 욕심을 버리면서 가지고 있던 권력, 왕의 지위까지 내려놓고 평범한 농민으로 살아가게 된다는 신화 속의 이야기입니다.

돈이나 재물은 어떤 기능을 할까요? 첫째, 사람들이 필요로 하는 물건, 즉 재화를 구입할 수 있습니다. 두 번째는 물건이나 재화의 값어치를 측정하고 알게 해 줍니다. 셋째, 돈은 정해진 액수만큼의 값어치와 재화의 양을 가늠하게 해 줍니다. 넷째, 돈은 인간의 기본적인 욕구를 충족시키는 수단이 될 수 있으며 나아가 욕망을 해결해 주는 유용한 도구입니다. 다섯째, 돈은 사람의 사회적 지위를 가늠하는 척도로 자리 잡았습니다. 이 외에도 돈은 여러 가지 기능을 가지고 있는 것으로 보입니다. 돈의 이러한 기능들은 오늘날 사람들을 돈의 노예로 만들었습니다. 처음에 사람들은 사회생활에 필요한 수단으로 돈을 만들었으나 현대사회에 와서는 돈이 인간들을 지배하고 사람들을 다스리는 도구로 전락한 측면도 있습니다. 다음의 글은 다음백과사전 '돈의 가치'에 나오는 돈과 관련된 내용을 중심으로 다시 정리한 것입니다. 돈의 역사를 포함하여 여러 가지 생각을 떠올리게 합니다.

돈은 어디에서 언제, 그리고 어떻게 출발하였을까요? 다음백과사전에 의하면 아주 오랜 옛날, 오늘날의 터키의 서쪽에 리디아라는 나라가 있었다고 합니다. 당시의 리디아는 에게해의 온화한 기후 덕분으로 각종 곡물과 과일이 매우 풍부하였습니다. 그로 인하여 국내는 물론이고 국가 간 상업도 꽤 발달했다고 합니다. 고대 그리스의 역사학자 헤로도토스의 기록에 따르면 리디아 사람들은 세계 역사에서 최초로 상설 상점을 세우고 운영하였습니다. 그리고 리디아에는 팩톨러스라는 강이 흐르고 있었는데, 그 강에는 금이 많이 있었습니다. 당시에는 여러 나라에서 금이나 은과 같은 보물은 장식용으로만 쓰이고 있었는데 상업이 발달한 리디아에서 놀라운 발명을 하게 됩니다. 나라마다 언어가 달라서 이웃 국가들과 거래하는 데 불편이 많았는데, 그러한 불편을 줄이기 위해 리디아에서 주화를 만든 것입니다. 그리스 철학자 크세노파네스는 그런 발명에 대해 자세한 기록을 남기고 있는데, 리디아 사람들이 주화를 만들기 시작한 것은 기원전 6세기경이었고, 그 이름은 일렉트럼이라고 하였다는 것입니다. 당시에는 금속을 정련하는 기술이 부족하여 일렉트럼은 금과 은이 섞인 합금으로 제작되었습니다. 이것이 아마도 인류사회에서 돈, 또는 화폐가 나타난 최초의 일이라 여겨집니다. 당시의 역사적 시기는 그리스 시대로 보입니다. 이미 그리스 시대에 화폐가 등장하였다는 것을 의미합니다. 그리고 리디아 사람들이 주화를 만들어 쓰게 된 동기도 인접국가와 무역이나 장사를 하면서 상이한 언어로 인한 소통의 어려움을 극복하기 위한 수단으로 돈을 만들어 사용하기 시작하였다는 것입니다. 그러기 위해서는 이웃 국가들과 돈의 종류와 규격, 품질, 그리고 가치 등을 서로가 합의하고 인정함으로써 비로소 돈은 기능하게 되었을 것입니다. 그래서 이러한 화폐의 기능을 하는 주화는 여러 나라로 확대되어 나가게 됩니다. 기원전 4세기 초엽에 많은 국가들을 정복하였던 알렉산드로스 대왕은 리디아를 귀속시키고, 당시 리디아에서 크게 성행하고 있었던 일렉트럼의 편리함을 목격합니다. 그리고 귀국하여 마케도니아의 금속 기술을 이용해 은화를 만들기 시작했다고 전해집니다. 이후 은을 중심으로 하는 화폐 경제가 지중해 전역으로 확산되었으며 은화는 아주 오랫동안 유럽지역을 중심으로 화폐로 통용되었습니다. 아마도 1492년 아메리카 신대륙을 발견하기 이전까지 유럽에서 생산된 은으로 만든 돈은 유럽 대륙에서 일상생활용 주화로 사용된 것으로 보입니다. 그리고 금화도 제작되었는데 금화는 알렉산드로스 대왕이 제국을 건설한 이후 주로 부자들의 돈으로 이용되었습니다. 그것은 알렉산드로스 대왕이 다른 나라들과 전쟁을 하면서 약탈하고 챙긴 금을 그리스로 유입시켜 부하 장군들에게 나눠주면서 비롯된 것으로 보입니다. 그리고 다른 한편으로 금화가 좀 더 본격적으로 쓰인 것은 고대 로마 시대부터라고 합니다. 포에니전쟁을 통해 지중해의 패권을 장악한 로마는 자신들이 정복한 북아프리카와 포르투갈 지역에서 금을 채취해 솔리두스라는 금화를 만들었는데, 이 돈은 지중해 전역에서 국제통화로 자리 잡았다고 합니다. 이는 원시형태의 금본위제도로서 아마도 오늘날의 미 달러화와 비슷한 지위를 가지고 있었던 것으로 추정되고 있습니다. 다음백과사전에 의하면 우리 인류사회에 돈은 이렇게 등장하게 되었습니다. 그리고 대부분의 사람들은 미다스 임금처럼 돈을 모으는 데 자신의 모든 것을 걸고 있습니다. 그러한 목적이 달성되고 나면 반드시 불만족과 후회가 다가온다는 것을 미다스의 황금 이야기는 일깨워 주고 있는데도 말입니다.

전제군주 시절에 돈은 주로 군주를 중심으로 한 지배계층들이 가지고 있었던 것으로 추정됩니다. 그것은 권력이 곧 재물을 소유하고 돈을 쥐락펴락하였기 때문입니다. 부분적으로는 귀족이나 중앙정치에 깊숙하게 관여하였던 고위 관리들, 그리고 각 지방의 영주들과 대지주들에게도 돈은 집중될 수 있었을 것으로 여겨집니다. 하지만 현대사회에서 자본주의가 발달하면서 돈의 가치와 집중, 재력의 확충은 새로운 모습으로 나타나게 됩니다. 그것은 돈의 가치에 대한 일반 시민들의 인식 변화, 권력과 무관하게 돈을 전문적으로 벌어 모으는 새로운 형태의 부자들 등장, 보통 사람들의 삶의 질을 결정하는 구심점으로서 돈의 위상입니다. 거의 대부분의 사람들은 돈을 많이 버는 것을 최고의 가치로 여깁니다. 돈을 많이 벌 수 있는 방법이 있다면 수단과 방법을 가리지 않습니다. 돈만 있으면 모든 것을 할 수 있다는 소위 황금만능주의에 빠져들고 있습니다. 돈이 인간의 삶에 긍정적이고 바람직한 기능을 해온 것은 명백합니다. 그러나 부정적이고 어둠의 그림자를 드리운 것도 사실입니다.

우리나라에서 가장 부자는 누구일까? 하는 물음에 한때는 삼성그룹의 이건희 회장과 현대그룹의 정주영 회장이라고 답하곤 했습니다. 이들은 이제 역사 속으로 사라지고 그 아들이 대를 이어 우리나라 최고의 부자 반열에 오르고 있습니다. 추정하건대 그들은 일생 동안 써도 다 쓰지 못할 만큼 많은 돈을 소유하고 있을 것입니다. 그럼에도 불구하고 더 많이 모으기 위해, 세계적인 부호가 되기 위해 애를 쓰고 있습니다. 번 돈을 나누고 베푸는 일에는 전혀 관심이 없는 것처럼 보입니다. 오로지 돈을 더 많이 벌 수만 있다면 수단과 방법을 가리지 않고 어떠한 희생도 감수하는 것으로 보입니다. 심지어 감옥에 가는 것도 돈을 더 많이 벌 수 있다면 기꺼이 감수하는 사람들입니다. 그 많은 돈을 벌어서 무엇을 할까요? 왜 돈을 더 많이 벌려고 할까요? 이들은 우리 사회에서 최고의 기업이라고 불리는, 아니 세계적인 굴지의 대 재벌 그룹의 오너 자리에 있습니다. 개인이 장사를 하거나 기술을 개발하여 부자가 된 것이 아니라 부모로부터 재벌을 물려받았으며, 국가의 지원을 받아가면서 재벌이라는 거대한 조직을 통해서 막대한 부를 축적하고 있는 이들입니다. 그래서 이들 대기업들은 더 이상 기업의 오너, 개인의 사유재산으로 남아 있을 수 없다는 것을 의미합니다.

우리나라에서 '재벌'과 '갑질' 이 두 용어는 아마도 2019년 오늘을 살아가고 있는 우리들에게 최대의 관심사 중 하나라고 할 수 있겠습니다. 그것은 재벌가의 횡포와 갑질이 다양한 형태로 나타나면서 핫 이슈가 되어 있기 때문입니다. 재벌에 나오는 '벌'은 우리가 흔히 쓰는 용어 '학벌', '족벌', '문벌', '군벌' 등에서 보듯이 긍정적인 뉘앙스를 주는 의미는 아닙니다. 여기에서의 '~벌'은 곧 세력과 파벌을 연상하게 합니다. 그리고 영어에는 재벌이나 갑질을 의미하거나 설명할 수 있는 용어가 별도로 없다고 합니다. 그래서 '재벌'과 '갑질'은 우리 사회에서 출발하여 영어사전에 등재되기에 이르렀습니다. 다음백과사전에 의하면 "재벌이란 재계에서 큰 세력을 가진 자본가나 기업가의 무리, 또는 대자본가의 일가나 친척으로 구성된 대규모 기업집단"으로 정의되고 있습니다. 재벌 및 갑질과 관련하여 다음의 글들을 소개합니다.

인터넷 "김어준의 블랙하우스-재벌의 탄생과 이젠 맞이해야 할 재벌해체의 시대(2018. 4 .13)"에 나오는 내용 중 일부를 중심으로 살펴보겠습니다. "재벌문제는 심각하다. 최근 삼성문제는 지상파 방송들이 집중적으로 다루기 시작하며 더욱 민감한 사항이 되고 있다. 대한항공 자매가 벌이는 갑질 논란 역시 재벌해체에 대한 요구가 더욱 커지고 있는 중이다. 우리가 알고 있는 대부분의 재벌들의 갑질은 도를 넘어선 지 오래다. 삼성공화국이라는 말이 나올 정도로 권력마저 집어삼킨 재벌문제는 심각한 문제다. 재벌은 대규모 기업집단이자 가족의 지배라는 특징을 가진 존재를 일컫는다." 재벌은 기업의 오너와 그 가족들에 의해서 지배되고 있는 대규모 기업집단을 말하는 것으로 규정하고 있습니다. 그리고 그러한 재벌은 우리 사회에서 심각한 문제를 일으키고 있으며, 대표적으로 삼성과 대한항공을 거론하고 있는 것입니다. 특별히 삼성공화국이라는 말이 나돌 정도로 삼성이라는 대재벌은 우리 사회를 전반적으로 지배하고 있는 것으로 보았습니다. 이러한 의미의 재벌은 과거 미국과 일본, 독일에도 있었다고 합니다. "재벌은 우리만이 아니라 미국과 일본, 독일에도 존재했었다. 일본의 자이바츠, 독일의 콘체르가 바로 우리의 재벌과 같은 존재들이었다. 일본의 자이바츠는 금융산업복합체라는 말로 옥스퍼드 사전에 따로 등재되어 있다. 대한민국 재벌은 일본의 자이바츠 금융산업복합체에 족벌을 더한 가족 경영체라는 특징이 있다. 미국의 가족기업들이 뉴딜정책과 함께 사라졌다. 일본과 독일 역시 이 흐름과 함께 사라졌지만, 대한민국은 여전히 재벌이 득세하고 있다."(김어준 블랙하우스) 일본과 독일은 과거 전제군주주의 국가체제를 갖추고 있었다는 면에서 재벌이 있었다는 것은 어느 정도 수긍할 수 있는 부분이지만 자유민주주의가 발달한 미국에서도 가족기업들이 있었는데 뉴딜정책과 함께 사라졌다고 합니다.

다만, 이들 나라에서 재벌의 성향을 가진 대기업들이 모두 사라지고 없지만 우리나라는 세계에서 유일하게 재벌이 득세를 하고 있다는 것을 지적하고 있는 것입니다. 우리나라에서 경제를 크게 일으키는 과정에서 불가피하게 재벌의 실제를 인정하였다 하더라도 이제는 시대가 달라졌기 때문에 재벌은 존속되어서는 안 되는 것으로 보고 있는 것입니다. 역사적으로 본다면 우리나라에서 재벌이 나오게 된 과정은 일제 강점기와도 관련이 있는 것으로 설명되고 있습니다. 김어준의 블랙하우스에 의하면 일제 강점기에 일본인들에 의해서 조성되었던 기업과 재산들이 대한민국의 출범과 더불어 특정인들의 손에 넘어가면서 시작되었다고 합니다. "처음으로 재벌이라는 단어가 나온 것은 반민특위가 일본정책에 협조한 한국인들을 재벌로 일컬으며 쓰이기 시작했다. 일본이 패망하며 미국은 모든 재산을 남기고 돌아가라고 했다. 그렇게 남은 자산을 이승만 정권이 흡수하며 특정인들에게 적산재산을 불하하여 대한민국식 재벌은 본격적으로 시작되었다. 친일파 극우세력들이 이승만을 국부라고 생각하는 이유는 그래서 이해할 수 있다." 이러한 것이 사실이라면 재벌은 결국 친일파와 그들을 비호하던 정치세력들이 만들고 키워온 기업집단이라고 할 수 있을 것입니다. 그리고 이렇게 출발한 재벌들은 1950년대와 1960년대, 1970년대를 거치면서 본격적으로 성장하기 시작하였습니다. 그것은 아주 특별히 박정희 정부의 제3공화국에서 경제개발정책과 중화학공업이 시작되면서 정부 차원에서 재벌들에게 여러 가지 면에서 특혜를 준 것과 관련이 있다고 합니다. 우리나라의 경제를 크게 도약시키려는 당시 사회적 상황에서 이러한 정부 주도적 경제성장정책의 추진은 일정 측면 필요했다는 지적도 있습니다. 당시에 박정희 정부에 의한 강력한 경제성장을 추진하지 않았다면 대한민국의 경제 발전이 쉽지 않았을 것이라는 지적은 어느 정도 타당하며 그러한 정부의 정책을 무조건 비난하는 것은 올바르지 않다는 것입니다. 그리고 그러한 경제정책의 한 축을 재벌이 감당하고 있었다는 것입니다. 이와 같이 우리나라 경제발전에 대한 재벌의 기여도는 어느 정도 인정하더라도 시간이 흐르면서 정치권력과 재벌, 즉 권력과 돈의 유착관계가 은밀하게 진행되었습니다. 그 결과 권력과 재물은 함께 부패하고 타락하여 우리 사회에서 악의 축으로 지탄받게 되는 상황에 이르게 되었습니다. 역대 정권에서 돈과 결탁하여 개인은 물론이고 나라를 파탄으로 몰고 간 최고 권력자들의 행보가 이를 잘 설명해주고 있습니다. "하지만 이제 재벌은 단순히 국가 지원을 받아 성장하던 시대가 아니다. 재벌들은 경제시장만이 아니라 정치권력에까지 지배하는 시대가 되어버렸다. 모든 권력집단 최상층에 올라선 집단이 바로 재벌이라는 것이 문제다. 삼성공화국이라는 단어가 나오고 일상으로 쓰일 수밖에 없는 것은 실제 삼성이라는 거대 재벌이 대한민국을 지배하고 있기 때문이다. 정경유착이 여전히 유효하다는 것은 이명박, 박근혜 시절 재판만 봐도 명확하다. 정경유착을 통해 지배를 늘려가는 재벌들의 행태는 이제 끝나야 할 시점이다. 재벌이 망하면 나라가 망한다는 공포마케팅을 통해 국민들을 불안에 떨게 하는 그들의 전략은 여전히 유효하다. 삼성이 마케팅을 해 왔던 '또 하나의 가족'이라는 광고 문구는 말 그대로 재벌 지배 사회의 모든 것을 함축하고 있다."(김어준의 블랙하우스) 결국 정경유착의 결과 권력은 망하고 나라도 퇴보하며 국민들도 막대한 피해를 입게 되었습니다. 그럼에도 불구하고 재벌은 망하지 않고 건재함을 과시합니다. 정권이 바뀌고 기존의 권력은 몰락하였지만 또 다른 국가의 공기라 할 수 있는 재벌들은 정경유착의 고리에서 그 어떤 책임을 제대로 감당하지 않았습니다. 대를 이어 세습적으로 권력과 재력을 직계비속에게 물려주었습니다.

삼성은 우리나라 최고의, 세계적인 대기업으로서 이병철 회장이 최초로 설립한 회사입니다. 이 회장은 3남 3녀의 자녀를 두게 되는데 삼성의 주력 기업을 물려받은 이는 3남 이건희 회장입니다. 그리고 이건희 회장은 다시 장남 이재용 부회장에게 삼성의 주력 기업들을 물려주려고 하고 있습니다. 이건희 회장이 아버지로부터 삼성을 물려받을 당시 큰 아들이었던 이맹희 삼성그룹 제2대 회장과 형제간에 승계를 두고 다투게 됩니다. 그리고 재벌 경영권은 이건희 회장에게 넘어가게 됩니다. 이러한 삼성 그룹의 태동과 성장과정을 다룬 글이 있습니다. 미디어오늘, '삼성과 대한민국 미디어' 시리즈에 나오는 것으로 김춘효 자유언론재단 기획편집위원의 2018년 4월 8일자 "사카린 밀수 사건과 X-파일 보도로 본 삼성"에 나오는 내용과 이맹희 회장이 1993년에 쓴 회고록이 그것입니다. 이들 관련 자료에 의하면 삼성그룹이 재벌로서 터전을 잡기 시작한 것은 1960년대 박정희 전 대통령의 제3공화국의 출범과 관련이 있는 것으로 볼 수 있습니다. 즉, 박정희 전 대통령과 이병철 회장의 개인적 관계에서 삼성그룹이 본격적으로 성장하기 시작한 것입니다. 먼저 이맹희 회장이 쓴 회고록에 나오는 내용의 일부입니다. "박 대통령은 아버지(이병철)를 호사스럽게 자라서 사치스럽게 사는 사람 혹은 소비재 장사나 하는 사람으로 치부하고 있었고, 아버지는 박 대통령에 대해서 일본인이 새운 만주 사관학교를 나온 천박한 군인, 좌익으로 잡혔을 때 동지들을 배신한 '신의 없는 사람'으로 치부하고 있다. 여순 반란 사건 때 동료들을 배신했고 남로당에 가입했었으며 사상이 불온한 사람이라는 표현은 여러 번 들었던 항간의 이야기였다(이맹희, 1993년 167쪽)." 이러한 말을 중심으로 본다면 박정희 전 대통령과 이병철 회장 간에는 신의나 신뢰가 별로 없었던 것으로 보입니다. 인간적으로 서로에 대한 믿음이 없는 불편한 속내를 가지고 있었다는 것을 암시하고 있는 것입니다. 이러한 속내는 이병철 회장의 큰 아들이자 삼성그룹 제2대 회장의 표현이기에 상당한 정도로 사실에 근접한다고 볼 수 있을 것입니다. 그러한 상호 관계에도 불구하고 두 사람이 가깝게 지낼 수밖에 없었던 것은 경제를 크게 일으키려는 대통령과 자신의 부를 지키고 확대시키는 데 필요한 정치권력을 가지려는 기업회장이 서로를 끌어당기는 모양새를 하고 있는 것입니다. 그래서 김춘효 위원은 이러한 두 사람의 관계를 악어와 악어새에 비유하고 있습니다. "하지만 상하 구분은 분명했다. 금융과 자원의 배분 권력을 장악하고 있는 박정희가 이병철을 지배하는 관계였다. 이병철은 1960년대 초반이 악몽이었을 것이다. 그 당시 신문들은 삼성을 '소비재 기업', '반민족기업', '밀수꾼', '매판자본'으로 지칭했다. 이 호칭이 전혀 근거없는 것은 아니었다. 1960년 4월 19일 혁명과 1961년 5월 16일 군사 쿠데타를 거치면서 그는 대한민국 부정축재 처벌 1순위였다. 부정축재자라는 오명과 함께 박정희 군사정권에서 가장 많은 벌금을 내야 했고 그의 사금고나 마찬가지였던 3개의 시중 은행도 몰수당했다(김주환, 2004년 428쪽)." 그러한 악어새의 관계도 어디까지나 상하 구분은 있었기에 박 전 대통령이 상급자로서 삼성을 혹독하게 다루었다는 것입니다. 박정희 전 대통령은 군부를 동원하여 정권을 장악한 후에 정권의 명분을 세우기 위하여 부정축재자로서 삼성을 지목하고 가혹할 만큼 핍박을 가하였다고 합니다. 그러한 관계정립의 과정을 거친 후에 두 사람의 관계는 아주 친밀한 수준으로 나아갔던 것입니다. 당시의 언론보도와 관련 자료에 의하면 국가 경제가 혼란스러운 와중에, 박정희 정부 초기의 불안정한 정치상황에서 '삼분 사건'이 터지게 됩니다. 삼분(三紛)이라는 글자가 의미하는 바와 같이 세 가지 종류의 가루, 즉 밀가루와 설탕, 그리고 시멘트의 폭리 사건이 터지게 됩니다. 이 당시에는 6 · 25전쟁 이후 미국으로부터 원조를 받고 있었는데, 이 사건은 미국이 원조물자 공급을 줄여 국민들이 경제적으로 어려움과 식량난에 허덕이고 있을 때였습니다. 이러한 상황을 이용하여 삼성이 시장 가격의 담합을 유도하였으며 그 결과 삼성그룹이 많은 이익을 취했다는 것이 주된 내용입니다. 이는 언론에 보도된 내용입니다. 그러나 김춘효 위원의 의견에 따르면 이러한 보도내용은 숨겨진 사실을 포함하고 있다는 것입니다. "실체적 진실은 반만 진실이었다. 나머지 반은 박정희와 연관된 것이다. 공화당이 정치자금 상납을 조건으로 이병철 등 소수의 기업인들에게 설탕과 밀가루, 시멘트 산업에 막대한 이윤을 축적할 수 있도록 특혜를 주었기 때문이다(문명자, 1999년 213쪽). 실제로 그 당시 밀가루와 설탕, 시멘트 등 분말제품의 시중가격이 200~300%까지 폭등했다. 하지만 삼분폭리 사건에선 박정희 이름은 거명도 되지 않았다." 당시에 박정희 대통령을 수반으로 하는 공화당에서 정치자금이 필요하여 이병철 삼성회장 등에게 특혜를 주어 막대한 이익금을 챙기도록 권력에서 묵인하였다는 것입니다. 즉, 전형적인 정경유착이 일어났던 것입니다. 악어와 악어새의 관계라 할 수 있을 것입니다.

이뿐만이 아닙니다. 1966년 9월 15일 경향신문은 '또 재벌 밀수'라는 제목으로 삼성의 사카린 밀수사건을 보도했습니다. 이 당시에 경향신문은 올바른 말을 하는 다소 비판적인 성향의 보도기저를 유지하고 있었던 것으로 보입니다. 이 보도는 당시에 박 대통령을 분노하게 만들었으며 사건 축소 의혹까지 불거지면서 사정당국이 본격적으로 수사에 돌입합니다. 관련된 공무원들 다수가 구속되었으며, 삼성 그룹의 오너였던 이병철 회장의 아들 이창희 씨가 구속되고 이병철 회장은 삼성그룹 회장직에서 물러나게 됩니다. 이 사건과 관련하여 김춘효 위원의 의견을 다시 참고할 필요가 있습니다. "이는 마치 박정희가 이병철을 비난하면서 자신은 도덕적 우위에 위치한 것처럼 보인다. 하지만 실체적 진실은 그렇지 않다. 이 밀수 사건은 박정희와 이병철 그리고 대한민국 관료들이 공모한 전형적인 정경유착 사건이었다. 사건 내면을 들여다보면 박정희의 위선과 이병철의 탐욕이 한꺼번에 드러난다." 재벌에 의한 이러한 밀수사건도 단순한 밀수사건이 아니라 전형적인 정경유착의 결과물이라는 것입니다. "다시 말하면, 삼성 사카린 밀수 사건은 박정희와 이병철 그리고 대한민국 관료들이 결탁해서 벌인 범죄행위였다. 이에 대해 삼성 소유 언론사들은 사주의 이익을 대변하기에 급급했다. 이에 대해 박정희는 중앙일보와 TBC의 보도행태를 비난하면서 언론 길들이기에 나서는 계기로 활용했다. 이는 한국 언론이 정치와 경제 권력에 순치되면서 상업화의 길을 걸었음을 의미한다."(김춘효 위원) 삼성에 의해서 저질러진 사카린 밀수 사건은 단순한 삼성그룹만의 문제가 아니라 이 역시 정치권력과 결탁되어 있었다는 것입니다. 아마도 벌을 받고 사회적 비난은 삼성이 감당하더라도 상당한 부분의 이익을 권력과 재벌이 공유하였다는 것을 의미하는 대목입니다. 뿐만이 아니라 삼성그룹은 그룹이 소유하고 있었던 언론기관들을 동원하여 오너 일가와 삼성그룹을 위하여 보도를 하였다는 것입니다. 이미 오래전에 산언유착 관계를 표방하고 있었던 것입니다.

재벌 기업들의 갑질 이야기로 이어집니다. 이병철 시인이 경향신문(2018. 5. 4)에 기고한 "[시선] 재벌과 동물의 왕국"이라는 글을 보면 재벌들의 갑질과 그 패악이 잘 드러나 있습니다. 이병철 시인은 재벌의 생태를 동물의 왕국과 비교하여 설명하고 있습니다. 동물들은 기본적으로 생리적 요건을 충족시키기 위해서 배가 고프면 먹어야 하고, 졸리면 자고, 배설해야 하며, 자기보다 약한 짐승을 잡아먹고, 강한 상대를 만나면 꼬리를 내리고 도망을 가게 된다는 것입니다. 동물의 왕국에는 이렇게 생존과 번식을 위한 본능만이 있다는 것입니다. 이와 마찬가지로 인간사회에 있어서도 "권력관계에서 우위에 있는 사람이 약자에게 하는 부당행위가 '갑질'이다. 경비원 폭행한 피자집 사장, 아들 보복 폭행한 '빠따' 회장님, 술만 마시면 문제를 일으키는 그 집 셋째 아들, 조폭보다 더 극악무도한 '맷값' 깡패, 백화점 점원 무릎 꿇린 모녀, 운전기사에게 상습적으로 욕설한 제약사 재벌 2세 등등 나열하자면 끝도 없다. 공통점은 '인성 결핍'이다. 인성은 말 그대로 사람의 성품인데, 그걸 갖추지 못했으니 인간보다 동물에 가깝다. 입만 열면 개, 소, 돼지를 찾는 것도 '뭐 눈에는 뭐만' 보이기 때문이다"라고 지적하면서 동물의 세계와 다를 바가 없다고 규정하였습니다. 갑질은 이러한 인간의 동물적인 속성의 발로라고 할 수 있다는 것입니다. 인간에게 동물성만 있고 인성이 없으니 겉으로 드러난 행동은 곧 갑질이라는 것입니다. "한 대기업 오너의 일가의 갑질이 또 화제다. 재벌들끼리 '누가 더 패악을 잘 부리나' 경쟁하는 문화라도 있는지 기존 갑질들보다 더 자극적이고 '막장'이다. 제 분을 못 이겨 날뛰면서 소리 지르고 물건을 집어던지고 입에 담을 수도 없는 욕설을 뱉는 짓은 제왕적 권위주의나 분노조절장애 같은 말로는 다 설명이 되지 않는다."(이병철 시인) "그룹 총수 집에서는 매일 '동물의 왕국'만 봤을까. 그걸 보며 모방한 결과가 오늘의 갑질일까. 수행원, 가정부, 운전기사, 정원사, 요리사, 회사 직원 등 주변의 모든 사람들을 자신들의 안위와 만족을 위해 존재하는 기계부품쯤으로 생각하는 되먹지 못한 특권의식이 문제다. 어려서부터 부모가 타인들을 하등한 존재로 여기며 행패부리는 걸 보며 자랐으니 사람을 사람으로 대하는 법을 알 리 만무하다. 자기 종족 외에 타자들은 모두 먹잇감이나 공격 대상으로 여기는 동물의 습성이 내면화된 야생의 왕국, 그게 우리 대기업 문화라면 더 이상 그들에게 먹이를 줘선 안 된다. 대략 1만 3000년 전, 야생 늑대는 굶주림을 못 견디고 민가로 내려와 사람에게 꼬리를 흔들고 굴종하며 애완견이 되었다."(이병철 시인) 결국 재벌기업의 오너들은 동물의 습성이 내면화된 야생의 왕국과 같은 것이라고 보았습니다. 그러한 구조가 우리의 현실이라면 우리는 그러한 현실을 더 이상 존속시켜서는 안 된다는 것을 말해주고 있습니다. 야생의 늑대가 애완견으로 재탄생한 예를 들면서 그러한 재벌들의 야성은 국민들을 위해 봉사하는 조직으로 만들고 재조직화하여야 한다는 것을 말해주고 있는 것입니다.

우리나라 재벌의 문제는 삼성이라는 대기업, 하나만의 문제가 아닙니다. 프레시안(2018. 2. 13) 이승선 기자가 보도한 "신동빈, '박근혜 게이트'로 법정구속"이라는 제하의 내용 중 일부의 내용을 보십시오. "신동빈(63) 롯데그룹 회장이 끝내 실형을 피하지 못했다. 신 회장은 지난해 12월 22일 롯데그룹 경영비리 1심에서 징역 1년 8월에 집행유예 2년으로 구속 수감될 위기를 넘겼다. 하지만 '박근혜 게이트'와 관련된 뇌물공여죄 혐의에 대한 재판이라는 고비를 넘지 못했다. 13일 신 회장은 징역 2년 6월의 실형을 받고 법정 구속됐다. 신 회장은 뇌물공여액 70억 원에 대한 추징도 선고받았다. 이날 서울중앙지법 형사합의22부(재판장 김세윤)는 롯데 측이 '비선실세' 최순실 씨가 사실상 지배한 K스포츠재단에 대한 출연금과 별개로, 하남 체육시설 건립 비용 명목으로 70억 원을 추가로 낸 것은 제3자 뇌물공여에 해당한다고 판단했다. 신 회장과 박 전 대통령이 독대 자리에서 면세점 특허 재취득 등 부정한 청탁이 이뤄졌다고 본 것이다." 롯데 그룹의 신동빈 회장이 죄를 짓고 법정에서 구속되었다는 내용을 담고 있습니다. 이승선 기자의 보도에 의하면 롯데 그룹의 경영비리를 담당한 재판부는 "정치권력과 경제권력의 최상위인 대통령과 재벌 총수 사이에서는 뇌물을 엄히 처벌해야 한다"고 밝혔다고 합니다. 아주 합당하고 정의로운 판결이라고 하지 않을 수 없습니다. 정경유착의 뇌물사건은 아주 엄중하게 다루고 우리 사회에서 척결되어야 할 사안이라 하겠습니다. 이러하듯이 롯데그룹 역시 정경유착의 고리에서 자유롭지 못하여 죄를 짓게 되고 총수가 벌을 받고 있는 것입니다.

재벌들의 비행은 이어지고 있습니다. 고발뉴스닷컴(2018. 4. 17)에서 김미란 기자가 쓴 "이준구 '대한항공 갑질 세습자본주의 천박한 민낯'"이라는 글의 보도 내용이 있습니다. 김미란 기자는 서울대학교 경제학부 이준구 명예교수가 쓴 글을 인용하여 재벌기업 대한항공에서 일어나고 있는 일들을 다음과 같이 구체적으로 비판하고 있습니다. "대한항공 조현민 전무의 '물벼락 갑질' 형태와 관련, 이준구 서울대

경제학부 명예교수는 '세습자본주의의 천박한 민낯'을 가감없이 보여준 사례라고 평가했다. 이 교수는 16일 자신의 블로그 글에서 '세계 각국에서 세습자본주의가 빠르게 확산되어 가고 있다'는 결론을 내린 피게티 교수의 '21세기의 자본'을 언급하고는 '우리 사회에서는 이미 세습자본주의가 완전히 자리 잡고 있는 상황'이라고 짚었다. 이 교수는 '흔히들 재벌 총수를 오너라고 부르지만 엄밀한 의미에서 기업의 소유주가 절대 아니다'며 '기업이 자신의 개인 재산이 아닌데 2세, 3세에게 물려줘야 할 당위성이 어디에 있느냐'고 꼬집었다. 그는 피게티 교수가 올림픽을 예로 들어 세습자본주의의 문제점을 지적했듯, '올림픽 대표선수 선발 시 개인의 능력이 아닌, 그의 가족을 보고 선발한다면 얼마나 우스꽝스러운 일이 되겠나' 라고 지적했다. 이어 '우리나라에서 너무나도 흔하게 일어나는 경영권의 세습이 이와 같은 우스꽝스러운 성격을 갖는다는 것은 두말할 나위도 없다'며 대를 이은 세습이 계속될수록 능력이 떨어지는 사람이 경영을 맡게 될 가능성이 크고, 이에 따라 기업의 활력은 점차 떨어지게 될 것이라고 경고했다." 여기에는 이준구 교수뿐만 아니라 세습자본주의를 비판한 피게티 교수의 지적도 나옵니다. "이 교수는 '이번 기회를 통해 세습과 가족경영이란 우리 사회의 고질적인 병폐가 뿌리 뽑힐 수 있었으면 좋겠다'고 했다." 이준구 교수의 글을 인용하며 김미란 기자가 쓴 기사의 내용은 대한항공은 대기업을 경영할 능력과 자격을 갖추지도 못한 자녀들에게 재벌기업을 세습함으로써 나타나는 문제점과 불합리한 점을 지적하고 있는 것입니다. 그리고 그러한 세습은 잘못된 것이니 바로잡아야 한다는 주장을 하고 있는 것입니다. 이러한 내용은 한국일보와 중앙일보 보도에서도 찾아볼 수 있습니다. 한국일보(2018. 4. 25) 김용식 · 맹하경 기자가 쓴 "대물림 된 군림 본능, 재벌가 갑질 부른다"의 보도 내용의 일부입니다. "우리는 왜 한진 그룹 일가의 형태에 이토록 분노하는가. 수많은 제보로 그들의 행동이 건전한 시민의 상식을 넘어서는 것이긴 하지만, 단순히 눈에 비친 현상 때문만은 아니다. 한진 일가가 지금까지 보여준 여러 행위는 우리 국민이 오랫동안 눈살을 찌푸려 온 '재벌의 어두운 민낯'을 축약해 놓은 것이기 때문이다." 이러한 재벌을 중심으로 하는 우리나라 재계의 문제와 관련하여 이종화 교수가 중앙일보(2016. 12. 11)에 기고한 "[중앙시평] 재벌과 한국 경제의 미래"라는 제목의 다음의 글이 있습니다. "지난 6일 최순실 일가 및 미르 · K스포츠재단 지원에 대한 대가성 특혜의혹에 연루된 대기업 총수 9명이 국회 청문회에 소환되었다. 국민들은 대통령 측근의 국정 농단 못지않게 청와대와 재벌의 정경 유착에 분노했다. 세계 수출 규모 6위, 경제 규모 11위인 한국 경제에서 중심축 역할을 하는 대기업은 세계적인 관심사다. 대기업은 우리나라 수출의 3분의 2를 담당하고, 삼성 그룹이 전체 수출의 20%와 국내총생산(GDP)의 5%를 차지하는 것으로 추정된다. 일부 해외 언론은 한국의 비리스캔들과 탄핵소추의 과정을 '재벌의 위기', '삼성공화국의 위기'라고 보도했다." 이어지는 내용입니다. "한국의 대기업은 우수한 인재를 많이 보유하고 있고 소유주인 최고경영자의 결정에 재빠르게 반응하고 문제를 효율적으로 해결하는 시스템을 갖추었다. 그러나 선진국 기업들을 벤치마킹해 '빠르게 따라잡기 전략'으로 세계적인 기업이 되는 데는 성공했지만 혁신 능력이 부족하다는 평가를 받는다. 또 '황제경영'으로 조직 내부의 소통이 부족해 소유주가 잘못된 결정을 해도 쉽게 고치지 못하는 문제가 있다. 청문회 과정에서 쟁점이 된 제일모직과 삼성물산의 합병처럼 적은 지분을 가지고 2세, 3세로 경영권을 세습하는 과정에서 논란이 자주 발생했다."(이종화 교수) 이러하듯이 재벌들이 저지르는 비리는 아주 심각합니다. "대기업에 의존하는 경제 구조를 개혁하고 정경 유착의 뿌리를 뽑아야 한다. 그러나 너무 성급하게 재벌을 개혁하려 하면 교각살우의 우를 범할 수 있다. 대기업뿐 아니라 경제 전반에서 문제가 되는 부분을 함께 꾸준히 고쳐 나가는 경제 개혁이 필요하다. 부실기업을 구조조정하고 민간 부채를 줄여 경제 위기를 예방해야 한다. 불필요한 기업 규제와 노동 · 금융 · 교육 분야의 걸림돌을 제거해 기업이 고용을 늘리고 투자하기 좋은 성장친화적인 환경을 만들어야 한다. 이와 더불어 대기업의 지배력을 줄이고, 생산성이 높은 중소기업과 혁신 벤처들이 새로운 성장 엔진과 고용 창출의 원천으로 클 수 있는 건강한 산업생태계를 만들어 가야 한다. 대기업의 과도한 시장지배력과 불공정 거래는 우수한 중소기업과 벤처의 성장을 막는 한 요인이다. 미국은 석유 재벌과 AT&T를 강제 분할하는 강력한 독과점 규제와 경쟁 촉진으로 애플 · 구글 · 아마존 · 테슬라 같은 기업이 클 수 있는 환경을 만들었다. 헌법 제119조 제2항은 국가가 '시장의 지배와 경제력의 남용을 방지하기 위한 규제와 조정'을 하도록 규정했다. 재벌 총수 일가의 일감 몰아주기를 근절함과 더불어 불공정 거래에 대한 감시와 처벌을 강화하고 기업의 회계 투명성을 높여야 한다. 소액주주와 사외이사의 권한을 확대하고 전문경영인에 의한 기업운영이 이루어지도록 해야 한다." 이종화 교수가 기고한 중앙일보의 보도에 나타난 이러한 내용은 앞으로 우리나라의 재벌을 어떻게 개혁해 나가야 할지에 대하여 구체적으로 언급하고 있습니다. 아주 특별하게 삼성그룹과 중앙일보 간의 관계를 고려한다면 이러한 보도 내용은 많은 것을 생각하게 합니다. 단순하게 우리나라 대기업 재벌의 비행을 나무라는 차원을 넘어서서 국가적 차원에서 앞으로 나아가야 할 방향에 이르기까지 합리적인 지적과 조언을 하고 있는 것입니다.

경향신문(2017. 11. 5) 오관철 경제부장이 기고한 "[아침을 열며] 재벌개혁의 적 '공피아'"라는 제목의 글은 이러한 재벌 개혁과 관련하여 의미심장한 내용을 가지고 있습니다. "공정거래위원회는 현 정부에서 위상이 높아진 대표적 정부 부처다. 공정경제가 문재인 정부의 3대 경제정책 방향 중 하나이고 재벌개혁에 헌신해 온 김상조 공정위원장의 '스타성'이 얹어진 결과일 것이다. 재벌개혁은 디테일에 능한 공정위 관료들의 협조 없이는 불가능한 현실에서 최근 '이런 공정위가 과연…'이란 생각을 갖게 만드는 소식들을 적잖이 접하고 있다." 오관철 경제부장은 재벌들의 개혁과 관련하여 정부조직인 공정거래위원회의 중요성과 책임을 이야기를 하고 있습니다. "로펌들이 공정위 출신들을 선호하는 이유는 그들의 공직 시절 네트워크를 활용하기 위해서다. 공정위가 법적 분쟁에 패소한 72%가 대형 로펌에 집중돼 있다는 통계는 공정위 속을 훤히 들여다보는 전관들의 존재와 무관치 않다. 공정위 출신들은 경제민주화가 이슈로 부각되면서 로펌이나 재벌의 집중적 영입의 대상이 되고 있다. 로펌에 근무하는 공정위 출신들로 공정위를 구성하고도 남을 것이란 말은 결코 허튼소리가 아니다. 공정위 전·현직 공무원을 마피아에 빗댄 '공피아'는 이제 흔히 들을 수 있는 말이 됐다. 한국에서 각종 개혁이 실패하는 이유로 관료집단의 저항이 많이 거론된다. 공정위 관료들도 영속 권력인 로펌이나 재벌과 잘 지내는 게 퇴직 후 재취업에 유리하다는 걸 모를 리 없다. 결국 재벌개혁을 하려는 공정위가 관료개혁을 통해 청렴성과 도덕적 우위를 확보하는 작업은 아무리 강조해도 지나치지 않는다. 서로 끌어주고 당겨주는 공피아들의 끈끈한 연대감을 해체하는 것이야말로 재벌개혁의 성공을 위한 전제조건이다." 재벌들의 개혁작업은 결국 법적인 문제로 귀결되고 법적인 문제는 대형 로펌들이 감당하게 되는 현실을 말하고 있습니다. 그래서 재벌과 로펌들은 공정거래위원회의 간부출신들을 영입하여 법적인 분쟁은 물론이고 정치적으로 대응하여 자신들의 이익을 보호하고 있다는 것입니다. 그래서 공피아라는 말이 나왔으며 공피아를 그대로 두고는 재벌개혁이 허망하다는 것을 말해줍니다. 즉, 권력과 재벌의 또 다른 형태의 유착이 일어나고 있어서, 오관철 경제부장의 말씀처럼 정부의 고위관료와 재벌은 공생관계를 가지고 있기에 이를 타파하지 않으면 재벌개혁은 불가능하다는 것을 의미합니다.

우리 사회에서 공무원 집단의 문제를 제기하면서 '마피아'라는 말을 사용해 왔습니다. 이때 '공무원 마피아'는 공무원들이 정해진 기간의 근무를 마치고 나면 공무원으로 재직하던 시기에 업무와 관련이 있는 기업이나 조직체로 다시 자리를 옮겨서 계속 근무를 하고 높은 임금을 받게 되는 행태를 말합니다. 이를 두고 일부 직종은 전관예우라는 말까지 나왔으며 국가기관의 감독과 지도를 받게 되어 있는 민간기관이나 조직은 감독기관의 퇴임자를 채용함으로써 각종 비리를 덮을 수 있게 됩니다. 이 역시 정치권력, 행정권력이 경제권력을 지배하고 상조하는 정경유착의 또 다른 모습을 발견하게 됩니다. 그래서 이러한 관행은 척결되어야 합니다. 개인적인 차원에서 본다면 일생 동안 권력의 길을 걸어 왔으면서, 그 길로 성공적인 삶을 살아왔으면서도 다시 돈을 탐하여 부귀영화를 누리려는 탐욕의 결과입니다. 경제민주화의 길에서 최대 걸림돌은 공직자들이라는 지적은 매우 타당합니다. 그래서 삼가분립의 필요성이 더욱 절실해 집니다.

이러한 모든 현상과 문제의 밑바닥에는 돈에 대한 탐욕이 소용돌이 치고 있습니다. 보통사람들도 자신이 어떤 일을 하든지 많은 돈을 버는 데 가치를 집중하고 있습니다. 돈에 대한 탐욕은 대기업과 공직자들만의 문제가 아닙니다. 거의 대부분의 국민들은 돈에 대한 탐욕을 가지고 있다고 보는 것이 타당합니다. 그래서 모든 사람들은 돈을 많이 가지고 있는 대기업, 재벌에 대하여 부러움과 시기를 동시에 가지고 있습니다. 그리고 그 앞에 서면 더없이 위축되고 약해집니다. 우리 사회가 안고 있는 부동산 투기와 돈에 대한 탐익의 관련성 문제를 잠시 돌아보겠습니다. 사람이 살아가는 데 주택은 필수적인 조건입니다. 가족들이 모여서 일상을 꾸리고 삶의 의미를 실현하는 구체적인 장소입니다. 그래서 가족들이 행복을 누리며 살아갈 수 있는 집 한 채만 있으면 됩니다. 그런데 우리들의 모습은 어떠합니까. 사람들에게 꼭 필요한 공간이라서 누구나 구입하려 한다는 점을 노려 투기의 대상으로 삼고 있습니다. 그리고 정부는 경제활성화라는 미명으로 투기와 분양을 부추겨 왔습니다. 그러한 결과 돈을 가진 사람들은 보다 많은 돈을 쌓아두게 되었지만 돈이 없는 사람은 가족생활을 꾸려나갈 집을 마련하지 못하고 결혼과 출산을 망설이게 되는 상황으로 몰리고 있습니다. 나의 개입으로 인해 다른 사람들이 어떤 곤궁에 처하든 말든 나만 돈을 벌면 그만입니다. 가진 자들의 탐욕이 국가와 사회를 병들게 하고 파국으로 몰고 가는 형국입니다. 그래서 부동산 투기는 망국병이라고 불리고 있는 것입니다.

심상정 정의당 국회의원의 말을 인용한 한겨레 신문 보도에 의하면 우리나라 '고위공무원 639명 중 33%가 강남 3구에 주택을 보유하고 있는' 것으로 나타났다는 것입니다. "청와대와 정부 부처 등의 고위공무원 3명 중 1명은 '강남 3구(강남 · 서초 · 송파)에 주택을 보유하고 있는 것으로 나타났다. 국회 기획재정위원회 소속 심상정 의원이 2일 청와대와 행정부처 1급 공무원 이상 및 관할 기관 부서장 등 총 639명의 재산변동 관보를 분석한 결과에 따르면 전체의 33%인 210명이 강남 3구에 주택을 보유하고 있었다. 청와대와 기획재정부, 국토교통부, 한국은행 등 부동산 관련 정책기관과 금융위원회, 공정거래위원회, 대검찰청, 국세청 등 사정기관 고위공무원 159명만 놓고 보면 강남 3구에 주택 보유 비율은 46%(73명)로 올라갔다. 부동산 관련 세제 · 금리 · 공급 등을 결정하는 정책 집행기관 중 기재부가 54%(13명 중 7명)로 강남 3구 주택 보유 비율이 가장 높았고, 한은 50%(8명 중 4명), 국토부 34%(29명 중 10명) 순이었다." 심상정 의원은 "부동산 관련 정책을 입안하고 집행하는 공위공직자들이 집값 폭등으로 먼저 이익을 보는 구조"라며 "이러니 정부가 아무리 부동산 대책을 발표해도 신뢰가 가지 않는 것은 당연한 것"이라고 지적했다는 것입니다. 물론 권력을 가진 자들의 돈에 대한 탐욕의 문제는 권력의 영역에서 지적되었지만 여기에서 다시 논의되어야 할 부분은 이들이 돈에 대한 탐욕으로 부동산 투기를 조장하는 입장에 있다는 의심을 받을 일을 하였다는 것입니다. 이들은 부동산 투기와는 거리를 두고 국가 경제질서의 확립을 적극적으로 추진하여야 할 입장과 지위에 있는 사람들입니다.

일반적으로 돈이 돈을 번다는 말이 있듯이 돈이 없는 사람들은 돈을 많이 벌 수도 투기를 할 수도 없습니다. 그렇다면 서민들은 어떨까요? 국민일보(2018. 7. 16) 허경구 기자의 "[단독] 신안 섬마을 수상한 혼인신고… 그건 신종 '노예서약'이었다" 라는 글의 내용의 일부입니다. "지적장애 3급인 양정민(가명 · 62) 씨는 2009년쯤부터 신안에서 염전 일을 시작했다. 부산 직업소개소를 통해 전남 진도의 한 양식장에서 일하다 해남 염전으로 옮겼고, 같이 일하던 염전 노동자의 소개로 신안에 왔다. 1년이 지나지 않아 일하던 주인이 사망했다. 인근에서 염전을 운영하던 A씨(62 · 여)가 갑자기 일자리를 잃은 정민 씨에게 제안했다. '우리 집에 와서 염전 일을 도와주면 급여를 줄게요.' 생계가 막막했던 정민 씨는 거절할 이유가 없었다. 2010년 6월쯤이었던 것으로 정민 씨는 기억했다. 정민 씨는 A씨의 염전에서 중노동에 시달렸다." 전남 신안군에서 있었던 염전노예 사건의 구체적인 사례로서 지적장애인 정민 씨의 이야기입니다. 지적으로 인지능력이 떨어졌던 정민 씨는 한 염전에 취업을 하여 임금도 제대로 받지 못하는 상태에서 중노동에 시달리고 있었습니다. "2014년 신안군에서 염전노예 사건이 터졌다. 정부, 지자체, 경찰 등이 대대적으로 피해자 구조에 나섰다. 당시 300명이 넘는 염전노예가 추가로 발견됐다. 하지만 정민 씨는 명단에 포함되지 않았다. 이후에도 매년 염전노예 단속이 이뤄졌다. 2015년 경찰은 A씨가 정민 씨에게 임금을 주지 않고 있다는 사실을 발견했다. 조사를 받게 되자 A씨는 '밀린 임금을 다 주겠다'며 정민 씨를 설득했고, 갈 곳이 없었던 정민 씨는 경찰에서 '처벌을 원하지 않는다'고 진술했다. 정민 씨는 당시 상황에 대해 '돈을 받을 것이라 생각했다'고 말했다. 결국 A씨는 횡령 혐의만 적용받아 벌금 300만 원 형을 받았고, 정민 씨는 계속 A씨 염전에서 일했다. A씨는 2015년 10월 16일 정민 씨와 혼인신고를 했다."(허경구 기자) 관계당국의 조사 결과 300명이 넘는 염전노예가 추가로 발견되었는데 정민 씨도 해당이 되었습니다. 정민 씨를 고용하였던 A씨는 부부로 위장하기 위해서 혼인신고까지 하게 됩니다. "노동력 착취를 위해 거짓 혼인신고까지 한 사건이 발생하면서 아직 드러나지 않은 '현대판 노예'들이 여전히 존재할지 모른다는 우려도 나오고 있다. 염전노예 사건이 처음 발생한 지 4년이 지났지만 올해에만 경북 농가와 서울 잠실야구장, 충남 농가와 축사 등에서 현대판 노예 피해자가 계속 발견됐다.(국민일보 2월 5일, 3월 12일, 4월 2일자 1면 참조) 최소한의 기본권도 보장받지 못한 채 극심한 인권침해로 고통받는 사회적 약자들이 적지 않음을 보여준다."(허경구 기자) 이 염전노예 사건은 가진 자에 의한 못 가진 자에 대한 핍박이 아니라 못 가진 자에 의한 못 가진 자에 대한 핍박이라는 측면에서 또 다른 속상한 마음과 느낌을 가집니다. 자신이 돈을 벌 수 있다면 지적 능력이 떨어지는 사람들을 상대로 인권을 무시하며 노예처럼 부리는 것도 마다하지 않는 가장 밑바닥의 인간 모습을 목격하고 있는 것입니다. 전제군주주의 국가의 지배욕과 권력욕, 재물욕이 그대로 녹아들어 있는 것입니다. 가부장제 사회문화가 아직도 보통 사람들의 마음속에 고스란히 담겨 있는 것입니다. 그렇습니다. 오늘을 살아가는 우리는 모두가 돈에 미쳤습니다. 셀 수 없을 만큼 많은 돈을 가진 대기업총수에서부터 사회적으로 높은 지위에 올라 권력을 가진 자, 아주 평범한 서민에 이르기까지, 남녀노소를 가리지 않습니다. 그리고 부자의 지위를 이용하여 사회에 막강한 세력을 구축하였으며 부를 세습하고 재생산하려 합니다. 사람들이 추구하는 탐욕의 끝은 어디까지일까요? 아니 그 끝이 있을까요? 내면의 울부짖는 진짜자기의 모습은 영영 잊어버리고 기형적인 형상만 남은 것일까요? 우리가 가고자 하는 이상적인 사회에 살고 있는 가장 이상적인 인간의 형상일까요?

그래도 사람들이 사는 사회에 희망이 없는 것은 아닙니다. 서울신문(2018. 12. 19) 이기철 선임기자가 쓴 "'8,100억 통 큰 기부' 주윤발, 지하철 타고 다니는 이유"라는 제목의 보도 내용은 우리의 주목을 끌기에 충분합니다. 주윤발(63) 씨는 1980~1990년 중화계 영화에서 크게 이름을 떨친 유명한 배우로서 지금은 주로 홍콩에서 생활하고 있는 것으로 알려져 있습니다. 이기철 선임기자의 보도 내용에 의하면 그는 자신이 배우로 살면서 일생 동안 벌어 모은 돈 전 재산 8,100억 원을 사회로 기부, 환원하기로 결정하였다는 것입니다. 언론과의 인터뷰에서 그는 "돈이라는 것은 내 것이 아니다. 나는 잠시 맡아서 보관할 뿐"이라며 "돈과 재산은 내가 죽으면 아무런 의미가 없는 물건이다. 전부 기증해 가난한 이들을 돕는 데 쓰도록 하겠다"고 다짐했다는 것입니다. 주윤발 배우의 모습과 우리 사회의 부자들의 얼굴이 교차되면서 우리에게 거미와 꿀벌의 차이, 그 이상을 느끼게 해 줍니다. 그는 명예롭게 살아가는 배우로서의 삶의 길을 택하여 실제로 일생을 그렇게 살아왔습니다. 그리고 명성이 높아지면서 동시에 많은 돈을 벌었습니다. 돈을 많이 버는 것을 목적으로 삼지 않았기에 끝까지 명예로운 삶을 놓지 않으려고 노력한 것으로 보입니다. 대부분의 사람들이 돈을 많이 벌고 부를 축적하는 것을 삶의 목표로 삼고 살아갑니다. 자신이 하는 일이 명예로운 직업임에도 불구하고 돈은 모아야 합니다. 어렵게 모은 돈을 이웃과 사회를 위해 내 놓는다는 것은 정말 어려운 일입니다. 하지만 그는 자신의 명예로운 일생에서 돈은 덤으로 번 것이니 사회에 내 놓음으로써 기존의 명예로움에 그 크기와 내용을 더욱 풍부하게 만든 것입니다. 명예로운 길을 꿀벌처럼 살아왔습니다. 돈을 많이 번 다른 사람들이 쉽게 따라올 수 없는 명예로움의 최고의 경지를 실현한 것이라 하겠습니다. 진정한 의미에서 명예의 전당에 입성한 것으로 보입니다.

04
추락하고 더럽혀진 명예

사람들로부터 선택되는 보편적 가치 중에서 명예로움의 가치는 권력이나 돈과는 달리 보다 이상적인 것으로서 사회적 명망과 존경을 그 근본으로 하고 있습니다. 예로부터 올곧은 선비나 학자, 문인, 예술인, 의사, 종교계 종사자, 자선사업가, 농어업인 등이 그러한 범주에 속해 왔습니다. 이들 외에도 현대사회 이후에는 각급 학교의 교사들과 사회복지사들이 대표적으로 이러한 직업군에 속한다고 할 수 있겠습니다. 농어업인의 범주에 농산가공업, 축산기업과 수산기업의 운영자들은 제외됩니다. 이들은 사람들이 먹는 음식을 생산하고 제공하는 데 일의 목적을 두고 있는 것이 아니라 먹거리를 이용하여 돈을 버는 것을 목적으로 하기 때문입니다. 명예로운 영역에 속한 이 모든 사람들은 직무의 내용과 직무를 수행하는 방법에 있어서 국가와 사회에 대한 헌신, 다른 사람들에 대한 직접적인 서비스를 그 본질로 하고 있습니다. 가령 학자들은 학문 연구를 통해 지식과 이론을 계발하여 사회의 발전에 기여하고 교육활동을 통해서 사람들의 인성발달에 도움을 주게 됩니다. 그러면서도 이들은 사회적 권력이나 재물로부터 어느 정도 자유로운 삶을 살아가고 있습니다. 그래서 사람들로부터 존경과 신뢰를 받게 됩니다. 돈 버는 일을 멀리하고 권력에 취하지 않았으며 일생 동안 학자의 길을 걸었다면, 그리하여 이론과 지식, 덕망으로 사회를 널리 이롭게 하였다면 그는 명예로운 길을 걸었다고 말할 수 있겠지요. 문인들과 예술인들은 시와 글, 예술작품을 통하여 사람들의 마음을 어루만져주고 영혼을 살찌게 해줌으로써 칭송과 존경을 받게 됩니다. 그리고 아프고 병든 사람을 고쳐주고, 사람들의 몸과 마음을 건강하도록 도움을 주는 의사들, 이들도 히포크라테스 선서에 의하면 분명 명예로움을 한몸에 받고 있는 이들입니다. 농어업인들은 자연의 세계에서 자연을 근간으로 모든 사람들이 먹는 과업을 달성하는 데 직접적인 도움을 제공합니다. 사람들의 건강을 유지하고 지켜준다는 면에서 아픈 곳을 치료해 주는 의사보다 더 고귀한 일을 하고 있습니다. 농경사회에서 농어업인들의 생산물은 가족 단위로 직접 소비되었으나 현대사회에 들어와서는 소비경제가 주축을 이루면서 모든 사람들의 가장 중요한 소비재가 되었습니다.

사람들이 사는 세상은 이와 같이 명예로운 일을 하고 있는 이들이 반드시 있어야 하고, 이들이 하는 일은 건강한 사회를 이룩하는 데 더없이 소중하고 존중되어야 합니다. 그럼에도 불구하고 명예로운 분야를 일구어 가고 있는 이들은 자신이 하는 일에 대한 긍지를 알지 못하거나 외면하여 사회적 문제와 물의를 일으키는 일이 자주 발생하고 있습니다. 하는 일의 내용이나 사회적 지위의 고하를 막론하고 보편적으로 비리를 자행하고 있어서 뜻있는 사람들의 마음을 아프게 하고 있습니다. 최근 우리 사회에서 이러한 분야에서 종사하는 사람으로서 이름만 말하면 다 알 수 있는 고명한 이들이 명예로운 길을 벗어나 돈과 권력에 손을 뻗어 불명예스러운 모습을 언론에 노출하게 되었습니다. 지금까지 우리 사회에서 많은 사람들로부터 신뢰와 존경을 받았던 이들의 명예로움이 한꺼번에 추락하고 더럽혀지는 현상을 목격하게 되었습니다. 소위 '미투'운동을 통해서 이들의 위상이 크게 떨어지고 있는 것입니다. 미투Me Too란 '나도 고발한다'는 뜻입니다. 이는 사회에 만연하고 있는 성폭력이나 성적 피해의 심각성을 알리고 성적 피해를 입은 사람들 간 공감을 형성하여 연대하는 것을 목적으로 합니다. 2006년 미국에서 처음 시작된 것으로 알려지고 있는데 2019년 오늘에는 전 세계적으로 확산되기에 이르렀습니다. 우리나라에서는 2016년 말경부터 SNS를 중심으로 성적 피해를 입은 여성들이 사실을 알리면서 사회적 관심사로 떠오르게 되었습니다. 그러다가 2018년 1월 당시 창원지검 통영지청 서지현 검사가 조직 내 상사로부터 성추행을 당하였다고 폭로하면서 미투운동은 본격화됩니다. 우리 사회에서 이러한 미투운동이 주목을 받고 있는 것은 두 가지 이유입니다. 첫째는 미투운동이 일어나고 있다는 것은 곧 사회적 약자들에게 매우 심각한 수준에서 인권침해가 이루어지고 있다는 것을 반증하고 있는 것입니다. 우리 사회는 그것을 모르고 있었거나 외면하여 왔다는 것, 아니면 우리 사회는 이미 그러한 문제를 넘어섰다는 인식을 폭넓게 가진 것은 아닐까요? 그것은 많은 사람들이 이미 봄이 왔다고 생각하고 있었는데 추위가 계속되고 있는 형국과 같은 차원에서 문제가 있음을 의미합니다. 또한 미투운동은 사회적 저명한 인사들이 그동안 쌓아올린 명성을 한꺼번에 허물어지게 한다는 것입니다. 이는 역설적으로 겉으로 드러난 명성의 뒤에 어둡고 명예스럽지 못한 그림자가 드리워져 있다는 것을 말해줍니다. 헛된 명성이나 불명예를 감추고 있었다는 뜻입니다. 결국 명예롭지 못한 것이지요. 정치권력에서는 전제군주주의의 모습이 어느 정도 정리되어 가고 있지만, 사회조직과 사회생활에서는 가부장제 사회문화의 청산이 아직도 가야 할 길이 멀다는 것을 방증하고 있습니다. 한마디로 말한다면 사회적 명성을 쌓은 사람들에 대한 평가가 잘못되었다는 것이며, 지나치게 부풀려져 있을 수 있습니다. 둘째는 명예의 전당에 아직도 전제군주주의 국가의 어두운 그림자가 어른거리고 있으며 아주 특별히 가부장제 사회문화의 유산이 강하게 남아 있다고 보는 것입니다. 미투운동은 가부장제 사회문화와 밀접한 관련이 있는 것으로 볼 수 있습니다. 지금까지 오랜 기간 전제군주주의 국가체제와 가부장제 사회문화 속에서 남성에 의한 여성의 성적 지배는 보편적인 문화로 정착되어 왔습니다. 소위 여필종부의 윤리와 가치입니다. 이러한 현상은 전제군주주의 국가체제에서는 정당화되었습니다. 가부장제 사회문화는 이를 용인하였습니다. 미투운동은 전제군주주의 국가를 벗어나서 가부장제 사회문화로부터 자유로워지려는, 새로운 시각에서 나오는 새로운 가치를 그 근간으로 하고 있습니다. 국가이든 사회이든 민주주의와 민주화가 핵심적인 가치이자 사상으로 자리 잡는 과정에서 한 번은 반드시 거치게 되는 어쩔 수 없는 현상입니다. 하지만 권력 부문과 재계에서 이러한 미투운동이 일어난다면 과도기적 현상으로 보아 넘길 수도 있습니다. 하지만 명예로움의 영역에서 살아가는 이들에게는 변명할 수 있는 여지가 거의 없습니다. 평소에 하는 일과 일상의 사회적 과업들이 다른 사람들을 이롭게 하는 것이어야 하기 때문입니다. 사회적 존경과 신뢰를 쌓아야 하기 때문입니다. 미투운동과는 거리가 멀어야 합니다. 미투운동은 정치권은 물론이고 문화예술계, 교육계, 매스컴 분야에서 아주 거세게 일어나고 있습니다. 심지어 종교계에서도 아주 심각한 수준에서 미투운동이 일어나고 있습니다.

안희정 전 도지사의 미투사건은 우리 사회에서 성과 관련된 범죄 행위에 대한 전 국민적 관심을 불러일으키게 됩니다. 프레시안(2018. 3. 14)에서 연합뉴스를 인용하여 쓴 "'안희정 미투' 업무상 위력 성범죄 5년새 165%↑"이라는 제하의 보도문 일부입니다. "안희정 전 충남지사 등 최근 잇따른 '미투'(#Metoo. 나도 당했다)로 드러난 성범죄 대다수는 업무상 지위를 앞세웠다는 공통점이 있다. 이러한 범행에 적용하는 '업무상 위력에 의한 간음 · 추행' 경찰 입건자는 최근 꾸준히 늘어 5년 사이 165%나 증가한 것으로 나타났다. 14일 통계청 국가통계포털에 올라온 경찰청 범죄통계에는 이러한 경향이 나타난다. '업무상 위력'이란 폭행 · 협박이 없더라도 사회 · 경제 · 정치적 지위 등을 이용한 범행에 적용하는 개념이다. 가해자의 위세에 눌려 성관계를 갖거나 추행을 하면 이 조문이 적용되어 처벌을 받게 된다. 2011년 업무상 위력에 의한 간음 · 추행으로 경찰에 입건된 이는 121명이었다. 하지만 2012년 163명으로 증가하고서 2013년 231명으로 처음 200명을 넘어섰다. 이후 2014년에는 234명으로 늘었다가, 2015년에는 308명으로 처음 300명대를 넘어섰다. 2016년에는 321명까지 증가했다. 165%나 증가한 것이다." 이러한 통계에서 보듯이 조직에서 업무상 위력에 의한 간음 · 추행은 2013년을 기점으로 가파르게 증가한 것을 알 수 있습니다. 이러한 분석은 2013년 6월 성범죄에 대한 친고죄가 폐지된 것과 직접적인 관련이 있을 것으로 보입니다. 즉, 2013년 6월 이전까지는 성범죄 피해자가 상대방 가해자를 고소하는 등 처벌 의사를 법적으로 표시해야만 성범죄를 처벌할 수 있었습니다. 아무튼 최 근년에 들어오면서 우리 사회에서 성범죄가 꾸준하게 늘어나고 있으며 특별히 주목할 부분은 업무상 위력에 의한 성범죄가 증가하고 있다는 것입니다. 다만, 이전에는 이러한 사건들이 사회적으로 이슈화되지 못하고 은폐된 상태로 있었다는 것을 의미합니다.

권력과 관련된 부문에서 일어난 미투사건과는 달리 명예로움을 우선적 가치로 삼고 살아가는 이들도 미투의 미궁 속으로 빠져들고 있습니다. 우리 사회에서 널리 알려진, 이주 특별히 노벨 문학상 후보군에도 올라있었던 우리나라를 대표하는 문인 중 한 사람은 후배 시인에 의해서 미투운동의 대상으로 지목되었습니다. 경향신문(2018. 2. 8) 이효상 기자가 보도한 "유승민 '고은 시 교과서에서 삭제해야'"라는 제목의 내용의 일부분입니다. "바른정당 유승민 대표는 8일 최영미 시인의 문단 내 성폭력 고발에 대해 '고은 시인의 시를 국정교과서에서 삭제해야 한다'고 주장했다. 유 대표는 이날 국회에서 열린 연석회의에서 '현직 여검사의 고발에 이어서 최영미 시인이 고은 시인의 성추행을 고발했다'며 '이런 사람이 노벨 문학상 후보로 거론됐다니 대한민국 수치가 될 뻔했다'고 말했다. 그는 '고은 시인에게 두 마디만 하겠다. 정말 추하게 늙었다'며 '권력을 이용해서 성추행을 했다면 정말 찌질한(지지리도 못난) 것'이라고 지적했다. 유 대표는 '문학계에서 권력을 가진 남성 문인이 여성 문인이나 신인 문인에게 성추행 · 성폭력을 가한 것이 광범위하게 있었으며, 한국 문학을 대표하는 자들이 인간 자격이 없고 존엄이나 양식이 없었다는 것'이라고 비판했다. 그는 '이런 사건은 용두사미로 끝나선 안 된다'며 '여검사 성추행 사건은 진상조사단이 공정하게 수사를 못하는 만큼 상설특별검사제도의 첫 도입을 주장한다'고 했다. 유 대표는 '여성인권을 평소 주장하던 민주당과 정의당의 의원들이 여기에 동참하길 바란다'며 '당대표가 성추행 의혹을 받고 있는 자유한국당에는 기대하지 않겠다'고 말했다." 이 보도 내용에서 나오는 바와 같이 고은 시인은 우리나라에서 많은 사람들로부터 존경과 신뢰를 받은 우리나라의 대표적인 문인 가운데 하나입니다. 오랫동안 노벨 문학상 후보자로 이름이 오르내리기도 하였으며 그의 시는 진한 감동을 불러일으키기도 하였습니다. 그렇게 우리들 마음에 깊게 자리 잡고 가까이 있던 사람이 우리들이 모르는 뒤편에서 후배 여성 문인들을 대상으로 성추행을 행하였다는 보도가 나온 것입니다. 특정의 후배 여 문인이 그러한 사실을 언론에 말함으로써 우리는 그의 비행을 알게 된 것입니다. 이 또한 많은 국민들을 실망시키고 참담하게 만드는 사건이었습니다. 연합뉴스 고동욱 기자가 2019년 2월 15일에 "법원 최영미 시인 '고은 성추행' 폭로는 진실… 배상책임 없어"라는 제하의 보도 내용에 따르면 최영미 시인의 폭로는 사실로 인정된다고 판단했습니다. 즉, 고은 시인이 후배 시인을 상대로 성추행 행동을 하였다는 것입니다. 고동욱 기자는 "고은(86) 시인이 자신의 성추행 의혹을 제기한 최영미(58) 시인과 언론사를 상대로 소송을 제기했으나 패소했다"고 보도하였습니다. "재판부는 당사자들의 주장과 증인들의 진술, 증거 등을 검토한 결과 최영미 시인이 '1994년 한 주점에서 고은 시인이 부적절한 행위를 했다'고 폭로한 내용은 사실이라고 판단했다"는 내용도 포함하고 있습니다. 안희정 전 지사의 경우이든, 고은 시인의 경우이든 두 사건은 모두가 우리 사회에서 가진 자에 의한 성범죄라는 공통점이 있습니다. 한 명은 권력을 통해 높은 지위에 이르렀으며, 다른 한 명은 명예로운 길을 걸어서 높은 지위에 올랐습니다. 중세시대에 고관대작의 지위에 있거나 고고한 인품을 지닌 선비가 경치 좋은 누각에 올라 풍류를 즐기면서 기생놀음을 즐기는 장면을 연상하게 됩니다. 그 당시에는 그러한 일들은 비일비재하였으며 아무런 문제도 되지 않았습니다. 오히려 정당화되기도 하였습니다. 아마도 두 사람은 그러한 가치와 문화를 아직 가지고 있는지도 모를 일입니다. 어쩌면 많은 것을 가지고 있는 일부 남성들은 아직도 그러한 문화를 그리워하고 기회가 주어진다면 즐기고 싶어 할지도 모릅니다. 그러한 면에서 이러한 미투 사건은 결코 남의 일이 아니고 기성세대 다수의 남성들의 문제이기도 할 것입니다. 하지만 이제는 정리되고 청산되어야 할 문화이고 가치입니다.

미투운동은 대학을 비롯한 각급 학교에서도 거세게 일어납니다. 조선일보chosun. com(2018. 3. 5) "[사설] 음란 퇴폐 업소가 따로 없었던 어느 대학"이라는 제하의 사설에 나오는 내용의 일부입니다. "본지 디지털편집국이 입수해 보도한 서울 명지전문대 연극영상과 학생들 진정서 내용을 보면 이게 어떻게 학교였나 싶을 정도다. 학과장은 학습 공간 일부에 칸막이로 가린 '안마실'을 차려 놓고 여학생들을 불러 몇 시간씩 안마를 받았다. 그러다가 툭하면 여학생들 몸을 더듬거나 실습수업 도중에 여럿이 보는 앞에서 안마를 받다가 대놓고 성추행을 했다고 한다. 보다 못한 남학생이 안마를 대신 하겠다고 나서자 '무조건 여자가 해야 한다'고 윽박질렀다는 것이다. 음란 퇴폐 업소를 차린 것이나 뭐가 다른가. 이런 학교인 줄도 모르고 학부모들은 등록금을 냈다." 조선일보의 위 사설에 의하면 명지전문대 연극영상학과 교수가 학생들을 상대로 성추행을 저질렀다는 것입니다. 곧 대학의 교실이 음란퇴폐업소로 전락했다는 것입니다. 이 사건은 우리나라 교육기관에서 심심찮게 터져 나오는 교수나 선생님에 의한 학생들에 대한 성범죄 문제를 다루고 있는 것입니다. 이데일리(2018. 3. 18), 신하영 기자가 쓴 "명지전문대 연극영상과 '男교수 전원 성추문' 모두 사실로"라는 제목의 보도 내용을 보면 눈과 귀를 의심케 하기에 충분합니다. 명지전문대 연극영상과에서 교수에 의한 학생 성추문 사건이 일어나게 되고 교육부는 3월 5일부터 7일까지 실태조사를 실시하게 됩니다. 신하영 기자의 보도에 따르면 교육부의 실태조사 결과 "명지전문대 연극영상학과 남자교수 전원의 성추문 혐의가 교육부조사에서 모두 사실로 확인됐다. 교육부는 이 학과 박중현 교수를 비롯해 전임교수 3명과 시간강사 1명, 조교 1명에 대해 파면 등 중징계를 요구하고 검찰에 수사의뢰하기로 했다"는 것입니다. "교육부는 성폭력 혐의가 확인된 5명에 대해 검찰에 수사를 의뢰할 방침이다. 이어 학교 측으로부터 보직해임처분을 받은 박중현 교수에 대해 '파면'을 요구하고 나머지 4명에 대해서도 중징계(정직 · 해임 · 파면)처분을 내릴 것을 학교 측에 요청했다."(신하영 기자) 이 학과의 전임교수는 모두 5명인데 이 중에서 남자교수 3인이 모두 여학생 등을 대상으로 성폭력을 저질렀다는 것입니다. 이러한 사실에 많은 사람들이 놀라고 안타까워하는 것은 대학의 교육기관에서 사제지간에 이러한 일이 일어났으며 비단 이 학교뿐만 아니라 다른 교육기관에서도 가끔씩 동종의 사건이 일어나고 있기 때문일 것입니다. 다음의 내용을 보십시오.

경향신문(2018. 4. 18) 이유진 기자가 쓴 "끊이지 않는 '스쿨 미투' 왜?… '폐쇄적이고 성 금기시하는 학교 문화 바뀌어야'"의 일부입니다. "지난 11일 서울대학교 학내 언론사 [서울대저널]에는 수의대 ㄱ교수의 상습 성추행을 고발하는 기사가 올라왔다. 이는 서울대 저널이 지난 3월 7일부터 약 한 달간 성희롱-성추행을 비롯한 제보다. ㄱ교수는 수의학과 학생들과의 회식자리에서 학생들의 볼에 입을 맞추거나 허벅지를 만지는 등 성추행을 한 것으로 확인됐다. 피해 학생들은 ㄱ교수가 지도교수로 있는 동아리 소속이었다. 이 사실이 공개되자 ㄱ교수는 서울대저널 측에 상습 성추행 사실을 인정했다. 하지만 학교 측의 조치는 미미했던 것으로 알려졌다. 학생들은 학생회를 통해 피해 사실을 수집해 학장단에 제출했으나 지도교수가 교체된 것 외에는 사건조사나 징계, 피해자 보호 등 조치가 전혀 없었다고 주장했다." 서울대학교 수의학과에서 지도교수가 학생을 성추행하였다는 내용입니다. 해당 교수도 사실을 시인하였다고 합니다. 이유진 기자의 보도내용은 계속됩니다. "한국예술종합학교에서도 한국무용 강사가 학생을 상습 성희롱했다는 의혹이 제기됐다. 이는 피해 학생이 학교 건물에 '또 어디 가냐? 남자하고 섹스하러 가냐?', '내가 승무로 너에게 감동을 주면 너 나에게 상납할래?' 등 상사 ㄴ씨의 성희롱 발언을 적은 자보를 붙이면서 알려졌다. 학교 측은 피해 학생을 통해 사실관계 확인 뒤 해당 강사를 강의에서 배제한 상태이다." 이뿐만이 아닙니다. "교내 성폭력을 고발하는 '스쿨 미투'는 중 고등학교에서도 이어졌다. 서울 노원구의 한 사립고등학교에서는 교사가 제자들을 성추행했다는 폭로가 나와 경찰이 내사에 들어갔다. 서울 노원경찰서는 이 학교 체육교사가 학생들을 성추행한 의혹을 받고 있어 내사 중이다. 앞서 경찰은 이 학교 소속 국어교사가 학생들의 허리, 엉덩이 등을 강제 추행한 혐의로 불구속 입건해 수사하고 있다. 현재까지 이 학교를 포함한 서울 시내 5개 학교에서 교사에 의한 성범죄 고발이 나왔다. 교육부 '교육 분야 성희롱 · 성폭력 근절 추진단'에 따르면 지난달 9일부터 30일까지 추진단에 신고된 성범죄 신고 건수는 초중등 18건과 대학 13건, 기타 6건 등으로 집계됐다. 이들 중 20건은 교원이 우월적 지위를 이용해 학생에게 가한 성범죄였다. 특히 대학에서는 교원이 학생에게 피해를 입힌 경우가 8건으로 절반에 이르렀다." 성과 관련된 범죄행위는 대학뿐만 아니라 이와 같이 미성년자들이 다니고 있는 중 · 고등학교에서도 일어나고 있는 것으로 보고되고 있습니다. 교육기관에서 무차별적으로 성과 관련된 비행들이 일어나고 있으며, 일시적인 현상이 아니라 하나의 문화나 관행으로 이어져 오고 있음을 알게 됩니다. 이러한 사실에 대하여 이유진 기자는 이미경 소장과 김현미 교수의 말을 인용하여 학교조직의 폐쇄성과 성을 금기시하는 문화가 성범죄에 취약한 환경을 초래했다고 분석하고 있습니다. 즉, 이미경 한국성폭력상담소장은 "학교에서는 교사 · 교수와 학생 사이에 위계관계하에서 발생한다는 점에서 성폭력에 취약한 구조를 가지고 있다"고 말했다고 하였습니다. 그리고 김현미 연세대 문화인류학과 교수는 "학교에서는 다양한 층위의 성범죄가 발생하는데, 그 예가 교사와 학생뿐만 아니라 남학생들이 여교사에게 성희롱하는 일"이라며 "그동안 학교는 다양한 성범죄들이 일어났음에도 신성한 교육공간이라는 이유로 일부 개인의 일탈로 치부하고, 문제를 덮기에 급급했다"고 말했습니다. 하지만 미투운동의 확산으로 성폭력에 대응하는 학생들의 움직임에도 변화가 생기고 있다는 것입니다. 졸업생과 재학생들이 학내 고발보다는 사회관계망 서비스(SNS) 등을 통해 적극적인 공론화에 나선 것이라고 합니다. 김 교수는 "입학과 졸업이라는 시간적 한시성 때문에 그동안 학생들은 학내 성폭력 문제를 공동으로 대응할 사회적 문제로 인식하지 못하는 경우가 많았다"며 "하지만 전 사회적으로 일어난 미투운동을 통해 성범죄는 조직의 문제라는 인식이 생겼고, 내부적으로 고발이 한계에 부딪혔을 때 조직 밖에 도움을 요청하는 형태의 폭로가 나오기 시작한 것"이라고 설명했다는 것입니다. 이러한 이유진 기자의 분석과 주장은 합리적이며 일리가 있어 보입니다. 그러나 다른 면에서 한 부분을 간과하고 있습니다. 그것은 가부장제 사회문화에서 비롯된 남성 가장에 의한 여성들의 지배 이데올로기를 제대로 다루지 못하고 있다는 것입니다. 분명히 학교에서 교수님이나 선생님들은 학생들에게 상급자이며 지배적인 입지를 가지고 있습니다. 그리고 사회에서 지위를 가진 남성들은 하위의 여성들을 성적으로 희롱해도 괜찮다는 인식을 가지고 있는, 그리고 그것이 문화적으로 세습된 구조에서 일어나는 것으로 보고 이러한 문제를 분석하고 풀어가는 것도 필요하다는 것입니다.

언론 분야에 있어서도 미투운동이 터져 나왔습니다. 미디어오늘(2018. 4. 18. 수요일), 정철문 기자가 쓴 "상상하기조차 어려운 방송제작 현장 성폭력 실태"의 일부입니다. 정철문 기자의 다음 사례들은 보십시오. "사례1. 조연출 시절 4명이서 지방촬영을 갔는데 방을 2개 잡고는 메인 선배가 자신과 방을 써야 한다고 했습니다. 이유를 물으니 서브선배와 카메라감독은 총각이라서 안 되고 본인은 유부남이라서 위험하지 않다는 말도 안 되는 소리를 했습니다. 결국 메인 선배와 방을 같이 쓰게 되었습니다. 침대가 반대 방향에 있는 트윈 룸이긴 했으나 메인 선배는 삼각팬티만 입고 돌아다녔고, 급기야 삼각팬티만 입은 채로 본인의 등을 긁어달라고 했습니다." "사례2. 회식이 끝나고 집에 가는 길에 선배 PD가 같은 방향이니까 같이 택시를 타고 가자고 했습니다. 제가 많이 취했을 거라 생각하고 자라고 한 뒤 엉덩이와 허벅지를 만졌습니다. 이제 막 고용된 조연출이었던 저는 어떻게 대처해야 할지 몰라 혼란스러워 일단 계속 자는 척하다가 목적지에서 부랴부랴 내렸는데 그 PD가 집까지 바래다 준다고 절 붙잡더니 골목길 같은 데에서 어깨, 허리를 만지고 뒤에서 가슴을 움켜쥐었습니다." "사례3. 나쁜 새끼. 처음에는 껴안고선 제가 뿌리치려고 하자 아빠라고 생각하고 안아보라고 하셔서 저는 PD님 왜 이러시냐며 뿌리치려고 했지만 그 이후에도 여러 번 껴안은 후에 제가 자꾸 탁자 밑에 숨고 도망치려고 하자 저보고 연기 오디션 관련한 새로운 프로그램 준비 중인데 너도 하고 싶냐고 해서 제가 분위기 전환을 위해서 출연자로 참여해 보고 싶다고 웃으면서 얘기를 했더니 너는 키가 작아서 ㅇㅇ자세가 안 되어서 안 된다고 했습니다. … 8년이 지났는데도 아직도 생생하게 생각이 나네요." 이러한 사례들은 우리 사회의 모든 조직에서 아주 흔하게 찾아볼 수 있을 것으로 판단됩니다. 다만, 구체적으로 드러나거나 표현되지 못한 상태로 은폐되어 있을 뿐일 것으로 추정합니다. 그리고 정철문 기자는 다음과 같이 보도하고 있습니다. "방송제작현장에서 성폭력이 발생하는 원인(복수응답)으로는 '성폭력 행위자와의 권력관계 때문'이라는 응답이 79.4%로 가장 높았다. '성폭력을 가볍게 여기는 조직문화 때문'이란 응답 또한 78.5%로 높게 나타났다. 이는 피해자들이 성폭력을 권력관계에 따른 구조적 문제로 인식하고 있다는 의미다." "한 설문 응답자는 '회식자리에서 술에 취한 50대 중후반 공중파 본사 남자 제작 PD가 20대 후반 여자 서브작가의 가슴을 모두가 보는 앞에서 움켜쥐었고, 서브 작가는 그날 이후 일을 그만두고 고향으로 내려간 일이 있었다고 들었다. 아무 조치도 징계도 없이. 그 자리에서 아무도 말린 사람이 없었다는 것이 충격적이었다'고 밝혔다." 정 기자의 견해에 의하면 결국 언론기관에서의 성폭력행위도 안희정 전 도지사의 경우와 마찬가지로 권력관계, 즉 위계에 의한 성범죄행위로 규정할 수 있을 것입니다. 학교와 언론기관에서 종사하는 이들도 모두가 명예로운 길을 걸어가는 사람들입니다. 명예로움을 내팽개치고 있는 이러한 장면들은 많은 아쉬움을 남게 합니다.

이와 같이 추락하는 사회적 명성과 명예로움은 여기에 그치지 않고 우리 현대인들의 정신적 안식처라 할 수 있는 명예의 전당, 교회와 사찰에서도 일어나고 있었습니다. 서울신문(2018. 5. 2) PD수첩, "설정 스님 숨겨둔 딸. 거액 부동산 의혹 제기"라는 제목의 보도내용을 보십시오. "조계종 총무원장인 설정 스님과 조계종 교육원장 현은 스님의 충격적인 비리 의혹이 제기됐다. MBC 시사프로그램 'PD수첩'은 1일 '큰 스님께 묻습니다'를 통해 설정 스님에게 숨겨둔 딸이 있으며 학력 위조와 사유재산을 은닉한 의혹을 받고 있다고 고발했다. 설정 스님은 지난 총무원장 선거에서 '30여 년 전 여자가 있었고 둘 사이에 자식도 하나 있다'는 의혹에 시달렸다. PD수첩은 설정 스님의 은처자가 1990년생 전은경 씨(가명)라면서 설정 스님과 한 여승 사이의 자녀라고 보도했다." 이러한 스님들의 비행은 가끔씩 언론에 공개되면서 사회적으로 파문을 일으켜 왔습니다. 일부이기는 하지만 스님이 스님답지 못하고 여자를 가까이 하고 자녀까지 출산하였다는 것, 돈을 모으고 재산을 축적하며 세속에 물들어 끝없는 나락으로 떨어지고 있는 모습은 정말로 안쓰럽기 그지없습니다. 고발뉴스의 김미란 기자가 보도한 내용을 보면 스님들이 왜 타락하는지 이해할 수 있는 부분이 나옵니다. 고발뉴스(2018. 7. 25) 김미란 기자가 쓴 "서림 스님 '승려가 비리 저지르는 이유? 돈 소유 구조 때문'"이라는 충격적인 내용의 보도를 보십시오. "서림 스님은 전국승려대회를 '불교가 한반도에서 다시 부흥하느냐 아니면 쇠락하느냐의 중대한 기회'라고 강조했다. 전국승려대회는 종단 해체를 결정지을 수 있는 최고의결기구로, 오는 8월 21일 24년 만에 열리게 된다. 설조 스님 단식 36일째인 25일 서림 스님은 페이스북을 통해 '설정 스님 한 사람이 자리에서 내려온다고 해서 종단이 청정성과 공동체정신을 회복하는 것이 아니'라며 '종단 개혁은 제도 개혁으로 완성되어야 한다'고 밝혔다. 관련해 '패거리를 지어 권력을 나누어 먹는 간선제에서 대중들이 직접 지도자를 선출하는 직선제가 되어야 하고, 승려들이 수행하는 데 필요한 필수품은 마땅히 종단에서 제공해야 한다'고 주장했다. 이어 '이러한 제도의 변화 없이 기존의 틀에서 사람만 바뀌면 종단의 부정부패는 날로 심각해질 것'이라며 '의현, 종상, 자승 같은 정치승들이 돈과 약점으로 스님들을 관리하며 지속적으로 종단을 조종하게 될 것'이라고 지적했다. 서림 스님은 '승려가 비리를 저지르는 이유'로 돈을 많이 소유할 수 있는 구조를 들었다." 김미란 기자는 서림 스님의 말씀을 인용하여 불교 종단의 지도자 스님들이 얼마나 썩어 있는지를 밝혀주고 있습니다. 조계종단에 속한 스님들이 비행을 일삼고 문제를 일으키는 것은 모두가 돈 때문이라고 하였습니다. 사찰에 들어오는 돈이 쌓이면서 돈에 대한 탐욕이 스님들의 일탈을 불러온다는 것입니다. "그는 현재 종단의 구조를 '어머니가 어린 아들이 있는 방 안에 사탕바구니를 놓아두고 3시간 동안 사탕을 먹지 말라고 명령하며 외출하는 상황과 같다'고 비유했다. 승려들도 사찰의 주지를 맡으면 자연스럽게 돈을 소유하게 되는데 현 종단 구조는 '돈을 쓴다고 야단칠 엄마도 없는 상황'이라는 것. 서림 스님은 '이 사탕바구니를 치우고 정기적으로 최소한의 사탕을 주자는 것이 사찰재정투명화, 수행보조비지급, 직선제'라고 강조했다. 그는 '이러한 제도 개혁이 설조 스님이 외치는 개혁을 완수하는 것이며 승가가 사회의 존중받는 집단이 되는 길'이라며 '안타깝게도 94년도 개혁에서는 이 사탕바구니를 치우지 못했다'고 했다. 서림 스님은 '이번 8월 21일 승려대회에서 종단을 개혁하지 못하고 이대로 간다면 불교는 무가치한 존재, 암적인 존재가 되어 승려는 사회의 천민으로 남을 것'이라며 '반드시 승려대회를 성공시켜 부처님과 국민들께 부끄럽지 않은 불자가 되자'고 참여를 독려했다." 서림 스님의 말씀을 인용한 김미란 기자의 분석에 의하면 결국 스님들은 사찰로 들어오는 돈, 즉 재물에 빠져서 부끄러운 삶을 살고 있다는 것입니다. 그래서 불교계는 개혁되어야 하지만 개혁은 난망한 것으로 보입니다. 왜냐하면 개혁대상인 종단의 지도급 스님들은 일군의 무리를 이루고 전국적으로 조직화, 세력화하여 종단을 지배하는 구조를 구축하였기 때문입니다.

종교계에서 국민들의 정신적인 지주가 되어야 할 종교인들의 비행은 여기에 그치지 않습니다. 중앙일보(2018. 4. 26) 이가영 기자가 쓴 "'신도 성폭행' 만민교회 이재록 목사, 경찰 기습출석"이라는 제하의 보도 내용을 보겠습니다. "신도들을 성폭행한 혐의를 받는 만민중앙성결교회 이재록 목사가 예정된 조사 시간보다 1시간 일찍 경찰에 나타났다. 언론 노출을 최소화하려는 의도로 보인다. 이 목사는 26일 오전 8시 4분쯤 서울지방경찰청에 피의자 신분으로 출석했다. 당초 예정된 조사 시간은 오전 9시였다. 그는 '성폭행 혐의를 인정하느냐' '내부 직원도 피해를 주장하고 있다' '한 말씀 해달라' 등 취재진 질문에 아무 대답을 하지 않은 채 교회 직원들의 부축을 받으며 조사실로 향했다." "이 목사는 수년에 거쳐 만민중앙교회 여신도 10여 명을 성폭행한 혐의(상습준강간)를 받는다. 이달 초 피해자 6명이 경찰에 고소장을 접수하면서 공개적으로 문제가 제기됐다. 이들이 주장한 피해 시점은 2015년부터 멀게는 1990년대 후반까지 있는 것으로 전해졌다. 이 목사는 '신의 지시' '하나님의 선택'이라며 성범죄를 저지른 의혹을 받는다. 경찰은 고소인들의 진술이 구체적이고 일관된 점 등을 고려해 이 목사를 출국금지 조치했고, 최근 고소인 조사를 마쳤다. 고소하지는 않았지만 경찰에 피해를 진술한 다른 신도까지 합치면 피해자는 10여 명에 이르는 것으로 알려졌다. 경찰은 이 목사가 교회 내 권력관계를 이용해 신도들을 사실상 항거 불능 상태로 만들어 성범죄를 저질렀다고 보고 상습준강간 혐의를 적용했다. 이 목사의 변호인은 고소장 공개를 요청했으나 경찰은 이 목사 측이 합의를 종용하거나 회유할 가능성이 있다고 보고 이를 제공하지 않았다. 만민중앙성결교회는 서울 구로구에 위치한 대형 교회로 신도가 13만 명에 달하는 것으로 전해졌다."(이가영 기자) 서울시 구로구에 있는 만민중앙교회의 이재록 목사님이 교회 내 여자 신도들을 성폭행한 혐의로 고소당하여 사정당국의 수사를 받고 있다는 내용입니다. 2019년 1월 30일자 헤럴드경제 인터넷판의 'PD수첩' "만민중앙교회 이재록 목사 편, 충격적 실체 공개"라는 제목의 보도내용에는 이재록 목사에 대한 구체적인 사안이 포함되어 있습니다. 헤럴드경제에 실린 내용은 MBC에서 1월 29일에 방송한 PD수첩의 내용을 중심으로 한 것입니다. "이재록 목사가 그동안 신도들을 어떻게 속여 왔는지를 적나라하게 폭로했다." "이재록 목사로부터 수년간 성폭행을 당했다는 여신도들의 충격적인 증언이 이어졌다. 이재록 목사는 에덴동산을 들먹이며 성관계를 종교적인 행위로 포장했다고 했다. 이재록 목사가 집단성관계를 하기 위해 만든 '하나팀'이라는 모임도 존재한다고 했다." "'PD수첩' 취재 결과, 1심에서 징역 15년형을 선고받은 이재록은 감옥 안에서도 여전히 만민중앙교회의 당회장 역할을 수행하고 있었다. 그의 셋째 딸 이수진 목사가 아버지와 같은 방식으로 교회를 이끌어 가고 있었다." 이재록 목사는 신도들을 성폭행한 죄를 짓고 1심의 결과 15년 형을 선고받고 감옥살이를 하고 있다는 내용입니다.

미투운동은 권력기관, 학교, 언론계, 문인과 예술계를 가리지 않고 아주 광범하게 나타나고 있는 현상입니다. 여성들의 성과 관련된 문제가 우리 사회의 곳곳에 만연하고 있다는 것을 의미합니다. 어쩌면 전제군주주의 국가체계와 가부장제 사회문화가 지배하고 있었던 우리나라의 역사를 거슬러 올라가 본다면, 이제 그러한 국가와 사회로부터 발전적 변화를 추구하고 있는 현재의 시점에서 본다면, 온 국민이 이러한 문제에 함께 참여하고 자신의 일, 자신 가족의 일이라고 보고 적극적으로 다루어야 합니다. 그렇다면 미투 운동의 본질은 무엇이며 일반 국민들은 이에 대하여 어떤 의사를 가지고 있을까요?

프레시안(2018. 2. 27) 이명선 기자가 보도한 "국민 10명 중 9명, 미투 · 위드유 지지한다"라는 제목의 글을 보면 미투운동에 대한 국민들의 의사를 파악할 수 있습니다. "국민 10명 가운데 9명이 '미투운동'을 지지하는 것으로 조사됐다. 또 국민 10명 가운데 7명은 성폭력의 본질적 문제는 '권력관계'에 있다고 응답했다. 한국언론진흥재단 미디어연구센터는 27일 '미투#metoo · 위드유#withyou운동'에 대한 온라인 설문조사 결과를 밝혔다. 조사는 20~30대 성인 남녀 1,063명을 대상으로 진행됐다. 피해자들의 성폭행 사실에 대해서는 73.1%가 '용기 있는 행동을 격려해 주고 싶다'고 밝혔으며 21.6%는 '피해를 당한 사실로 인해 안쓰럽다'고 응답했다. 성폭력의 본질적 문제에 대한 질문에는 71.6%가 '권력관계'라고 응답했으며 28.4%는 '성차별(남녀 관계)' 때문이라고 답했다." 이명선 기자는 한국언론진흥재단 미디어연구센터에서 조사한 내용을 바탕으로 우리 국민들은 10명 중 9명이 미투운동을 지지한다고 하였습니다. 그리고 10명 중 7명은 미투운동을 불러온 성폭력 사건은 가해자와 피해자 간의 권력관계가 그 본질적인 문제라고 생각하고 있다는 것입니다. 그리고 나머지 3명은 남녀 간의 성차별이 문제를 야기하는 것으로 보았습니다. 그리고 응답자의 63.5%는 '미투운동'이 앞으로도 지속적으로 이어질 것으로 보고 있었습니다. 우리 사회에서 '미투운동'이 확산될수록 우리 사회에 만연한 성폭력 문제에 대한 경각심을 일깨우고, 성폭력을 성폭력으로 인지하지 못하던 사람들에게 성인지 감수성을 높이며, 성폭력 가해자들에 대한 정당한 처벌 · 징계로 이어지는 등의 효과가 나타날 것이라고 봤다고 이명선 기자는 보도하였습니다. 그리고 약 1개월 뒤에 프레시안에서 다음과 같은 보도를 하고 있습니다. 프레시안(2018. 3. 28) 전홍기혜 기자가 쓴 "미투, 한국 가부장제의 불법성을 고발하다"의 일부입니다. "지난 1월 29일 서지현 검사의 성추행 피해 폭로 이후 봇물 터지듯이 쏟아져 나오고 있는 '미투#Me Too' 사건은 대한민국에서 만연한 강간문화, 성폭력 문화를 드러냈다는 점에서 큰 의미가 있다." 보편적으로 검찰청 검사라고 하면 권력기관, 사정기관의 가장 핵심적인 인물로서 일반 국민들에게는 선망과 두려움의 대상이 되고 있습니다. 그러한 지위와 권력을 지닌 사람이 성범죄의 피해자라는 사실에 직면한 일반 국민들은 어떤 느낌을 받았을까요? "미투 사건으로 드러난 한국사회의 '남성성'에 대한 토론회가 한국여성인권진흥원 주최로 지난 27일 오후 열렸다. 발제를 맡은 김은실 이화여대 여성학과 교수는 미투 사건의 의의에 대해 다음과 같이 설명했다. 서지현 검사의 미투 폭로는 한국사회에서 작동하고 있는 가부장적 권력의 불법성을 공적인 영역에서 고발했다는 점에서 큰 의미가 있다. 가부장제는 우리 사회의 전통이고, 원리로 여겨졌다. 아내 구타, 성폭력, 성매매 등 그 사안만 따로 떼어내서 불법적인 것으로 만들어 왔지, 가부장제 자체가 문제적인 것인지 토론해 본 적이 없다. 현재 한국사회의 가부장제가 자유롭고 독립적인 개인을 정치적 주체로 상정하고 있는 근대사회에 적합한가라는 점에 대해서는 한 번도 질문되지 않았다." 서지현 검사의 성추행 피해 사실의 발표로 시작된 미투운동에 대하여 이화여대 김은실 교수는 우리나라의 오랜 문화이자 관행이라고 할 수 있는 가부장제, 혹은 가부장제 권력의 관점에서 이러한 문제들을 분석하고 있음을 전홍기혜 기자는 알려주고 있습니다. 김은실 교수의 이러한 시각과 지적은 아주 합리적이고 설득력이 있습니다. 우리나라에서 일어나고 있는 성범죄 행위는 아주 오래된 가부장제 사회문화와 직결되어 있는 것입니다. 그래서 미투운동은 겉으로 드러난 성범죄 행위만 문제 삼고 그 척결을 외치는 수준을 넘어서 가부장제 사회문화를 진지하게 다루어야 합니다. 가부장제는 우리 사회의 오랜 문화이고 가장 강력한 영향력을 미치는 보편적 가치이자 인지구조입니다. 그리고 이러한 가부장제 사회문화는 전제군주주의 국가체계와 라인업이 되어 있는 것입니다. 이제 전제군주주의 국가체제는 서서히 퇴조하면서 자유민주주의 국가로 나아가고 있습니다. 가부장제 사회문화 또한 진화되어야 하고 발전적 변화를 가져와야 합니다. 전홍기혜 기자는 김명인 교수도 다음과 같이 동일한 의견을 가지고 있는 것으로 인용하고 있습니다. “한국사회의 남성들은 기본적으로 여성에 대해 대상화, 타자화하는 인식을 갖고 있다. 여성은 사회적, 일상적, 성적 요구에 수동적으로 응해야 하는 존재로 인식하며 경제적, 물리적 보호를 그 대가로 제공하면 된다고 생각한다. 한국의 가부장적 남성성은 여성을 하위주체로 동원하는 대상으로 인식한다. 이런 뿌리 깊은 의식 때문에 성폭력은 폭력이 아니라 위계하에 타자성을 구현하는 자연스러운 행위로 간주된다. 이런 상황에서 터져 나온 미투운동을 보며 피해자 여성이 성폭력을 폭로, 고발하면 사법기관으로 대표되는 가부장 국가가 이를 받아서 가해자 남성을 응징하고 배제하는 구조로 가는 것이 아닌가 하는 우려가 있다. 건강한 사회에서 일부 별종과 변태를 배제하면 된다는 논리가 작동하면서 여성은 피해자, 남성 가부장은 가해자이면서 동시에 판관이자 해결자가 되는, 기존의 헤게모니적 남성 지배 권력에 영향을 못 주고 그들을 구조하는 역할을 할 가능성도 없지 않다. 미투에서 살아남은 헤게모니를 쥔 남성들이 현재 그런 구도로 끌고 가려 하고 있다. 이런 방식이 아니라 한국사회 전체가 얼마나 병들었는가, 지배적 남성성의 구조적 문제를 드러내야 한다.” 김명인 교수가 말하고 있는 ‘지배적 남성성의 구조적 문제’는 곧 가부장제 사회문화를 의미하는 것으로 보입니다.

이제 추락하고 더럽혀지고 있는 불명예의 현장을 옮겨서 의료분야를 살펴볼까요? 의사들을 중심으로 하는 의료서비스 부문에서 일어나고 있는 일들입니다. 한겨레 커뮤니티 경제토론방(2003. 1. 19),「한국 의사들의 모든 비리를 벗긴다」에 나오는 내용의 일부입니다. "의사 본격비판「한국 의사들이 사는 법」 현직 언론인이 '아파도 병원 문턱을 넘지 않을 각오'로 의사 집단을 신랄하게 비판한 책이 나와 보건복지부 공무원 사이에 화제다. 안종국 한겨레신문 심의위원은 '의사 천국이 되어버린 한국 의료 현실을 통쾌하게 뒤집어 본'「한국 의사들이 사는 법」(한울 풀판사)이란 제목의 단행본을 이달 초 출간, 복지부 내 지인들에게 돌렸다." "안 씨는 이 책에서 '2000년 의사 파업은 겉으로는 의료개혁을 내세웠지만 실제로는 의사들의 권리를 더 많이 확보하기 위한 싸움이었다'고 평가하고 '그 권리의 핵심은 다름 아닌 의사들이 편하게 돈을 많이 벌 수 있는 의료제도를 만들자는 것'이라고 밝혔다." 한겨레 토론방에 게시된 자료에 의하면 안종국 한겨레신문 심의위원이 한국 의사들이 사는 법이라는 책을 출간하여 보건복지부 내 지인들에게 배포하였다는 것입니다. 이 책에서 안 심의위원은 우리나라의 의사들은 히포크라테스의 선서 정신은 뒤로한 채 자신들의 권리를 증진하고 돈을 많이 벌기 위해서 투쟁한다는 것입니다. 그리하여 의사들의 천국이 되었다는 것입니다. 오죽하면 글쓴이는 아파도 병원에 가지 않을 각오를 하고 글을 썼다는 고백을 하였겠습니까? 결국 의사들은 국민들의 건강을 증진시키고 환자를 낫게 해 주는 본래의 명예로운 직분을 내팽개치고 돈과 이익을 추구하는 장사꾼으로 전락했다고 볼 수 있을 것입니다. 그래서 그러한 행태를 비판한 것으로 보아야 합니다. 이러한 의사들의 행태는 구체적으로 지적할 수 있습니다. 다음의 글을 보십시오. 전국보건의료산업노동조합에서 2001년 5월 29일에 발표한 성명서 전문입니다.

의료비리 의료인 명단 공개하고 병원은 의료비리 척결에 앞장서라!

가장 대표적인 의료비리인 의약품 매입과 처방에 관련 의사·약사·제약회사 간의 금품과 향응제공(렌딩비, 리베이트)에 관한 경찰청 조사 규모가 드러나고 있다. 경찰청 조사에 의하면 의약품 의료비리 대상자는 888명(의사 882명, 병원약사 6명)에 달하며 전체 금품 수수액은 22억 9천 600만 원이었다. 888명의 의·약사가 소속되어 있는 병원은 모두 119곳이며, 이 중에는 유명병원 대부분이 포함되어 있는 것으로 밝혀졌다. 이들의 명단은 의사협회, 약사협회, 병원협회 등 해당 직종단체에 전달되어 자율정화 노력을 보건복지부가 요구하고 있는 상태이다. 적발인원 상위 10개 병원(전국 동명 의료기관 포함)을 보면 연대의대 병원이 90명(약사 1명)으로 가장 많았고 그 다음은 △가톨릭대 병원 77명 △삼성병원 60명(약사 1명) △아산재단 병원 47명 △서울대 병원 40명 △고대의대 부속병원 40명 △인제대 부속 백병원 29명 △차병원 41명(약사 1명) △한림대 부속 성심병원 28명(약사 1명) △경희대의대 부속 병원 26명(약사 1명) 순이다. 이들 상위 10개 병원 의사와 약사들이 받는 금품액수는 모두 12억 8천 800만 원으로 전체의 57%에 달한다. 병원 측은 더 이상 쉬쉬하며 사실을 은폐시켜서는 안 된다! 그동안 보건의료노조에서 의료비리 척결을 요구할 때마다 병원은 시치미 "뚝" 떼고 그런 일 없다는 듯이 일관해 왔었다. 이번 경찰청의 조사결과로 보건의료노조의 주장이 사실인 것으로 판명되었지만, 이는 빙산의 일각에 불과하다. 하지만 병원은 여전히 사태의 심각성을 모르고 있다. 의료비리 대상자 명단공개와 사후대책을 요구하는 노동조합에 병원 측은 "의사협회와 병원협회로 명단을 통보받지 못했다"며 계속 사실을 축소, 은폐시키고 있다. 의료비리는 곧바로 환자의 진료비 부담과 건강보험재정 악화를 초래하는 중대한 사회적인 범법행위이다. 이번 조사를 계기로 의료비리가 다시는 발붙이지 못하는 강력한 대책이 마련되어야 한다. 전국보건의료산업노동조합에서는 의료비리 근절을 위하여 2001년 임단협 교섭에서 강력한 투쟁을 전개할 것을 밝히며, 아래와 같이 요구한다.

1. 경찰청은 888명의 의사 · 약사의 명단 공개와 금품수수액을 환수하라!
2. 정부는 의료비리 근절을 위하여 888명 대상자 면허취소와 금품수수액을 환수하여 건강보험 재정에 즉각 투입하라!
3. 정부는 병원 내에서 일상적으로 의료비리를 감시하고 통제할 수 있는 "의료비리 근절을 위한 노서공동위원회" 구성과 병원 경영투명성 확보를 위한 노동조합의 경영참여를 보장하라!
4. 의협, 약협, 병원협과 해당 병원은 의료비리 대상자 명단 공개와 함께 강력한 징계를 단행하고 의료비리 근절을 위한 노사동수공동위원회 구성과 노동조합의 경영참여를 보장하라!

2001년 5월 29일
전국보건의료산업노동조합

위의 성명서에는 의사들이 비리를 저지르고 있다는 실제적인 내용을 포함하고 있습니다. 가장 대표적인 것이 의약품 매입과 처방전과 관련하여 의사, 약사, 제약회사 간에 금품과 향응 제공이 이루어지고 있다는 내용입니다. 경찰관서의 조사결과를 바탕으로 구체적으로 병원 이름과 수수한 금액을 제시하고 있는 것으로 보아 명확한 사실로 보입니다. 의사와 약사들의 이러한 비리는 결국 보험재정 악화와 환자의 진료비 가중으로 이어지기 때문에 결국 국민들의 부담이 될 수밖에 없는 것입니다. 한마디로 말한다면 범죄행위인 것입니다. 의사들은 자신의 지위와 권한을 이용하여 부당하게 돈을 벌고 있는 것입니다. 위의 성명서는 2001년 5월에 있었던 것이지만 그 이전에도, 그 이후에도 이러한 의사들의 비리는 잦아드는가 하면 매스컴에 터져 나오는 반복적인 사건이 되었습니다. 처벌에 의한 접근은 바람직하지도 않거니와 근절할 수도 없는 문제이니 의사들이 스스로 자신의 삶과 인생의 여정을 돌아보면서 윤리의식을 가지고 정리하여야 할 문제입니다. 즉, 명예로운 길을 거미처럼 살지 말고 꿀벌처럼 살아가는 것이 가장 바람직하다는 것입니다.

많은 사람들은 자녀가 의대에 진학하여 의사가 되기를 바랍니다. 의사는 전문직일 뿐만 아니라 많은 돈을 벌 수 있다는 인식 때문입니다. 명예로운 직업으로서의 이미지는 사라지고 없는 것입니다. 의사들의 비리는 계속됩니다. 다음의 글은 dongA.com(2018. 12. 15) 홍세영 기자가 SBS의 15일에 보도된 내용을 발췌하여 "[DA:클립] '그것이 알고 싶다' 요양병원 환자 폭행+비리 의혹 충격적"이라는 기사의 일부 내용입니다. "'밥장사'하는 병원? – 요양재벌, 그들만의 왕국. 박 이사장은 해당 지역에서 가장 큰 의료재단을 운영하며, 동시에 3개의 병원을 맡고 있었다. 우리가 취재 도중 만난 해당 병원의 내부 관계자들은 박 이사장을 '요양재벌'이라고 표현했다. 그만큼 병원 운영을 통해 막대한 부를 축적한다는 것이다. 그리고 폭행으로 재판을 받고 있는 최근에도 또 다른 병원을 개원한다는 소문이 들려왔다. '치료'보다는 치부(致富)에만 관심을 두고 있다는 폭로자들의 주장은 과연 사실일까. 제작진은 박 이사장 관련재단의 내부 제보자들을 비롯, 여러 요양병원에서 벌어진다는 은밀한 얘기들을 들을 수 있었다. 그들이 전해준 이야기는 그동안 우리가 알고 있던, 그리고 상상했던 그 이상이었다. '걸어서 들어와서 죽어서 나가는 곳이 요양병원이다.' '(요양병원은) 밥장사 잘하는 환자수용소일 뿐이다.' '이거는 명백하게 환자 치료가 아니라 돈 장사잖아요.' -내부 제보자들 인터뷰 중-" 요양병원에서 일어나고 있는 범죄행위에 대한 고발 내용입니다. 최 근년에 들어오면서 노인인구가 급격하게 증가하고 의존적인 일상을 살아야 하는 노인들의 수가 많아지면서 그러한 노인들을 대상으로 하는 요양병원들도 늘어나게 되었습니다. 요양병원에서 일어나고 있는 이러한 비리는 자주 매스컴에 오르내리고 있습니다. 의사들이 의존적이고 나약한 노인들을 케어하고 서비스하는 것이 아니라 그들을 대상으로 돈벌이를 하고 있다는 것입니다. 의사의 윤리문제를 넘어서 시정잡배들처럼 심각한 범죄행위를 저지르고 있는 것입니다. "또 다른 내부자가 제공해 준 자료에는 병원 간에 환자가 거래되고 있다는 충격적인 내용도 포함되어 있었다. 환자 1명당 단돈 10만 원에 거래된다는 믿기 힘든 사실이 공개된다. 이뿐만이 아니다. 우리가 만난 한 제보자는 최근 행방을 알 수 없던 남편이 요양병원에서 발견되었다고 말한다. 1층부터 5층까지 젊은 사람들로 꽉 차 있다고 당시를 회상했다는 남편. 노숙자나 기초생활수급자들을 유인하여 잇속을 챙긴다는 이 요양병원에서는 과연 무슨 일이 벌어지고 있는 것일까." 홍세영 기자의 이러한 보도 내용은 대단히 심각한 수준에서 문제를 제기하고 있는 것입니다. 환자를 물건처럼 거래하고 있는 것으로서 의사들이 환자들을 돈을 주고 매입한다는 것입니다. 기가 막히고 말문이 막혀서 무슨 말을 할 수 있겠습니까?

우리는 의사들을 보통 '의사 선생님'이라고 부릅니다. 선생님이라는 말 속에는 신뢰와 존경의 의미를 담고 있습니다. 그것은 곧 의사들이 아픈 이와 환자를 치료하고 돌보는 전문직이자 명예로운 길을 걷고 있다는 생각 때문입니다. 하지만 오늘날 우리들 눈앞에 전개되고 있는 어지러운 상황, 혼란과 혼돈, 무질서, 윤리의식의 부재현상은 어떻게 설명되어야 할까요? 아주 단순하게 개인적 욕망의 충족을 위한 일이라고 말하기에는 뭔가 미흡함을 느낍니다. 서구사회의 역사에서 교훈을 얻는다면 민주주의 사회로 나아가는 과도기적 현상이라고 말하면 모든 게 끝나는 것일까요? 그것도 아니면 우리 사회에서 오래전부터 진행되어 온 전통이자 문화라고 규정할까요? 하지만 분명한 것은 그 모든 현상의 중심에 사람이 있다는 것입니다. 사람들이 일을 저질렀으며 사람들이 욕심을 내고 환경을 조성하였습니다. 권력투쟁을 하였으며 과도한 돈을 무리하게 쓸어 담았습니다. 사회적 명성을 얻기 위해 약탈을 일삼았습니다. 결국 문제는 사람이라 할 수밖에 없습니다. 왜냐하면 그 모든 일에서 결정을 내리고 실행을 위해 행동하며 기쁨과 만족을 자신이 누려왔기 때문입니다. 가치와 의지와 행동의 문제입니다. 그리고 정서의 문제이기도 합니다. 다음의 보도내용이 우리에게 던져주는 의미는 남다르게 다가옵니다. chosun.com(2018. 3. 10) 뉴욕의 김덕한 특파원이 송고한 "캐나다 의사들 '내 월급 깎아 달라'"는 제하의 기사입니다. "캐나다 퀘벡주에서 의사들이 자신들의 급여를 깎아 달라는 보기 드문 청원에 나섰다. CNN은 8일(현지 시각) '제도를 위한 퀘벡의료인모임MQRP'이 의사 임금 인상 합의안에 반대한다며 지난달 25일부터 청원을 시작했고, 이날까지 의사 · 레지던트 · 인턴 등 700여 명이 서명했다고 보도했다. 이들이 내세우는 임금인상 반대 이유는 '간호사와 병원 행정 · 사무직원들이 열악한 근무환경에 처해 있고, 이 때문에 환자들이 의료 서비스를 제대로 받고 있지 못하는데 의사 임금만 올리는 건 충격적'이라는 것이다. 완전 공공 의료 시스템(전 국민 무상 의료)을 운영하는 캐나다의 의사들은 약 26만 달러(약 2억 8,000만 원)에 달하는 연봉을 주정부로부터 받고 있다. 그런데 지난달 퀘벡의료노조와 퀘벡주정부는 의사 1만 명의 급여를 2023년까지 매년 1.4%씩 인상하기로 합의했다. 캐나다 의료 시스템에서 간호사 등 의사 이외의 직원들은 상대적으로 열악한 근무 환경에 처해 있는 것으로 알려져 있다. 퀘벡간호사노동조합은 간호사 한 명이 돌볼 수 있는 환자 수를 제한하는 법률을 마련하고 간호사 부족 대책을 내놓으라고 정부를 압박하고 있다." 캐나다에서 일어나고 있는 일입니다. 의사들은 자신들이 받고 있는 급여가 너무 높아서 타 의료직과 균형이 맞지 않아 임금인상을 반대하고 있다는 소식을 김덕한 특파원이 전하고 있는 것입니다. 우리나라에서도 의사들의 헌신과 명예롭게 살아가는 모습을 찾아볼 수가 있습니다. 이태석 신부님 겸 의사 선생님의 이야기입니다. 이 신부님은 2001년부터 약 10년간 아프리카 남수단의 가장 열악한 지역으로 손꼽히는 와랍주 톤즈 마을에서 의료봉사활동과 교육활동을 하시다가 중병에 걸려 2010년 48세의 젊은 나이에 돌아가시게 됩니다. 이태석 신부님은 부산에서 태어나서 홀어머니의 어려운 뒷바라지로 의과대학에 진학하였습니다. 신부님은 원래 신학대학을 가려 하였으나 의사가 되기를 바라셨던 어머니의 간절한 소망을 따라 의대에 진학하게 된 것입니다. 의과대학 학생시절 의료봉사활동의 일환으로 수단을 방문하면서 현지 주민들의 너무도 비참한 실상에 충격을 받았다고 합니다. 의대를 졸업하고 신학대학에 다시 진학하여 사제 서품을 받자마자 주변의 만류도 뿌리치고 수단으로 달려갑니다. 수단은 당시 남북으로 나뉘어 오랜 세월 동안 내전을 겪고 있었는데, 무더위와 비위생 등의 문제로 각종 전염병이 창궐하여 대다수의 사람들이 고통을 받고 있었습니다. 톤즈 마을은 전염병 환자는 물론이고 남북분쟁으로 총상을 입은 사람, 다친 사람, 그리고 특별히 우리가 세속적으로 나병이라고 부르는 한센씨병 한자가 600명이나 있었던 지역입니다. 신부님은 하루에 200명이나 되는 환자를 진료하면서 그들의 건강을 보살피기 시작하였습니다. 의료 기구의 결핍, 치료를 위한 의약품의 부재, 의료 인력의 부재 등의 악조건 속에서도 신부님은 휴머니즘에 충실한 의사로서의 삶을 묵묵히 걸었습니다. 그렇게 일상을 살아가면서 신부님은 가난과 질병, 무지와 희망이 없는 연속적인 그들의 비참한 삶의 과정을 보면서 교육을 생각하게 됩니다. 그들에게 발전적인 변화를 가져다줄 수 있으며 희망의 씨앗을 뿌리는 길은 교육이라는 결론에 이릅니다. 신부님은 주민들과 하나가 되어 병원을 만들고 학교를 짓습니다. 신부님이 세우신 병원과 학교는 문전성시를 이루어 크게 발전하게 됩니다. 이러한 사실은 국내 전 지역에 알려지고 수단 대통령까지 나서게 됩니다. 신부님은 단순하게 아픈 사람을 치료하고 학교를 세워 아이들을 가르친 것이 아니라, 그들의 마음을 움직이고 얻었습니다. 사랑으로 치료와 교육을 한 것이지요. 그러면서도 정작 자신이 중병에 걸려 몸이 망가지고 있었다는 사실을 모른 체 일에 전념하였던 것입니다. 우리나라에서는 이 신부님의 일대기를 다룬 다큐멘터리 영화 '울지마 톤즈'로 널리 알려지게 됩니다. 그리고 2011년 국민훈장 무궁화장을 추서하게 됩니다. 저는 '울지마 톤즈' 다큐멘터리 영화를 보면서 많이 울었습니다. 신부님은 명예로운 삶을 좇아가고자 하는 사람들이 가고 싶어 하는 길, 하지만 아무나 쉽게 갈 수 없는 길을 걸어가셨습니다. 자신의 목숨까지 내놓으면서 말입니다. 그래서 이 신부님은 '수단의 슈바이처'라는 평가를 받고 있습니다. 명예로운 삶을 살아가신 가장 전형적인 인물이라 할 수 있습니다.

또 다른 한 분을 더 소개드립니다. 의로운 의사 윤한덕 중앙응급의료센터장님은 2019년 2월 4일 집무실에서 과로로 인하여 돌아가셨습니다. 헤럴드경제(2019. 2. 7) "[사설] 의로운 의사 윤한덕 중앙응급의료센터장의 죽음"이라는 제목의 사설과 서울신문(2019. 2. 10) "[사설] 윤한덕 센터장의 죽음, 의료 시스템 정비로 화답해야"라는 제목의 글을 참고하여 구성한 내용입니다. 윤한덕 의사 선생님은 우리나라 국립중앙의료원 중앙응급의료센터의 센터장을 맡고 있었습니다. 중앙응급의료센터는 대형교통사고 등으로 인하여 환자가 한 곳으로 몰려서 의료공백이 생기지 않도록 전국의 응급실 532개소, 권역외상센터 13개소의 병상을 관리하는 곳으로서 센터장의 직무는 단 한시도 긴장을 늦출 수 없는 그런 자리입니다. 그래서 윤 센터장은 항상 긴장 속에서 정해진 시간을 초과하여 추가시간 근무를 하는 일이 다반사였다고 합니다. 직무로 인해서 받게 되는 스트레스가 얼마나 심각한 수준인지 짐작할 수 있는 대목입니다. 돌아가신 2월 4일도 근무 중에 자신의 병원집무실에서 의자에 앉아 일을 보다가 그대로 절명한 것으로 보도되었습니다. 가족들과 설 명절을 위해 고향에 가기로 약속해 놓고 병원에서 계속근무를 하셨던 것입니다. 기다렸으나 연락도 되지 않아 부인이 직접 병원을 방문하였고 돌아가신 현장을 목격하게 되었다고 합니다. 위에 적시된 신문들의 사설 자료에 의하면 윤 센터장은 응급환자 헬기와 권역외상센터 도입, 응급의료종사자에 대한 교육과 훈련, 재난 응급의료상황실 운영, 국가응급진료정보망 구축, 응급의료이송정보망 사업 추진 등 많은 업적을 남겼다고 합니다. 그리고 윤 센터장은 소셜미디어에 '오늘은 몸이 세 개, 머리는 두 개여야 했다' '응급의료는 긴 연휴만으로 재난'이라며 인력 부족 현실을 한탄한 적이 있다고 합니다. 윤 센터장은 24시간 근무한 뒤 추가로 12시간을 근무하다가 타계하였다고 합니다. 정말 안타까운 일입니다. 윤한덕 센터장님은 말 그대로 의사로서 명예로운 삶을 살다 간 인물입니다. 의사 본연의 자세와 임무를 실현하려고 노력한 사람입니다. 그는 모든 의사의 표본이 될 것입니다.

명예로운 삶은 직업적 정체성과 깊은 관련이 있습니다. 많은 돈을 벌어들이고 높은 지위에 올라 많은 권력을 누리려는 사람들은 직업적 정체성이 명예로운 삶의 길은 분명 아닙니다. 하지만 그들도 명예로워지는 길이 없는 것은 아닙니다. 직업적 정체성이나 하는 일의 내용이 명예와 거리가 다소 있더라도 그것을 실현하는 방법 면에서 길을 찾을 수 있습니다. 거미처럼 살지 않으며 개미를 넘어서 꿀벌처럼 일상을 살아가는 것입니다. 삼가분립의 가치를 존중하고 내면에 있는 진짜자기의 목소리에 귀를 기울이면서 살아가는 것입니다. 하물며 평소에 하는 일이 명예로운 길로 들어섰음에도 불구하고 돈을 버는 것을 목적으로 삼거나 권력에 다가가는 수단으로 여긴다면 자신은 물론이고 사회를 병들게 합니다. 진정한 의미에서 성공적인 삶이 될 수 없으며 패자의 인생을 걷게 되는 것입니다. 탐욕을 줄이고 거울 속에 비치는 거짓자기의 모습을 볼 줄 알아야 합니다.

05
거울 속의 거짓자기

우리 사회는 전통적으로 사람의 됨됨이를 강조해 왔습니다. 출세 전에 인간이 되라는 가르침을 소중하게 여겼습니다. '수신제가치국평천하'는 그래서 오랫동안 우리 사회의 교훈으로 전해져 왔습니다. 이를 다른 말로 다시 설명한다면 인격, 성격, 인품이나 성품으로 요약됩니다. 우리나라의 의사들과 캐나다의 의사들은 정반대의 선택과 의지, 결정, 행동을 보이고 있습니다. 이러한 논의에서 사회와 환경, 문화에 초점을 맞추게 되고 경쟁주의 논리를 앞세우게 되면 항상 '네 탓'이라는 결론에 이르게 됩니다. 그래서 지금 여기의 상황과 문제를 보는 시각은 지금 여기에 있는 사람, 그중에서도 나 자신에게서 찾아야 합니다. '내 탓'이라는 구조에서 출발하여야 문제의 본질을 이해할 수 있으며, 해결의 실마리를 찾을 수 있을 것입니다. 저는 탐욕으로 점철된 삶을 살았으며 가짜자기로 성장하면서 돈과 권력과 명예를 거머쥐기 위해서 부단히 노력하였다는 것을 어느 정도 인정합니다. 자신의 내면에서 내는 소리와 형상을 숨긴 채 끊임없이 나를 압박하고 살아가게 한 가짜자기를 이제야 제대로 보았습니다. 하지만 자신의 거짓된 모습을 인지하지도 못하고 가짜자기가 자신의 진짜자기 모습이라고 여기면서 살아가는 사람이 너무 많다는 것을 느낍니다. 앞서 언급한 바와 같이 이러한 거짓자기의 모습은 이미 영아기에 시작하여 어린 시절에 어느 정도 갖추어지게 된다는 것입니다. 이러한 거짓자기의 모습과 그 삶의 내용은 심리학 이론, 정신의학 이론에서도 설명이 가능합니다. '리플리 증후군'은 가짜자기를 설명할 수 있는 전형적인 현상 중의 하나로서 최근 우리 사회에서 거론된 적이 있습니다.

다음백과사전에 의하면 리플리 증후군이라 함은 사람들이 "자신의 현실을 부정하면서 만든 허구를 진실이라고 믿고 거짓말과 행동을 반복하는 반사회적 인격 장애"를 말합니다. 자신이 직면하고 있는 현실을 인정하기에는 너무나 고통스러워서 현실을 부정하고 새로운 상황을 만들어 그것을 진실이라고 굳게 믿고 있다는 것을 말합니다. 이는 심리학 방어기제 이론 중의 하나인데 이와 비슷한 의미의 방어기제는 이중인격, 혹은 몽유병 등이 있습니다. 리플리 증후군이라는 말은 원래 1955년도에 발표된 소설 '재능 있는 리플리 씨'에 나오는 주인공 리플리의 이름을 따서 만든 용어입니다. 이 소설 속에서 리플리는 호텔종업원으로 일을 하고 있는데 그에게는 가까운 친구 디키 그린리프가 있었습니다. 리플리는 두뇌도 우수하고 야심도 있었으나 도덕성이 좀 떨어지고 폭력적이었습니다. 반면에 그린리프는 사회적 지위도 있었으며 사교계의 명사로 이름을 가지고 있었습니다. 리플리는 친구 그린리프를 의도적으로 살해하고 자신이 친구의 신분으로 위장하여 그린리프 행세를 하며 지냅니다. 그러나 결국 그린리프의 시체가 발견되면서 그의 범죄행위, 가짜 그린리프 행세도 막을 내리게 된다는 이야기입니다. 리플리 증후군이라 함은 소설 속의 리플리가 가짜자기의 모습으로 살아가는 행동에 초점을 맞추고 일상의 삶에서 보통사람들이 그러한 경향성을 나타낼 때 그 행동을 설명하는 말로 사용되고 있습니다. 리플리 증후군에 관한 보도가 있었습니다. 한겨레 신문(2016. 11. 7), 김미영 기자가 쓴 글의 일부입니다. "서천석 박사 '박 대통령 리플리 증후군과 비슷', 소아청소년정신과 전문의인 서천석 박사가 박근혜 대통령을 '거짓 자기를 스스로 자기라 믿으며 마음의 평화를 지켜가는 리플리 증후군과 비슷해 보인다'고 분석했다. 서 박사는 박 대통령을 명시하지 않고 '그'라고 쓰며 그의 성장배경을 통한 심리분석을 6일 자신의 페이스북에 올렸다." 한겨레 신문의 김미영 기자는 소아청소년정신과 전문의인 서천석 박사의 말을 인용하여 박근혜 당시 대통령을 리플리 증후군과 비슷해 보인다고 말하였습니다. 즉, 정신과 의사의 말을 빌린다면 박근혜 당시 대통령은 평소의 언행으로 보아 리플리 증후군에 속한다고 볼 수 있다는 것입니다. "그는 '여기서부터는 그냥 추정이고 소설일 뿐'이라는 전제로, 아이들이 자기애를 형성하는 과정에 대해 박 대통령의 십대 시절을 미루어 추론했다. 서 박사는 '그는 거짓 자기를 스스로 자기라 믿으며 마음의 평화를 지켜가는 리플리 증후군과 비슷해 보인다. 결정적인 차이는 리플리 증후군처럼 적극적으로 자기와 주변을 속이기 위해 거짓말을 할 필요가 없다는 점이다. 매우 특수한 그의 조건 덕분인데 그는 영애=공주로서 십대를 보냈다. 스스로를 포장하기 위해 타인에게 체계적인 거짓말을 하지 않아도 타인이 적당히 포장해 준다. 그저 그럴듯하게 보이도록 노력하는 수준이면 충분했다. 무능이 드러나지 않도록 노출을 피하는 정도면 마음의 평화를 유지할 수 있었다'고 분석했다." 서 박사의 분석에 의하면 박근혜 당시 대통령은 거짓자기를 자신의 진짜자기라고 믿고 있었기에 마음의 평화와 안정을 누릴 수 있었다는 것입니다. 다만, 박근혜 대통령은 성장 발달 과정에서의 특수한 신분 때문에 자신이 적극적으로 나서서 거짓말을 하거나 그럴듯한 행동을 취하지 않아도 주위에서 적당하게 포장을 해 준 덕분에 가짜자기의 모습으로 살아가는 데 아무런 문제가 없었다는 것입니다. 리플리 증후군에서 나타나는 보편적인 현상인 거짓말과 행동이 '자신에게서 출발하지 않고' 주변인, 즉 '타인으로부터 출발하였다'는 것입니다. 그래서 서 박사는 리플리 증후군과 비슷하다는 표현을 쓰고 있습니다. 하지만 다음의 글은 리플리 증후군을 이해하는 데 보다 도움이 될 것입니다. 조선일보(2017. 8. 8) 조현정 인턴기자가 쓴 "모든 것이 가짜인 사람들… '리플리 증후군'의 비극"이라는 글의 일부입니다. "지난 4일 SBS '궁금한 이야기 Y'에서는 자신의 정체를 감춘 채 거짓말로 꾸며낸 삶을 살다 자살을 택한 여성과 그 가족의 사연을 다룬 '내조 여왕의 두 얼굴' 편을 방송했다. 방송 이후 여성이 앓고 있던 것으로 추정되는 '리플리 증후군'이 화제를 모으고 있다. 개인을 넘어 한 가족의 삶까지 뒤흔든 리플리 증후군은 어떤 병일까. 리플리 증후군은 현실세계를 부정하고 스스로가 꾸며낸 허구의 세계를 진실로 믿으며 상습적으로 거짓말을 일삼는 반사회적 인격 장애이다. 단순히 거짓말을 많이 하는 거짓말쟁이와 혼동할 수 있으나 분명한 차이가 있다. 거짓말쟁이는 거짓이 탄로날까 불안해하는 모습을 보이는 반면, 리플리 증후군 환자는 자신이 내뱉은 거짓말을 완전히 진실이라고 믿는다." 조현정 기자는 리플리 증후군에서 보편적으로 나타나는 '거짓말'에 초점을 맞추고, 보통 사람들의 일반적인 거짓말은 불안을 동반하지만 리플리 증후군의 거짓말은 거짓말이 아니라 진실이라고 굳게 믿는다는 차이가 있다고 설명합니다.

2007년 4월에 '신정아 학력위조사건'이 시작됩니다. 이 사건은 당시에 우리나라 미술계의 신데렐라로 부상하였던 신정아 씨가 미국에서 받았다고 주장하는 자신의 일부 학력이 허위로 드러나면서 사회적 파장이 일어난 것입니다. 당시의 언론 보도 내용을 보면 신정아 씨는 성곡미술관 큐레이터, 동국대 조교수, 2007년 광주비엔날레 공동예술감독으로 활동 중이었습니다. 미국의 예일대 학위가 위조되었다는 이유로 법원에서 실형을 선고받았던 것입니다. 이 사건은 당시의 우리 사회에 학력검증이라는 새로운 기풍을 불러왔으며 전문가들이 리플리 증후군에 관한 이야기를 시작하는 계기가 되었습니다. 그리고 이 사건과 비슷한 성격의 사건이 또 일어났습니다. 2014년에 SBS 시사다큐멘터리 '그것이 알고 싶다'에서 2009년부터 약 6년 동안 전국에 있는 48개의 유명한 대학교를 돌아다니면서 신입생 사칭을 한 사람의 사례가 소개되었습니다. 이 역시 학력과 관련된 내용이었습니다. 이 사람은 48개 대학에서 당해 대학의 신입생으로 행세하면서 선배들에게 밥을 얻어먹고 숙박을 해결하면서 관계를 맺었습니다. 그리고 간혹 맺어진 인간관계를 바탕으로 물건과 비품을 훔치는 등 비리를 저질러 감옥에서 징역을 살게 되었다고 합니다. 그런데 파이낸셜 뉴스(2018. 10. 15) 최용준 기자가 보도한 "'명문대면 시선 달라'… 48개 대학서 신입생 행세, 또 감옥행"이라는 제목의 기사에 의하면 이 사람은 또 다시 가짜자기 행세로 인하여 감옥에 가게 되었습니다. 최용준 기자에 의하면 "신입생을 사칭해 대학 수십 곳을 떠돌던 20대 남성이 교도소 출소 후 다시 명문대 졸업생 행세를 하다 실형을 선고받았다. '명문대를 다니면 시선이 달라진다'는 이유로 출신대학을 속이는 점이 현실을 부정하는 리플리 증후군에 가깝다는 게 전문가의 분석이다. 리플리 증후군이란 자신의 현실을 외면하고 허구 세계를 진실이라고 믿고 거짓된 말과 행동을 반복하는 현상을 뜻한다"고 보도하였습니다. 보도 내용에 나오는 사람은 출소 후에도 명문대 졸업생 행세를 하면서 절도, 사문서위조, 사기 등의 죄를 지었으며 이에 대하여 법원은 다시 징역형을 선고하였다고 합니다. 이러한 사례는 우리 사회에서 쉽게 목격될 수 있을 것입니다. 그리고 '리플리 증후군 성향'은 건강한 보통 사람들에게도 어느 정도 나타날 수 있다는 점에 주목할 필요성이 있습니다.

리플리 증후군은 병이 아니고 환자 취급을 해서도 안 됩니다. 정신질환이나 심리적 질병은 아닙니다. 다만, 하나의 심리적, 정신적 기제이고 증상이며 현상이라고 보아야 합니다. 일종의 정신기제, 방어기제, 적응기제라고 보는 것이 타당할 것입니다. 의학에서는 이를 '공상허언증'이라고도 합니다. 자신의 과도한 욕망을 충족시키기 위해서 자신이 처한 현실을 부정하고 싶은 마음에서 거짓말을 하게 된다는 것입니다. 학자들에 의하면 리플리 증후군이 발생하게 되는 원인은 사람들이 자신의 욕구, 이상, 가치를 실현시킬 수 없을 때 발생하는 열등감이라고 보고 있습니다. 성취욕이 아주 강하게 일어나고 그것을 현실에서 충족시킬 수 없을 때 발생하게 됩니다. 결국 자신이 강렬하게 원하는 것을 이룰 수 없게 되고 그러한 현실은 내면의 열등감과 피해의식에 매달리게 합니다. 열등감을 벗어나기 위해서 의도적, 반복적으로 거짓말을 하게 되며 나아가 리플리 증후군으로 발전하게 된다는 것입니다. 이는 결과적으로 자신마저 속이게 되고 환상이나 망상 속에서 살아가게 된다는 것입니다. 결국 자신의 욕망을 충족시킬 수 없게 되면 피해의식과 열등감에 사로잡히게 되고 상습적이고 반복적인 거짓말을 일삼게 되는 것입니다. 그러다가 그 거짓말을 진실한 것으로 받아들이게 되고 가짜자기로 자리 잡게 되는 것입니다. 그래서 이러한 가짜자기는 자신의 일부로 편입되어 있기 때문에 거짓말탐지기도 소용이 없다고 합니다. 일부의 전문가들은 이를 질병으로 보기도 하는데, 이는 리플리 증후군이 흔히 우울증이나 조현병 등과 동반되어 나타나기 때문입니다. 1988년 킹 박사의 연구결과에 의하면 자신의 현실을 부정하고 거짓말을 사실로 믿고 사는 사람들에게 다음과 같은 몇 가지 현상이 나타났다고 합니다. 첫째, 아버지에게서 알코올중독이 흔하게 발견됩니다. 둘째, 지능이 아주 높거나 아주 낮습니다. 특히 언어적 지능이 높게 나타납니다. 셋째, 중추신경계 기능 이상을 가지고 있습니다. 넷째, 과거의 심리적 충격을 재경험하는 것에 대한 방어기제로 거짓말을 반복합니다. 다섯째, 자기애가 손상된 매우 낮은 수준의 자존감을 지녔습니다. 여섯째, 어릴적 성적 학대를 받은 경험이 있으면 보다 흔하게 나타납니다. 이러한 특징들은 리플리 증후군에서만 나타나는 것이 아니라 다양한 방어기제에서도 나타나는 보편적인 현상이라 할 수 있습니다. 대부분의 보통사람들은 이러한 리플티 증후군 성향을 조금씩은 가지고 있는 것으로 보고되고 있습니다. 다만, 심각한 정도나 수준은 아니기에 그냥 묻혀 지나가게 됩니다. 저 역시 이러한 리플리 증후군, 즉 가짜자기의 모습을 간혹 보이고 있다는 면에서 지금 우리 사회에서 일어나고 있는 사건들로부터 결코 자유롭지 못하다 할 것입니다.

앞에서 언급한 바와 같이 사람은 진짜자기와 가짜자기의 두 가지 모습을 가지고 있습니다. 인간은 태어나면서 진짜자기의 형상은 멀리하고 가짜자기의 목소리에 귀를 기울이고 살아가도록 훈련받습니다. 결국 가짜자기로 살아가는 것에 익숙한 삶이 주어지는 것입니다. 뿐만 아니라 가짜자기가 자신의 실체인 것으로 여기면서 살게 되고 진짜자기의 울부짖음은 잊어버리게 된다는 것입니다. 가짜자기에 충실한 삶은 무한대로 돈을 벌고, 가급적이면 높은 지위에 올라 절대적인 권력을 행사하는 일에 모든 것을 쏟아붓게 됩니다. 허황한 명예심에 불타올라 나르시시즘에 빠지고 불 속으로 던져지는 것도 모릅니다. 수단과 방법을 가리지 않습니다. 도덕과 윤리는 문제가 되지 않습니다. 거미처럼 살아도 아무런 가책도 받지 않으며 문제도 아닙니다. 삼가분립, 즉 돈과 권력, 그리고 명예를 구분할 필요도 없습니다. 권력이든 돈이든 명예이든 닥치는 대로 쓸어 담기만 하면 됩니다. 가짜자기로 살아가는 사람들에게는 황금을 만드는 미다스의 손이 가장 중요합니다. 잘사는 사람들은 더 많은 돈을 모으기 위해서, 돈이 없는 사람은 먹고 살기 위해서 돈이 필요하다고 주장합니다. 분명한 사실은 우리나라와 사회에는 살고 있는 사람 모두가 인간답게 먹고 살아갈 수 있는 자원과 재화가 있다는 것입니다. 다만, 누가 더 많이 가져가느냐의 문제입니다. 그래서 사람들은 끊임없이 불철주야 다른 사람을 경계하고 경쟁주의에 몰입하게 됩니다. 가짜자기는 인간의 끊임없는 탐욕과 깊은 상관성이 있습니다. 그러기에 탐욕으로 점철된 가짜자기가 가장 경계해야 할 대상입니다. 거기에는 영혼이 없습니다. 그러기에 영혼이 흐느끼는 소리도 듣지 못하며, 당연히 묵묵부답입니다. 이것이 오늘을 살아가는 우리에게 크나큰 위기입니다.

거의 대부분의 사람들은 아침과 저녁, 수시로 거울 속에 비친 자신의 모습을 봅니다. 보다 더 예뻐 보이도록, 어둡거나 숨기고 싶은 곳에 화장을 하면서 만족감을 느낍니다. 이마에 늘어가는 주름살을 보면서 한숨을 쉬기도 하고 아직까지 팽팽하고 윤기가 흐르는 피부에 미소를 짓습니다. 그리고 많은 사람들이 나르시시즘에 빠져들기도 합니다. 주로 겉으로 드러난 외형에 집중하기 때문입니다. 자신의 외형을 비추어 주는 거울에 하나 더 보태어 마음의 거울을 가지는 것은 어떨까요? 내 마음속을 비추는 거울에는 나의 모습이 어떻게 형상화되어 나타날까요? 평화롭고 아름다우며 진실한 모습을 담고 있을까요? 이제 죽음을 가까이 두었지만 아쉬움도, 미련도, 회한도 없으며 즐거운 마음으로 이승의 삶을 마감할 수 있을까요? 그리하여 내면의 참자기와 만나 나도 모르게 입가에 웃음이 번진다면 나는 성공적인 삶을 살았을까요? 아니면 또 다른 모습을 봅니다. 불만과 스트레스로 가득하여 탐욕과 추한 모습의 거짓자기를 대면한다면 나의 삶은 파탄으로 끝이 나는 것인가요? 생각만 해도 죽음이 두렵습니다. 내가 이루어 놓은 이 많은 것들을 두고 간다고 생각하니 눈앞이 캄캄하고 안타까운 마음 금할 길 없습니다. 그래서 나는 오래오래 살아야 합니다. 사람들의 죽음은 나와는 상관이 없는 일이라 여깁니다. 거울 속의 거짓자기는 그렇게 속삭입니다. 하지만 어느 성인의 말씀처럼 사람은 아름다운 죽음을 위해서 오늘을 살아간다고 하지 않습니까?

제3장

전제군주주의 국가와 가부장제 사회

01
패러다임의 위력

인간의 인지발달을 연구한 유명한 심리학자 피아제J. Piaget는 도식과 적응이라는 개념을 동원하여 사람들의 사고와 인지가 발달하는 과정을 설명하고 있습니다. 하나의 유기체로서 사람은 내면의 인지구조, 사고방식을 가지고 있으며 적응을 삶의 아주 중요한 목표로 삼고 있다고 합니다. 인간의 인지구조에서 동화와 조절의 개념은 매우 중요한데, 이는 우리의 일상에서 아주 쉽게 설명될 수 있습니다. 사람은 동화작용을 통해서 외부세계를 자신에게 맞추기도 하며, 조절작용을 통해서 자신을 외부세계에 맞추기도 하면서 환경과 조화로운 관계를 유지해 나갑니다. 여기에서 우리가 도움을 받을 수 있는 부분은 힘들고 어렵기는 하지만 인지구조, 즉 내면화된 사고의 틀을 바꾸기 위한 노력, 그리고 조절의 과정을 통해서 내가 상대방과 세상을 향해 변화를 시도하는 것입니다.

인간의 인지구조를 설명하는 데 있어서 보편적으로 널리 활용되는 '패러다임'이라는 용어가 있습니다. 패러다임은 피아제가 말하고 있는 '도식', 즉 인지구조나 사고의 틀과 동의어로 보아도 무방합니다. 인지구조는 보다 더 학술적이고 전문적인 용어라고 한다면 패러다임은 보다 상식적이고 보편적인 용어에 가깝다고 할 수 있겠습니다. 패러다임이라는 말은 범례나 범주를 의미하는 그리스어 paradeigma에서 유래하였습니다. 다음백과사전에 의하면 이 말은 '한 시대의 사람들의 견해나 사고를 근본적으로 규정하고 있는 인식의 체계' 또는 '다양한 사물에 대한 이론적 틀이나 구조'를 의미합니다. 이러한 의미의 패러다임이라는 용어를 본격적으로 사용하기 시작한 것은 쿤Kuhn이 쓴 『과학혁명의 구조』(1962)에서부터라고 합니다. 쿤에 의하면 패러다임은 어떤 과학 영역에서 전문적 과학자 집단을 지배하고, 그 구성원 사이에 공유되는 사물을 보는 방법이나 시각, 문제를 삼거나 푸는 방법이나 시각의 총체를 의미합니다. 처음에는 과학용어로 사용되기 시작하였지만 오늘날에 와서는 사회과학은 물론이고 일반사회생활에서 보편적으로 사용되기에 이르렀습니다. 그래서 우리는 패러다임을 관념이나 사고방식, 인지구조, 시각이나 관점, 모델이나 준거틀과 같은 의미로 아주 광범하게 쓰고 있습니다. 이를 풀어서 설명한다면 사람들이 세상을 바라볼 때, 사물 · 사실 · 현상 · 행동을 인지하고 이해하며 설명하는 방식을 말합니다. 나아가서는 자신이 세상을 보는 방식에 따라 자신의 의사를 선택하고 결정하며 행동으로 실행하는 기준이 되기도 합니다. 사람들은 보편적으로 사물이나 현상, 사건이나 행동을 볼 때 자신의 눈에 비치고 머리에 인식되는바 그대로, 가슴에 느껴지는 '있는 그대로의 현실'을 보고 있다고 생각하고 말합니다. 그러나 그것은 자신의 생각일 뿐입니다. 우리는 이 세상을 있는 그대로 보고 표현하는 것이 아니라 자신의 시각이나 관점에서 현상을 보고 말하게 됩니다. 즉, 특정 사안에 대해 자신이 가지고 있는 패러다임을 서술하는 것이라 할 수 있습니다. 패러다임과 관련된 몇 가지 예문들을 살펴보겠습니다.

인지행동치료이론에 나오는 '붉은 대나무 그림' 이야기입니다. 일부 내용은 수정, 보완하여 재구성하였습니다. 한 시대에 유명한 A화백이 살고 있었습니다. 아마도 조선시대 이전이라면 주로 동양화나 한국화를 그리던 시절이었을 것입니다. 어느 날 당시의 B정승이 집사를 시켜서 12폭 병풍에 넣을 수 있는 대나무 그림을 그려달라고 A화백에게 정중하게 부탁했습니다. 국왕 다음의 지위에 있는 정승의 명이라 화백은 충분한 시간을 가지고 12폭 화선지에 대나무 그림을 정성껏 그렸습니다. 드디어 약속한 날 집사는 A화백으로부터 대나무 그림을 찾아 B정승에게 바쳤습니다. 기대감과 설렘으로 그림을 기다리던 정승은 그림을 받아들고 펼치는 순간 눈앞에서 색깔도 선명한 붉은 대나무 그림을 접하게 됩니다. A화백이 대나무 그림을 붉은색 물감으로 그렸던 것입니다. 순간 B정승은 대노하게 됩니다. "당장 이놈을 잡아오너라." B정승 앞에 엎드린 A화백은 마치 죄인인 양 명을 기다리고 있었습니다. "네 이놈 너는 나를 어찌 보고 불경하게도 이런 대나무 그림을 그렸느냐?" "대감마님, 그림에 무슨 잘못이라도 있사옵니까?" "이놈아 그걸 말이라고 하느냐? 이 세상에 붉은 대나무가 어디에 있느냐?" "그럼 어떤 물감으로 대나무를 그려야 합니까?" B정승은 더욱 화가 치밀었습니다. 그리고 집사에게 명하였습니다. "이놈을 당장 끌어내어 물고를 내어라" 명령이 떨어지기 무섭게 병졸들이 우르르 달려 나왔습니다.

"대감마님, 잠깐만요. 한 말씀만 올려도 되겠습니까?" "그래 할 말이 있으면 해 보아라" "붉은 물감이 아니면 무슨 색 물감으로 대나무 그림을 그려야 합니까?" "이놈아 그것을 몰라서 묻는 게냐? 당연히 검은 색으로 대나무를 그려야 하지" "그럼 한 가지만 더 여쭙겠습니다. 대나무 색깔은 무슨 색입니까?" B정승은 정신이 번쩍 들었습니다. 힘이 빠진 목소리로 "그거야 녹색이지 않느냐?" 다시 A화백이 말을 이어갔습니다. "녹색 대나무를 검은 색으로 그리면 아무런 문제가 없는데 붉은색 물감으로 그린 것이 죽을 죄에 해당합니까?" "……" B정승은 말을 할 수가 없었습니다. B정승은 정중하게 A화백에게 사과를 하고 붉은색 대나무 그림을 자신이 거주하는 공간에 두고 감상하면서 며칠을 그렇게 보냈습니다. 하지만 B정승은 붉은색의 대나무 그림을 보면 볼수록 심기가 불편하고 속이 상했습니다. 작품에 대한 만족도가 아주 낮았던 것입니다. 참다못한 정승은 다시 집사를 불러 당부를 하였습니다. "오늘 A화백에게 가서 붉은색의 대나무가 아닌 검은색의 대나무 그림을 12폭 병풍용으로 다시 그려달라고 정중하게 부탁을 하여라" 하면서 금전까지 듬뿍 주어 보냈습니다. 1주일을 기다린 끝에 B정승은 자신이 원하던 12폭 대나무 그림을 A화백으로부터 받게 되었습니다. 아침에 그리고 저녁에 집으로 돌아오면 등 뒤로 유명한 화백의 대나무 그림을 두고 더없는 기쁨을 누리면서 살았다고 합니다. 그리고 결국 붉은색 대나무 그림은 없애 버렸습니다. 아마도 아직까지 남아 있었다면 세계적인 명품이 되었을 터인데 말입니다. 이와 같이 패러다임은 사람을 죽일 수도, 살릴 수도 있습니다. 많은 사람들은 동양화나 한국화 작품에서 대나무 그림을 그리게 되면 검은색으로 그린 대나무 그림을 연상하게 됩니다. 하지만 A화백은 B정승으로부터 구체적인 요청이 없었기에 붉은색으로 대나무를 그렸습니다. 그것이 잘못된 것이었으며 죽을 죄에 해당하는 것일까요? 사람들은 살아가면서 자신의 생각은 맞고 다른 사람, 너의 생각은 틀렸다고 말합니다. 그리고 위의 이야기처럼 정승은 지위가 높고 권력을 가진 자이기에 화백의 생각은 틀렸다고 규정합니다. 이러한 현상은 오늘의 현실에서도 흔하게 나타나고 있습니다. 권력자든, 재벌가든, 명성이 높은 자이든 사회적 영향력은 매우 큽니다. 그리고 일반시민들은 집단과 조직을 이루어 자신들의 주장이 옳다고 외칩니다. 자신의 생각을 실행하려 노력합니다. 서로의 이해관계와 인지구조, 패러다임이 충돌하는 현상입니다. B정승의 대나무 그림에 대한 패러다임의 위력은 대단합니다. A화백을 죽일 수도 있었으니까요. 패러다임은 자신이 가지고 있는 하나의 시각에 지나지 않는다는 것을 인지한다면, 그리고 그러한 자신의 시각은 진실이나 사실과 거리가 있을 수 있다는 것을 인지하다면 나는 옳고 너는 틀렸다는 식의 대처, 다른 사람과의 충돌과 갈등은 해소될 수 있을 것입니다.

『마음을 열어주는 101가지 이야기』라는 책에 나오는 글입니다. "1학년 때 로어 선생님은 내가 그린 자주색 인디언 천막이 사실적이지 않다고 지적했다. 자주색은 천막에는 쓰이지 않는 색깔이라는 것이었다. 자주색은 죽은 사람들에게나 쓰는 색이며, 따라서 내 그림은 다른 아이들 것과 함께 교실 벽에 걸어줄 수가 없다는 것이었다. 헐렁한 골덴 바지가 슥슥 스치는 소리를 세면서 난 내 자리로 돌아갔다. 검은색 크레용과 함께 어둔 밤이 내 텐트 위로 내려왔다. 아직 오후도 되지 않았는데. 2학년 때 바르타 선생님은 말씀하셨다. '아무거나 그리고 싶은 대로 그려라.' 무엇을 그리든 자유라는 것이었다. 난 아무것도 그리지 못한 채 백지만 책상 위에 달랑 얹어 놓고 있었다. 선생님이 교실을 한 바퀴 돌아 내 자리까지

> 왔을 때 나는 심장이 콩콩 뛰었다. 바르타 선생님은 그 큰 손으로 내 머리를 쓰다듬더니 부드러운 목소리로 말씀하시는 것이었다. '들판에 온통 하얀 눈이 내렸구나. 정말 멋진 그림이야!' 작자 미상"

피아제의 연구와 이론에 의하면 인간의 인지발달은 어린 시절, 인생 초기에 일정한 단계를 거치면서 구체적으로 이루어지게 된다고 합니다. 미국에 사는 어떤 사람이 초등학교 1학년 학생이었을 때, 자주색으로 인디언 천막을 그렸는데 로어 선생님은 자주색은 죽음을 의미하기 때문에 잘못 그렸다고 비판하며 학생에게 가혹한 벌을 내립니다. 2학년이 되어 그는 그림 그리는 것을 두려워한 나머지 정규 수업 미술시간에 그림을 그리지 못하게 되었습니다. 소위 그림을 그리는 것에 대한 트라우마가 생긴 것이지요. 로어 선생님은 어린 학생에게 정말로 몹쓸 짓을 한 것입니다. 하지만 바르타 선생님은 손을 놓고 있었던 주인공이 분명한 의도를 가지고 그림을 그렸다고 크게 칭찬합니다. 아마도 바르타 선생님을 만나지 못하였다면 주인공은 일생 동안 그림을 그리는 일에 관련된 트라우마를 안고 살아갈 수 있으며 그의 삶과 일생에 지대한 영향을 미치게 되었을 것입니다. 로어 선생님의 자신의 그림에 대한 비판과 벌, 그리고 그의 기억은 일생의 패러다임으로 자리 잡고 영원히 남게 되었을 것입니다. 하지만 바르타 선생님의 말씀으로 주인공은 새로운 국면을 맞이하게 되었던 것입니다. 한 학생이 그린 그림에 대한 선생님의 보는 안목은 이렇게 관점에 따라, 선생님의 패러다임에 따라 정반대의 결과를 가져다줄 수 있습니다. 패러다임의 위력은 정말 대단한 것입니다. 특별히 어린 시기에 부모님이나 선생님이 어떤 가르침을 어떻게 주입시키는지에 따라서 아이는 어른이 되어서도 일정한 패러다임을 그대로 내재화하게 되는 것입니다.

코비S. R. Covey가 쓴 책 『The 7 Habits of Highly Effective People』에 나오는 글의 일부 내용입니다. "며칠 동안 계속적으로 폭우가 쏟아지는 가운데 2대의 전함이 해상기동훈련을 하고 있었습니다. 선장인 나는 선두에 있는 전함을 타고 야간이 되자 함교(뱃머리 쪽)에서 훈련을 지휘하고 있었습니다. 완전히 어둠이 짙게 깔리고 함교의 앞쪽에서 근무하던 감시병이 다음과 같이 보고하였습니다. '오른쪽 이물 쪽에 불빛이 보입니다.' 선장은 소리쳤습니다. '불빛은 가만히 있는가, 아니면 배 뒤편으로 움직이고 있는가?' '움직이지 않습니다. 선장님' 하고 감시병이 대답하였습니다. 이러한 상황은 우리 배와 불빛이 비치는 배가 충돌할 수 있는 매우 위험한 상황에 처해 있음을 의미하는 것입니다. 선장이 다시 큰 소리로 신호병에게 말했습니다. '저쪽 배에 충돌 코스에 들어와 있다고 신호를 보내라. 그리고 배의 항로를 20도 바꾸라고 지시하여라.' 그러자 상대편에서 신호가 즉시 되돌아 왔습니다. '당신들이 항로를 20도 바꾸시오.' 화가 난 선장은 '나는 선장이다. 너희들이 20도 움직여라' 하고 명령하였습니다. 다시 응답이 되돌아 왔습니다. '저는 2등 항해사입니다. 선장님께서 20도 바꾸시는 게 좋겠습니다.' 몹시 화가 난 선장은 크게 소리쳤습니다. '우리는 전투함이다. 너희 배가 당장 진로를 20도 변경하라.' 희미한 조명 아래 다시 응답이 돌아왔습니다. '저희는 등대입니다.' 다급해진 상황에서 우리 배는 즉시 항로를 변경하였으며 충돌을 모면하게 되었습니다. 선장은 안도의 긴 숨을 내쉬었습니다."

사람들은 자신의 입장을 절대로 바꾸려 하지 않습니다. 왜냐하면 나는 올바르고 정당하기 때문에, 틀리고 부당한 네가 변하거나 나에게 맞추어야 한다고 생각합니다. 한 연구와 이론에 의하면 나이가 들어갈수록 보통 사람들은 그러한 패러다임이 굳게 다져지고 콘크리트처럼 되어서 변형이 거의 불가능하다고 합니다. 하지만 위의 글은 자신이 죽을 만큼 다급한 지경에 이르면 입장과 생각이 바뀔 수 있다는 것을 암시합니다. 그만큼 패러다임의 위력은 대단하고 강하게 작동합니다. 저자는 부부간의 갈등과 문제, 파국에 이르는 과정을 연구하면서 만난 많은 부부들에게 공통적인 점이 발견됩니다. 이들 모든 부부는 하나같이 '네가 바뀌어야 하고 네가 나에게 왜 맞추지 않느냐' 하는 패러다임을 가지고 있다는 것입니다. 그래서 겉으로는 부부가 상대방을 변화시키기 위해서 끊임없이 애를 씁니다. 절대적으로 포기하지 않습니다. 서로간에 아무도 바뀌지 않기 때문에 반복적으로 싸웁니다. 특히 이혼 소송을 하는 부부는 법정에서도 다투고, 네 탓이요를 반복합니다. 상대방이 바뀌면 용서를 하겠다고 합니다. 패러다임의 위력입니다.

2016년 11월 12일에는 서울의 광화문과 전국의 대도시에서 대규모 촛불집회가 열렸습니다. 당시 박근혜 대통령의 국정농단 사건으로 서울에서만 100만 명이 집회에 참가하였다는 보도가 있었습니다. 그 이후 맞불집회로서 태극기집회가 열렸습니다. 이 두 집회는 대체로 세대 간의 갈등양상으로 번져 나갔는데 이러한 갈등양상이 실제로 어느 가족생활에서 일어나게 되었습니다. 2017년 정초에 있었던 일입니다. 이야기는 부산에 있는 어느 보통사람들의 집에서 시작됩니다. 70이 가까운 나이에 있는 A할아버지와 할머니는 여느 명절과 마찬가지로 서울에서 내려오는 아들과 며느리, 그리고 손자녀들을 손꼽아 기다리고 있었습니다. 더없이 사랑하는 가족이고 피붙이이지요. 나이 든 두 분은 아들도 아들이지만 손자녀들을 볼 수 있다는 것을 일상의 삶에서 가장 기쁘고 즐거운 일이라 여기고 있었기에 기다림은 남달랐습니다. 음력으로 그믐날 오후에 아들 가족이 모두 도착하였습니다. 반갑게 인사를 나누고 손자들의 재롱을 즐긴 후 저녁 식사자리 끝 무렵이 되어 이런저런 세상 돌아가는 이야기를 나누게 되었습니다. 그러다가 이야기는 촛불집회에 다다르게 되었습니다. 할아버지가 "촛불집회는 왜 하는 거야. 요구하는 것이 무엇이냐? 지난번에는 미국 소 수입하면 광우병이 어쩌니 하더니만…" 아들이 차분하게 아버지에게 설명을 합니다. "아버지 지금 사람들이 촛불집회를 하는 것은 박근혜 대통령 때문입니다." "박 대통령이 어때서?" 못마땅한 듯, 나무라듯 한 어투로 할아버지는 말씀하셨습니다. "아버지, 박근혜 대통령은 국민들과 소통이 안돼요. 그뿐만 아니라 박근혜 대통령이 정식 국정라인이 아니고 최순실이라는 친한 개인에게 국정을 맡기어 국고의 손실은 물론이고 나라를 어지럽게 만들었어요." "그리고…" 말을 이어가려는 순간 아버지는 버럭 화를 내면서 "됐다" 하며 아들의 말을 막아버렸습니다. 그리고 할아버지의 일방통행식 훈시는 시작되었습니다. "너희들이 뭘 알아. 전쟁의 참화를 겪어봤어, 보릿고개를 알아, 배를 곪아 본 적도 없지 않느냐, … 박근혜 대통령이 무얼 잘못했는데? 최순실이한테 일 좀 시키고 도움을 받으면 그게 어때서? 삼성한테 돈 좀 받아서 정치하면 안 되나? 지금 너희들이 이만큼이라도 먹고 사는 게 다 누구 덕인데. 박정희 대통령 아니냐. 그분이 안 계셨더라면 이 나라가 어떻게 되었겠느냐. 그리고 그분의 딸이 아버지의 정신을 이어받아 국가를 위해 열심히 일을 하고 있는데…" 아들이 한참 동안 아버지의 말씀을 듣다가 말씀 도중에 "아버지, 지금 촛불집회를 하는 것은 박정희 대통령과 직접적인 관련이 없어요. 그리고 박정희 대통령도 다 잘 한 것은 아니잖아요. 그리고 지금의 상황에서 전쟁이니 보릿고개이니, 그게 다 무슨 소용입니까" 하고 아버지의 말씀을 중단시켰습니다. 이 말을 마치기 무섭게 할아버지는 "박정희 대통령이 어쩌고 어째!" 하시면서 격앙된 어조로 아들을 나무라고 몰아세우며 촛불집회와 관련하여 비판적인 말씀을 막 쏟아냈습니다. 한참을 경청하던 아들은 아버지에게 화장실을 다녀오겠노라 말씀드리고 곁에 있던 아내를 눈짓으로 불러냈습니다. 아이들과 서울로 올라갈 준비를 하라고 일렀습니다. 아내는 아버지 성격을 몰라서 그러느냐고 남편을 달랬지만 아이들 아버지는 할아버지께 돌아가서 차분하지만 강한 어조로 말하는 것이었습니다. "아버지, 저희들 지금 서울로 올라 갈랍니다" 하고 짐을 챙겨 집을 나섰습니다. 그리고 정말로 서울행 기차를 타고 상경하였습니다. 그해 설은 그렇게 A할아버지에게 다가 왔습니다.

위의 이야기는 제 이웃에게 직접 있었던 일을 전해 들은 것입니다. 연로한 아버지와 장년의 아들, 부자지간에 서로가 상이한 패러다임을 가지고 있었기에 현상은 하나이지만 세상을 보는 눈이 달라서 충돌하는 장면을 연출합니다. 아버지의 생각과 아들의 생각이 정면으로 갈등하는 장면입니다. 아버지는 태극기집회를 지지하는 입장을 가지고 있었으며 아들은 촛불집회를 응원하고 있었던 것입니다. 누가 옳고 그름을 판단하기보다 패러다임이 부자지간의 정을 끊어버리는 불행한 장면을 목격합니다. 이러한 장면에서 아버지와 아들, 어느 한 편을 든다는 것은 사회적 혼란과 갈등을 증폭시킬 뿐입니다. 아버지의 세상을 보는 눈과 아들의 세상을 보는 눈은 상극을 이룹니다. 이런 상황에서 우리는 아버지와 아들, 모두를 전체적인 시각에서 보아야 합니다. 아버지는 실제적 전제군주주의 국가에서, 가부장제 사회문화에서 나서 자랐으며 아들은 자유롭고 자아 정체성이 뚜렷한 민주적인 사회 환경에서 자랐습니다. 모든 것이 서로 간에 달랐습니다. 패러다임의 위력입니다. 이 이야기를 나이 든 어르신들에게 말씀드리면 하나같이 서울로 돌아간 아들을 욕하고 나쁜 놈이라고 규정합니다. 그리고 젊은 사람들에게 말하면 요즘 노인네들은 모두가 다 그렇다고 단언해 버립니다. 이제 우리는 부자지간의 상이한 패러다임에도 불구하고 서로가 적처럼 대립, 공격하지 않고 조화와 균형, 평화를 함께 누리면서 살아가는 시민사회를 향해 나아가야 합니다. 방법과 길이 없는 것은 아닙니다. 그것이 우리가 나아갈 이상사회입니다.

다음 글은 류시화 시인이 인도를 여행하면서 쓴 『하늘 호수로 떠난 여행』이라는 책에 나오는 이야기의 한 부분입니다. 나의 생각을 바꾸고 적응하는 패러다임의 전환을 통해서 마음의 평화를 얻을 수 있다는 것을 잘 보여주고 있습니다. 시인은 "라니켓으로 가는 초만원 버스를 타게 됩니다. 무임승차를 하는 사람들이 워낙 많아 차장이 차비를 받느라 애를 먹고 있었습니다. 들킨 승객은 돈이 없으니 한번만 봐 달라고 통사정했지만 소년 차장은 막무가내였습니다. 마침내 할 수 없다고 여긴 승객이 주머니에서 돈을 꺼내는데 지폐가 여러 장이었습니다. 기가 막힌 차장이 째려보자 승객은 당당하게 소리쳤습니다. '내가 이까짓 차비를 안 내려고 꾀를 부린 게 아니야. 난 어디까지나 너의 자비심을 시험해 본 거야. 돈 몇 푼에 그렇게 인색하게 군다면 넌 이미 영혼을 잃은 거나 다름없어.' 그 당찬 입심에 어린 차장은 말을 잃었습니다."

아마도 우리나라에서는 도저히 목격할 수 없는 장면이 연출되고 있는 것입니다. 돈이 없다면서 차비를 내지 않겠다고 버틴다는 것은 우리에겐 상상조차 할 수 없는 일에 속합니다. 뿐만 아니라 차장에게 훈계까지 일삼고 있는 것을 보십시오. "그러다가 버스는 몇 사람을 더 태우기 위해 코딱지만한 어느 마을에 멈춰 섰습니다. 그리고는 영영 출발할 생각을 하지 않았습니다. 날은 덥고, 사람들 한복판에 끼여 있으니 인도인 특유의 카레 냄새 때문에 견딜 수가 없었습니다. 게다가 바로 옆에서는 힌두교인 남자가 차가 달리든 말든 나만 뚫어져라 쳐다보고 있었습니다." 그 만원버스는 조그마한 마을에 정차한 다음 출발할 기색을 보이지 않고 있었습니다. 한 시간 정도 차가 그렇게 서서 기다렸다고 합니다. 이 역시 우리 사회에서 용인이 되지 않는 일입니다. "한 시간이 지날 무렵 나는 그만 인내심을 잃고 말았습니다. 달리는 만원버스 안에서도 한 시간은 긴 시간인데 찌는 날씨에 이유도 모른 채 무작정 멈춰 있는 것은 고역이었습니다. 어딜 가나 이런 상황이니 나라가 발전할 리가 없었습니다. 나는 누구한테랄 것도 없이 큰 소리로 물었습니다. '이 버스, 왜 안 떠나는 거요?' 그러자 버스 안에 있던 사람들의 시선이 일제히 내게로 쏠렸습니다. 아무도 내 질문에 대답하지 않았습니다. 나는 힌두어와 영어를 섞어가며 화가 나서 소리쳤습니다. '버스가 한 시간이 넘도록 서 있는데 당신들은 바보처럼 기다리기만 할 겁니까? 이유가 뭔지 알아봐야죠.' 그러자 그때까지 줄곧 나를 쳐다보고 있던 그 힌두교인 남자가 조용히 입을 열었습니다. '운전사가 없으니까요.' 그건 나도 알고 있었습니다. 운전사는 그곳에 도착한 순간 어디로 사라졌는지 코빼기조차 볼 수 없었습니다. 내가 바라는 대답은 그런 멍청한 게 아니었습니다. 나는 마치 그 힌두인 때문에 버스가 움직이지 않기라도 하는 것처럼 따져 물었습니다. '그렇다면 운전사가 어디로 갔는지 밝혀내야 할 게 아닙니까? 갑자기 배탈이 나서 쓰러졌는지, 아니면 옛날 동창생이라도 만난 겁니까?' 그때 더욱 화를 돋우는 대답이 버스 앞쪽에서 들려왔습니다. '맞아요. 운전사가 친구를 만났어요. 둘이서 저쪽 찻집으로 갔어요.' 나는 기가 막혀서 말도 나오지 않았습니다. 이런 콩나물시루 속에 사람들을 가둬놓고서 친구와 함께 노닥거리고 있단 말인가. 그런데도 사람들은 마치 그가 왕이라도 되는 것처럼 불평 한마디 없이 무한정 기다리고만 있었습니다." 화가 난 류시화 시인은 큰 소리로 외칩니다. 그리고 버스기사가 친구를 만나고 있다는 말을 듣고 더욱 울분이 치솟습니다. "그 힌두교인 남자가 내게 물었습니다. '당신은 어디로 가는 중입니까?' 나는 화가 나서, 라니켓으로 간다고 무뚝뚝하게 대답했습니다. 더 이상 그와 얘기하고 싶지도 않았습니다. 그런데 그가 또 묻는 것이었습니다. '그 다음에는 또 어디로 갈 예정입니까?' 류시화 시인은 대답하고 그 힌두교 남자는 똑같은 질문을 반복적으로 하였습니다. '그거야 아직 모르죠. 또 인도에 올지도 모르고, 네팔로 갈 수도 있고, 하지만 오늘 라니켓에 도착하는 것조차 불확실한 마당에 나중의 일을 어떻게 안단 말이오?' 대답하니 그 힌두인은 침착하게 말했습니다. '그렇습니다. 우린 우리가 어디로 향해 가고 있는지 잘 알지 못합니다. 그러니 서둘러 어딘가로 가려고 할 필요가 없지 않습니까?' 나는 말문이 막혔습니다. 곁에 서서 한 시간이 넘도록 내 영혼을 꿰뚫어 본 이 남자는 대체 뭐하는 사람일까? 그가 다시 입을 열었습니다. '모든 것은 이미 정해져 있습니다. 버스는 떠날 시간이 되면 정확히 떠날 겁니다. 그 이전에는 우리가 어떤 시도를 한다 해도 신이 정해 놓은 순서를 뒤바꿀 순 없습니다.' 그러고 나서 그는 조용히 덧붙였습니다. '여기 당신에게 두 가지 선택이 있습니다. 버스가 떠나지 않는다고 마구 화를 내든지, 버스가 떠나지 않는다 해도 마음을 평화롭게 갖든지 둘 중 하나입니다. 당신이 어느 쪽을 선택하더라도 버스가 떠나지 않는다는 사실에는 변함이 없습니다. 그러니 왜 어리석게 버스가 떠나지 않는다고 화를 내는 쪽을 택하겠습니까?' 나는 할 말을 잃었습니다. 버스 안에 있는 사람들 모두가 조용히 나를 응시하고 있었습니다. 그들은 내가 생각한 것처럼 바보들이 아닌지도 모를 일이었습니다. 나는 문득 남루한 인도인들로 변장한, 인생을 초월한 대철학자들 틈에 서 있는 듯한 느낌이 들었습니다." 차에 함께 타고 있던 인도인 남자가 류시화 시인과 나누는 대화는 정말 마음에 와 닿습니다. 버스가 떠나지 않는다고 화를 내든가, 아니면 평화로운 마음으로 기다리든가 둘 중에 하나를 선택할 수 있다는 것입니다. 그 어떤 선택을 하든 버스는 정해진 시간에 간다는 것입니다. 류 시인은 화를 내는 길을 택하였지만 인도인들은 평화로운 길을 걸었다는 것입니다. "마침내 나타날 시간이 되자 운전사는 미안하지도 않은 표정으로 나타났고, 떠날 시간이 되자 버스는 떠났습니다. 그리고 나는 수천 년 전부터 예정된 시간에 정확히 라니켓에 도착할 수 있었습니다." 이렇게 인도 사람들과 한국을 대표하는 류시화 시인 간에는 세상사를 보는 시각, 즉 패러다임의 차이가 너무나 크다는 것을 알 수 있습니다.

우리는 일상을 살아가면서 다른 사람 누군가가 자신의 의견에 동의하지 않거나 다소 비판적인 입장에서 말한다면 그 상대방이 어딘가, 무언가 잘못되었다고 생각하게 됩니다. 위의 사례에서 나타나고 있는 이야기에서 주인공과 그 상대방은 서로가 자신이, 자신의 보는 눈이,

자신의 입장이 올바르며 상대방은 틀렸다고 여깁니다. 그리고 말과 행동으로 표현합니다. 설 명절에 부산의 어느 가정에서 있었던 노인 아버지와 장년 아들의 대화를 들여다보면 그렇습니다. 아버지는 아들이 틀렸으며 아들은 아버지가 틀렸다고 생각하고 있습니다. 두 사람은 각자 자신의 안경을 통해서 시국과 촛불집회의 세상을 보고 있는 것이지요. 스스로가 쌓아올린 성벽의 높이에 갇혀서, 자신 속에 내면화된 패러다임을 통해서 세상을 보게 됩니다. 단순히 보고 해석하는 수준을 넘어서서 행동으로 이어지게 됩니다. 그래서 패러다임의 충돌은 전쟁과 살인으로 나아가기도 합니다. 뿐만 아니라 오랜 시간을 거치면서 내면화된 패러다임은 고착화되면 변화나 수정이 거의 불가능하게 됩니다. 대체적으로 우리 사회에서 '옹고집의 노인'들이 여기에 속하게 됩니다. 일생을 살아오면서 경험과 지혜가 농축되어 있다고 생각합니다. 사고의 가역성은 거의 찾아볼 수 없기에 무조건 자신은 옳고 정당하며 자신의 의견에 반하는 사람은 모두가 다 틀렸다고 보는 것입니다. 심지어 그들을 나쁜 놈으로 봅니다. 그리고 척결되어야 한다고 여깁니다. 이런 사람들은 자신의 패러다임을 절대로 바꾸지 않습니다. 그리고 종교적인 신념이 공고한 사람들 또한 사고의 가역성은 찾아볼 수 없습니다. 이들은 종교전쟁에서 보듯이 살인도 서슴지 않습니다. 그들은 자신들이 믿고 있는 신에 대한 패러다임을 바꾸는 것은 불가능하다고 여깁니다.

그렇다면 이러한 강력한 위력을 가진 패러다임은 어디에서 오는 것이며 어떻게 사람들의 마음속 깊숙하게 자리 잡게 되는 것일까요. 그리고 패러다임의 전환을 위한 과학적 노력이 효과가 있을까요? 정답은 아닐지 모르지만 해답을 향한 하나의 의미 있는 노력이 이루어졌습니다. 이는 피아제의 인지발달이론에서 찾을 수 있습니다. 그리고 엘리스A. Ellis의 REBT이론이 있습니다. 피아제는 오랫동안 심리학 연구에 몰두합니다. 그의 심리학 연구에서는 단순하게 심리현상을 탐구한 것이 아니라 심리학을 철학 내지는 철학적 인식론과 연결시키려고 노력합니다. 그는 과학과 철학을 연구하고 비교한 후에 과학은 너무 사실적이고 철학은 너무 관념적이라는 결론에 도달합니다. 그래서 과학철학이라는 용어를 구사할 수도 있습니다. 피아제 이론에서 인지라 함은 일정한 자극을 조직하여 지식이나 가치를 얻는 일체의 심리적인 과정을 말합니다. 그리고 인간의 인지능력을 구조적인 측면과 기능적인 측면으로 나누어 설명합니다. 이미 간략하게 설명하였지만 중요한 개념으로서는 도식, 동화와 조절, 그리고 평형이 있습니다. 구조적인 측면을 살펴보면, 한 유기체로서 사람이 가지고 있는 이해의 틀을 도식schema이라고 하는데, 이 스키마는 유기체가 태어날 때부터 가지고 나오는 것이 아니라 출생 후 환경과의 상호작용 과정을 통해서 형성되는 것으로 보았습니다. 스키마는 '개념', '지각의 틀', '반응의 틀', '사고방식', '인지구조' 등으로 표현되기도 하지만 정확한 번역은 아닌 것 같습니다. 그리고 스키마는 패러다임과 매우 유사한 의미로 사용될 수 있습니다. 예를 들어, 사람이 태어나는 순간부터 아이는 누가 가르치지 않았으며 안내하지 않아도 입에 무언가 닿으면 빨게 됩니다. 이는 조건반사적 행동으로서 빨기 반사라 할 수 있습니다. 이는 타고 나는 소질입니다. 그러나 빨기 반사 행동을 통해서, 아이는 빠는 행위를 통해서 먹이를 먹을 수 있다는 사실을 인지하고 배가 고프면 빨기 행동을 하게 되고, 그러한 행동이 반복되면서 빨기 도식을 형성하게 됩니다. 그러한 빨기 도식은 치아가 나면서 음식을 씹게 되는 도식으로 나아가게 됩니다. 인지능력의 기능적인 측면은 인간의 인지발달이 이루어져 가는 과정을 설명하기 위해서 나온 개념입니다. 인간의 인지발달은 유기체가 환경과의 적응적 상호작용을 하면서 이루어지는데, 그 적응 과정을 2개의 하위 과정인 동화와 조절의 개념으로 설명하고 있습니다. 동화는 외부의 대상을 유기체의 기존 체계에 알맞게 받아들이는 과정을 말합니다. 조절은 유기체가 외부의 대상에 맞추어 유기체 기존의 체계를 변화시키는 과정을 말합니다. 예를 들면, 아이들의 씹기 도식에서 일어나는 일입니다. 만약 자신이 치아가 건강하지 못할 경우에는 입안에 들어오는 음식을 자신의 치아에 맞추어 통제하려 합니다. 이는 동화의 과정에 속합니다. 그리고 단단하고 질긴 음식이 들어오게 되면 오랫동안 천천히 씹어서 소화하기 쉽게 도와줍니다. 이는 조절의 과정입니다. 이러한 동화와 조절의 적응과정은 인지발달에서도 일어나게 됩니다. 어린 아이들은 동물원에서 보고 있는 늑대를 시골집에 있는 개 '워리'라고 생각합니다. 이는 곧 인지적 동화에 해당합니다. 그리고 아이의 어머니가 아이에게 워리가 아니고 늑대라는 것을 설명하면서 아이가 늑대라는 것을 받아들이게 되면 인지적 조절이 일어나게 되는 것입니다. 이러한 동화와 조절의 과정을 거치면서 사람들의 인지구조는 발달하게 됩니다. 피아제의 인지발달이론의 핵심은 주체로서 개인은 자신과 주변의 환경을 능동적으로 구성하고 조직화한다는 것입니다. 주체적 개인은 환경, 즉 대상을 옮기거나 분리와 결합 등의 변형과정을 거치면서 대상에게 영향을 미치게 됩니다. 그 과정에서 개인은 지적 개념과 인지구조를 형성하게 됩니다. 즉, 인간의 인지, 사고, 지식은 자신이 주체적으로 구성한 결과로 보고 있습니다. 이러한 입장은 인간의 행동은 무의식에 의해서 주로 결정된다고 보는 프로이드의 관점과는 사뭇 다른 것이라 하겠습니다. 즉, 인간의 행동은 사고과정의 결과물이라는 것입니다. 이러한 과정은 일생을 통해서 일어나는 것으로서 인간은 항상 변화와 인지적 성장의 가능성을 가지고 있습니다. 이러한 인지발달은 피아제에 의하면 4단계의 성장 발달 단계를 거치게 된다고 합니다. 제1단계는 출생 후 약 2세까지 감각운동기입니다. 이 시기에는 반사행동에서 시작하여 어느 정도 조직된 활동을 할 수 있게 됩니다. 간단한 지각능력이나 운동능력이 발달하게 됩니다. 그래서 이 시기에는 주변의 대상과 자신을 구분 짓는 것, 자극에 반응하며 흥미 있는 일을 계속하게 합니다. 그리고 후반에는 대상 영속성의 개념도 획득하게 됩니다. 제2단계는 2세 이후 7세까지 전조작기입니다. 언어발달로 인해 다양한 활동을 하고 사회참여를 하게 되지만 지극히 자기중심적이고 흔히 잘못된 개념, 현실과 동떨어진 개념을 가질 수 있습니다. 그러나 논리적인 이해를 시작하게 되고 수의 개념과 보존성의 원리도 어렴풋이 자리 잡게 됩니다. 제3단계는 7세부터 12세까지 구체적 조작기입니다. 구체적 논리를 구성하는 시기로서 논리적 사고가 가능해지고 사물을 위계에 따라 분류하는 것이 가능해집니다. 이에 양, 무게 부피의 보존 개념을 획득하게 됩니다. 유목, 분류, 서열화, 탈중심적 사고로의 전환이 가능합니다. 제4단계는 12세부터 16세까지 형식적 조작기입니다. 인지발달의 마지막 단계로서 형식적 조작기에는 논리적 사고는 물론이고 추상적인 사고가 가능해집니다. 시간과 공간을 초월하여 체계적이고 과학적인 사고를 하게 되며 이상주의적인 사고도 가능하게 됩니다. 그리고 도덕적, 정치적, 철학적인 생각과 가치문제 등을 이해하게 되고, 특히 타인의 사고 과정과 문제를 보고 관심을 가지며 어느 정도 이해도 가능하게 됩니다. 이는 형식적인 기능이 완전하게 이루어지게 되는 것입니다. 다시 말하면 가설을 세우고 여러 가지 변인을 고려하여 증거를 찾아내는 가설적 추론이 가능하게 됩니다. 이렇게 하여 인지발달의 과정은 완성이 되는 것입니다. 이후의 발달은 내용의 충실, 영역의 확장 등으로 이어지게 되고 자신의 스키마는 이루어지게 됩니다. 이러한 피아제의 이론에 의하면 인지발달은 16세, 즉 중학교 시기, 고등학교 1학년 시기까지 완성되는 것으로 볼 수 있을 것입니다. 따라서 출생 후 중학교 시기까지 어떤 환경에서 어떻게 성장하는가에 따라 인지발달의 구조, 즉 일상적인 삶의 패러다임은 큰 그림이 그려지는 것이라고 말할 수 있습니다.

이러한 피아제의 인지발달이론을 바탕으로 전제군주주의 국가운영 체계와 가부장제 사회문화에서 중학교 시기까지 보낸다면 다음과 같은 추론이 가능해집니다. 저는 산골의 조그마한 마을에서 태어나 중학교까지 농촌에서 학교를 다니며 확대가족 안에서 살았습니다. 부모님과 할머니는 항상 서당의 훈장님처럼 훈육하시면서 저를 키우셨습니다. 어머니나 할머니는 사랑을 느끼게 하는 것이 아니라 학교의 선생님처럼 항상 주입하고 가르치려 하셨습니다. 그리고 할머니는 제가 잘못하는 날이면 회초리로 때리셨습니다. 아버지는 아주 엄격하게 나무라시고 저의 자존심을 상하게 하셨으며, 제가 수치심을 느낄 만큼 강렬하게 꾸짖으셨습니다. 나이가 되니 중학교에 입학하였습니다. '앞으로 나란히'라는 초등학교 1학년 담임선생님의 구령과는 달리 중학교에 들어가니 교복을 입고 교모를 쓰게 하였습니다. 교문출입을 엄격히 통제하고 상급생에게도 거수경례를 시켰습니다. 월요일 아침이면 반장은 맨 앞에 서고 학생들은 일사불란하게 키 큰 순서로 줄지어 서서, 열중쉬어 자세로 교장선생님의 훈화말씀을 들었습니다. 교장선생님은 "학생 제군들!" 하면서 말씀을 이어가셨습니다. 내용은 항상 교훈적이고 지시적이었으며 명령처럼 가르치는 교육이었습니다. 저는 당시에 '교장선생님 말씀을 마음에 새겨, 앞으로 그렇게 살고 훌륭한 사람이 되어야 하는구나'라고 다짐하였습니다. 지금의 시각에서 말한다면 나의 소질과 자질, 능력 등과는 무관하게 국가와 사회, 어른들이, 특히 선생님들이 요구하는 사회인으로 성장하여야 한다고 여겼습니다. 그것이 학교에 다니는 목적이고 당시의 나의 일상이라고 생각했습니다. 한마디로 착하고 말 잘 들으며 공부 잘하는 학생으로 형상화되었습니다. 공부를 잘한다는 것도 선생님께서 가르쳐 주시는 것을 무조건 받아들이고 암기하여 오래도록 기억하는 것이었습니다. 시험이나 테스트는 항상 책이나 선생님의 가르침 가운데 있는 것을 그대로 옮겨 적어야 했습니다. 그러한 구조는 오늘날까지도 지속되고 있으며 계속적으로 영향을 미치고 있습니다. 부모님 말씀을 잘 듣고 효성을 다하며, 국가와 사회에는 오로지 충성을 바쳐야 하는 것입니다. 그래서 박정희 대통령이 총탄에 돌아가신 사실을 뉴스로 들은 날 아침에는 하늘이 무너져 내리는 느낌을 받았습니다. 마음 한 구석이 휑하니 뚫리고 비워졌으며 아무 일도 할 수가 없었습니다. 그때까지만 해도 대구에 살았던 저는 박정희 대통령과 저희 아버지를 비판한다거나 잘못을 들춘다는 것은 상상조차 할 수 없었습니다. 가끔씩 학교에서 정부에 비판적인 언행을 보이는 학생들을 만나면 그들을 설득하고 정부를 이해하도록 대화하였습니다. 제 마음의 스키마는 철저하게 조절의 과정 속에 머물렀으며 조절의 메커니즘만 자리 잡고 있었던 것입니다. 동화의 인지과정은 저 멀리 있었다고 할까요. 이러한 저의 세상을 보는 눈, 즉 패러다임은 전제군주주의와 가부장제 사회문화에 젖어 있었습니다. 위의 설 명절 사례에 나오는 할아버지는 저와 같은 시대의 사람입니다. 전제군주주의식의 교육을 받았으며 그러한 가부장제하에서 가족생활을 해 왔습니다. 그래서 전통적이고 보수적인 가치관과 패러다임을 아주 깊숙하게 내면화하고 있습니다. 그리고 그것이 전부이며 반드시 올바른 것이라고 믿고 있습니다. 그리고 자식들에게 가르치고 계승하고 싶었습니다. 하지만 위 이야기 속의 아들은 1970년대 말에 태어났으며 1980년대 이후에는 우리 사회가 민주화의 물결로 크나큰 소용돌이가 일어나던 시기입니다. 그러한 민주화의 과정을 거치면서 아들은 헌법에서 규정한 자유민주주의 국가로서의 면모를 어느 정도 경험하면서 성장하였습니다. 패러다임의 충돌은 불가피한 것이라 할 것입니다. 혈육이지만 한쪽은 조절의 과정을 중시하고 다른 한쪽은 동화의 과정을 중시하고 있으니 말입니다. 피아제 인지발달이론에는 또 다른 내용인 평형equilibration이 나오는데 그 의미도 살펴보아야 할 것입니다. 평형은 조절과 동화의 과정이 조화와 균형을 이루게 되는 것을 말합니다. 아버지와 아들의 패러다임의 충돌이 일어날 때 평형이론은 그 의미가 크게 다가오는 것입니다.

이러한 피아제의 이론과 상관적으로 치료상담이론 분야에서 인지행동치료 모델을 개발한 사람이 엘리스A. Ellis입니다. 엘리스는 미국에서 태어나 프로이드의 정신분석학 훈련을 받게 됩니다. 그리고 컬럼비아 대학교에서 치료심리학을 전공한 후 박사학위를 받으면서 본격적인 심리치료이론을 개발하기 시작합니다. 그는 초기에 정신분석학 연구에 몰두하여 그 이론을 심리치료에 적극적으로 적용하였으나 그 효과는 미미하거나 기대하는 결과가 나오지 않았다는 것을 느낍니다. 그래서 심리치료의 근본적인 패러다임을 바꾸기로 합니다. 엘리스는 자신을 찾아오는 많은 사람들이 가지고 있는 사회적 부적응 문제나, 스트레스와 타인과의 갈등, 부부관계의 문제 등을 보면서 모든 문제의 근원이 자신이 가지고 있는 불합리한 신념체계, 달리 표현하면 인지구조, 패러다임에 있는 것으로 보았습니다. 그래서 그는 사람들이 가지고 있는, 내면화된 합리적이지 못한 신념에 집중적인 관심을 가지고 연구를 하게 됩니다. 그리고 사람들이 가지고 있는 불합리한 신념체계에 대한 도전과 변화를 통해서 클라이언트를 치료할 수 있다는 확신을 얻게 됩니다. 그래서 그는 합리적 · 정서치료RET 모델을 만들어서 1957년 미국의 심리학회 모임에 이러한 치료법을 처음으로 소개하게 됩니다. 그 이후 그의 이론은 많은 사람들로부터 지지와 인정을 받아 오늘날 개인치료, 가족치료, 집단치료 분야에서 많은 각광을 받게 되었습니다. 이 REBT이론에 의하면 사람은 누구나 하나의 유기체입니다. 이는 살아있는 생명체로서 주체적으로 생각하고 자유롭게 행동할 수 있는 그리고 자신의 행동에 책임을 질 수 있는 존재라는 것입니다. 이 유기체로서 한 개인은 일상에서 끊임없는 자극, 즉 사건, 사실, 현상, 행동을 접하면서 살아갑니다. 이러한 외부 현상은 항상 '있는 그대로 있을 뿐'이며 대부분이 자신이 바꿀 수 없는 부분으로서 나는 그것을 단지 인지하게 되는 것입니다. 인지한다는 것은 어떤 사건, 사실, 현상, 행동을 내가 눈으로 보고 머릿속에 지각하여 알게 된다는 것을 말합니다. 엄격하게 말한다면 있는 그대로를 내가 보고 알면 되는 것이지요. 이러한 인지과정을 지나면 사람은 사고과정으로 넘어가게 됩니다. 사고과정은 사람들의 개인적인 속성과 관련된 부분이고 여기에서 인지구조, 이해의 틀, 신념체계, 사고방식, 가치관, 패러다임 등과 같은 개념이 나오게 됩니다. 이 부분은 개인적인 노력에 의해서 바꿀 수 있습니다. 이러한 사고

과정을 거치면 다음 단계는 정서과정에 이르게 됩니다. 정서과정은 사고과정에 따르는 필연적인 것으로서 마음속에 일어나게 되는 정서, 감정, 느낌, 기분 등으로 표현됩니다. 그리고 정서과정의 터널을 지나면 마지막으로 반응, 즉 행동의 단계로서 개인 내면의 과정을 밖으로 표출하게 됩니다. 이러한 개인의 행동은 하나의 사건, 사실, 현상으로 표현됩니다. 인간의 행동과 일상은 이렇게 구조화되어 있으며 조직화됩니다. 이러한 순환과정에서 가장 핵심은 사고과정, 즉 인지구조와 신념체계, 이해의 틀이 되는 것입니다. 그래서 엘리스는 이러한 인지구조를 바꾸어 주면 겉으로 드러나는 행동도 달라지게 된다는 것입니다. 엘리스의 이러한 이론은 행동치료, 인지치료, 인지행동치료 등과 밀접한 관련이 있으며 특별히 패러다임의 충돌로 인해서 일어나는 사건이나 문제를 해결하는 데 아주 효과가 뛰어납니다. 아주 특별히 매사에 분노하고 화를 많이 내며 사회적 상황으로 극심한 스트레스를 받고 있는 사람들에게 매우 유용합니다. 흔히 우리의 일상에서 생각을 바꾸면 행동이 달라진다는 것과 맥락을 같이하는 것입니다. 위의 글 중 류시화 시인이 쓴 인도여행기는 이러한 엘리스의 이론을 아주 잘 설명해 주고 있습니다. 우리는 대부분이 자신이 나서 자라고, 오랜 일상 속에서 고유한 문화와 관습, 가치, 사고방식과 신념을 내면화하였습니다. 우리나라에서 버스를 타고 여행하는 데 익숙해져 있으며 버스 여행의 과정과 내용, 비용, 여행객 간의 관계 등 어느 것 하나 인도의 그것과 어울리지 않습니다. 한국인과 인도인은 전혀 다른 삶의 세계를 살고 있는 것이지요. 그것은 설 명절에 본가를 찾았다가 아버지와 다툰 후에 서울로 떠나버린 어떤 부자의 모습과도 흡사한 형상을 보여줍니다. 이러한 갈등은 옳고 그름의 문제가 아니라 선택과 결정의 문제입니다. 그리고 각자가 가지고 있어서 익숙하게 보고 있는 시각, 즉 패러다임의 문제입니다.

여기에 색안경을 쓰고 있는 사람이 있습니다. 검은색의 안경입니다. 그는 이런저런 이유와 필요성에 의해 색깔이 있는 안경을 쓰고 있지만 분명한 것은 그의 눈에 비친 세상은 온통 검은색이라는 것입니다. 만약에 무덥고 햇살이 따가운 열대지방에 살았다면, 그리고 일상에서 항상 검은색 안경을 끼고 살았다면 그는 눈에 비친 세상이 검다는 사실에 익숙하게 됩니다. 그리고 세상이 검게 보이는 것을 당연한 것으로 여기게 됩니다. 그러던 어느 날 노란색 계통의 안경을 끼고 온 여행객을 만납니다. 먼저 그는 이러한 환경에서 노란색 안경을 끼고 있는 여행객을 의아한 눈초리로 보게 될 것이며 노란색 안경을 끼고 있는 것을 이해하지 못합니다. 사실 그 여행객은 안개와 구름이 많이 끼고 해가 짧은 지방에 살았기에 노란색 안경 착용이 일상화되어 있었던 것입니다. 여행객은 노란색 안경을 쓰고 있기는 하였으나 여행하면서 주위 환경에 적응하는 데 아무런 문제도 없었으며 여러 가지 상황들이 아주 밝게 보이고 선명하게 드러나는 것으로 생각되었습니다. 그리고 두 사람의 만남에서 검은색 안경을 착용한 사람은 여행객에게 노란색 안경을 낀 것이 못마땅하고 잘못된 것이라고 여기고 바꿔 낄 것을 권유합니다. 그러나 여행객은 세상을 너무 어둡게 보는 것은 좋지 않다고 말합니다. 두 사람은 각기 자신이 쓰고 있는 안경이 가장 적절하며 세상을 보는 데 가장 잘 어울린다고 주장합니다. 문제는 왜 자기와 같은 안경을 착용하지 않는지 상대를 비난하고 자기의 안경색으로 바꿔 쓰라고 강요하는 것입니다. 붉은 대나무 그림에 나오는 이야기와 같은 맥락입니다.

사람은 눈에 쓰고 있는 드러난 안경과는 달리, 겉으로 드러나지 않아 눈에 보이지 않는 안경을 쓰고 살아갑니다. 마음의 안경, 내면의 안경, 인지구조의 안경, 패러다임이라는 이름의 색안경입니다. 색안경과 마찬가지로 개인에게 고착화된 패러다임은 현상이나 세상을 있는 그대로 보여주는 것이 아니라 패러다임의 형상이나 내용에 따라 다르게 보여줍니다. 검은색 안경을 쓰면 세상이 검게 보이듯이 검은색 패러다임의 마음으로 보면 역시 세상은 온통 검은색으로 나타나게 됩니다. 사람들은 각기 나름대로 내면화되고 유형화된 패러다임을 가지고 있어서 동일한 사물이나 현상을 보더라도 이해나 설명은 각각 다르게 하는 것입니다. 겉으로 드러난 색안경은 색깔이 선명하여 인지하기 쉽지만 마음의 색안경은 보이지 않기에 자신은 물론이고 다른 사람들도 알지 못하거나 알게 되는 데 많은 시간이 걸립니다. 마음의 색안경은 오랜 시간에 걸쳐 서서히 만들어지는 것이라 자각증상도, 자각인지도 없습니다. 여러 연구결과에 의하면 아주 특별하게 영아기에서 아동기까지 미치는 환경의 영향은 아주 지대하다는 것이 중론입니다. 그 사람의 됨됨이, 인지구조, 패러다임은 이 시기에 골격을 형성하게 된다고 보는 것입니다. 프로이드 이론이 그러하고 피아제의 인지발달이론이 이를 잘 설명해 주고 있습니다. 우리의 속담, 세 살 버릇 여든까지 간다는 말처럼 어린 시기의 발달여정과 패러다임은 깊은 상관성이 있습니다. 다만, 어른으로 성장 발달하면서 패러다임은 더욱 굳어지게 되는 것이라 하겠습니다. 우리 사회에서 일어나고 있는 갈등과 다툼, 사회문제와 혼란은 동일하거나 비슷한 유형의 패러다임을 가진 사람들과 반대 패러다임 집단 간에 일어나는 충돌현상입니다. 검은색 안경을 쓴 사람들과 노란색 안경을 쓴 사람들 간 생각의 마찰입니다. 이러한 이들은, 특별히 어린 시절부터 차곡차곡 쌓이고 굳어진 패러다임이라면 자신이 마음의 색안경을 쓰고 있다는 사실을 인정하려 하지 않습니다. 사고의 가역성은 제로에 가깝습니다. 바람직한 사회, 이상적인 사회, 성숙한 민주주의 사회로 나아가기 위해서는 우리는 모두가 자기가 색안경을 착용하고 있다는 사실을 알고 인정해야 합니다. 그 다음에 내가 쓰고 있는 안경이 무슨 색깔인지 탐색하는 단계로 넘어갑니다. 그리고 내가 안경으로 보았던 세상과 실제로 있는 그대로의 세상이나 진실과는 차이가 있는지, 차이가 있다면 얼마나 있는지를 살펴보아야 합니다. 마지막으로 나와 대척점에 있는 이들의 안경도 볼 줄 알아야 합니다. 그리고 사회적 관계를 재정립하게 되는 것입니다. 색안경을 벗을 줄 모르고 일상을 살아간다면 자신이 만든 감옥에 갇혀서 살아가는 수인의 신세입니다. 색안경을 착용하고 있는지를 모르고 살아간다면 어릴 적 나에게 색안경을 끼워준 이들의 사상적, 정신적 노예로 일생을 그렇게 살다 가는 것입니다. 자신의 삶만이 아니라 다른 사람과 사회도 해롭게 하는 것입니다. 패러다임의 위력은 정말 대단한 것입니다.

02

전제군주주의 국가와 가부장제 사회문화

복지사회는 전제군주주의 국가와 가부장제 사회문화와는 거리가 멀리 떨어져 있습니다. 그래도 복지사회는 전제군주주의 국가와 가부장제 사회문화로부터 진화한 내용을 내포하고 있습니다. 전제군주주의 국가와 복지사회의 중간에 민주주의 국가와 복지국가가 있습니다. 동시에 복지사회는 자유민주주의 국가보다 복지국가에 보다 가까울 수도 있습니다. 이를 한마디로 말한다면 전제군주주의 국가는 복지국가와는 가깝지만 복지사회를 향해서는 한참을 더 가야 한다는 뜻입니다. 그리고 복지사회는 진화된 전제군주주의의 국가와 관련이 있습니다. 복지사회는 전제군주주의 국가의 사회주의 이념을 내포하고 있기 때문입니다. 서구의 복지국가들은 대부분이 외형적으로는 아직도 전제군주주의 국가로서의 형태를 갖추고 있습니다. 이들 나라에서는 아직 국왕의 위상이 국가의 최고 지도자로 설정되어 있습니다. 그렇다고 해서 그들 복지국가들이 복지사회에 진입한 것으로 보이지는 않습니다. 아직도 이들 서구 복지국가의 국민 자살률이 상위를 차지하고 있다는 것은 많은 것을 말해주고 있습니다. 그래서 전제군주주의와 가부장제 사회문화를 넘어서거나 극복하여야 복지사회가 열릴 수 있다는 논리가 성립됩니다. 전제군주주의와 가부장적 문화는 다수의 국민들, 개개인의 자유로운 일상이나 삶의 질에는 다소 소홀한 부분이 있습니다. 이에 전제군주주의 국가체계와 가부장제 사회문화는 우리 사회가 직면한 대 혼란 현상을 이해하고, 문제의 성격을 규정하며, 그리고 나아가야 할 길을 설정하는 데 아주 중요한 키워드가 되고 있습니다.

전제군주주의는 전제주의와 군주주의의 의미를 모두 포함하고 있는 것으로 간주합니다. 보편적으로 전제주의absolutism는 '특정한 개인이나 계급 또는 소수집단이 국가의 모든 권력을 장악하여 아무런 제한이나 구속 없이 이를 마음대로 행사하는 정치사상'으로 규정됩니다. 그래서 전제정치는 군주나 귀족, 독재자 등의 극소수 지배자가 국가의 모든 권력을 장악함은 물론이고 자신과 지배계급의 이익을 위하여 권력을 운용하게 됩니다. 이러한 전제정치는 민주정치나 공화정치, 입헌정치와는 대비되는 개념으로 사용되어 왔습니다. 군주주의monarchism는 '군주제를 보호하거나 군주제의 근본을 추구하는 정치운동' 혹은 '군주가 아무런 제한이나 구속 없이 국가를 통치할 수 있도록 군주의 정치적 권한을 절대화하는 주의'라고 할 수 있습니다. 따라서 전제군주주의absolute monarchism는 '한 국가에 절대적 권한을 가진 군주(국왕)가 있으며 군주는 자신을 지지하는 소수의 지배계급과 함께 국가의 권력을 아무런 제한이나 구속 없이 마음대로 행사하는 정치사상'이라고 할 수 있습니다. 전제군주제 국가는 전제군주와 그를 지지하는 소수의 지배계급에 의해서 국가가 통치, 운영되고 있음을 의미합니다. 이러한 전제군주주의의 의미에는 전체주의, 절대주의, 제국주의, 군국주의, 봉건주의, 독재주의 등의 개념 또한 내포되어 있는 것으로 보아도 무방합니다. 다만, 현대사회에 이르러 이와 같이 엄격한 의미의 전제군주주의 국가는 거의 소멸하였기에 '전제군주주의 성향'의 국가까지 확대된 개념으로 보았습니다. 여기에서 그러한 보다 확대된 의미로 용어가 사용되었습니다. 그리고 전제군주주의 국가에서 군주는 자신의 지위와 권력을 세습하는 특징을 보이고 있습니다. 역사적으로 전제군주주의를 채택하였던 모든 나라의 모든 국왕들은 자신의 국왕 지위와 절대적 권력을 직계존속의 자녀에게 고스란히 물려주었습니다. 혈연에 의하여 왕위를 계승한 것이라 할 수 있습니다. 그래서 우리나라의 오랜 역사에서 왕은 자녀를, 가급적이면 아들을 많이 낳는 것을 선으로 여기고 아들을 두지 못하는 것은 악이자, 조상에 대한 불효라고 여겼습니다. 왕권을 튼튼하게 구축하여 자식에게, 가급적이면 아들에게 물려주는 것이 군주의 당연한 도리라고 여겼습니다. 만약 아들을 두지 못하거나 왕권이 나약하여 침범을 당하면 왕조가 바뀌고 국가는 멸망의 길로 접어들고 새로운 국가, 새로운 사회가 열리게 되었습니다. 전제군주주의는 이러한 모든 의미를 내포하고 있습니다. 한 국가에 최고 지도자로서 절대권력을 가진 군주, 즉 국왕이 있으며 국왕 밑에는 일반 국민에 이르기까지 사람들은 몇 가지 사회적 계급으로 구성되어 있습니다. 국가의 모든 권력은 왕으로부터 나오기 때문에 일반 국민들은 국왕에게 절대 복종하여야 합니다. 그뿐만 아니라 국왕의 신분은 가문에서 가지고 태어나는 것으로서 대를 이어서 세습하게 됩니다. 즉, 절대권력을 세습에 의해서 취득하게 되는 국가와 사회구조를 말하는 것입니다. 이러한 의미의 전제군주주의는 현대사회에 이르러서 그 의미가 다소 희석되었습니다. 전제군주주의 국가와 사회가 진화, 발전적 변화를 거듭하게 되면서 '전제군주주의 성향'을 가진 국가로 변모하였습니다. 오늘날 국왕제도를 두고 있는 대부분의 나라에서 엄격한 의미의 전제군주주의는 사라지고 없으며 '전제군주주의 성향'을 가진 나라로 남아 있는 것입니다. 2019년 현재 여러 국가에 국왕 제도는 두고 있지만 국왕의 절대적 정치권력은 소멸되고 없거나 상징적으로 남아 있습니다. 하지만 국왕의 지위는 세습되고 있으며 국민들은 국왕을 섬기면서 살고 있습니다. 가장 대표적인 나라가 영국과 일본으로서 국왕을 옹립하고 있으며 헌법에 의한 입헌군주제를 채택하고 있습니다. 한편으로 국왕제도는 소멸되고 자유민주주의에 의한 대통령제로 국가 권력의 구조가 개편되었으나 아직도 전제군주주의 국가의 국왕이 지배하던 권력구조에서 자유롭지 못한 대통령과 권력 엘리트들이 국가 권력을 장악하고 있는 나라가 있습니다. 가장 대표적인 나라가 러시아입니다. 우리나라는 형식적으로는 전제군주주의가 물러갔지만 아직도 우리 사회에는 전제군주주의 성향이 강하게 남아 있습니다. 따라서 이 책에서 사용하고 있는 '전제군주주의'는 곧 '전제군주주의 성향'의 의미를 내포하고 있는 것으로 규정하였습니다.

가부장제patriarchy는 좁은 의미에서 '남자인 아버지가 가장으로서 여자인 어머니를 포함하여 가족 구성원들을 지배하는 가족제도'를 뜻합니다. 보다 넓은 의미에서 가부장제는 '가족을 포함하여 사회 전반에 걸쳐 남자 가장에 의한 가구원들의 통치, 조직에서 최고위자의 조직원에 대한 전반적 지배, 연소자에 대한 연장자, 젊은이에 대한 노인, 여자에 대한 남자, 하위자에 대한 상급자, 못 가진 자에 대한 가진 자의 지배를 제도화하여 문화적으로 정착'되었음을 의미합니다. 가족, 집단, 조직의 권력을 가장, 최고위자, 연장자, 남자, 상급자, 가진 자가 행사하게 하는 사회체계이며 구도입니다. 즉, 사회 일반생활에서 연소자의 연장자에 대한 존중, 남성에 의한 여성의 지배, 조직에 있어서 상급자의 하급자에 대한 군림, 권력과 돈과 명예를 가진 자들의 그렇지 못한 사람들에 대한 사회적 복종 요구, 가족 내에서 남자 가장의 가족 통솔 현상이 진하게 들어 있기 때문입니다. 아주 특별하게 우리나라에서 경제활동을 하는 크고 작은 기업의 오너는 전제군주시대의 국왕에 버금가는 절대적인 권한을 누리고 있습니다. 가부장 또한 전제군주주의에서 보듯이 대를 이어 지위와 권력, 그리고 재산을 자손들에게 대물림하려 합니다. 하나의 사회적 조직이 있으면 조직을 사유화하고 그 조직을 지배하는 최고 권력자는 국가의 국왕처럼 군림합니다. 만약 자리에서 물러나게 되면 자신이 앉아 있던 자리는 반드시 자식들에게 물려주고 승계시키려 합니다. 이러한 가부장제 사회문화는 우리 사회의 구석구석, 형태도 다양하며 오랜 세월 동안 뿌리 깊게 박혀 있습니다. 가부장제 사회문화는 이러한 광의의 가부장제가 사회 전반에 걸쳐 보편적 문화로 만연해 있음을 의미합니다. 이러한 의미의 가부장제 사회문화는 역사적으로 본다면 전제군주주의 국가 시스템과 밀접한 관련이 있습니다. 거의 대부분의 나라에서 전제군주제도의 쇠락과 가부장제는 그 궤를 같이해 온 것으로 보입니다. 즉, 국왕이 제도적으로 장기간 세력을 잃으면서 가부장제의 가족왕도 동시에 권력이 쇠퇴해 왔습니다. 결국 전제군주제도가 국가권력의 상부 구조라고 한다면 가부장제는 국가권력의 하부구조에 해당하는 것이라 하겠습니다. 그렇게 국가와 사회는 유지되고 오랜 역사를 이루며 흘러 왔습니다. 이러하듯 하부구조로서 가부장제는 인류의 역사 초기에서부터 오늘날에 이르기까지 가족생활은 물론이고 모든 사회체계와 조직의 근간을 이루어 오고 있으며, 아주 특별히 여성들의 사회적 지위와 삶에 결정적인 영향을 미쳐왔습니다. 성경의 창세기에는 남자 가장과 아내의 관계는 주종의 관계로 설정되어 있을 만큼 엄격한 가부장 제도를 적시하고 있습니다. 이러한 성경의 가르침은 오랜 세월 동안 가부장제 사회문화를 선도하는 기능을 하였던 것으로 보입니다.

전제군주주의 국가체계에서 강조되어 온 전체주의 이데올로기는 군주 개인에 대한 충성과 충신을 최고의 덕목으로 삼게 하는 기능을 한 것으로 보입니다. 겉으로 드러난 논리와는 달리 국가에 충성하는 것이 아니라 주군에 대한 충신이어야 했습니다. 그리고 그들은 하급자와 국민들에게 군림하였습니다. 가부장제 사회문화에서의 지배적인 사상과 가치는 효도, 어른 공경, 형님 문화, 조직생활에서 상급자에 대한 하급자의 절대 복종 등입니다. 부모님과 조상들에게 효성을 다하고 효자의 길을 걷게 하는 것이었습니다. 충성과 효성은 전통적으로 우리 사회를 지탱하는 정신적 지주의 기능을 하였으며, 충신과 효자는 사회에서 존경과 신뢰를 받는 인물로 추앙받았습니다. 이는 곧 남성들이, 남성들에 의한 국가와 국가의 기초단위인 가정을 다스리고 통제하는 강력한 권한을 부여받게 되었습니다. 이러한 기풍은 현대사회에 들어오면서 사회집단과 조직생활의 영역으로 확대되어 왔습니다. 이는 가부장제 사회문화가 오랜 기간 우리 인류사회를 지배하고 보편적 문화로 고착되어 왔음을 의미합니다. 다음의 보도내용을 보십시오. 여성들만으로 구성된 사회조직에서 일어나고 있는 가부장적 문화의 침투장면을 아주 적나라하게 보여주고 있습니다.

인터넷 팩트폭탄(2018. 2. 18)에 보도된 "서울아산병원 신규 간호사, 태움 자살 … 태움의 뜻"이라는 글의 일부입니다. "서울아산병원의 신규 간호사가 '태움 때문에 일하기 힘들다'란 유서를 남기고 자살해 논란이 일고 있다. 태움이란 '선배 간호사의 갈구기'를 뜻하는 간호사들의 은어로 어원은 '재가 될 때까지 태운다'에서 비롯됐다. 육체적, 정신적 학대란 점에서 군대 가혹행위와 다를 바 없다." 서울에 있는 아산병원에서 신입 간호사가 태움으로 인해서 자살하였다는 내용입니다. "서울아산병원 내과계 중환자실은 간호사들 사이에 태움으로 유명한 것으로 전해졌다. 박 간호사는 입사 초기만 해도 '너무 많이 배웠다'며 좋아했으나 차츰 우울하고 불안한 모습을 보였다. 하루 3시간만 자며 끼니를 거르기 일쑤라 살도 5키로 넘게 빠졌다. 급기야 남자친구에게 '출근하기 무섭다', '오늘 하루는 어떻게 보내지?'라고 하소연할 정도로 어려움을 겪었다. 박 간호사는 병원 측과 상의 끝에 조만간 그만두기로 했으나 2월 14일, 중환자를 돌보던 중 시술한 관을 잘못 건드려 찢어지는 사건이 발생했다." 신입 간호사는 직장에서 태움으로 인해서 힘든 직장생활을 하고 있었습니다. "박 간호사는 수간호사에게는 오프(휴일)를 요청한 다음, 쉬는 동안 소송 사례를 인터넷에서 검색했다. 2월 16일 설날, 그녀는 가족들에게 출근한다고 알렸으나 병원 대신 근처 아파트로 향했다. 그리고 10층에서 투신해 스스로 목숨을 끊었다. 입사한 지 반 년도 채 안 된 시기였다. 휴대폰에 쓰다 만 유서에는 수면 부족, 끼니거름으로 인한 고충과 자신을 태운 사람들의 이름과 함께 '일하기 힘들다', '안 괴롭혔으면 좋겠다'란 글이 적혀 있었다. 해당 사건은 간호사 커뮤니티 〈널스스토리〉를 통해 외부에 알려졌다." 결국 이 신입 간호사는 태움을 더 이상 견디지 못하고 유서를 남긴 채 목숨을 끊게 됩니다. 여기에서 말하는 태움 문화란 의료인력들 중 간호사들의 근무와 관련된 것으로서 대형병원에 만연해 있는 고질적인 악습이라고 합니다. 다수의 간호사들이 선배들이나 상사의 태움을 견디지 못하고 처우가 다소 나쁘더라도 보다 작은 규모의 병의원으로 이직한다는 것입니다. 한때 지나간 군대 문화처럼 폭언은 다반사이고, 얼차려는 물론 뺨을 때리고 정강이를 걷어차거나 의무기록용 차트로 머리를 찍는 경우도 있다고 합니다. 위 보도 자료에 의하면 2005년과 2006년에는 전남대병원 간호사 2명이 태움을 견디지 못하고 자살까지 했습니다. "다수의 교수들과 수간호사는 '간호사는 생명을 다루는 직업이라 태움은 필요악'이라 주장하지만 모든 간호과장들은 소속병원에는 태움이 없다고 부인한다. 유서에 자살 동기가 태움이라고 명시된 이상, 해당 간호사들에 대한 경찰 수사가 불가피해 보인다. 오랫동안 지속된 태움 문화를 방치한 서울아산병원 역시 책임에서 자유로울 수 없다." 팩트폭탄에 보도된 내용입니다.

오늘날 다수의 국가들과 사회에서 전제군주주의 국가 체계와 가부장제 사회문화는 외형상으로만 본다면 상당한 수준에서 변화되거나 소멸되어 가고 있습니다. 우리나라의 경우 조선시대까지, 그리고 일본에 의한 식민통치 시대까지 전제군주주의 국가체제는 유지되었습니다. 가부장제 사회문화도 이를 뒷받침하고 있었습니다. 형식상으로는 일본으로부터 독립이 되고 1948년 대한민국정부가 정식으로 수립되면서, 민주공화국의 헌법 제정과 대통령이 국민투표로 선출됨과 동시에 전제군주주의 국가와는 종말을 고하게 되었습니다. 그럼에도 불구하고 우리나라는 전제군주주의의 그림자가 짙게 드리워져 있음을 느낍니다. 21세기 초엽인 지금에도 우리 국가와 사회는 전제군주제와 가부장제 사회문화의 영향이 곳곳에 스며들어 있으며 아직 강하게 남아 있음을 보게 됩니다. 이러한 의미의 전제군주주의 국가 시스템과 가부장제 사회문화는 복지사회 실현에 도움이 될까요? 아니면 해악을 끼치게 될까요? 그리고 앞으로도 인류사회의 유익한 국가제도의 이념으로 전제군주주의는 지속될까요? 만약에 전제군주제와 가부장제가 복지사회에 이로운 측면보다 해로운 내용들이 더 많다면, 대안적 사상과 이념으로서 자유민주주의는 유일한 선택이 될까요?

아무래도 전제군주주의는 복지사회에 도움을 주는 것보다 바람직하지 않은 영향을 미치는 것이 보다 많다고 해야 할 것 같습니다. 이 말은 한편으로는 '전제군주주의는 복지사회에 전혀 이롭지 못하다'라는 말에 동의할 수 없다는 의미를 포함하고 있습니다. 분명한 것은 복지사회는 복지국가 위에 서 있으며 복지국가는 전제군주주의 국가에서 진화해 온 일정 부분이 담겨 있다는 것입니다. 모든 인류의 역사는 항상 과거를 바탕으로 현실을 나타내기 때문에 과거의 실질적인 기여분이 있음은 사실입니다. 그런 면에서 전제군주주의 이념과 국가체계에서 출발한 사회복지제도와 사회복지정책은 복지사회 건설에 있어서 아주 소중한 개념이라 하겠습니다. 복지국가의 근간이라고 할 수 있는 다양한 사회복지제도와 정책은 국왕이 국가를 통치하고 있던 영국을 중심으로 발달하기 시작합니다. 그것은 국민 개인의 빈곤은 사회구조적인 것이고 국왕의 책임이라는 시각이 지배적이었기 때문입니다. 국가는 어떠한 형태로든 개인적 빈곤과 질병에 대해서도 대답을 내 놓아야 했기에 국왕이 건재한 영국에서는 가장 강력한 의료보험제도의 실시를 통해서 국가는 국민들의 건강을 돌보는 의료보험제도를 구축하였습니다. 그리고 극히 최근에는 중국과 러시아와 같은 사회주의 국가에서는 민주화의 길에서 벗어나 다시 전제군주주의의 길을 가려는 의지와 현상이 포착되고 있습니다. 따라서 이념이나 사상으로서, 국가체계로서 전제군주주의는 앞으로도 부분적이나마 인류사회에 지속적인 영향을 미치게 될 것으로 보입니다.

2000년대에 들어와서 큰 아들과 함께 가족이 미국에 갔습니다. 1년 살면서 연구를 할 목적으로 조용한 곳을 선택하였습니다. 그러나 거기에도 우리 한국인들과 유학생들이 다수 살고 있었습니다. 아들은 대학원 진학을 목표로 하였기에 언어를 배우는 코스에 등록하였으며 매일 영어공부를 하러 다녔습니다. 그러던 어느 날 아이가 집에 와서 아주 의외의 말을 하였습니다. "아버지, 오늘 우리 영어 학습반에서 한국인 학생들 간에 싸움이 일어났어요. 그런데 그 싸운 이유가 무엇인지 아세요?" 호기심 어린 표정을 지으며 물었습니다. "뭣 때문에 싸웠는데?" "아버지, 싸운 두 사람은 나이가 한 살 차이가 나는데요. 한 살 많은 학생은 영남지역에서 왔고 나이가 적은 학생은 수도권에서 왔대요. 그런데 나이 많은 학생이 나이 적은 아이가 자기한테 '형'이라고 부르지도 않고 형 대접을 안 해 준다나요. 말도 함부로 하고 버릇이 없다고 나무라게 되니 어린 학생이 달려들었대요. 그래서 싸움이 났답니다."

"그런 일이 있었구나…" 아이의 말을 다 듣고 나서 다시 물었습니다. 그러면 "너는 누가 잘했으며, 누가 잘못했다고 생각하느냐?" 아들은 대답하였습니다. "아버지, 한 살 차이기는 해도 나이가 어리면 나이 많은 사람한테 형 대접을 해 주는 것이 옳다고 생각해요. 형뻘 되는 사람한테는 버릇없이 대하거나 친구처럼 굴면 안 된다고 생각합니다." 저희 집 아들은 자유분방한 가정에서 태어나서 민주적인 양육을 받았다고 생각하고 있었던 터라 제가 느끼는 기분은 아주 묘하였습니다. 심지어 십수 년이 차이가 나도 '프렌드'라고 부르는 미국사회에 와서 큰 차이도 없는 사람들끼리 형 아우라는 의식을 가지고 관계를 맺고 산다는 것이 신기하였습니다. 아마도 추정하건대 우리 집도 알게 모르게 저의 살아가는 일상의 모습에서 아이들은 가부장적 문화를 전수받았으며 그러한 문화에 익숙해져 있었던 것으로 해석하였습니다. 한 문화의 변천은 그만큼 오랜 기간 많은 노력에 의해서 이루어지게 된다는 생각을 하였습니다.

전제군주주의 국가체계와 가부장제 사회문화는 이렇게 우리와 가깝게 자리 잡고 있습니다. 나름대로 민주적인 가정을 일구고 살아왔다고 다짐했는데 아내와 가족들의 눈에 비친 가장의 모습은 가족왕의 모습이었던 것이 분명합니다. 다소 선구적이고 진취적이며 나름대로의 민주주의 가치와 이념을 실행하면서 살았다고 여겼는데, 실상은 그러하지 못한 것이었습니다. 그래서 어느 날 아내에게 물었습니다. "내가 가족들 눈에는 왕으로 보입니까?" 아내는 대수롭지 않다는 듯이 대답하였습니다. "그걸 말이라고 해요? 당신, 그렇게 살았잖아요?" 아내의 말 속에는 가시가 있는 것처럼 느껴졌지만 어쩔 수 없는 일이었습니다.

그것은 저의 성장 발달 과정에서 실질적으로 전제군주주의 이념이 지배하는 국가, 가부장제 사회문화가 만연한 가족과 사회에서 살았기에 나 자신의 그러한 모습은 당연한 것인지도 모릅니다. 비록 나 자신은 그렇게 살지 않았다고 생각하는데도 말입니다. 하지만 한 가지는 분명합니다. 전제군주주의 국가 체계보다는 민주주의 국가 체계가 비교우위에 있는 것이며 가부장제 사회문화보다는 자유민주주의 사회시스템이 보다 바람직하다는 것을 알고 있습니다. 역사는 그렇게 진화해 왔습니다. 그러하기에 그곳으로 나아가야 한다는 생각을 하고 있습니다. 이러하듯 전제군주주의 국가체계와 가부장제 사회문화는 오늘 이 땅에서 과거와 미래를 구분하는 잣대가 되었습니다.

03

전제군주주의와 프랑스 대혁명

1789년 프랑스에서 대혁명이 일어났습니다. 프랑스 대혁명은 시민들이 당시의 부르봉 왕조를 무너뜨리고 국민회의를 열어 공화제를 선포한 시민혁명으로서 자유와 평등, 그리고 우애를 혁명의 3대 정신으로 삼았습니다. 「인간과 시민의 권리선언」 제4조와 제6조에 자유liberty와 평등equality에 관한 구체적인 언급이 나오고 있습니다. 제4조에서는 "자유는 타인에게 해롭지 않은 모든 것을 행할 수 있음이다. 그러므로 각자의 자연권의 행사는 다른 구성원에게 같은 권리의 향유를 보장하는 이익의 제약을 갖지 아니한다. 그 제약은 법에 의해서만 규정될 수 있다"라고 규정하고 있습니다. 제6조에서는 "모든 시민은 법 앞에 평등하므로 그 능력에 따라서, 그리고 덕성과 재능에 의한 차별 이외에는 평등하게 공적인 위계, 지위, 직무 등에 취임할 수 있다"고 하였습니다. 이 조항은 6년 뒤에 "평등이란, 보호를 제공함에 있어서도, 처벌을 가함에 있어서도 법은 모든 인간에 대해 동일하다는 것이다. 출생에 의한 어떠한 차별도 권력의 어떠한 세습도 허용되지 아니한다"라는 내용으로 수정되었습니다. 그리고 1795년 「인간과 시민의 권리와 의무선언」에서 우애fraternity에 관한 내용이 나오게 됩니다. "자기가 바라지 않는 것은 남에게도 행하지 말고, 항상 자신이 원하는 좋은 일을 남에게 베풀어야 한다." 여기에서 우애란 자유와 평등의 실현을 위해 싸우는 모든 사람들에 대한 사랑을 의미합니다. 프랑스 대혁명에서 제시된 이러한 세 가지 슬로건은 그 이후 인류사회에 엄청난 변화와 영향을 미치게 됩니다. 자유와 자유주의는 민주주의 국가, 자본주의 사회의 건설에, 평등은 사회주의 국가와 공산주의 사회 건설에 지대한 영향을 미치게 됩니다. 그리하여 프랑스 대혁명은 전제군주주의 국가에서 자유민주주의 국가로 진화하는 극적인 계기가 되었으며, 오늘날 자유주의, 민주주의 사회를 이룩하는 데 결정적인 기여를 하게 됩니다. 이러한 프랑스 대혁명은 역사적으로 본다면 유럽인들의 아메리카 신대륙으로의 대규모 이주와도 관련이 있는 것으로 보입니다. 당시 전제군주주의 정치 체제만큼 엄격하고 지배적이었던 종교적인 구속과 압박을 피하여 새로운 종교 시스템과 자유로운 사회를 건설하기 위해서 신대륙을 찾아 나섰던 청교도들은 프랑스 시민들에게 대단히 새롭고 흥미로운 도전으로 다가갔을 것입니다. 그리고 영국을 중심으로 한 유럽의 왕정 체제는 아메리카 신대륙을 다시 지배하고 통치하려는 야심을 나타냄으로써 유럽군과 아메리카 이주민들 간에 전쟁이 일어나게 됩니다. 그 전쟁에서 아메리카 이주민들이 승리한 것이 또한 프랑스 대혁명에 적지 않은 영향을 미친 것으로 추정됩니다. 그리고 프랑스 대혁명의 성공은 다시 미국으로 파급되는 선순환 효과를 가져다줍니다. 나아가 프랑스 대혁명은 19세기에 일어났던 미국의 시민전쟁에서 북군이 승리하는 데 영향을 미친 것으로 보입니다. 이렇게 프랑스 대혁명은 아주 특별하게 타인에게 해롭지 않은 범주 내에서의 최대한 개인의 자유를 보장하는 사회, 출생과 세습에 의한 불평등을 제거하여 사회적 평등을 실현함으로써 인류 역사에서 획기적인 전환점을 마련하게 됩니다.

프랑스 대혁명이 일어나기 직전까지 당시 프랑스는 전제군주주의 국가였으며 루이 16세에 의해서 통치되었던 소위 '앙시앙 레짐'으로 명명되는 시대였습니다. 이 시기의 구체제를 대표하는 인물, 루이 14세의 '짐이 곧 국가'라는 말은 전제군주주의 국가를 가장 생생하게 나타내는 대표적 표현이라 하겠습니다. 그랬습니다. 당시 프랑스에는 국왕과 귀족들이 향락과 사치를 일삼으면서도 농민과 일반국민들은 빵과 음식이 없거나 모자라 굶어 죽어가는 현상이 일어났습니다. 국왕과 지배계층은 시민들의 삶과 일상에 무관심함을 넘어서 이들을 무시하고 핍박을 가하였습니다. 나아가 루이 14세는 순전히 왕의 야심과 이웃나라 정복을 위해 국민들을 전쟁으로 몰아넣었기에 국민들의 고통과 힘든 삶은 극심하였습니다. 국왕과 귀족의 소수 지배계층은 특권을 가지고 호화로운 생활을 하였지만 다수의 시민들은 빈곤과 억압 속에서 희생당하는 지극히 불합리하고 모순되는 현상을 연출하게 되었던 것입니다. 전제군주주의 국가의 어두운 면모를 그대로 드러내고 있었습니다. 국왕과 그를 등에 업고 사회적 특권을 누리던 영주들 중심의 귀족들은 토지를 기반으로 하는 농업조직과 타고난 출신성분의 세습으로 절대적인 권력과 영화를 누렸습니다. 반면에 농민을 비롯한 다수의 시민들은 가난하고 핍박받는 생활을 벗어날 수가 없었습니다. 그러다가 18

세기에 들어와서는 사회는 새로운 변화를 맞이하게 됩니다. 그것은 영국을 비롯하여 유럽에서 당시에 불어닥치고 있었던 민주주의와 산업의 발달이라는 변화의 바람이었습니다. 영국은 오랜 기간 전제군주주의 국가체제를 갖추고 있었지만 의회를 중심으로 하는 정치에서 민주주의가 조금씩 발달하기 시작하였으며 그러한 민주주의의 발달은 유럽 각국, 프랑스에도 미미하기는 하지만 영향을 미치고 있었습니다. 또한 과학과 기술이 발달하기 시작하면서 생산성은 증대되고 자본의 개념이 생기게 됩니다. 자본의 집중화 현상도 나타나면서 토지보다는 지식과 자본을 바탕으로 하는 상공업이 보다 각광을 받게 된 것입니다. 그리고 금융과 상공업이 발달하면서 법률가, 의사, 은행가, 소상인, 수공업자 등의 새로운 형태의 사회계층이 나타나게 됩니다. 이들은 국왕이나 귀족들과는 달리 부를 세습한 것이 아니라 자력으로 부를 축적하고 사회적 지위를 향상시켜 영향력을 확대함으로써 소위 부르주아 계급을 형성하여 정치적 권력까지도 넘보게 되었습니다. 이에 기득권 세력으로서 군주와 영주들은 이들을 억압하려 하였으며 그들은 특권을 지키기 위하여 부르주아 계급을 거세게 몰아붙였습니다. 결국 기존의 특권계층과 새롭게 떠오른 신흥계층 간에 가치와 사고방식의 차이로 인하여 깊은 불신과 갈등이 일어나게 되었습니다. 이에 새로운 계층들은 세력화하여 의회를 만들고 영국은 의회민주주의의 길을 걷게 되면서 국왕은 의회와 대립합니다. 그러한 민주주의 운동의 물결은 프랑스와 유럽으로 번지면서 프랑스에서는 시민들이 민병대를 조직하여 파리 중심가의 바스티유감옥을 공격하여 함락시킵니다. 이를 계기로 프랑스 전역에서 혁명의 거센 물결과 폭동이 일어납니다. 프랑스 국민의회는 1789년 8월 4일 봉건제의 폐지를 선언하고 8월 26일에는 인권선언을 선포하기에 이릅니다. 인권선언의 핵심은 '사람은 태어나면서부터 자유롭고 평등하다. 주권은 왕이 아닌 국민에게 있다'는 것으로서 당시 국왕 루이 16세는 이 인권선언을 승인하지 않을 수 없었습니다. 결국 루이 16세 국왕 부부는 처형을 당하게 되고 전제군주주의 제도는 폐지되면서 공화정을 수립하게 됩니다. 그리고 프랑스의 여러 가지 국내 정치적 혼란과 어려움에도 불구하고 대혁명을 성공적으로 이끌게 됩니다. 이 당시 혁명군은 강경파와 온건파로 나뉘게 되는데, 온건파는 부르주아 계층을 대변하는 정당 지롱드 당을 만들고 강경파는 소시민과 프롤레타리아의 지지를 받는 정당 자코뱅 당을 만들게 됩니다. 의회에서 지롱드 당은 오른쪽에 앉고 자코뱅 당은 왼쪽에 앉아 회의를 하게 되면서 이들 두 정당은 오늘날의 좌파, 우파의 개념으로 발달하게 되었습니다. 우파는 새로운 부자들을 중심으로 부상한 소위 부르주아 계층이 주축이 된 것이고, 좌파는 우파에 비해 상대적으로 가진 것이 없는 노동자 중심의 다소 급진적인 성향을 띠고 있었던 것입니다. 이와 같이 좌우로 나뉜 의회는 오늘날 다수의 선진국에서 보수와 진보의 좌우 정당으로 발전해 왔다고 볼 수 있습니다. 그리고 이 당시에 있던 또 다른 역사적 사실로서 프랑스 혁명군의 유럽 각국과의 전쟁을 살펴보지 않을 수 없습니다. 프랑스에서 루이 16세 부부의 처형 사실이 알려지게 되면서 당시에 전제군주주의 국가의 길을 걷고 있던 영국을 비롯한 유럽의 여러 국가들은 자기 나라에 미칠 영향을 우려한 나머지 상호 협력하여 프랑스를 군사적으로 공격하게 됩니다. 이러한 사실은 소수의 지배계층만이 특권을 누리며 살아가는 구제도를 종식시키고 일반 시민들이 중심이 된 새로운 사회로 나아가는 것이 얼마나 힘들고 어려운가를 단적으로 보여주고 있습니다. 그리고 기득권 세력들은 세습된 기득권을 지키려는 노력이 얼마나 집요하며, 그들의 절대적 통치를 종식시키고 시민들 중심의 새로운 사회를 형성하는 것이 정말로 힘들다는 것을 보여주고 있습니다. 결국 프랑스 혁명군은 전 유럽을 상대로 힘겨운 싸움을 하지만 우여곡절 끝에 승리하게 되면서 대혁명을 완성하게 되고 인류 역사에 길이 남을 이정표로 자리매김하게 됩니다.

이러한 역사적 사실과 사건을 한마디로 표현한다면, 프랑스 대혁명은 인류사회 역사에서 큰 획을 그은 것이라 하겠습니다. 구제도로서의 전제군주주의 국가를 무너트리고 국가권력의 기본 구조를 획기적으로 바꾸는 공화제의 민주주의 국가로 나아가는 아주 중요한 계기가 되었다고 할 수 있을 것입니다. 프랑스는 물론이고 많은 나라에서 전제군주주의 국가체제의 몰락은 오늘날의 자유민주주의 국가로 나아가게 하는 직접적인 변화로 나타났습니다. 이러한 프랑스 대혁명은 당연히 인접한 유럽의 여러 나라에 지대한 영향을 미치게 됩니다. 국왕에 의한 왕정체제는 사라지거나, 유지되고 있어도 시민들을 소중하게 여기는 민주주주의의 발달과 민주화의 여정은 이렇게 시작되었던 것입니다. 알려진 바와 같이 프랑스는 오늘날 국민들이 선출한 대통령제를 도입하여 자유민주주의를 실현하고 있습니다. 선출된 대통령이 국민에게 봉사하는 구도를 실현하여 철저하게 전제군주주제를 배격함으로써 프랑스의 근간을 바꾸어 놓았습니다. 하지만 프랑스를 둘러싸고 있는 유럽의 여러 국가들은 왕권에 의한 국가통치, 즉 전제군주주의 체제는 유지하고 있으면서 프랑스 대혁명에서의 3대 정신을 받아들여 점진적인 민주주의의 길을 걸어오게 되었습니다. 그래서 영국을 비롯한 유럽의 다수 국가들은 오늘날에도 상징적이긴 하지만 국왕을 두고 있으며 의회민주주의, 사회민주주의와 같은 민주주의 국가로 변모해 왔습니다. 그리고 프랑스 대혁명의 정신과 역사적 사건은 오늘날의 미국이 있게 하는 계기가 되었으며 프랑스와 미국은 서로 간에 많은 영향을 주고받았습니다. 당시 유럽에서 자유와 주체적인 삶을 갈구하는 모든 사람들이 자유롭고 평등한 가운데 우애를 나누면서 살아가는 사회를 이루기 위해서 도전자 정신, 청교도 정신으로 새로운 천지를 찾아 미국으로 떠나게 되었던 것입니다. 이와 같이 프랑스 대혁명 이전에 자유를 찾아 신천지, 미국으로 떠났던 사람들과 유럽에 살았던 당시의 도전자들에게 프랑스 대혁명은 크나큰 영향을 미치게 되었습니다. 그리하여 프랑스 대혁명은 오늘날 인류사회를 형성하는 가장 중요한 이념적 축이자 사상적 기둥이라고 할 수 있을 것입니다. 그리고 그 대척점에 전제군주주의 국가와 제도가 있는 것입니다. 따라서 오늘의 대한민국을 조망하고 분석하며 이해하는 키워드로 프랑스 대혁명만큼 와 닿는 사건도 없습니다. 전제군주주의 국가로 회귀할 것인지, 최소한도로 전제군주주의 가치를 보다 소중하게 여기는 사회로 진화하는 데 만족하고 거기에 머물 것인지, 아니면 프랑스 대혁명의 열매에 주목하고, 미국을 모델로 하는 자유민주주의를 향한 발걸음을 가속화할 것인지, 그것도 아니면 보수와 혁신을 두 축으로 하는 좌우의 2정파로 정치제제를 구축할 것인지, 프랑스 대혁명은 우리가 나아가야 할 그 길을 우리에게 지금 묻고 있는 것입니다. 2019년 현재 겉으로 보기에는 우리나라 다수의 국민들은 전제군주주의 체제를 벗어나서 진정한 의미에서 자유민주주의 국가로 나아가기를 염원하는 것으로, 그 길을 선호하는 것으로 드러나고 있습니다. 이는 서구의 앞선 나라들, 발전적 역사의 궤적을 따라가다 보면 결국은 이러한 길로 나아가게 될 것임을 예고해 줍니다. 다소 시간이 걸리고 희생과 아픔이 따르더라도 점진적으로 걸어야 할 길이 될 것입니다. 그렇다고 해서 전통적인 가치, 보수적인 가치가 소멸되고 말 것이라고 본다면 그것은 잘못입니다. 역사는 항상 점진적이고 발전적으로 나아간다는 것을 믿으며, 그렇게 나아가는 것이 바람직하다는 믿음이 있기 때문입니다.

이렇게 프랑스 대혁명은 기존의 두터운 벽, 난공불락의 요새로 여겨졌던 전제군주주의 국가체계를 무너트리고 자유와 평등이 충만한 새로운 사회를 열었습니다. 비록 입헌군주제로서 국왕을 두고 있는 많은 국가들이 남아 있으며, 전체주의적이고 사회주의적인 성향을 보이기는 하지만 이들 국가에서도 민주주의를 향한 발걸음과 진화는 계속되고 있습니다. 프랑스 대혁명이 미친 영향입니다. 프랑스 대혁명이 일구어 낸 크나큰 성과입니다. 지금까지 역사적인 진화의 과정에서 자유와 평등은 2개의 큰 국가들의 블록으로 나누는 기능을 해 왔다는 것을 앞에서 말하였습니다. 외형적으로는 자유진영과 평등을 지향하는 진영 간에 대립과 대결, 그리고 상호 갈등의 모습으로 세계를 양분하여 왔습니다. 프랑스 대혁명에서 이제 하나 남은 이념이자 사상은 우애입니다. 우애의 사상은 이제 우리 인류사회, 세계의 국가들을 하나로 모으고 유대와 연결을 논의할 수 있는 이념적 기반을 제공해 줄 것입니다. 그리고 그렇게 나아가는 것이 인류사회의 발전이 될 것입니다.

04
전제군주주의와 미국의 역사

미국의 초기 역사

주한미국대사관 및 영사관 홈페이지에 나오는 미국의 초기 역사는 다음과 같이 기술되고 있습니다.

"북미 대륙에 처음으로 건너 온 사람들은 아시아에서 이주해 온 수렵인과 유목민들이었다. 그들은 약 30,000년 내지 34,000년 전에 사냥감을 잡기 위하여 시베리아 해안을 따라서 당시 아시아 대륙과 북미대륙을 연결하고 있던 육지를 통하여 건너오게 되었다. 그들은 아메리카 원주민인 인디언들의 조상이다. 그들은 일단 알래스카에 정착하고 나서 수천 년간에 걸쳐 점차 남쪽으로 이동하여 오늘날의 미국에 해당하는 지역에 정착하게 되었다."

"그 후 유럽인으로서 북미 대륙에 최초로 도착한 사람들은 약 1000년경에 레이프 에릭슨이 이끄는 가운데 도착한 아일랜드계 바이킹들이었다. 1492년 드디어 이탈리아의 탐험가인 크리스토퍼 콜

롬버스는 스페인 왕의 명령에 따라 유럽에서 서쪽으로 항해를 계속한 끝에 현재의 바하마 군도 중 한 섬에 상륙하게 되었다. 사실 콜럼버스는 죽을 때까지 미 대륙의 본토를 한 번도 보지 못했다. 그러나 미 대륙에 대한 최초의 탐험은 콜럼버스의 도움을 받아 마련되었던 스페인령으로부터 시작되었다. 그로부터 40여 년이 채 지나지 않아, 스페인의 탐험가들은 중남미 지역에 광활한 대지를 확보했다. 그 후 1513년에는 후안 폰세 데 리온이 이끄는 일단의 스페인 사람들이 오늘날의 세인트 어거스틴 인근의 플로리다 해안에 상륙했다.

한편 스페인 남쪽에서 북쪽으로 밀고 올라가는 동안, 오늘날 미국의 북부 지역은 지오바니 다 베라자노와 같은 탐험가들의 탐험에 의하여 서서히 드러나게 되었다. 프랑스로 가기 위하여 항해에 나섰던 플로렌스 출신의 베라자노는 1524년에 오늘날의 노스캐롤라이나 지역에 상륙했다. 그는 그 후 대서양 해안을 따라 북쪽으로 계속 항해하여 오늘날의 뉴욕 항에 도착했다."

미국의 역사는 이와 같이 아시아에서 넘어온 유목민들과 아메리칸 인디언의 조상들에 의해서 시작되었습니다. 하지만 당시에는 다른 나라들과는 달리 하나의 국가형태를 갖추지 못하고 원시사회의 모습을 가지고 있었던 것으로 보입니다. 그리고 1492년 콜럼버스가 아메리카 대륙을 탐험하고 나서 한참 후에 유럽의 여러 나라들에서 이민자들이 이주하면서 새로운 사회의 형상을 갖추어 나가게 됩니다. 스페인과 영국은 물론이고 프랑스, 네덜란드, 독인, 스웨덴 등 여러 나라에서 많은 사람들이 이주하면서 미국 대륙은 다양한 민족이 뒤섞여 다양한 문화 속에 살게 되는 현상이 나타났습니다. 그리고 유럽의 여러 나라들은 미국 내 일정한 지역을 기반으로 미국을 자국의 식민지로 삼게 됩니다.

이에 미국은 유럽 나라들의 식민지임과 동시에 제국주의를 지향하던 열강들의 각축장이 됩니다. 즉, 식민지가 확장되면서 유럽 국가 간에는 미국에 대한 지배를 두고 대립이 격화되어, 심지어는 영국과 프랑스 사이에는 1760년에 전쟁이 일어납니다.

본래 1620년에 메이플라워호를 타고 왔던 100여 명의 유럽의 이주민들을 시작으로 초기 이주민들은 제임스 1세의 종교적 박해를 피해서 자유롭고 평화로운 사회를 꿈꾸면서 아메리카 대륙을 찾게 되었습니다. 이들은 소위 청교도들로서 새로운 희망의 땅에서 하늘나라를 건설한다는 깊은 신앙심으로 살았습니다. 교회는 민주적으로 운영하였습니다. 사람들은 원죄에서 벗어나기 위해서 엄격한 생활 자세를 가지고 살아야 하며 높은 도덕률을 가지고 있어서 자신은 물론이고 타인도 검열하려는 태도를 견지하였습니다. 이들은 종교적으로 깊은 신앙심을 바탕으로 하고 사회조직과 활동, 일상생활에 있어서는 기존의 유럽의 전제군주주의를 배격하고 모두가 자유롭고 평화로운 사회를 건설하고자 노력하였습니다. 철저하게 유럽의 국가들로부터 자유로워지기를 바랐으며 유럽의 구제도와 사회문화로부터 벗어나기를 원하였던 것입니다. 이러한 청교도 정신은 오늘날 미국 건설의 밑거름이 되었습니다. 아메리카 식민지를 두고 영국과 프랑스가 전쟁을 벌인 1760년경에는 아메리카로 이주해 온 사람들이 약 160만 명에 이르게 됩니다. 이들은 농업은 물론이고 미국의 동부 해안을 따라서 상업과 공업을 크게 발달시키게 됩니다. 다른 한편으로는 초기 역사에서 민주주의 정신에 투철하였던 이주민들은 유럽식 식민통치에 분노를 표출하게 되었으며 영국 정부와 아메리카 이주민들 사이에서 분쟁이 일어나고 독립전쟁으로 발전하게 됩니다. 드디어 1774년에는 아메리카 대륙을 대표하는 55인이 제1차 대륙회의를 개최하였으며 1776년 7월 4일에는 토머스 제퍼슨 등이 초안한 독립선언문이 발표됩니다. 이날은 미국의 건국일입니다. 식민통치를 지속하려는 영국과 독립을 쟁취하려는 아메리카 이주민들 간에 전쟁이 일어났던 것입니다. 결국 이주민들이 승리하게 되고 1787년에는 12개 주의 대표들이 모여서 중앙정부를 조직하는 헌법을 만들고 미국이 본격적으로 국가로서의 모습을 갖추게 됩니다. 미국의 이러한 초기의 역사는 1789년 프랑스 대혁명과 어우러지면서 비슷한 시기에 인류사회에서 자유와 민주주의를 향한 크나큰 발돋움을 하게 됩니다.

이러한 미국의 초기 역사에서 우리가 주목하여야 하는 부분은 다음과 같은 몇 가지로 그 의미를 설명할 수 있습니다. 첫째, 당시에 세계의 큰 흐름을 형성하고 있었던 절대권력, 전제군주주의 국가로부터 독립, 결별을 이룩함으로써 민주주의를 향한 새로운 국가와 사회의 지평을 열었다는 것입니다. 새로운 국가와 사회는 자유주의, 민주주의, 개인주의, 청교도주의 이념을 바탕으로 하고 있습니다. 아주 특별하게 자유주의의 실현은 인류의 역사에서 기념비적인 의미를 가집니다. 프랑스 대혁명에서의 자유는 억압하는 자들로부터의 쟁취한 자유라고 한다면, 미국에서의 자유는 자신을 구속하는 어떠한 제도도 없는 상태의 신천지에서 스스로 창출한 자유라고 말할 수 있을 것입니다. 자신을 옭아매고 있던 구습을 스스로 벗어던지고 자유로움을 선언한 것입니다. 최소한도로 내부적으로는 악습과 억압의 폐단을 척결하는 데 에너지와 열정을 소모하지 않고 오로지 자신의 이념과 가치를 실현하는 데 집중할 수 있었던 것입니다. 유럽 여러 나라에서 아메리카 새로운 대륙으로 이주한 사람들은 전제주의 이념을 배격하였으며, 국왕과 귀족들에 의한 통치를 단호히 거부하였습니다. 기본적으로는 자유롭고 억압과 통제가 없는, 모든 구성원 개개인이 주인이 되는 민주적인 이상사회를 이룩하고자 하였던 것입니다. 그 출발점에 미국이 있으며, 그리하여 미국은 오늘날 자유민주주의 국가의 표본이 되었습니다. 둘째, 평등의 실천적 의미를 구체화하고 풀뿌리 민주주의의 전형에 대한 논의를 제공하였습니다. 이주민들이 아메리카 대륙에 도착한 시간이나 시기에는 차이가 있을지라도, 그리고 이주민들의 개인적인 소질과 능력에 차이가 있음에도, 출생과 세습에 의한 지위와 부의 대물림 없이 거의 대등한 상황에서 신대륙에 적응하려 하였습니다. 초기 이주민들은 도착한 시기와 개인적 차이에도 불구하고 거의 동등한 조건과 상황에서 아메리칸 드림을 가지고 있었습니다. 당시에는 토지를 이용한 재화의 생산이 주된 것이었기에 토지가 사람들과 일상에 미치는 영향은 거의 절대적이었습니다. 그래서 초기 이주자들은 토지와 자연자원을 선점하는 일에 집중할 수밖에 없었을 것입니다. 당시의 미국은 드넓은 대지에 극소수의 사람들만 살았습니다. 토지는 손만 대면 옥토로 바뀌고 도처에 널린 자연과 자원은 무한대로 펼쳐져 있었습니다. 거의 원시상태로 말입니다. 아마도 초기에는 달리기를 잘하거나 이동수단이 용이한 사람들이 넓은 땅과 자원을 차지하여 자신의 소유임을 알렸을 것입니다. 그리고 다음에는 다소 느리지만 힘이 센 사람이 선점한 사람의 깃발을 부수고 땅을 빼앗을 수도 있습니다. 그러한 뺏고 빼앗기는 일련의 과정을 거치면서 최종적으로는 총을 가장 잘 쏘는 사람이 땅을 차지할 수 있었을 것입니다. 왜냐하면 주인으로 자처하는 사람도 본래부터 자신의 땅이 아니었기 때문입니다. 아무나 무력으로 땅을 점령하고 자신의 소유로 선언하면, 빼앗기지 않는다면 모든 것이 마무리됩니다. 이러한 장면은 미국의 정통 서부활극에서도 자주 볼 수 있습니다. 한마디로 말한다면 드넓은 토지는 주인이 없었던 관계로 힘이 세거나 경쟁에서 이긴 사람이 차지하게 되었습니다. 하지만 문명의 경험을 가지고 있던 이주민들은 이웃과 함께 공동의 대응시스템을 구축하려 하였으며 넓은 토지를 중심으로 마을을 형성하게 됩니다. 촌락이 커지면서 조직화의 길을 걷게 되고 농지를 중심으로 오늘날의 다양한 타운과 도시들이 발달하게 되었습니다. 사람들은 어떻게 하면 도적과 강도들로부터 자신들의 인명, 토지와 재산을 지킬 수 있는지에 대한 논의를 한 끝에 전문 총잡이를 고용하고 촌락민들의 그러한 노력은 보안관 제도로 발전합니다. 인구가 한곳에 밀집하게 되면서 대도시는 과학과 기술의 발달 위에 서 있는 산업의 발달과 무관하지는 않았습니다. 시민들은 읍장, 시장, 치안책임자 등을 뽑고, 학교를 세우고 은행을 만들었으며 나아가 주지사를 선출하고 대통령을 세우게 됩니다. 이주민들이 시민사회를 형성하고 그 위에 정치와 권력의 구조를 만드는 형식을 취한 것입니다. 이를 두고 우리는 풀뿌리 민주주의 전형적인 형상이라 말합니다. 결국 조직과 권력을 주민들이 필요에 의해서 만든 것이기에 권력의 최고 책임자는 국민들이 선출하고 선출된 권력은 항상 국민들을 향해서 일하고 봉사해야 합니다. 주민자치에 의한 민주주의 실현이 활발하지 않을 수 없는 구조를 가지고 있었습니다. 셋째, 미국은 초기 역사에서 보듯이 여러 나라, 다양한 인종들이 이주해 오면서 이루어진 나라입니다. 물론 여기에는 아메리카 원주민들이 포함됩니다. 이러한 현상은 이주민들의 문화, 가치, 사고방식, 일상적 삶의 패턴 등 다양한 면에서 차이와 거리가 있을 수 있다는 것을 의미합니다. 그러한 차이를 서로가 존중하면서 함께 사회와 국가를 이루고 살아야 한다는 것입니다. 즉, 인종적, 문화적, 개인적 차이와 다양성에 대한 존중입니다. 이러한 사실은 민주주의의 토양이 되었으며, 오늘날까지도 미국사회는 개방사회로서 인구가 계속적으로 유입되고 있으며 자유민주주의의 세계적 표본이 되었습니다. 민주주의의 출발은 타인의 존재를 인지하고 자신과의 차이를 인정하는 것에서부터 시작됩니다. 사회적으로 본다면 다양한 사람들이 함께 조직과 사회를 구성하여 살아가고자 할 때, 전제군주주의에서 보듯이 특정한 인물이 강압적인 통치를 하는 것이 가장 손쉽고 유용한 결실을 만들 수 있기에 매우 강한 유혹을 받게 됩니다. 하지만 아메리카 대륙을 찾은 이주민들은 다른 사람들을 함께 살아가야 하는 이웃으로 보고 존중하면서 공동의 문제를 해결하고 나아가서는 공통의 이익을 창출하고자 노력하였습니다. 그리고 새로운 이민자들을 계속적으로 받아들였습니다. 하지만 트럼프 대통령이 당선되면서 선거공약에서 제시하였던 아메리카니즘의 일환으로 멕시코와의 국경을 폐쇄하고 장벽을 건설하려 하였습니다. 2019년도에 필요한 예산의 확보를 두고 의회와 대립하면서 국가적 혼란과 사회적 갈등을 초래하게 됩니다. 여러 나라로부터 온 이민희망자들이 멕시코 국경을 통해서 넘어오는 것을 막기 위함이었습니다. 이에 정치권과 국민들도 트럼프 대통령 지지자들과 국경장벽 건설 반대자들 간에 심각한 대립을 보이게 됩니다. 결국 트럼프 대통령과 그 지지자들은 미국 국가주의를 추구하고 있는데, 미국은 더 이상 이민국의 이미지와 지위를 지속하지 않겠다는 의사의 표현으로 보입니다. 동시에 현재까지 이미 미국에 정착한 사람들만의 보수성을 미국의 국가 정체성으로 선언한 셈이라 하겠습니다. 이러한 미국의 현실을 지켜보면서 글 쓰는 이가 미국의 19세기 중엽의 시민전쟁을 떠올리게 되는 것은 잘못된 것일까요? 미국은 1861년부터 남북전쟁, 곧 시민전쟁을 치르게 되는데 전쟁의 성격은 미국이 유럽식 전제군주주의 국가로 남을 것인지, 아니면 미국 본래의 모습인 자유민주주의 국가로 나아갈 것인지를 두고 남부군과 북부군이 4년간 피를 흘리는 전투를 하였던 것입니다. 그리고 그 전쟁에서 북부군이 승리하면서 미국의 자유민주주의는 더욱 발전하게 됩니다. 남부 지역의 전제군주주의자들은 온전하게 패배하고 자신들의 소유로 여겼던 흑인노예들을 석방하게 됩니다. 이로써 미국에서 전제군주주의는 사라지는 것으로 여겨졌지만 또 다시 트럼프 대통령의 집권과 대통령직 수행 모습은 전제군주주의 성향을 느끼게 해 줍니다. 그를 지지하는 시민들이 다수 있다는 것은 미국사회도 극단적인 보수화의 길을 언제든지 걸어갈 수 있다는 것을 말해주고 있습니다. 다만 저만의 생각이 아니기를 바랄뿐입니다.

이러한 미국의 초기 역사는 인류사회에서 민주주의의 실천역사이자 민주화의 과정을 가장 잘 나타내 주는 전형이라 할 만합니다. 미국의 초기 역사는 프랑스 대혁명과 더불어 자유민주주의 국가와 사회를 향한 대 여정의 시작을 알려주는 핵심적인 내용을 담고 있습니다. 그리고 미국이 오늘날의 세계를 리드하고 있는 강력한 힘은 바로 자유민주주의 이념을 바탕으로 하는 수준 높은 민주주의 사회의 실현에서 나오는 것으로 보입니다. 국민 개개인의 자질과 능력, 잠재 가능성을 계발하고 극대화할 수 있도록 보장, 지원하고 그러한 에너지를 국가는 조직화하는 사회, 곧 미국입니다. 누군가 자유민주주의를 신봉하고 자유민주주의의 실천을 가장 소중한 가치로 삼고 있다면, 미국에서 교훈을 얻고 배워야 할 점이 한두 가지가 아닙니다.

미국의 시민전쟁

미국의 초기 역사는 자유와 평등, 그리고 부분적으로 우애의 가치를 실현하는 것을 주된 내용으로 하고 있었습니다. 그리고 그러한 이상사회를 실현하는 것이 다수의 시민들의 바람이었습니다. 하지만 유럽에서 이주해 온 일부의 사람들은 남부지역의 드넓은 농장을 경영하면서 자신의 선조들이 이미 익숙해져 있었던 전제군주주의 제도와 가부장제 사회문화에 관심을 가지고 노예제도를 도입하게 됩니다. 이러한 사고방식과 제도의 도입은 유럽의 체제를 모방한 것으로서 당시 미국의 초기문화와는 거리가 있는 것이었습니다. 결국 두 집단, 즉 자유와 평등의 가치를 존중하는 주류 세력과 전제군주주의 체제로 돌아가려는 남부세력 간에 충돌이 일어나게 됩니다. 시민전쟁입니다. 미국의 시민전쟁American Civil War은 남북전쟁으로 불리기도 하는데 1861년부터 1865년까지 수년간 지속되었습니다. 우리가 미국의 시민전쟁을 주목하는 것은 당시 미국이 자유민주주의 국가로 계속 발전하게 되는지, 아니면 유럽식 전통국가로 회귀할 것인지를 판가름 나게 하는 기로에 서 있었기 때문입니다.

미국 시민전쟁을 논의할 때면 당연히 링컨 대통령의 이야기에서 출발하게 됩니다. 시골의 변호사 출신이었던 에이브러햄 링컨은 공화당 당적으로 1860년 11월에 미국 제16대 대통령으로 당선됩니다. 16대 대통령 선거에서 가장 핵심적인 이슈는 노예제도의 존폐와 관련된 것이었는데 링컨은 노예제를 반대하는 입장을 가지고 있었습니다. 미국은 지형적으로 조지아 주의 애틀랜타를 중심으로 하는 드넓은 대 평원과 미시시피강을 따라 비옥한 토지들이 있었습니다. 이 지역을 중심으로 크고 넓은 농지를 개인이 가꾸는 데 한계가 있어서 농장주들은 유럽과 아프리카에서 흑인 노예들을 데리고 오게 됩니다. 이러한 농장주들의 수가 많아지고 경제규모도 커지면서 국가적으로 세력화하게 됩니다. 당시 미국에서 흑인들은 남부의 대지주들에게 농업과 노동력의 근간을 이루고 있는 존재로서 이들이 없으면 대지주농업이 불가능하여 노예제도를 폐지하거나 반대하는 것은 있을 수 없는 일이었습니다. 그래서 남부의 지주들을 중심으로 하는 유럽 스타일의 신 영주들과 그들을 지지하는 세력들은 대통령으로 당선된 링컨을 인정하지 않고 거부하려는 움직임이 일어납니다. 링컨의 대통령 취임 전에 남부 11개주는 연방을 탈퇴하고 별도의 국가를 세우고 당시 연방 상원의원이었던 제퍼슨 데이비스를 남부의 대통령으로 옹립합니다. 그리고 버지니아의 리치먼드를 수도로 삼게 됩니다. 이에 링컨 대통령은 워싱턴을 경계로 하는 북부 19개주의 대통령으로 국한되었습니다. 당시에 남부지역의 인구는 약 900만 명이었으며 북부지역은 약 1900만 명이었습니다. 그리고 북부지역은 남부지역과 달리 주로 공업중심의 산업구조를 가지고 있었기 때문에 근로자들은 임금노동자로서 노예노동을 고집할 이유도 없었습니다. 하지만 남부지역은 광활하면서도 비옥한 농토를 중심으로 자작농의 한계를 느낀 지주들은 유럽과 아프리카에서 흑인들을 데려오게 되고 흑인들을 노예로 부리면서 농업생산성을 높이고 있었던 것입니다. 이러한 측면에서 본다면 남북전쟁, 또는 남부군과 북부군이라는 이름은 적절하지 않으며 시민전쟁, 정부군과 반군으로 부르는 것이 보다 합당하다고 하겠습니다.

남부군은 1861년 4월 12일 새벽에 사우스캐롤라이나 주의 찰스턴 항구에서 1.6km 떨어진 작은 섬에 있는 섬터 요새를 공격함으로써 시민전쟁이 시작되었습니다. 4년간의 밀고 밀리는 싸움, 남부군과 북부군은 혼전을 거듭한 끝에 1865년 4월 9일 남부군의 리더 로버트 리 장군이 항복을 선언함으로써 전쟁은 끝이 나게 됩니다. 전쟁이 한참 진행되고 있었던 1864년 6월 말에 남부군의 로버트 리 장군은 워싱턴을 압박하기 위해 펜실베이니아에서 게티즈버그 전투를 감행하게 되고 이 전투에서 남부군은 결국 패배하게 됩니다. 이때 링컨 대통령은 미국의 역사에, 세계 민주주의 역사에 길이 남을 명연설을 하게 됩니다. "신의 가호 아래 이 나라는 새로운 자유의 탄생을 누리게 될 것이며, 국민의, 국민에 의한, 국민을 위한 정부는 이 지상에서 결코 사라지지 않을 것이다." 라는 말은 오늘날에도 자유민주주의와 인권과 평등을 상징하는 어록으로 남아 있습니다. 링컨 대통령은 시민전쟁에서 승리하면서 남부지역의 정부와 군을 체제반역으로 규정하였지만 관용과 통합을 내세우며 대 사면을 단행하게 됩니다. 그 결과 시민전쟁은 미국을 새로운 나라로 거듭나게 합니다. 노예제도가 폐지되면서 주로 남부지역에 몰려 살았던 흑인 노예들은 해방을 맞이하고 자유의 몸이 됩니다. 국가 차원에서 흑인도 백인과 동등한 권리를 가진다는 법률이 제정되고 흑인들의 사회적 지위는 크게 향상되기에 이릅니다. 이러한 노예제도 폐지와 흑인에 대한 시민권 부여는 미국의 민주주의 발전에 크게 공헌하게 됩니다. 결국 링컨의 연방 재통합은 미국에서 제2의 건국이라 불릴 만큼 역사적 의미가 크며 진정한 의미에서 자유민주주의 국가 미국으로 다시 출발하는 계기가 되었습니다. 달리 표현한다면 미국의 시민전쟁은 전제군주주의 국가로 돌아가려는 세력과 민주주의를 지키려는 기존의 세력 간의 다툼에서 민주주의를 신봉하는 세력들이 승리하였음을 의미합니다. 미국의 초기 역사에서 보듯이 미국은 청교도 정신으로 자유를 찾아 유럽에서 건너온 이주자들이 민주적인 사회를 이룩하고자 노력하였습니다. 그리고 그러한 노력은 어느 정도 성공하는 것으로 보였습니다. 그러나 인구가 늘어나 수천만 명이 되면서 자유민주주의와 대치되는 계급사회인 노예제도를 도입하여 이를 국가 차원에서 제도화하려고 하였습니다. 즉, 전제군주제도와 가부장제를 실현하려는 남부 지역의 영주들이 세력을 규합하여 유럽식 전제군주주의 국가 건설을 시도한 것이 남북전쟁, 곧 시민전쟁의 시작과 끝이었습니다. 따라서 미국의 시민전쟁에서 정부군이 이기지 못하였다면 미국은 남과 북으로 갈라져서 통치이념과 정치사상이 전혀 상반되는 2개의 나라로 나아갔을 수도 있을 것입니다. 아니면 오늘의 자유민주주의 국가로서 미국은 소멸되었을지도 모르는 일입니다. 그래서 미국의 시민전쟁은 자유민주주의를 신봉하는 정부군이 승리함으로써 미국의 역사뿐만 아니라 인류사회의 민주주의 발달에서 아주 소중한 역사로 기록될 것입니다. 이러한 의미의 미국 남북전쟁은 보는 시각에 따라 달리 해석할 수도 있겠지만 인류역사의 메인스트림에서 본다면, 그리고 프랑스의 대혁명의 교훈을 주목한다면, 전제군주주의 국가는 자유민주주의 국가를 이길 수 없다는 결론에 이릅니다. 이러한 논리는 우리의 현실은 물론이고 공산권의 주도적인 몇몇 국가를 포함하여 인류역사의 진화과정을 설명하는 데 매우 유용한 프레임으로 활용할 수 있을 것으로 보입니다.

05
자유로부터의 도피

에리히 프롬Erich Fromm은 1941년에 『자유로부터의 도피』라는 저술을 발표합니다. 저자는 스스로 이렇게 밝히고 있습니다. "전체주의 운동은 인류가 현대사회에서 획득한 자유로부터 도주하려는 뿌리 깊은 열망에 호소하는 것이었다는 점, 바꿔 말하면 현대인은 중세기적 구속에서 자유롭게 되기는 하였지만, 이성과 사랑에 입각한 의미 있는 생활을 이룩할 정도로 자유롭지는 않으므로, 지도자와 민족 또는 국가에 복종하는 새로운 안전을 구했다는 점이다." 그리고 프롬은 이 책의 후속편으로서 1955년에 『건전한 사회』를 출간하게 됩니다. 이들 두 권의 저술의 세목에서 보듯이, 전편은 사실이나 현상을 분석하고 진단하려고 하였다면 후편에서는 문제를 해결하고 나아갈 방향을 제시하고자 하였습니다. 프롬은 『자유로부터의 도피』에서 사람들이 왜 전제군주주의 체제를 선호하거나 지지하는지, 자신의 자유를 포기하면서 구속과 억압을 받아들이고 있는지, 심리 내면의 흐름을 아주 정교하게 그려내고 있습니다.

프롬은 본래 유대계 독일인으로 프랑크푸르트에서 태어나 독일에서 학업을 완성하고 사회학자이자 정신분석학자로서 사회활동을 시작합니다. 1933년 나치스의 집권으로 추방되면서 미국으로 귀화하게 되는데 주로 대학에 몸을 담고 교수로 있으면서 집필을 합니다. 이 두 저서는 미국에서 출간한 것으로 우리나라에도 번역본으로 소개되었습니다. 이 책의 서문에 나오는 내용의 일부를 보십시오. "'건전한 사회'는 다른 면에서 '자유로부터의 도피'의 속편이며, 어느 정도는 '인간에게 있어서의 자유'의 속편이기도 하다. 두 책에서 나는 주요한 주제에 관계있다고 생각되는 한, 특수한 심리학적인 메커니즘을 다루었다. 즉, '자유로부터의 도피'에서는 주로 권위주의적 성격-새디즘 · 매저키즘 등-의 문제를 다루었고, … '건전한 사회'에서는 내가 인본적 정신분석학이라 이름 붙인 기본개념을 발전시키려고 힘썼다." "결국 '건전한 사회'는 '자유로부터의 도피'에서 내 놓은 순전히 비판적인 분석에서 시작하여, 건전한 사회의 기능을 위한 구체적인 제안을 하고 있다. 이 책의 마지막 부분의 주요한 점은, 여기서 설명된 각 방법이다. 반드시 〈옳다〉는 신념이 아니라, 경제적 · 사회정치적 및 문화적 국면들에서의 변화가 수반되어야 비로소 사회의 진보가 일어날 수 있다는 신념이다." 그리고 프롬은 그의 저서 『자유로부터의 도피』 서문에서 이 책의 핵심적인 내용을 다음과 같이 밝히고 있습니다. "이 책의 주제는 다음과 같은 것이다. 현대인은 그에게 안정을 주고 동시에 그를 제약하였던 사회의 여러 구속에서는 해방되었지만, 그의 개인적 자아의 실현이라는 적극적 의미에서의 자유는 아직 획득하지 못했다. 그것은 즉 개인의 지적 · 정서적 및 감각적인 제 능력의 표현을 말한다. 자유는 비록 현대인에게 독립과 합리성을 부여하기는 했지만, 또한 현대인을 고립시킴으로써 불안케 하고 무력하게 만들었다. 이러한 고립은 견딜 수 없는 것이기에 현대인은 자유라는 무거운 짐에서 도피하여 새로운 의존물과 복종을 추구하느냐, 아니면 인간의 독자성과 개성에 기초한 적극적인 자유의 충분한 실현을 위해 전진하느냐 하는 양자택일의 처지에 직면하고 있다. 비록 이 책은 하나의 예측이기보다는 진단 – 즉, 해결보다는 오히려 분석–을 하는 것이지만 그 결과는 우리들의 행동의 진로에 대해 한 방향을 제시해 준다. 왜냐하면 자유를 버리고 전체주의에로 도주하려는 이유를 이해하는 것이야말로 전체주의 세력에 대해 승리하고자 노력하는 모든 행동의 전제조건이기 때문이다."

위 글에서 보듯이 저자는 자유의 개념을 소극적인 것과 적극적인 것의 두 가지로 구분하고 있습니다. 물론 프롬이 추구하고 있는 가치는 보다 적극적인 자유의 실현을 목표로 하고 있지만 여기에서 우리가 주목하고자 하는 부분은 적극적인 자유를 추구하기보다는 현대인들이, 다수는 아닐지라도, 그것을 포기하고 전체주의에로 도주하려 한다는 사실에 있습니다. 이러한 프롬의 분석을 이용하여 오늘날 우리 사회에서 일어나고 있는 현상들, 가령 박정희 전 대통령의 장기집권, 박근혜 당시 대통령의 무죄와 복권을 주장하는 지지자들의 마음가짐을 읽을 수 있게 해 줍니다. 특별히 중국에서는 시진핑 주석이 2018년 3연임 제한을 철폐함으로써 장기집권의 길을 열어 전제군주주의 부활을 가능하게 하였다는 것, 러시아에서는 2018년 대통령 선거를 통해서 푸틴이 당선됨으로써 오랜 기간 1인에 의한 권력의 집중 현상으로 독재가 이루어지고 있다는 것, 북한에서 특정 1인에 의한 세습독재가 가능하게 하는 사회적 분위기와 개인 심리 등을 본다면 매우 의미 있는 해석을 가능하게 해 줍니다. 특히 러시아 등의 나라에서 형식적이기는 하지만 국민들의 직 · 간접선거에 의해서 대통령이 선출되고 있으면서도 전제군주주의적 통치를 받아들이고 있다는 측면에서 전제군주주의를 향한 국민들의 심리를 잘 표현하고 있는 것으로 보입니다. 뿐만 아니라 오늘의 우리나라, 우리 사회가 직면하고 있는 여러 가지 문제나 현상들을 이해하는 데 프롬의 이론은 아주 중요한 관점을 제공해 주고 있습니다. 아직 많은 현대인들은 자신에게 주어진 자유와 권리를 감당할 수 있을 만큼 성숙하지 못하였기 때문에 자유를 반납하는 일이 일어나더라도 의존과 보호를 받음으로써 안정과 평화를 누리고자 하는 심정을 드러내고 있는 것입니다. 자유로운 결정에는 반드시 책임이 따르게 됩니다. 그리고 항상 불안감, 고독감이 함께합니다. 나를 보살피는 군주는 나에게 구속과 억압을 가져다줄지라도 나는 책임을 피할 수 있고 안정감, 소속감을 누릴 수 있다는 것입니다. 결국 자유로부터의 도피는 개인적 성품과 인성의 성숙, 혹은 미성숙과 관련되어 있음을 의미합니다. 일반 시민이나 민중을 개 · 돼지로 보는 시각과 연결되어 있는 셈이라 하겠습니다. 그들은 주체성과 자율을 포기하고 기본적으로 먹는 문제만 해결해 주면 체제에 순응하면서 살아간다는 것입니다. 하지만 우리가 주목하지 않으면 안 되는 것은 개인적으로 성숙한 단계에 진입한 사람이라 할지라도 심리적으로, 마음 한구석에는 자유로부터 도피하려는 경향성이 자리 잡고 있다는 사실입니다. 어떤 결정이나 자유의지라 할지라도 거기에는 홀로 남겨진 느낌과 거기에 동반하는 불안을 가지고 있기 때문입니다. 보통 사람의 경우 그것을 집중적으로 공략하면 자유와 주인됨을 포기하고 복종과 안정감을 추구하는 사람으로 거듭나게 될 수도 있다는 것입니다. 실제로 우리는 전제군주주의 국가체제에서 주체적 존재가 수동적 인간으로 어떻게 허물어지는지, 권력을 가진 자가 보통의 시민들을 어떻게 교묘하게 조정하고 통제하는지 역사를 통해서 많이 보아 왔습니다. 진실로 자유민주주의에 대한 믿음이 확고하고 개인의 자유와 인권을 존중하는 마음이 깊다면, 아마도 '자유로부터의 도피'의 그물에서 어느 정도 자유로울 수 있을 것입니다. 그리고 그러한 신념을 가진 분들이 다수인 사회는 건강하고 아름다운 사회일 것입니다. 나 자신은 가족과 이웃, 조직과 사회, 국가로부터 인정받고 존중받기를 희망합니다. 동시에 나 자신은 다른 사람을 존중하면서 살아가는 사회가 되기를 원합니다.

제4장

전제군주주의와 가부장제의 진화

01
아직도 가야 할 길

정신과 의사 스콧 펙M. Scott Peck은 정신질환자들을 치료하는 과정에서 얻어진 결과를 책으로 엮으면서 제목을 '아직도 가야 할 길'이라고 결정하였습니다. 의료서비스 장면에서는 의사가 환자를 치료하고 질병을 낫게 하는 것이 보편적인 메커니즘이지만, 그는 환자들이 자기 자신과의 씨름에서 이김으로써 보다 높은 영적 차원으로 어떻게 성숙해 가는지를 관찰하고 연구하였습니다. 이러한 구조에서 의사가 하는 일은 안내자, 설명자, 원조자, 지원자로서 기존의 의사와 환자 간 전통적이었던 치료적 패러다임을 획기적으로 전환한 것입니다. 그래서 의사는 환자의 영적 성장을 치료의 궁극적 목표로 삼고, 영적 성장에 이르는 길을 멀고도 험한 여정으로 보았습니다. 환자 스스로가 치료적 과정을 걸어가야 하고 자신과의 싸움에서 승패가 곧 치료의 결과로 나타나기 때문에 의사는 직접적인 치료 행위자가 아니라 환자의 치료를 설명, 원조하고 안내하는 역할에 머물렀습니다.

오늘의 우리들은 대 혼돈의 시대를 살아가고 있습니다. 동병상련이라는 말과 같이 환자가 스스로를 치료하고 영적 성장을 향해 힘든 여정을 걸어가듯이 우리에게도 '아직도 가야 할 길'이 있습니다. 치료자, 전문가 의사도 없을 뿐만 아니라 어디로 가야 할지도 잘 모르고 있지만 우리는 스스로 가야 하고 가지 않을 수 없는 길이 있습니다. 그 길을 가기 전에 우리는 그 길을 찾아야 합니다. 아직 아무도 가지 않았을 수도 있고 관심조차 가지지 않았을 수도 있습니다. 많은 사람들이 병원을 찾을 때 자신의 아픈 몸을 간단하면서도 한 번에 명쾌하게 치료해 주기를 의사들에게 기대합니다. 대부분의 경우에 그런 의사는 아직 없었으며 있을 수도 없습니다. 질병과 불건강은 나의 것이기에 나의 현재 상태와 밀접한 관련이 있어서 치료적 노력에 자신이 어떤 마음을 가지고 힘을 어느 정도 기울이냐 하는 것은 매우 중요합니다. 우리나라의 혼란스러운 상황에서, 아니 중병에 걸린 우리의 사회적 상황에서 사람들은 보편적으로 백마 탄 왕자가 혜성처럼 나타나 우리를 구원해 주기를 바라는 마음이 간절합니다. 소위 '지도자 대망'론, '지도자 빈곤'론입니다. 하지만 그런 지도자는 나타나기 어려울 뿐만 아니라 기대감 자체가 허망할 수도 있습니다. 환자가 스스로를 돌보듯이 오늘을 살고 있는 우리들은 나 자신과 가족과 이웃과 지역사회 그리고 국가를 내가 스스로 돌보는 것에서부터 출발하지 않을 수 없습니다. 그래서 우리에게는 아직도 가야 할 길이 있으며 힘들고 어렵지만 걸어야 합니다. 우리가 가야 하는 길의 끝머리에 있는, 우리보다 앞선 사람들이 이미 걸어가면서 목적지라고 여겼던 사회는 어떤 모습을 하고 있을까요? 어떤 모습을 갖추고 있어야 할까요?

이상적인 사회, 낙원, 기쁨과 평화가 넘치는 곳, 오아시스와 같은 땅, 파라다이스, 에덴동산, 대통령도 즐겁고 중증 장애인도 행복한 사회, 아픔과 고통이 있는 사람이 거의 사라진 사회, 그 모든 것을 아우를 수 있는 개념으로서 '복지사회'가 있습니다. 사회 구성원 모든 개개인이 존중되고 인간답게 살아가는 사회, 개개인이 경험하는 만족감과 행복이 충만한 사회, 그러한 개인적 행복의 총합이 전체로서 하나의 사회를 이루게 될 때 우리는 그러한 사회를 복지사회라고 할 수 있습니다. 그래서 여기에서 복지사회는 곧 '인간복지사회'를 지칭합니다. 이러한 복지사회는 당연히 복지국가의 기반 위에 서 있는 것입니다. 복지국가는 기본적으로 민주주의 국가체계를 갖추어야 합니다. 자유와 평등의 사상을 근간으로 하고 있습니다. 복지국가는 제도적 복지가 완벽하게 갖추어져야 하고 보편적 복지가 달성되어야 합니다. 그리고 선별적 복지가 어느 정도 뒷받침되어야 합니다. 복지국가를 넘어서야만 복지사회의 모습이 드러나게 됩니다. 우리는 그러한 복지사회를 향해서 힘들고 어렵지만, 설사 우리의 시대에 도달하지 못할지라도, 아니 우리 시대에 도달하는 것이 불가능해 보이지만 그래도 우리는 가야 합니다. 아직도 가야 할 길입니다. 하지만 우리의 현실에서 복지사회는 물론이거니와 복지국가로 가는 길도 험난하고 너무도 힘이 듭니다. 우리 사회에서 돈과 권력을 가진 사람들은 자유민주주의를 향한 여정과 노력을 받아들이지 않으려 합니다. 전제군주주의 국가체계에 대한 미련을 못 버리고 있는 형국입니다. 그들은 가부장제 사회문화가 무너지고 있음을 개탄하고 있습니다. 보편적 복지를 도입해야 한다는 주장과 논리에는 보편적 복지제도의 조그마한 폐단들을 확대 재생산하여 보편적 복지제도의 도입 자체를 부정합니다. '무상급식'이 좋은 예입니다. 그들은 우리 사회에서 힘이 있기 때문에 미치는 영향력이 커서 복지국가는 좀처럼 발전적 진도가 나지 않습니다.

유럽 등의 선진국에서는 전제군주주의를 추종하고 지키려던 세력들이 보편적 복지의 실행에 앞장서고 있는데 우리나라는 거꾸로 가고 있습니다. 아마도 미국의 영향이 큰 것으로 보입니다. 미국에서 가난한 사람들을 위해 마련된 의료서비스제도 오바마케어를 보수적인 공화당 정권의 트럼프 대통령은 없애려 합니다. 우리나라에서 의료보험제도는 박정희 정권에서 도입한 보편적 복지의 상징입니다. 보편적 복지제도의 도입과 실천은 복지국가로 가는 직접적인 통로입니다.

다음의 글은 중앙일보(2017. 11. 17)의 연세대 박명림 교수가 쓴 "[중앙시평] 민주화 30년 : 성찰과 과제"의 일부 내용입니다. 박 교수님께서는 우리 사회의 후진성을 조목조목 통계수치를 바탕으로 풀어가며 설명하고 있습니다. 우리 사회는 복지국가와 얼마나 멀리 떨어져 있으며 아직도 가야 할 길이 아득하게 멀리 있다는 것을 구체적으로 보여주고 있습니다. "먼저 국내총생산GDP, 1인당 국민총소득, 외환보유액, 수출, 주가, 기업 규모, 첨단기술, 국제경쟁, 정보기술IT, 정보화를 포함한 '경제발전지표'들은 민주화 이후에도 지속적인 성장을 이룩했다. 독재정권과 보수담론의 오랜 곡해와는 반대로 민주주의가 경제성장을 안내했던 것이다. 그러나 '국가역할지표'들은 너무 허약하다. 담세율, GDP 대비 공공지출, 세전 · 세후 지니계수와 세전 · 세후 빈곤율은 최하 수준이다. 가계 가처분소득 대비 공적 이전비율 역시 꼴찌다. 중앙정부 고용 비중과 중앙정부 지출 역시 최하 수준이다. 국가의 역할은 선진 민주국가들의 몇 분의 1에 불과하다. 사적 개인소득이 곧 시민적, 인간적 삶의 질이 되어 버리는, 국가 역할 부재의 불행한 현실이다. 국민 삶의 현실과 필요, 의사와 요구를 법률 · 정책 · 예산에 반영하는 통로인 의회의 규모 · 예산 · 권한 역시 최하 · 최소 수준이다. 그러니 '사회형평지표' 역시 전 부문에서 형편없이 낮다. GDP 대비 전체 교육 공공부담 비율과 대학교육 공공부담 비율은 꼴찌이며, 평균과는 절반이나 차이가 난다. 평균투표율도 최하 수준이며 높은 나라들과는 비교할 수조차 없다. 노조 조직률 역시 최하 그룹이다. 비정규직 비율 역시 가장 높은 수준이며 평균보다 두 배나 높다. 인구 절반인 여성관리자 진출 비율은 꼴찌이며 여성 국회의원 비율 최하위 수준이다. 반면 거리시위와 사회갈등지수는 단연 최고 수준이다. 의원 숫자도, 투표도, 노조 조직도, 여성 대표성도 낮은 사회에서 거리 시위와 갈등지수가 높은 것은 당연하다. 대표의 규모와 권한도 작고, 투표율도 낮고, 노조도 조직돼 있지 못한데 국민 의견이 제대로 반영되는 민주주의가 가능하다는 것은 기적이다. 자유도 복지도 시민이 제도에 참여(가 가능)한 만큼 가져간다. 게다가 한국은 의회와 대통령선거에서 국민 의사가 전혀 비례적으로 대표될 수 없다. 그러니 당연히 제도 밖, 즉 거리에서 외치고 시위할 수밖에 없는 민의 왜곡 정치제도인 것이다." 우리나라는 그동안 경제발전과 사회진화로 말미암아 잘살게 되었으며 남부럽지 않게 되었다는 말을 누구나 쉽게 합니다. 하지만 위의 글은 우리 사회가 아직도 낙후되어 있으며 가야 할 길이 멀다는 것을 구체적인 수치로 보여주고 있습니다. 그리고 "국가역할지표, 국민대의=의회민주지표, 사회형평지표가 낮으니 국가의 존재 이유인 '인간존엄지표'가 낮을 수밖에 없다. 국가의 공적 역할이 이토록 낮고 국민참여와 의견 전달을 보장하는 민주제도가 불비하며, 사회형평지표들이 최고 불평등을 보여주고 있으니 같은 국민, 같은 인간으로서의 존재는 불가능하다"고 지적하고 있습니다. "한국은 지금 한국형 산업화와 민주화의 밝음이 낳은 어둠이 너무 깊다. 이제 어둠 · 그림자 · 부정 · 흑 · 악을 함께 보지 않는 밝음 · 빛 · 긍정 · 백 · 선의 일방적 추구는 교정되어야 한다. 출산절벽은 인간절벽이며 결국 생명절벽과 국가절벽으로 전환될 것이다." 아직도 우리 사회는 산업화와 민주화의 여정이 빚어낸 어둠의 그림자가 짙게 깔려 있어서 이를 해소하지 못하면 어려움에 직면할 수 있다는 것을 말해주고 있습니다. 요약하면 서구의 선진국들을 기준으로 본다면 우리 사회는 아직도 가야 할 길이 멀다는 것입니다.

이러한 박명림 교수의 논평 연장선상에 보다 미래 지향적인 이종화 교수의 의견이 있습니다. 중앙일보(2017. 8. 24)에 게재된 이종화 고려대 교수가 쓴 "[중앙시평] 민주주의와 평등한 소득분배"라는 제목의 글 일부입니다. "이와 같은 소득재분배 정책은 소득 불평등을 교정하는 중요한 역할을 하지만 근본적인 대책이 되기 어렵다. 1980년대부터 많은 국가에서 공통적으로 소득분배가 악화된 것은 국제무역, 기술발전, 교육 불평등이 주 요인이었다." "경제성장의 과실을 모두에게 펴주는 인기 영합적인 정책이 많아지면 시간이 지나면서 재정적자가 계속 늘어날 수 있다. 지금 투표권이 없는 미래 세대에 파탄 난 재정과 고갈된 연금을 떠맡기는 최악의 상황을 맞을 수 있다." "민주적인 정부가 국민의 넘치는 요구를 모두 충족시키려다 보면 제대로 된 정책을 취사선택해 실행하기 어렵다. 정부 지출의 경제적 효과를 잘 따져 보고 미래세대의 부담을 고려해 좋은 정책들을 골라 추진해야 한다. 계층 간

이동성을 높이기 위해 공교육을 개혁하고 모두가 잠재력을 발휘할 수 있는 열린 노동시장을 만들며 기술 진보에 맞추어 노동자의 숙련도를 높이는 정책이 필요하다. 혁신중소기업을 지원하고 새로운 내수시장과 서비스산업을 발전시켜 좋은 일자리를 만드는 정책들은 분배를 개선할 뿐만 아니라 경제성장에도 도움이 된다. 당장 성과를 내기가 어려운 정책들이지만 앞으로 5년만이 아니라 먼 미래를 보는 민주 정부의 경제정책이 가야 할 길이다." 위의 두 사람의 글을 연결시키면 박명림 교수는 우리 사회가 직면하고 있는 구체적인 문제를 조목조목 지적하고 있고, 이를 바탕으로 이종화 교수는 다소 포괄적이지만 우리 사회가 나아갈 방향에 관하여 언급하고 있습니다.

우리 사회는 많은 변화와 발전을 거듭하여 후진국이나 개발도상국을 벗어났으며 OECD 국가군에 진입하여 어느 정도 선진국의 문턱을 넘보고 있는 것으로 여겨왔습니다. 어쩌면 조금 더 잘 살게 된 우리나라, 가난으로 굶어 죽는 사람이 없는 사회에 살면서 조금 풍요로워진 우리의 가계가 무턱댄 자만심을 자라나게 한 것은 아닐까요. OECD 선진국으로 가려면 길은 멀고도 고단해 보입니다. 선진국, 복지국가의 반열에 들려면 여러 가지 지표들을 개선하고 사회적 미성숙을 걷어내야 합니다. 위 두 교수의 글에서 보면 알 수 있듯이 목적지를 복지사회로 규정하였을 때 아직도 우리 사회는 가야 할 길이 멀고도 험난하다는 것을 말해주고 있습니다. 어쩌면 우리 사회에서 가진 자들은, 기득권자들은 복지국가에 대한 관심도 의지도 없다고 보는 것이 옳을지도 모릅니다. 오히려 현재의 상황과 사회적 메커니즘이 지속되기를 원하고 대를 이어 세습하는 데 집중하는 것을 원하고 있는지도 모릅니다. 그래서 아직도 가야 할 길을 일부 지식인들, 이 책에서 말씀을 인용한 언론인을 비롯한 여러 교수들과 학자, 다소 진보적인 입장을 지닌 정치인들, 다수의 보통사람들과 함께 묵묵히 걸을 수밖에 없을 것입니다.

02
전제군주주의 국가의 진화

프랑스는 1789년 대혁명의 결과로 명실상부한 민주주의 국가로서의 길을 착실하게 걸어오게 되면서 오늘날 미국과 더불어 대통령 중심제 국가로 인류사회에 우뚝 서게 되었습니다. 그리고 미국은 프랑스 대혁명 13년 전인 1776년 자유민주주의 이념을 바탕으로 하는 새로운 개념의 주권국가로서 힘찬 출발을 하게 됩니다. 1861년 시민전쟁을 경험하면서 진정한 민주주의 국가로서 위상을 분명히 하여 오늘에 이르게 되었습니다. 하지만 프랑스 대혁명에서 척결의 대상이 되었으며 앙시앙 레짐으로 명명되었던 전제군주주의 국가체계와 가부장제 사회문화는 많은 나라에서 쉽게 바뀌지 않았습니다. 프랑스 대혁명의 불똥이 자국에 튈 것을 염려하여 프랑스 시민군을 함께 공격하였던 유럽 전제군주주의 국가들의 절대권력들, 미국의 자유와 독립을 억압하고 자국의 식민지로 계속적으로 통치하기를 원하면서 전쟁도 불사하였던 유럽의 봉건국가들, 이웃나라들을 무력으로 공격하고 침탈하여 식민지통치를 정당화하였던 일본 제국주의자들이 있었습니다. 이들은 큰 틀에서 본다면 수정된 전제군주주의의 길을 걸어가게 됩니다. 결론부터 말한다면 이들 전제군주주의 국가들은 상징적이고 입헌적이기는 하지만 오늘날까지도 대부분의 나라에서 국왕 제도를 유지하고 있으며 외형적으로 국가운영시스템은 민주주의를 표방하고 있습니다. 이른바 사회민주주의 이념을 바탕으로 국가와 사회를 운영하고 있는 국가들 다수가 여기에 속하는 것으로 볼 수 있습니다.

영국은 일찍이, 오랜 역사를 통해서 대영제국이라 하여 전제군주주의를 기반으로 하는 제국주의 국가로서의 면모를 보여 왔습니다. 국왕은 아직 명목상으로는 국가의 최고 통치자로서 상징적인 인물입니다. 영국은 수상을 중심으로 의회민주주의를 실현하는 대표적인 나라에 속하지만 아직도 국왕은 권력의 최고 상층부에 있으며 국민들은 국왕에게 충성심을 보이고 국왕은 국민들로부터 추앙을 받고 있습니다. 이러한 사실은 비단 영국뿐만 아니라 유럽과 세계의 여러 나라에서도 나타나고 있는 사실입니다. 그리고 자유주의와 자본주의의 물결을 타고 민주주의 국가로서의 길을 잠시나마 걸었던 러시아와 중국에서도 2019년을 기준으로 본다면 다시 전제군주주의 국가로 되돌아가는 징후들을 나타내고 있습니다. 아주 특별히 북한 사회는 조선민주주의 인민공화국이라는 국가 명칭에도 불구하고 아주 강력한 수준에서 전제군주주의 국가체제를 갖추고 있는 것으로 보입니다.

이러한 전제군주주의 국가와 사회는 그럼에도 불구하고 진화해 왔습니다. 사회복지의 역사에서 1601년 영국의 엘리자베스 빈민법은 여러 가지 의미를 지니고 있습니다. 이 법은 당시의 빈곤문제를 포함하여 빈민들의 사회문제를 해결하기 위한 목적으로 만들어졌습니다. 그것도 17세기 초에 말입니다. 오늘날 민주주의 관점에서 본다면 비판의 여지가 있지만 당시에는 상당한 의의가 있는 것으로 평가되었습니다. 왜냐하면 빈민법은 구빈법으로도 불렸듯이 가난하고 의존과 보호를 필요로 하는 보통 사람들 이하, 즉 하층민들을 위하여 제정되었기 때문입니다. 그 의미를 전제군주주의 관점에서 본다면 빈곤문제는 곧 국가를 통치하고 있는 국왕의 책임이며 해결 노력도 국가 차원에서 이루어져야 한다는 뜻을 내포하고 있었습니다. 국왕은 국민들을 통치하고 있지만 한편으로는 국민들을 보호하고 보살펴야 하는 책임을 느끼고 있어서 빈민들의 문제에 국가가 적극적으로 나서야 한다는 것을 인정하고 있었습니다. 이를 달리 말한다면 자유민주주의 국가에서 빈곤이 발생한다면 그것은 개인의 책임으로 규정하지만 전제군주주의 국가에서는 국왕에게 그 책임이 있으며 국가가 적극적으로 나서야 한다는 것을 의미합니다. 그래서 사회문제에 대한 대응 노력이나 태도는 두 체제에서 상반되게 나타납니다. 전제군주주의 국가에서는 빈민문제를 법이나 제도의 확충, 공공행정을 통해서 해결하려 하였다면 자유민주주의 국가에서는 개인의 부적응 문제로 보기 때문에 선별적인 사회사업 실천을 통해서 해결하려 하였습니다. 이러한 기조는 오늘날의 의료서비스에도 잘 나타나 있습니다. 가령 질병에 걸리거나 몸이 아픈 사람의 경우 영국에서는 국가가 나서서 질병을 치료해 주거나 아픈 곳을 낫게 해주는 일체의 의료행위를 국가가 제공함을 원칙으로 삼고 있습니다. 그것을 의료서비스의 골격으로 삼는 것입니다. 영국은 국왕이 국가를 상징하는 나라입니다. 그러나 미국에서는 질병에 걸리거나 치료를 받을 경우 국가는 개입하지 않는 것을 원칙으로 하며, 치료의 책임과 비용을 개인이 부담하도록 합니다. 그것을 의료서비스의 골격으로 삼는 나라입니다. 오늘날 우리는 영국을 비롯한 유럽의 국왕들이 재임하고 있는 국가들을 복지국가로 부르며 그러한 사회를 지향해야 할 모델로 많은 사람들은 보고 있습니다. 분명한 것은 이들 복지국가들은 사회민주주의를 내세우고 있으며 전제군주주의 국가체계에서 비롯되고 발달해 나왔다는 것입니다. 이들 복지국가의 이념은 사회주의와 민주주의 융합에 의해서 나타난 것입니다. 여기에는 복지 선진국으로 분류되는 유럽의 여러 국가들이 포함되고 있습니다. 이러한 여러 가지 정황과 과정들을 종합하여 전제군주주의 국가들이 진화하고 있는 모습을 몇 가지 유형으로 나누어 볼 수 있겠습니다. 이러한 정황들을 고려하여 대표성이 있다고 판단되는 영국과 프랑스, 미국, 공산권의 네 가지로 분류하여 살펴보겠습니다.

영국의 경우

영국은 전통적으로 전제군주주의 국가 권력 구조를 가지고 있었으며 가부장제 사회문화가 주도적인 흐름을 형성하는 나라에 속합니다. 영국은 지형적으로 섬나라이며 바다와 해군력을 바탕으로 대외적으로는 제국주의 면모를 가지고 있었으며 오랜 세월 동안 세계를 지배해 왔습니다. 영국과 동일한 범주에 속하는 국가는 유럽의 스칸디나비아 여러 나라들을 포함하여 중동의 일부 국가, 일본 등이 있습니다. 이러한 국가권력 구조로 2019년 오늘날에도 국왕을 권력의 최고 정점에 두고 있으며 주로 사회민주주의를 표방하고 있습니다. 국왕의 지위는 헌법에 의해 보장되는 입헌군주주의를 표방합니다. 의회, 특히 하원이 실질적인 권력의 중심지이며 국민들에 의한 의회민주주의 제도를 채택하고 있습니다. 대략 17세기 말부터 양당제도로 정치가 정착되어 왔는데 오늘날에는 보수주의 성향의 보수당과 진보성향의 노동당의 양당이 주축이 되어 있습니다. 영국은 요람에서 무덤까지라는 슬로건에 걸맞게 사회복지제도가 잘 갖추어져 있으며 국민들의 빈곤과 부적응 문제를 개인의 책임으로 돌리기보다 국가나 제도상의 문제, 직접적으로는 국왕을 비롯한 지배계층의 책임으로 보려는 경향이 강합니다. 그래서 사회주의 이념이 보다 강조되었으며 민주주의가 서서히 도입되었습니다. 사회가 점진적으로 진보한 결과 사회민주주의 국가의 형태를 취하게 된 것입니다. 이러한 영국은 오늘날 복지국가의 전형이 되고 있습니다. 많은 학자들과 연구자들은 이러한 영국의 복지국가 모델을 선호하고 그 길을 가려 합니다. 이러한 현상은 많은 사람들이 전제군주주의 국가체계에 대한 지지와 가부장제 사회문화에 대한 전통을 지키려는 성향을 보여주는 것이라고 하겠습니다. 다만, 중세의 전제군주주의 국가들만큼 국왕의 강력한 절대권력 체제로 돌아가지는 않을 것으로 보입니다. 시민들은 이미 보편적 민주주의에 대하여 어느 정도 익숙해져 있기 때문입니다. 따라서 영국 유형은 전제군주주의 국가체제에서 점진적으로 진화하여 민주주의를 받아들이면서도 전제군주주의 성향을 강하게 풍기고 있는 사회민주주의 복지국가에 속한다고 하겠습니다.

프랑스의 경우

프랑스는 대혁명이 일어나기 이전까지 가장 강력한 전제군주주의 국가의 모습을 가지고 있었습니다. 그리고 그러한 국가체계에서 나타났던 가부장적 사회문화는 당시의 유럽 전역에 보편적인 현상으로 발견되었습니다. 당시의 사회적 상황은 유럽 전역에서 비슷한 양상을 보이고 있었음에도 불구하고 왜 프랑스에서 신흥계층으로서 부르주아가 나타났으며 이들이 세력화하여 구제도 정치권력을 무너트리게 되었는지 의문이 들게 됩니다. 이 부분은 수준 높은 성찰이 필요하겠지만 우선 영국과 달리 프랑스에서는 국왕을 비롯한 지배계급이 국민들의 고통과 희생을 외면하였기 때문이라고 해야 하겠습니다. 당시 프랑스는 순전히 왕의 야심과 패권다툼을 위한 전쟁에 국민들을 무자비하게 동원하였습니다. 그러면서도 소수의 지배계급만이 특권과 사치, 호화스러운 생활을 영위하였습니다. 이러한 현상은 영국과도 비슷합니다. 주목해야 할 부분은 절대 다수의 빈곤층과 제3신분에 속하였던 일반시민, 농민, 도시노동자들은 먹는 것조차 힘들었으며 과중한 세금에 시달렸습니다. 그럼에도 불구하고 프랑스에는 영국과 같은 빈민법이 없었습니다. 구빈도 소홀하였으며 약자에 대한 국가적 배려도 부족하였습니다. 이들을 위한 사회복지정책이나 대책은 거의 없었거나 형식적이었으며 미미했다고 할 것입니다. 이들 시민들의 불만과 국가에 대한 원망은 폭발 직전까지 다다르게 됩니다. 이러한 상황에서 상공업과 금융업이 발달하게 되면서 신흥계층으로서 부르주아는 사회 전면에 등장하게 됩니다. 이들은 세력을 확장하면서 봉건적인 특권계급을 무너트리는 결과를 초래하게 되는데, 이에 시민들은 적극적으로 참여하여 프랑스 대혁명으로 나아갑니다. 그리고 자유, 평등, 우애의 혁명정신을 내걸고 자유민주주의 국가의 모습을 갖추면서 국왕과 귀족으로 상징되던 전제군주주의 국가의 모습은 서서히 사라지게 됩니다. 오늘날 국민들 선거에 의한 대통령제를 도입하여 국가권력체계를 갖추고 있으나 미국의 그것과는 구분될 수 있습니다. 미국은 국가체계의 출발에서부터 자유민주주의를 표방하였으며 일부 세력들에 의해서 전제군주주의 국가로 되돌아가려는 시도가 있기는 하였지만 다수의 시민들은 자유민주주의 국가체계를 지켜 오늘에 이르고 있습니다. 반면 프랑스에서는 대통령 중심의 자유민주주의 국가를 지향하고 있지만 이전에 전제군주주의 국가의 형태로 오랜 기간 지속되어 왔으며 특별히 프랑스 대혁명에서 보듯이 자유의 가치뿐만 아니라 평등사상을 아주 중요시하고 있습니다. 평등의 사상은 사회주의 이념과 밀접하게 연결되어 나타납니다. 이는 미국과 달리 프랑스에는 사회주의 이념이 국가와 사회에 강하게 흐르고 있음을 의미합니다. 그러면서도 시민들의 힘과 정치적 역량은 대단합니다. 대통령은 그러한 시민들에 의해 직접적으로 선출되고 있습니다. 의회는 상하 양원으로 구성되고, 정당은 영국과 달리 다당제를 이루고 있습니다. 주요 정당으로는 전진하는 공화국, 공화당, 사회당이 있는데, 군소정당은 수십 개가 있으며 이들 정당들은 각각 소수의 의원을 배출하고 있습니다. 오늘날 각국에서 보편적으로 보이는 좌익과 우익의 개념이 프랑스 대혁명에서부터 시작되었음에도 불구하고 막상 프랑스에서는 그러한 양당구도가 사라지고 있습니다. 이러한 프랑스의 정치시스템과 권력구조는 굳이 구분한다면 미국과 영국의 중간지대를 이루고 있는 것으로 볼 수 있겠습니다. 전제군주주의 체제에서 자유민주주의 체제로 직행하는, 그것도 다수의 민중의 의지와 힘에 의하여 설립된 자유민주주의 국가인 것입니다.

미국의 경우

미국 뉴욕 인근 해변에 자유의 여신상 조각상이 있습니다. 아메리칸 드림의 상징으로 높이 46미터, 정확한 이름은 '세계에 빛을 비추는 횃불을 든 자유의 신상'인데, 이 여신상은 프랑스에서 만들어서 1876년 미국 독립 100주년을 기념하여 미국에 선물한 것이라고 합니다. 이 여신상을 미국에서 직접적으로 제작한 것이 아니고 프랑스에서 만들어 선물하였다는 것은 여러 가지 의미를 더하게 합니다. 발밑에는 노예해방을 뜻하는 부서진 족쇄가 놓여 있고 치켜든 오른손에는 횃불을, 왼손에는 1776년 7월 4일이 새겨진 독립선언서를 들고 있습니다. 이 자유의 여신상은 오늘의 미국을 상징적으로 나타내고 있습니다. 미국은 자유민주주의 국가이며, 서로 다양한 사람들이 한데 어울려 서로의 주체성을 존중하면서 자유롭게 살아가는 민주사회임을 나타냅니다. 공식적으로 단 한 번도 전제군주주의 국가의 모습을 보인 적이 없으며 처음 출발에서부터 자유인들이 모여서 자유의지에 의해 사회를 형성하고 조직을 결성하였으며 국가를 만들었습니다. 국민들의 요청에 의해 정부가 모습을 갖추고 국민들은 대통령을 중심으로 권력을 위임하였습니다. 국가의 모든 권력은 국민 개개인으로부터 나오는 것입니다. 그러하기에 미국사회는 철저하게 자유주의, 민주주의, 개인주의, 자본주의, 시장경제를 지키려 하였습니다. 한때는 시민전쟁 당시에 이러한 본래의 가치를 지키려는 북측과 당시 유럽을 지배하고 있었던 전제군주주의 국가로 회귀하려는 남측 세력이 다투기는 하였지만, 그러나 자유민주주의는 승리하고 국가의 근본을 지키게 됩니다. 그러하기에 자유와 개인주의에 동반되는 책임과 의무 또한 강조되었습니다. 전제군주주의 국가, 사회주의 이념이 흐르는 사회에서 볼 수 있는 국가제도와 정책에 의한 사회복지 노력은 멀리 있는 결과를 초래하였습니다. 개인과 가족 차원에서 사회 적응에 실패하여 이웃이나 사회, 국가에 도움의 손

길을 내밀 경우, 민간에 의하여 서비스를 제공하는 것이 핵심을 이룹니다. 가난과 빈곤, 실패는 결국 똑같은 조건에서 자신이 만든 결과이며 그 책임도 자신이 져야 한다고 보기 때문입니다. 미국에서 의료비도 시장원리에 맡겨야 하기에 치료비가 비싼 이유입니다. 의료서비스도 시장경제의 원리를 충실하게 따르는 형국입니다. 그래서 오늘날 우리는 미국을 복지국가로 보지 않습니다. 국민들이 스스로 자유롭고 가치 있는 삶을 찾아서 나아갈 수 있도록 국가가 최대한 배려하는 나라, 개인적 어려움과 고통의 상황에서도 국가개입을 최소화하는 나라, 자유로운 경쟁구도를 통해서 개인의 능력과 잠재 가능성을 최대한 발휘하도록 시스템을 갖춘 나라, 인권을 중시하는 나라, 아프고 불행한 이웃이 도움을 요청하며 손을 내밀면 따뜻하게 잡아 주고, 기부와 자원봉사활동이 아주 보편화된 나라, 자발적인 나눔과 베품을 통해서 자율적 평등을 실현하려는 나라, 그런 모습이 오늘의 미국입니다. 대통령은 국민들의 선거인단 선거를 통해서 선출되고 상하 양원을 두고 있습니다. 정당은 진보성향의 민주당과 보수성향의 공화당이 번갈아 가며 정권을 잡고 있어서 양당제가 확실하게 자리하고 있습니다. 전제군주주의 국가로부터 가장 멀리 진화되어 있으며 자유민주주의의 실현을 통해서 세계의 정치, 경제, 사회, 문화, 무력을 주도하고 있습니다. 결국 미국은 국가의 출발부터 전제군주주의로부터 자유로움을 추구하였다는 점에서 세계에서 유일한 형태의 자유민주주의 국가에 속합니다. 프랑스인들처럼 자유와 평등을 추구하여 자신들이 속한 국가와 사회를 구제도로부터 개혁하는 방법이 아니라 조국을 버리고 새로운 대지에서 뜻을 같이하는 사람들, 그들이 원하는 이상적인 나라를 이룩하였다는 점에서 미국은 또 다른 특성을 지니고 있는 것입니다.

러시아, 중국, 북한의 경우

러시아와 중국, 북한은 다소의 논란이 있을 수 있지만 사회주의 국가, 공산주의 국가로서의 면모를 그대로 가지고 있습니다. 이들 국가는 각기 다른 특색, 약간의 차이가 있음에도 불구하고 전제군주주의 국가의 권력구조 측면에서 조명해 볼 수 있습니다.

러시아는 1985년 젊은 나이의 고르바초프를 공산당 서기장으로 선출하면서 대변혁의 기회를 맞습니다. 1990년 3월 인민대표회의에서 소련 대통령으로 추대되면서 막강한 권력을 행사하게 되는데, 그는 전체주의 정치를 불식하고 대의제 민주주의를 도입합니다. 소위 개방과 개혁을 통해서 소련을 민주주의 길로 나아가게 하는 데 크게 기여합니다. 그 이전에는 전통적인 유럽의 전제군주주의 국가체제와는 차이가 있었지만 여전히 전제주의 국가의 형태를 갖추고 있었던 것입니다. 1922년 스탈린에 의해서 강제로 구성되어 68년간 지속되어 왔던 '소비에트 사회주의 공화국 연방'이 해체되고 오늘의 러시아로 바뀌게 됩니다. 러시아에서는 대통령을 국민들의 직접선거에 의해서 선출하는데 지금은 6년 임기의 연임이 가능한 구조입니다. 러시아는 2018년 대통령 선거에서 블라디미르 푸틴 대통령이 국민들의 압도적인 지지로 다시 대통령에 당선되었습니다. 푸틴은 4년 임기 대통령 2번, 실세총리 4년, 6년 임기 대통령 2번, 모두 24년간 최고 권력자로서 자리매김하게 된 것입니다. 이는 옛 소련을 합하여 31년간 통치한 스탈린 전 공산당 서기장에 이어 두 번째 장수하는 지도자입니다. 하지만 푸틴의 높은 지지율 등 러시아의 사회적 분위기로 보아 더 오랜 기간 집권할 가능성도 있어 보입니다. 러시아는 이와 같이 민주주의 국가로 변모하여 왔으나 1990년대 제3대 대통령 푸틴이 집권하면서 국민적 직접선거에 의거하였지만 장기집권을 함으로써 1인에 의한 전제군주주의 성향의 권력구조로 되돌아가는 느낌을 주고 있습니다. 러시아의 정치학자 마트베이체프는 푸틴이 안정의 보증자, 위대한 러시아의 보증자, 발전의 보증자라는 이미지를 국민들에게 각인시킨 결과 높은 지지율로 당선되었다고 하였습니다. 결국 국민들의 마음가짐과 지지를 바탕으로 하고 있기에 1인에 의한 장기간 독재체제를 유지하더라도 문제되지 않음을 의미합니다. 이러한 현상은 전제군주주의 국가에서 군주가 국민들로부터 절대적인 신임과 지지를 받은 것과 궤를 같이하고 있는 것으로 해석할 수 있습니다. 그리고 러시아의 민주주의는 다수의 민중들에 의해서 도입된 것이 아니라 고르바초프라는 지도자 1인 중심으로 도입되고 발달하기 시작하였다는 것과도 무관치 않아 보입니다. 결국 러시아는 전제군주주의 국가체제로 출발하여 자유민주주의 국가형태로 발전하였으나 그것은 일시적인 현상이었습니다. 아마도 국민들 다수의 노력과 힘을 바탕으로 민주주의 국가를 이룩하지 못한 것과 관련이 있을 것으로 보입니다. 그리고 푸틴이라는 강력한 리더십을 가진 권력자에 의해서 다시 전제군주주의 국가의 통치 모습으로 돌아가는 느낌을 주기에 충분합니다.

중국, 즉 중화인민공화국은 1978년 12월 제11대 3중전회에서 덩샤오핑을 중심으로 한 개혁세력이 권력을 장악하면서 개혁개방정책을 적극적으로 추진하게 됩니다. 최고 권력자 덩샤오핑은 국가발전의 목표를 '계급투쟁'에서 경제건설로 옮기게 되면서 중국은 중국만의 독특한 사회주의 국가건설을 지향합니다. 하지만 국가체제 차원에서, 즉 권력구조나 정치적인 면에서 민주주의 사회로 나아가려는 노력은 미미하였으며 공산당에 의한 1당 독재 체제, 전제군주주의 체제를 유지하고 있었습니다. 다만, 1989년 민주화를 요구하는 학생들과 시민들이 천안문 광장에서 만오천 명 이상 희생되면서 정권이 무력으로 민주주의 세력을 탄압하는 사건이 있었습니다. 이 천안문 사태는 정치개혁과 민주화를 요구하는 학생들과 일부 시민들이 천안문 광장에서 시위를 하자 정부가 무력을 동원하여 진압하는 과정에서 빚게 된 유혈사태입니다. 하지만 이 민주화운동은 실패로 끝나고 기존의 전제군주주의 체제를 더욱 공고히 유지하게 됩니다. 중국의 국가 권력 구조는 공산당이 정부보다 상위에 있으며 최고 권력자는 당 주석, 당 총서기, 국가 주석 등으로 변화하면서 오늘에 이르고 있습니다. 최고 권력자는 전통적인 전제군주주의 국가와는 달리 세습되지 아니하고 간접선거에 의해서 선출됩니다. 2019년 현재의 중국 지도자 시진핑은 2018년 3월 17일 전국인민대표대회에서 만장일치로 국가주석과 중앙군사위 주석에 재선출되었습니다. 그리고 중국은 1949년 국가설립에서부터 중국 헌법에 따라 중국공산당이 유일한 집권당으로서 국가와 사회를 지배하는 정치세력으로 남아 있습니다. 이러한 중국 헌법은 2018년 개정되는데, 개정 헌법에서 '시진핑 신시대 중국 특색 사회주의 사상'을 언급하고, 국가주석 3연임 금지 조항을 철폐함으로써 시진핑 주석의 장기집권의 가능성을 열었습니다. 이러한 중국의 국가 권력 구조와 국가통치 시스템은 전제군주주의를 보다 강화하는 방향으로 나아가고 있음을 보여주고 있습니다. 다만, 권력 구조로 보아 단 한 번도 직접적 민주주의 실천 경험을 해 보지 않았다는 측면에서 러시아와 차이가 있습니다. 즉, 오랜 역사 동안 중국은 넓은 대륙을 무대로 정권은 바뀌었지만 전제군주주의 국가로서의 면모를 지속해 오고 있다는 것입니다. 프레시안(2018.

3.9) 최재천의 책갈피 〈중국의 미래〉에서 "'신 전체주의'의 길에 들어선 중국의 미래는?"이라는 제목의 글의 내용입니다. "중국이 신 전체주의의 길로 회귀한다면, 특히 서구와 아시아 국가와의 갈등의 골이 깊어질 것이다. 국내 정치적 탄압과 국가의 경제 통제를 매우 강화하는 방향으로 선회한다면 상상컨대 아시아, 그리고 아마도 다른 지역에까지 군사적 공격의 위험성이 커져 긴장이 고조될 것이다. 중국의 대외정책에 대한 데이비드 샴보의 분석이다. 저자는 '중국의 미래'(최지희 옮김, 한국경제신문 펴냄) 한국어판 출간에 즈음한 별도의 서문에서 첫 문장을 이렇게 시작했다. 한국과 한반도의 미래에 있어 중국보다 중요한 변수는 없을 것이다. 중국의 미래는 로터리에 도착한 자동차처럼 몇 갈래 선택의 갈림길에 서 있다. 저자가 분류한 선택지는 기본적으로 넷. 첫째는 신 전체주의, 둘째는 경성 권위주의, 셋째는 연성 권위주의, 넷째는 준 민주주의다."

북한은, 즉 조선민주주의인민공화국은 김일성 주석 이후 단 한 번도 국가통치 시스템이 바뀐 적이 없으며 전제군주주의 국가의 권력구조와 통치시스템을 유지해 오고 있습니다. 아마도 세계에서 가장 강력하면서도 가장 두드러진 전제군주국가의 모습을 갖추고 있는 것으로 평가될 것입니다. 외형적으로는 단 한 번도 민주화의 노력을 기울이지 않았으며 1인에 의한 권력의 독점과 그것을 뒷받침하는 소수의 지배계층들이 권력을 장악하여 국가를 운영하고 있습니다. 이러한 현상은 사회의 진화라는 측면에서 본다면 가장 낙후된 국가 모습이라 할 수 있겠습니다. 다만, 이러한 경우에 영국처럼 국민들의 안녕과 복리를 최대한 보장하고 어느 정도 사회적 평등을 달성하였으며 유지하고 있는지에 대한 실제적인 평가가 있어야 합니다. 하나의 국가로서 북한과 북한 사회는 복지사회와 멀리 있는 것으로 판단되지만 훗날 개방과 개혁이 이루어지고 정보와 자료가 공개되면서 연구를 진행한다면 실체를 알 수 있을 것입니다. 아주 특별히 북한의 국가체계와 권력구조, 정치시스템은 우리의 현실을 감안한다면 지대한 관심의 대상입니다. 자연스럽게 남북한 간의 비교가 이루어집니다. 우리 남한은 이미 상당한 수준의 자유민주주의 국가의 모습을 갖추면서 북한 체제보다 역사적으로 앞서가고 있습니다. 북한은 공식적인 국가 이름에서 보듯이 '민주주의', '인민', '공화국'을 표방하고 있습니다. 하지만 그러한 이름에 걸맞은 국민들에 의한 진정한 민주주의가 실행되고 있는지에 대하여 질문을 한다면 많은 사람들은 그렇지 않다고 대답할 것입니다. 국가통치시스템과 정치 권력구조 면에서 본다면 영국의 경우와 같이 복지사회를 향해 나아간 수준이 남한보다 진일보한 측면이 있을 수도 있습니다. 다만, 구체적 검증을 할 수 없는 상황이라서 사실 확인은 어렵습니다. 사회체계이론에 의하면 개방체계와 달리 폐쇄체계는 여러 가지 문제와 어려움을 안고 있어서 극단적인 경우에는 체계 자체가 소멸될 수도 있습니다. 지금까지 북한사회는 폐쇄체계에 가까운 모습을 보여 왔습니다. 김정은 위원장은 최고권력자로서 이러한 사회체계이론의 이치를 깨달은 것일지는 모르지만 개방체계의 길을 모색하고 있다는 느낌이 듭니다. 이러한 현상은 전제군주주의 국가 시스템이 진화의 길로 나아갈 수 있음을 의미합니다. 지금까지 전제군주주의 국가가 몇 가지 모델로 진화하고 있다는 점을 감안한다면 북한도 그러한 진화의 길로 접어들 수 있을 것이며 그렇게 되기를 바라는 마음 모두가 한결같을 것입니다.

러시아와 중국, 북한에 있어서 전제군주주의 국가체계와 가부장제 사회문화는 지금까지 상당한 수준에서 지속되고 있는 것으로 보아야 합니다. 자유민주주의 국가와 민주화된 사회생활 모습과는 거리가 있다는 것입니다. 그것은 공산권 국가의 경우 사상적 바탕이 되고 있는 '사회주의', '공산주의' 이념과 깊은 관련이 있습니다. 사회주의는 개인주의, 자유주의와 대척점에 있는 이념이라면 공산주의는 자유시장주의, 자본주의의 대척점에 있는 개념입니다. 다시 말하면 공산권의 국가 설립이념인 사회주의와 공산주의는 전체주의, 전제군주주의 국가의 시스템으로 나아가게 하는 이념적, 이론적 근간을 만들고 있습니다. 따라서 이들 공산권의 전제군주주의 국가체계의 진화는 정치적인 시스템이나 권력구조의 개편만으로는 명백한 한계가 있습니다. 당연히 사회주의, 공산주의 이념에 대한 변화와 발전을 함께 이루어야 합니다. 사회주의 이념에서는 개인주의, 자유주의의 사상적 포용이 이루어져야 하며, 공산주의 경제체제에서는 자유시장을 중심으로 하는 자본주의가 병합되어야 합니다. 점진적인 진화를 가능하게 하는 부분이자 내용입니다.

이와 같은 공산권의 흐름과는 별도로 최근에 자유민주주의를 지향하고 있는 국가에서도 전제군주주의 성향의 정치권력이 대두하고 있습니다. 아메리카니즘으로 무장하고 지금까지 세계를 리드하던 구도에서 벗어나 오로지 자국의 이익만을 챙기겠다는 트럼프 미국 대통령의 보수주의, 국가주의 정권의 등장, 프랑스에서는 보수성향인 국민전선의 대약진 현상, 일본에서는 극우 정치세력이라 할 수 있는 아베 총리의 장기집권, 우리나라 국회에서 보수정당에서 보이고 있는 5 · 18

민주화운동과 관련된 망언과 그러한 언행을 적극적으로 지지하는 일부의 국민들 등 극우 내지는 편향된 보수를 지향하는 정치세력들이 자유민주주의 국가에서 크게 위세를 떨치고 있습니다. 이러한 현상을 두고 혹자는 '21세기의 새로운 야만'이라고 표현하면서 역사가 뒤로 되돌아감을 우려하고 있습니다. 즉, 자유민주주의 국가로의 발전을 견인해 온 선진국에서 새롭게 전제군주주의 성향을 보이고 있다는 것입니다. 하지만 다른 한편으로는 미국과 프랑스에서 나타나는 이러한 현상은 개인 우선주의 노선이 아니라 국가와 사회를 보다 중시하는 움직임으로 해석될 수도 있습니다.

공산권 국가는 물론이고 자유민주주의 국가진영에서도 나타나고 있는 이와 같은 전제군주주의적 성향은 어떻게 설명되어야 할까요? 그것은 두 가지 측면에서 말할 수 있을 것 같습니다. 그 첫째는 전제군주주의 국가체제는 인류의 오랜 역사를 통해서 아주 강력하게 유지, 존속되어 왔다는 사실을 주목할 수 있습니다. 프랑스 대혁명에도 불구하고 유럽 대부분의 국가들은 아직까지 입헌 군주에 의한 왕정체제를 가지고 있다는 사실은 전제군주주의 국가체제가 그만큼 견고하다는 것을 의미합니다. 하나의 거대한 조직으로서 국가와 지역사회는 자유민주주의 모델보다 전제군주주의 모델을 더 필요로 하고 있다는 것입니다. 특히 관료제는 국가와 사회를 조직화하고 통제하며 운용하는 데 아주 효율적이라는 인식이 보편화되어 있습니다. 그래서 국가와 사회를 이끌어 가는 지도자들은 대부분이 강력한 수준의 전제군주주의 통치시스템에 매력을 느끼게 되는 것입니다. 그러한 측면에서 본다면 박정희 대통령과 김일성 주석이 남한과 북한을 대표하던 시절에, 이들 두 지도

자들은 상대방을 각자의 통치기반을 조성하는 버팀목으로 활용하였던 것입니다. 둘째는 전제군주주의 국가 체제는 단기간에, 혹은 장기적인 기획에 의한 결실을 확실하게 드러내 보여준다는 점입니다. 그리고 국가의 모든 정책과 행정이 매우 신속하게 이루어짐으로써 효율성을 자랑으로 내세울 수 있습니다. 지금 중국과 러시아, 북한 등 공산권에서 나타나고 있는 현상입니다. 국민 개개인의 희생과 불만족이 나타나더라도 국가와 사회를 위해서 기꺼이 헌신해야 한다는 논리입니다. 일본에서는 왜 아베 총리가 극우 정치세력으로 강화되면서 장기 집권이 가능할까요? 이제 멀지 않아 평화헌법은 개정되고 다시 다른 나라를 침략할 수 있는 법적 기반을 만들어 제국주의적 본성을 다시 드러내게 될 것입니다. 국가와 국왕을 위한 가제가미식 희생자들이 언제든지 나올 수 있는 나라입니다. 유럽의 사회민주주의 국가들보다 훨씬 더 전제군주주의 성향을 지니고 있는 상황입니다. 아베 총리의 개인적 성향을 넘어서서 다수의 국민들이 그를 지지하고 있다는 사실을 우리는 주목해야 합니다. 그러면서도 다른 한편으로는 과학과 기술의 발달이라는 측면에서는 세계적인 성과를 이루고 있는데 이러한 사실은 전제군주주의 국가의 효율성과 관련이 있는 것으로 보아야 합니다. 국민들은 개인의 자유와 이익의 극대화를 추구하는 것이 아니라 사회와 국가에 충성하고 이바지하는 것을 보다 높은 가치로 삼고 있다는 것입니다. 아마도 일본은 자유민주주의 국가로의 진입이나 발전이 거의 불가능에 가까울지도 모릅니다.

03
가부장제 사회문화의 진화

가부장제 사회문화가 지배하고 있었던 사회는, 우리나라의 경우 국가산업은 농경사회였습니다. 국가의 모든 자원과 국민 경제생활의 축은 농업과 농업을 통한 의식주 등 직접적인 재화의 생산에 집중되어 있었습니다. 물론 농산물의 유통과 관련된 일에 종사하기도 하였으나 기본적인 축은 농업을 통한 생산 활동에 기대고 있었습니다. 국가경제는 가정경제에 크게 의존하고 있었으며 흉년이 들어 가정경제가 어려워지면 국가경제도 위태롭거나 큰 타격을 입을 수밖에 없었습니다. 이는 정치적인 구도가 군주와 가부장으로 연결되어 있는 것이라면 경제적으로는 가정경제와 국가경제가 불가분의 관계에 놓여 있었음을 의미하는 것입니다. 따라서 가부장제 사회문화의 변화나 발전은 항상 국가의 통치구조와 밀접하게 연결되어 있었습니다. 우리나라에서 대한민국의 수립과 더불어 자유민주주의 국가가 탄생하면서 가부장제 사회문화도 진화의 출발점에 서게 됩니다. 앞서 언급한 바와 같이 가부장제 사회문화는 가정 안에서 남성 가장에 의한 가족 권력의 행사, 사회생활에서 남성에 의한 여성의 지배, 조직에서 연장자의 연소자에 대한 지배, 남자 가장은 돈을 벌고 여자는 집안에서 살림을 하는 것, 국가에 대한 충성과 부모에 대한 효도가 핵심적 내용입니다. 이러한 내용에 변화가 일어나기 시작한 것입니다.

농경사회에서 가족생활은 규모 면에서는 대가족, 권력 구조 면에서는 가부장제, 경제 면에서는 재화의 직접적인 생산체계를 갖추고 있었습니다. 이러한 시스템은 외형적으로 본다면 자유민주주의 국가임을 내세운 대한민국의 출범과 더불어 변화하기 시작하지만 속사정은 그러하지 못하였습니다. 국가시스템과 제도, 구조는 바뀌었으나 그 안에 살고 있는 사람들의 의식과 가치, 문화는 변하지 않았기 때문에 대가족 제도, 가부장제, 농업 중심의 생산체계와 경제는 그대로 지속되었습니다. 그러다가 이러한 가족생활이 변화를 가져오기 시작한 것은 서구의 그것과 마찬가지로 국가, 사회의 산업화와 밀접한 관련이 있습니다. 우리나라에서 본격적인 산업화의 시작은 1960년대 전반의 박정희 대통령의 경제개발계획과 이후 수차례의 시행, 실천으로 볼 수 있으며, 이에 따라 우리 사회는 큰 변화의 물결 속에 놓이게 됩니다. 자본주의의 본격적인 도입과 산업화와 경제발전은 국가, 사회에 전반적으로 엄청난 변화를 가져오지만 특별히 가족생활에 지대한 변화를 불러일으키게 됩니다. 가족생활이 변화한다는 것은 외면적인 변화만을 의미하는 것이 아니라 가부장제 중심의 가족문화까지 변화하게 됨을 의미하는 것입니다.

산업화는 공업화, 도시화를 불러오게 되고 농업중심의 농촌지역 가족은 대가족으로 남아 있었지만 도시로 이주하게 된 가족들은 주로 소가족화 하는 경향이 있었습니다. 즉, 가족규모의 변화가 시작된 것입니다. 2019년 오늘날 대부분의 가족은 규모 면에서 소위 핵가족으로 불리는 소가족 제도로 전환되었습니다. 자료에 의하면 산업화가 시작되기 전인 1960년에 우리나라 평균 가구원 수는 5.6명이었으나 1995년에는 3.3명으로 크게 감소하게 됩니다. 그리고 최근에는 독신가족이 급격하게 증가하고 있는 추세에 이르렀습니다. 가구원 수의 감소로 인한 가족규모의 축소는 전통적인 가족문화에 대한 인식을 변화시키게 되고 가부장제 문화에도 많은 영향을 미치게 됩니다. 이와 같이 농업이 중심이 된 가정경제의 기본구조가 흔들리게 되면서 가정경제의 수입구조를 획기적으로 변화시키게 됩니다. 농경사회에서 가족의 수입원은 의식주 모든 면에서 남성 가장을 중심으로 직접적으로 땅에서 생산해 왔습니다. 산업화가 진행되면서 산업구조는 농업에서 공업과 상업, 그리고 서비스업으로 넘어가게 됩니다. 따라서 가정생활의 의식주에 필요한 자원이나 재화를 가정에서 직접 생산하는 것이 아니라 외부에서 별도로 구입해서 살림을 꾸려야 하는 상황으로 바뀌어 갔습니다. 자원의 생산과 소비가 분리되고 국가경제와 가족경제는 다원화된 구조로 변화하기 시작합니다. 이는 매우 중요한 의미를 지니고 있습니다. 가정경제에서 생산과 소비가 분리된다는 것은 생산의 의무는 남성인 가장이 지게 되지만, 소비는 가장인 남성으로부터 떨어져 나오게 되고 가정사를 담당하는 주부들이 담당하게 된다는 것을 의미합니다. 남자 가장은 돈을 벌어들이는 책임과 의무를 지게 되고 여자는 가족생활에 필요한 모든 재화를 구입하여야 하는 지위와 권한을 가지게 된 것입니다. 자본주의 사회에서 가장 소중하다고 여겨지는 가치는 돈이기 때문에 돈의 지출권을 가진 주부는 이전에는 볼 수 없었던 가족권력을 가지게 됩니다. 가부장제 가족에서 핵심적인 기능을 해 오던 가족권력이 남성 가장에서 여성 주부로 넘어가는 현상이 일어난 것입니다. 지금은 다수의 가정에서 돈을 벌어들이는 남성들도 여성인 아내에게 필요한 돈을 받아서 쓰는 형국이 조성되었습니다. 남성 가장의 가족권력, 이렇게 무너져 왔습니다. 주부를 중심으로 한 가정경제의 소비 시스템이 구축되었기 때문입니다. 남성 가장은 더 이상 절대권력자가 아니며 가부장제는 여지없이 무너져 내렸습니다. 명목상의 가장으로서 남성들은 소처럼 일을 하여 돈을 벌지 않으면 책임을 면할 수 없으며 나아가 가족으로부터 소외되거나 비난을 받게 됩니다. 더구나 거의 대부분의 가족들이 필요한 자원을 충분히 벌 수 없는 까닭에 한정된 재화로 살림을 가꾸어야 하는 여성 주부는 가정경제의 소비부문을 장악하면서 가부장제는 상당 부분 무너지게 되었습니다. 더욱이 여러 가지 이유로 인하여 경제적 생산 활동에 직접적으로 참여하는 여성과 주부들이 늘어나게 됩니다. 여성들이 경제적 능력을 직접적으로 소유하게 된 것은 또한 많은 의미를 가집니다. 가족경제에서 여성들도 브래드위너breadwinner의 위상을 차지하면서 입지가 크게 향상된 것입니다.

이와 같이 가족권력의 이동현상이 두드러지게 나타나고 있습니다. 전통적인 농경사회에서 가족권력은 당연히 가장이 장악하고 있었으며 가부장으로서 남성 가장은 막강한 권력을 휘둘렀습니다. 그래서 여필종부, 부창부수라는 말도 보편적으로 사용되었습니다. 하지만 산업화 이후 핵가족에서는 가족권력이 서서히 남편에게서 아내로 넘어가는 경향을 보이고 있습니다. 자본주의 사회에서 소비중심의 가정경제권을 여성들이 가지게 됨은 물론이고, 자녀의 출산과 양육, 가사결정권 등 다양한 측면에서 여성들의 지위와 권력은 향상되기에 이릅니다. 가부장제 사회문화가 주류를 이루었던 시대에는 남성들이 막강한 가족권력을 바탕으로 전권을 휘둘렀으나, 현대사회에서는 여성들이 더 이상 지배당하는 삶을 살지 않기로 마음을 먹었습니다. 여성들에 의한 이혼소송 제기가 쇄도하고 있음은 이를 잘 말해 주고 있습니다. 가족권력이 이동하고 있다는 것은 가부장제 가족문화가 바뀌고 있다는 것을 말해줍니다. 가부장제 가족문화의 변화는 사회적 변화의 흐름으로 이어져 갔습니다.

가족 구성원별 역할의 변화 또한 두드러지게 나타나고 있습니다. 전통적으로 가족생활에서 남성들은 가족을 대표하는 수단적 역할을 해 왔으며 여성들은 가족 내 생활을 도맡아 하는 표현적 이미지로 형상화되어 왔습니다. 하지만 그러한 구도에도 변화가 일어나고 있습니다. 여성들도 직업을 통한 사회생활에 직접 참여함으로써 가족경제에서 생산적인 부문을 감당하게 되었습니다. 기존에 남성들은 돈을 벌고 가정을 대표하는 역할을 하였으나 이제는 여성들도 그러한 역할을 수행할 수 있음을 보여주게 되었습니다. 여성이라고 단순히 아이를 낳아 기르고 가정생활을 꾸려 나가는 주부로서의 역할에 머물지 않음을 보여주는 대목입니다. 반대로 남성들도 아이를 양육하고 가정 살림을 살아야 하는 상황이 전개되고 있습니다. 뿐만 아니라 가부장제 사회에서 아주 강하게 인식되었던 남아 선호사상도 크게 변하여 오히려 여자 아이의 출생을 더 바라는 풍조까지 생겨나고 있습니다. 가족과 가족생활에서 가부장제 사회문화는 이렇게 무너져 내렸습니다.

이러한 가족생활의 변화는 사회생활의 영역까지 커다란 변혁을 견인하고 있습니다. 가부장제 가족문화가 무너지면서 우리 사회의 전통적인 사상인 국가에 대한 충성심과 부모에 대한 효성심도 점차 희미해져 가고 있습니다. 연소자의 연장자에 대한 존중과 신뢰는 사라지고 있습니다. 다만, 직장중심의 조직에서 아직까지 상급자의 하급자에 대한 지배와 통솔은 강하게 남아 있습니다. 아주 특별히 조직의 최고 위직은 아직 대를 이어 세습하는 관습이 그대로 남아 있으며 조직 내에서 절대적인 권력자의 지위를 가지고 있습니다. 오너가 있는 대기업들과 중소기업들의 부와 조직 내 권력의 대물림 현상은 전제군주 시대의 국왕의 모습을 그대로 답습하고 있습니다. 세습을 위해서는 어떠한 어려움도 아랑곳하지 않습니다. 심지어 불법, 탈법도 마다하지 않습니다. 그래서 경제민주화가 시급한 상황입니다. 그리고 오너가 있는 다양한 기관과 조직에도 이러한 현상은 만연하고 있습니다. 언론기관이 그러하고 교육기관이 그렇습니다. 의료기관이 그러하며 사회복지기관도 마찬가지입니다. 심지어 어느 대기업의 노조에서는 노조원들의 일자리를 대물림하려는 상황이 벌어지고 있습니다. 가부장제 가족문화는 사라지고 있으며 민주적인 가정으로 변모하고 있지만, 사회조직에서 가부장제 사회문화는 상당한 부분 남아 있음을 부인할 수 없습니다.

하지만 이들 부문에도 약간의 변화가 점진적으로 일어나고 있음을 목격합니다. 지금 60대 이상인 사람들의 대부분은 젊은 시절부터 퇴임 후 지금까지도 '한 번 직장은 평생직장'이라는 지배적인 고정관념을 가지고 있었습니다. 그래서 직장을 여기저기 옮겨 다니는 것은 바람직하지 않다고 여겼습니다. 입사하고 3년간은 죽었다고 생각하고 불평불만을 제기하지 않으며 적응을 위해 최선을 다하라는 가르침을 은사님으로부터 받았습니다. 그리고 실제로 그렇게 하였습니다. 직장에서 일이 생기면 가정사보다 우선시하는 것을 원칙으로 삼았습니다. 아들은 대학을 졸업하더니 전공이 마음에 들지 않는다고 2년을 더하여 복수전공을 하였습니다. 회사 이름을 말하면 누구나 알 수 있는 좋은 직장으로 입사하더니만 조금 근무하고 직장을 옮겼습니다. 그리고 다시 몇 년이 지나 직장을 바꾸었습니다. 제가 물었습니다. 왜 자꾸 직장을 옮기느냐고 말입니다. 아들 대답을 정리하면 두 가지 내용을 담고 있었습니다. 하나는 월 급여를 많이 주는 회사로 가는 것이고, 다른 하나는 자신이 현재 하는 일이 전공과 일치도가 높아서 직업적 정체성에서 만족도가 높다는 것이었습니다. 부자지간의 직업관이나 직장생활은 많은 차이가 있었습니다. 불과 한 세대 차이지만 아버지는 전제군주주의 세대이고 아들은 자유민주주의 세대이기 때문입니다. 이뿐만이 아닙니다. 사회 조직에서 여성에 대한 남성의 우위와 통제도 이제는 옛 이야기가 되어갑니다. 여자 상사가 늘어나고 있습니다. 상급자의 하급자에 대한 지배와 통제는 바뀌기 시작하였습니다. 직장에서 회사 밖으로 모임을 나가거나 식당 미팅을 하게 되면 아버지 세대는 하급자가 상급자를 모시고 대접하는 것을 당연한 것으로 받아들였습니다. 요즈음은 하급자들이 상급자에게 대놓고 말합니다. "과장님은 우리들 하급자들을 위해서 쓰라고 직책수당과 보수를 더 많이 받지 않습니까? 그러니 식사는 당연히 과장님이 사셔야죠" 하고 말입니다. 우리 사회에서 이렇게 가부장제 사회문화는 전제군주주의 국가체제의 진화와 함께 발전적, 점진적으로 변화하고 있습니다. 그리고 새로운 민주사회의 규범과 윤리, 문화를 만들어 가는 것입니다.

04 한국사회의 변천과 발전

한 사회의 변천과정이나 발전을 말한다는 것은 쉬운 일이 아닙니다. 그 내용의 깊이와 넓이가 엄청나기 때문입니다. 그래서 여기에서 논의하는 한국사회의 변천과 발전은 주로 정치적인 측면에서 국가의 최고 권력이 어떻게 변화되어 왔는지, 전제군주주의 국가 체계와 가부장제 사회문화를 중심으로 살펴보고자 합니다.

우리나라는 조선시대까지는 물론이고 일본제국주의 식민통치 36년간도 전제군주주의 국가 체제를 유지함으로써 최고 권력자로서 국왕이 있었으며 국왕의 권력을 뒷받침하는 하위 권력으로서 귀족들이 있었습니다. 국왕은 절대권력을 가졌기에 국민들 위에 군림하였으며 국민들은 국가에 대한 충성과 군주에 대한 복종을 당연한 것으로 여기고 강요받았습니다. 동시에 사회적으로는 가부장제 문화가 보편화되어 있었습니다. 역사학자들도 이 부분에 있어서는 별다른 이의를 제기하지 않을 것입니다. 일제치하에서 다수의 우리 국민들은 식민통치 자체를 거부해 왔습니다. 3 · 1운동에서부터 임시정부의 수립에 이르기까지 우리나라 국민들은 대부분이 독립된 국가로서 주권을 가지고 국민들의 의지와 결정에 의해서 국가가 운영되어야 한다고 생각하였습니다. 이는 외세에 의한 식민통치를 벗어나는 것을 포함하여 스스로의 노력으로 자립국가를 수립하려는 강력한 의지의 표현이었습니다. 하지만 이 당시에는 전제군주주의를 신봉하고 그러한 국가체제에 익숙해 있었던 다수의 국민들이 있었기에 일제의 식민통치에 순응하고 일본 국왕의 지배를 받아들이려는 경향도 일정 부분 있었음은 주지의 사실입니다. 일부의 지도자들은 일본의 천황에 예속되어 귀족의 지위를 누리면서 전제군주주의 국가에서의 권력과 영화를 누리며 살았습니다. 소위 매국노의 이름으로 규탄되고 있는 사람들, 친일 인명사전에 올라 있는 사람들입니다. 지각 있는 선각자들의 애국 독립운동과 제2차 대전에서 미군의 승리로 우리나라는 1945년 일본의 식민통치에서 해방됩니다. 3년간의 미군정을 거친 후에 1948년에는 대한민국 정부가 수립되기에 이릅니다. 그리고 대통령이 국민들에 의해 선출되면서 외형적으로는 자유의 이념을 기반으로 하는 민주주의 공화국이 출범하게 되었습니다. 그리고 오늘에 이르기까지 제19대 대통령을 선출하여 자유민주주의 국가 건설을 목표로 차분히 나아가고 있습니다. 이와 같이 형식적으로는 민주주의 국가로서의 면모를 갖추었지만 내용 면에서도 민주주의 국가의 모습에 충실하였는가? 혹은 민주주의 사회의 모습을 갖추었는가? 하는 질문을 하지 않을 수 없습니다. 즉, 아직도 전제군주주의 국가의 그림자가 남아 있지 않은지, 가부장제 사회문화가 우리 사회에 짙게 드리워져 있는 것은 아닌지를 돌아봐야 합니다.

국가 권력의 구조를 중심으로 대한민국 건국 이후의 역사를 본다면 형식은 대통령제를 주로 선택하였으나 국가 운영 면에서는 그러하지 못한 측면도 있었습니다. 1948년 대한민국 정부가 출범하면서 소위 제1공화국은 대통령제를 도입하게 되는데, 이는 미국으로부터 받은 영향이 큰 것으로 보입니다. 초대 대통령은 미국의 자유민주주의 성향의 인사였지만 사사오입 등의 사건 등을 볼 때 장기집권을 시도하였으며 전제군주주의적 가치와 사고를 가지고 국가를 통치하고자 하였던 것으로 보입니다. 제2공화국은 4 · 19 혁명의 결과로 1960년에 탄생하였는데, 민주공화국의 의원내각제를 채택하였으나 1961년 5 · 16 군사정변으로 짧은 기간의 막을 내립니다. 이어서 박정희 정권이 들어서면서 의원내각제와 부통령제를 폐지하고 양원제 국회를 단원제 국회로 바꾸고 4년 중임의 대통령 직선제를 실시하게 됩니다. 이 시기를 제3공화국이라 하는데 박정희 대통령은 무력으로 정부를 장악하여 스스로 대통령의 직위에 오릅니다. 당시에 집권 세력들은 자신들의 정당성을 내세워 혁명이라고 명명하였으나 후세의 사람들은 혁명이 아니라 군사쿠데타로 규정하였습니다. 그리고 1972년 10월 17일 헌법을 개정하여 유신체제로 전환하여 제4공화국을 출범시킵니다. 그리고 중임 제한이 없는 6년 임기의 대통령 간선제를 도입하게 되지요. 장기집권을 시도하던 박정희 대통령이 저격사건으로 사망하면서 전두환 정권의 제5공화국이 들어섭니다. 그는 7년 단임의 선거인단에 의한 간접선출 방식으로 대통령이 되었습니다. 전두환 정권도 군부의 무력을 바탕으로 권력을 장악하려 하자 민주주의 실현에 앞장섰던 대학생들의 시위로 촉발된 광주 5 · 18민주화운동을 유린하고 결국 집권하는 데 성공합니다. 그러나 퇴임 후 혹독한 비판을 받았으며 엄청난 부정축재로 감옥에 가게 됩니다. 임기 말에 전 국민적인 민주화 운동이 일어나게 되고 1988년 6월 항쟁은 헌법을 다시 바꿉니다. 5년 단임제의 대통령 직선제가 이루어지고 노태우 대통령이 당선되면서 제6공화국이 출발하여 오늘에 이르렀습니다. 직선제 노태우 대통령은 재임 중 엄청난 부정축재를 자행하여 옥살이를 하게 됩니다. 그리고 오랜 기간 야당으로 정치활동을 해 오던 정치지도자 김영삼 총재는 당시 여당으로 입지를 바꾸고 대통령에 당선됨으로써, 민주화를 위해 투쟁하던 사람이 민주주의를 탄압했던 세력의 최고 권력자가 되는 아이러니를 실현시켰습니다. 그러나 불행하게도 재임 중에 IMF 외환위기 사태가 터지면서 국가경제는 심각한 위기국면으로 접어듭니다. 그 다음의 김대중 대통령은 오랜 야당 생활과 민주화운동의 대부로서 칠전팔기의 노력 끝에 대통령에 당선되고 취임합니다. 남북관계 개선에 주력하고 한반도의 평화를 정착시키려 한 공로를 인정받아 노벨 평화상을 수상하게 됩니다. 김영삼 전 대통령과 김대중 전 대통령은 우리나라 민주주의 역사의 산증인이자 주인공으로 크게 자리매김하였습니다. 그리고 김대중 대통령 당시의 여당이 된 민주당은 계속적으로 노무현 대통령을 당선시켜 다소 진보적이라는 평가를 받았던 정치세력이 연속으로 정권을 이어왔던 것입니다. 노무현 대통령은 다수의 국민들로부터 지금까지의 역대 대통령들과는 달리 진정한 자유민주주의를 실현하기 위해 노력하였다는 평가를 받고 있습니다. 뒤를 이어 보수 세력의 이명박 대통령과 박근혜 대통령이 당선되고 앞에서 논의한 바와 같이 파국으로 결실을 맺게 되어 옥살이를 하고 있습니다. 박근혜 대통령의 탄핵과 관련하여 촛불집회가 거세게 일어나면서 민주주의 운동은 큰 결실을 맺은 것으로 간주됩니다. 촛불집회는 이미 평가되었듯이 자유민주주의를 향한 총성 없는 혁명으로 기록될 것입니다. 문재인 대통령의 당선은 촛불이 만들어 내고 촛불세력, 즉 민주화 세력이 정권을 잡게 되는 결과로 나타났습니다. 이러한 역사와 과정에서 김대중 대통령과 노무현 대통령, 그리고 문재인 대통령은 자유민주주의를 신봉하고 그 가치를 실현하기 위해 노력하는 진보적 정치세력으로 자리매김하게 되었습니다. 그리고 이들을 제외한 다른 모든 대통령들은 다소 보수적이고 전통을 보다 중시하는 정치세력을 대변하였다고 볼 수 있습니다. 김대중 대통령의 민주당에서 시작된 거대 양당 세력의 교차적 집권은 서구의 정치발전과 같은 구도로 나아갈 수 있다는 희망과 가능성을 엿보게 합니다. 건강하고 국민들로부터 신뢰받는 정치적 대안세력이 양립하고 있어서 나라의 장래와 발전을 견인할 수 있다면 장기적으로 보아 복지사회의 실현도 가능할 것입니다. 전통을 이어가고 보수적인 정견을 가진 정치세력과 다소 진보적이고 혁신을 강조하는 정치세력이 자리 잡을 수 있도록 온 국민적 관심과 노력이 필요한 때입니다. 현재의 제6공화국 체제에서 2019년 이제 우리는 다시 헌법 개정을 논의하기에 이르렀습니다. 청와대의 개정 초안이든 수정안이든 헌법이 개정되고 권력의 구조가 다시 바뀌게 된다면 우리나라는 제6공화국이 마무리될 것입니다. 새로운 헌법에는 각 정파의 정략과 당략이 구조화된 것이 아니라 대승적인 차원에서 국가의 발전적 미래를 담을 수 있는 헌법 개정이 되기를 바라는 마음은 온 국민의 한결같은 염원입니다.

이상에서 보듯이 대한민국의 국가권력 구조는 대통령제를 유지해 왔습니다. 그리고 선출방식은 국민들의 직접선거에 의한 것이 주류를 이루지만 간접선거 방식도 도입되어 왔습니다. 그리고 대통령들의 정치적 성향이나 태도는 다수가 전제군주주의를 지향하고 있었으며 일부 대통령은 군주의 모습을 보여주기도 하였습니다. 이에 사회생활에서도 가부장제 사회문화는 보편적으로 남아 있었으며 남성과 연장자, 상급자가 조직과 사회를 지배하려는 경향이 있어 왔습니다. 우리나라는 일본 제국주의로부터 벗어나면서 곧바로 미국의 도움을 받아왔으며 대한민국은 미국처럼 자유민주주의의 길을 걸어왔습니다. 그럼에도 불구하고 자유민주주의의 실현과 관련하여 우여곡절이 많았음은 부인할 수 없습니다. 오늘의 자유민주주의 국가체계를 어느 정도 갖춘 것은 그동안 피와 땀을 흘린 민주주의 신봉자, 운동가, 희생자들이 있었기에 가능한 일이었습니다. 뿐만 아니라 아직도 가야 할 길이 멀리 있다는 것, 우리 사회가 내면 깊숙한 곳까지 변화를 이끌어 내기 위해서는 많은 시간과 노력이 필요하다는 것을 말해주고 있습니다.

우리나라에서 민주주의 발전과정을 논의하려면 현대사에서 가장 강력한 영향을 미친, 획기적인 국가발전의 전환점을 만든 제3공화국 이야기를 하지 않을 수 없습니다. 박정희 대통령의 제3공화국 정부는 아주 특별히 오랜 기간 동안, 지속적으로 우리 사회와 국가와 국민들의 일상에 지대한 영향을 미쳤으며, 아직도 영향을 미치고 있음은 부인하지 못합니다. 박정희 대통령은 군인으로서 정치권력으로 넘어와서 우리 사회 구석구석에 많은 영향을 미치고 있습니다. 그리고 오늘날 박정희 대통령에 대한 평가도 다양하게 나타나고 있습니다. 저자는 1979년 10월 26일 박정희 대통령이 서거했다는 소식을 라디오 뉴스를 통해서 들었습니다. 아침시간 집을 나선 직후로 기억됩니다. 학교에 출근하기 위해 버스를 기다리면서 뉴스를 듣고 멍하니 그냥, 아마도 다른 사람이 나를 보았다면 눈동자가 풀리고 무표정한 얼굴에 뭔가 조금 모자라는 사람처럼 보였을 것입니다. 그리고 잠시 후에 북한군이 쳐들어오지는 않을까? 이제 우리는 어쩌면 좋지? 또 다시 혼란과 암흑 속으로 빠져드는 것은 아닐까? 우리나라 경제는 다시 곤두박질치고 모든 건설현장은 올 스톱되어 나라와 사회가 엉망이 되는 것은 아닐까? 나와 우리 가족은? 등과 같은 생각이 두서없이 떠올랐습니다. 마음과 머릿속은 뭔가 허전하고 고독하며 갈 곳을 잃은 것 같았습니다. 제 마음 속을 꽉 채우고 있었던 큰 기둥이 송두리째 날아가 버린, 아버지가 돌아가신 것 같이 어쩔 줄 몰라 갈팡질팡하는 어린아이와 같았습니다. 저자는 경북 산촌에서 6 · 25 전쟁 중에 태어나 중학교를 마치고 대구에서 고등학교와 대학교를 다녔습니다. 소위 말하는 TK에 속하는 사람으로서 박정희 대통령 서거 당시에는 대학을 졸업하고 조교의 직분으로 이제 막 사회생활을 시작하고 있었습니다. 어릴 때 가문의 종손으로 태어나 아주 엄격하신 할머니와 아버지의 훈육을 받으며 자랐습니다. 오로지 공부를 열심히 하여 가문을 빛내야 한다는 기억만이 가족의 가르침에 담겨 있었습니다. 초등학교 시절에는 5 · 16 혁명공약을 줄줄 외워서 선생님 앞에서 큰 소리로 외쳐야 했고 국민교육헌장도 역시 외우고 익혀야 했습니다. 북한의 공산주의자들은 이 세상에서 가장 나쁜 사람들이기에 척결의 대상으로 머릿속에 각인되어 있었습니다. 철저한 주입식 교육의 틀에서 지식과 이론들을, 선생님 말씀을 앵무새처럼 따라하고 반복적으로 외워야 했습니다. 할머니는 어떻게 하든 출세를 해서 아버지처럼 시골에서 땅을 파서 먹고살지 말고 펜을 잡고 살아가라는 것이 가정교육의 전부였습니다. 오직 열심히 공부해서 출세를 하는 것이 저자에게 주어진 사명이었던 것입니다. 한마디로 말한다면 전제군주주의 국가의 가부장제 사회문화에서 태어나고 성장하였으며 그러한 문화를 학습한 대표적인 사례에 속할 것입니다. 자유니 민주주의니 하는 사상이나 이념, 지식과 이론은 주체적, 자율적으로 전혀 접할 수가 없었습니다. 부모님께 말대꾸 하면 몹쓸 아이가 되는 것은 물론이고 선생님에게는 자신의 의견조차 제대로 말씀드리지 못하였습니다. 중고등학교 과정에서도 아침시간, 전교생 조회라 하여 모든 학생들을 모아놓고 담임선생님들은 각자 맡은 반 앞에 서고 반장이 맨 앞에 그리고 일반 학생들은 줄을 맞추고 서서 교장선생님의 훈시를 들었습니다. 획일화된 교복을 입고 외모도 단정하게 가꾸어야 했습니다. 머리카락이 길면 선생님께서 직접 이발기를 들고 여기저기 흉하게 깎아 버렸습니다. 선생님의 눈에 벗어나거나 잘못하는 일이 있으면 때리는 일이 다반사였습니다. 한 마디로 말한다면 전제군주주의 성향의 사회에서 적응 잘하는 사회인으로 양성되는 과정이 교육 현장이었습니다. 그러하기에 모든 교육활동은 전적으로 공급자, 즉 국가와 학교와 선생님을 중심으로 이루어졌습니다. 학생들의 창의성과 자율성, 구성성은 철저히 외면되었습니다. 세계적 인물이 자라날 수 없는 구조였습니다. 당시에는 그것이 선이고 최고의 바람직한 선택이었다고 여겼습니다. 훗날 지식인으로 성장하여 지난날을 되돌아보니 자유민주주의 사회에서 이루어질 수 있는 일들이 아니라는 생각이 들었습니다. 이러한 설명은 전제군주주의가 나쁜 것이고 잘못된 것이라서 척결되어야 할 대상이라는 것을 의미하지는 않습니다. 우리 시대의 상황을 있었던 일 그대로 이해하려는 노력으로 보아야 합니다. 그랬습니다. 정치와 국가 권력의 구조, 그리고 가부장제의 하위구조는 우리 사회를 그렇게 지배하고 있었습니다. 그러한 지배구조의 정점에 박정희 대통령이 있었으니 박 대통령의 서거는 당시의 저자에게 모든 것이 무너져 내리는, 눈앞이 캄캄해지는 경험을 주기에 충분하였습니다. 그만큼 절대적으로 제 마음과 정신세계를 사로잡고 있었습니다. 약간 과장한다면 저를 지배하는 주인이라 할까요? 어쩌면 저는 박정희 대통령을 지존으로 모시는 '정신적 노예', 아니면 교육부 고위관료가 말한 '개, 돼지의 민중'이었을 수도 있을 것입니다. 상상하건대 지나고 보니 아마도 북한 사회에서 대다수의 주민들이 김일성 주석에 대해 가지고 있었던 존경심도 당시의 제가 박 대통령을 섬기던 것과 같은 차원이라 여겨졌습니다. 그렇게 남북의 전제군주는 국민들을 정치적, 정서적, 정신적으로 지배하고 있었습니다.

하지만 저자는 박정희 대통령이 우리 국가와 사회에 미친 보다 긍정적이고 적극적인 영향에도 관심을 가지고 있습니다. 특별히 경제발전과 경제성장을 통해서 국가적, 사회적, 국민적 지위를 크게 향상시켰습니다. 나와 내 가족의 경제적 능력을 신장시키는 경제구조를 만들었으며 새마을 정신과 운동을 통해서 나와 우리 가족의 의식, 우리도 노력하면 선진국이 될 수 있다는 자신감과 국민의식을 심어주고 혁신시켜 주었습니다. 나와 우리 국민들의 의식 혁명은 오늘날 우리 사회로 발전하는 밑거름이 되었습니다. 아이러니컬하게도 기존의 가치와 사고방식의 전환을 가져다주는 계기를 만들어 줌으로써 자유민주주의에 대한 희망을 싹 틔우고 나아가게 하는 원동력을 제공하였습니다. 아마도 박정희 대통령이 국민을 개나 돼지, 혹은 노예로 보았다면 있을 수 없는 일입니다. 이는 한마디로 말한다면 오늘의 저자는 박정희 대통령의 영향과 그림자로부터 자유로울 수 없으며 그의 직 · 간접적인 가르침이 내면세계에 깊숙이 내재되어 있음을 인정하여야 합니다.

박정희 대통령의 서거 이후 한동안 우리 사회는 어지러웠습니다. 광주 민주화운동이 일어나고 총칼이 번쩍였습니다. 그때 저자는 대학교 기숙사에서 학생들을 지도하는 직분을 맡고 있었습니다. 광주에서 실제로 일어나고 있었던 일을 당시에는 언론에 보도되는 수준에서 알고 있었으며, 광주에서 일어나고 있는 실제 상황을 알지 못하였습니다. 군인들이 학교를 통제하고 교문은 잠겼습니다. 기숙사 학생들을 모두 집으로 돌려보내야 했습니다. 박정희 체제에 익숙해 있었던 저자는 국가적, 사회적으로 문제의식을 제기한 것이 아니라 국가의 정책과 학교의 행정지침에 따라 학생들을 체제에 순응하도록 지도하는 임무에 따랐습니다. 그리고 주어진 임무에 충실하고자 하였습니다. 그러나 이내 학교 교문이 열리고 다시 캠퍼스가 활기에 넘치면서, 그리고 시간이 지나면서 그동안 알지 못하였던 사실들을 조금씩 알게 되고 학생들을 상대로 강의를 하면서 저는 박정희 대통령의 마법에 걸려 있었다는 것을 어렴풋이 알게 되었습니다. 학생들에게 진실과 진리를 말해야 했기에 잘못된 거짓 정보를 바탕으로 구성된 이야기를 지워야 하겠다는 생각에 이릅니다. 무엇보다 학생들에게 강의를 한다는 것은 제가 물려받은 것과 들은 것을 그대로 전달해 주는 것이 아니라 새로운 것을 다른 차원에서 진위를 가려 학생들에게 들려주는 것이라는 생각을 했기 때문입니다. 학창시절, 특히 대학생활에서 저는 주입식 교육, 전달식 교육, 진부한 이론과 지식을 앵무새처럼 계속적으로 반복하는 교수님의 강의에 진절머리가 났습니다. 그래서 선생님과 교수님들에게 토론과 질문을 한답시고 부적절한 질문과 극단적인 내용을 말함으로써 저항아로 비치기도 했습니다. 찢어지게 가난하여 배고픔도 제대로 달래지 못하였던 성장과정이 싫었으며 그런 가정생활에서 도덕군자론을 펼치는 어른들이 못마땅하였습니다. 대구의 앞산에 올라 대구 시가지를 내려다보면서 저렇게 많은 집들 가운데 온 가족이 마음 편히 살 수 있는 우리 집이 하나 없는 현실을 개탄하였습니다. 당시에는 금기시되었던 사회주의 서적을 탐독하였습니다. 사회주의와 관련된 서적을 들고 있다는 사실만으로 경찰들은 학생들을 잡아갔습니다. 그래도 이상향을 향한 나의 마음은 끊임없이 나아갔습니다. 사회복지를 전공으로 선택하고 끝까지 고집한 이유인지도 모릅니다.

그렇게 강의안을 만들고 강의방식을 개선하면서 새로운 이념과 사상, 그리고 가치로 전환하는 과정을 거쳤습니다. 전제군주주의 사회에서 태어나고 자랐으며 직장생활을 시작하였고 자유민주주의 가치를 보다 소중하게 여기는 사회를 이상적인 곳으로 상정하게 되었습니다. 농경사회에서 태어나 제대로 먹지도 못하는 가난을 경험하였으며, 산업화과정에서는 학교에서 공부를 하였습니다. 도시화, 공업화 사회에서 일을 하였습니다. 과학기술의 시대를 맞이하면서 급속하게 변화하는 기술혁명을 힘겹게 적응하면서 살았습니다. 컴퓨터를 기반으로 하는 정보화 사회는 정신을 못 차릴 정도입니다. 이러한 모든 과정을 일생 동안 직접 경험하게 되었습니다. 저자의 일생과 삶의 여정에는 우리나라 현대사가 고스란히 녹아들어 있다고 할 것입니다. 아직 미흡함이 있지만, 그래도 정치적으로는 자유민주주의 국가 체계, 경제적으로는 먹고 살기에 부족함이 없는 사회, 문화적으로는 세계화하였으며 선진국으로 나아가는 나라, 사회적으로는 어느 정도 자유롭고 평등한 나라가 되었습니다. 이러한 우리의 현실에는 지나간 과거사가 고스란히 녹아들어 있는 것입니다. 과거사는 절대로 지울 수도 없는 것이며 스스로에 의해서 결코 부정되어서도 안 됩니다. 문제와 잘못이 있었다면 있는 그대로 우리는 받아들이고 고이 간직하여야 합니다. 거기에서 우리는 교훈을 얻어서 오늘을 가꾸어 왔습니다. 박정희 대통령의 과오를 들추어내고 비판할 수는 있습니다. 그러나 나쁜 사람으로 매도해서는 안 됩니다. 나쁜 행동도 있지만 한편으로는 좋은 일도 많이 하였습니다. 우리 국가와 사회에서 매우 중요한 인물입니다. 우리나라 현대사에서 크나큰 획을 그은 사람입니다. 오늘을 사는 우리들이 조국과 민족을 위해 애쓰다가 먼저 가신 분들에 대해 지녀야 할 예의입니다.

그리고 우리나라 현대사에서 민주주의의 실현을 위해 모든 것을 바친 이들을 또한 우리는 기억해야 합니다. 우리나라에서 전제군주주의가 무너지고 자유민주주의 국가로 발돋움하는 과정에서 민주화운동의 희생양이 된 이들의 이야기가 있습니다. 전제군주주의 체제가 저절로 무너진 것이 아니라 그 높고 견고한 담벼락이 무너지도록 땅속을 조금씩 파고 물을 공급하였으며 마구 흔들어댄 사람들이 있습니다. 그들을 우리는 열사라고 부릅니다. 언급한 바와 같이 촛불집회가 민주화운동의 완결판이라면 그 이전에 있었던 크고 작은 수많은 사건들과 운동들, 민주주의의 실현을 위해 목숨까지 던지신 분들의 결심이 쌓어서 오늘날 우리가 누리는 자유민주주의 국가를 만들어 냈습니다. 여기에서 사실중심의 구체적인 언급을 하지는 못하지만 우리는 전제군주주의 성향의 국가에서 자유민주주의 국가로 이행하고 있다는 것, 그리고 그 과정에서 많은 이들의 피와 땀이 흘러들고 녹아 있다는 것만큼은 분명합니다. 우리는 그러한 역사적 사건과 사실, 그리고 인물을 기억해야 합니다. 3 · 15의거, 4 · 19혁명, 부마항쟁, 6 · 10항쟁, 5 · 18민주화운동, 촛불집회 … 김주열, 이한열, 박종철, 전태일 …

우리 사회에서 미국은 무엇인가?

우리나라는 1945년 8월 15일부터 1948년 8월 14일까지 미군정이 이루졌습니다. 그리고 미국은 오늘에 이르기까지 우리나라와 우리 사회와 우리 국민들에게 너무도 가깝고 친근하며, 든든한 후견인처럼 비쳐 왔습니다. 우리를 일본 제국주의 압제로부터 벗어나게 해 준 구원자였으며 1950년 6 · 25전쟁 시에는 북한과 공산국가의 공산주의자들로부터 우리를 지켜주었습니다. 그리고 전쟁의 참화 속에서 야기된 국가적 빈곤과 국민적 기근에서 경제적으로 도와주었으며 정치적으로는 민주주의 국가의 건설과 민주사회가 실현될 수 있도록 지원을 해 주었습니다. 세월이 흐르면서 지식인들은 미국에서 학업을 하고 귀국하여 미국의 문물과 제도와 학문을 우리 사회에 옮겨 심었습니다. 그리하여 우리 사회는 미국이 최고라고 여겼기에 미국을 닮아가려고 하였습니다. 그래서 현대역사에서 미국은 우리의 전부였습니다. 따라서 전제군주주의에 익숙해 있던 우리 국민들의 마음속에 민주주의, 그것도 자유민주주의에 대한 열망과 희망, 그리고 의지를 심어주었습니다. 그래서 지금도 우리는 어떤 중대한 결정을 하려면 미국의 눈치를 보고 그 의향을 물어 봅니다. 물론 형식적으로는 주권을 가진 자주국이지만 정치 지도자들과 전제군주주의에 심취되었던 다수의 국민들은 아직도 미국을 정치적, 경제적, 군사적, 사회문화적, 정서적 후원자요, 보호자라 여기고 있는 것 같습니다. 그리고 실제로 그러한 역할을 미국은 수행해 왔습니다. 그래서일까요? 보수적인 입장을 가진 이들은 미국에 대한 의

존도가 아주 극심합니다. 국방과 외교도 자유와 주체성을 약간 유보하더라도 미국의 보살핌과 보호 속에 머물기를 바라는 것 같아 안타깝습니다. 그토록 소중한 자유의지와 자기결정권을 우리에게 직접 보여 주면서 메시지를 주었는데도 불구하고 지금까지의 지도자들은 거부하는 것일까요? 아니면 모른 체하는 것일까요? 에리히 프롬의 지적처럼 홀로 서는 것이 두려워 자유로부터 도피하는 심정 때문일까요? 그것도 아니면 전제군주주의 국가체계와 가부장제 사회문화에 익숙해져 있는 국민들이 다수 있어서 미국에 대한 사대주의를 표방하고 나서는 것일까요?

아무튼 지금의 우리 사회는 자주국가로서, 국가의 기본시스템은 자유민주주의를 지향하고 있습니다. 전적으로 미국의 도움과 영향이라고 볼 수 있습니다. 자유민주주의를 국가권력의 근간으로 하고 있지만 미국에서 풀뿌리 민주주의가 발달해 온 과정과 속내는 충분히 알지 못한 채 자유민주주의 국가와 민주사회의 흉내만 내고 있습니다. 아직도 가야 할 길이 멀고도 험하다는 것을 말해주는 대목입니다. 하지만 앞으로 우리가 나아가야 할 길이 반드시 미국이어야 하는지에 대한 진지한 평가가 있어야 합니다. 정치적으로는 미국 모형을 따라가더라도 사회복지 부문도 미국의 것을 그대로 답습하여야 할까요? 가령 우리의 의료보호제도나 의료보험제도는 영국의 방식과 구조에 보다 가깝습니다. 그러면서도 일각에서는 미국처럼 자유주의, 시장자본주의에 충실한 영리병원을 추진하려고도 합니다. 이를 두고 일부 학자들은 미국식 사회사업실천과 영국식 사회복지서비스가 혼재되어 있다고 말합니다. 결국 우리 사회는 1940년대까지만 하더라도 전제군주제도에 익숙해 있었으며 그 이후에 자유민주주의 체제로 넘어왔기 때문에 두 가지 흐름에 적응하면서 나타나는 현상이라 하겠습니다. 다소 어정쩡한 상태이기는 하지만 우리로서는 어쩔 수 없는, 과도기적 현상이라고 할까요? 어쩔 수 없는 선택이라고 할까요? 그래서 초대 이승만 대통령에서 19대 문재인 대통령에 이르기까지 역대 대통령들은 분명하게 전제군주가 아닌 자유민주주의 국가의 국민에 의해 선임된 대통령이었습니다. 그러나 소수를 제외한 대부분의 대통령들은 대통령의 역할과 임무를 수행하는 것으로 보아 자신을 군주라고 생각하고 있는 것처럼 보였습니다. 그랬습니다. 대통령들의 그러한 가치인식은 국민들의 수준과 일치하는 것이었습니다. 최소한도로 1950년대 이전에 태어나 유년기를 보냈던 국민들은 전제군주주의 사고방식과 문화에 낯설지 않았기에 가능하였던 것입니다. 사실 대통령과 군주는 엄청난 차이가 있음을 우리는 다 알고 있습니다. 다만, 분리하려는 의지가 없거나 훈련이 되어 있지 않았기 때문일 것입니다. 이렇게 우리는 오늘날까지 살아왔습니다. 아직도 우리 마음속에는 이들 상반된 두 가지 가치와 의식에 대하여 양가감정을 가지고 있는 것은 아닐까요? 하지만 이제 또 다른 희망을 보고 있습니다. 기존의 기성세대와는 확연히 구분되는 새로운 세대가 나타났습니다. 미국식 자유민주주의와 개인주의에 보다 충실한, 그래서 그들은 자유민주주의를 외치고 있습니다. 멀지 않아 그들이 우리 사회의 대세가 될 것입니다. 그리고 지금의 양가감정이나 갈등을 넘어설 수 있는 가능성을 봅니다. 미력하나마 저자는 대학교육의 일익을 감당하면서 기울였던 노력의 결과가 나타나고 있다는 자부심을 가져봅니다. 그래도 그들에게 알려 주어야 할 주제가 있습니다. 조직과 사회와 국가, 민족을 위해서 양보해야 할 것, 섬겨야 할 것이 있다는 것을 말입니다. 개인주의, 자유주의가 전부가 아니고 사회주의 정신도 존중되어야 한다는 것을 말입니다.

우리나라는 전통적으로 전제군주주의 국가체제와 가부장제 사회문화 속에서 오랜 기간 살아왔습니다. 대한민국 정부가 정식으로 수립되고 국민들의 직접선거에 의해서 대통령이 선출되기까지 말입니다. 이러한 역사적 사실을 중심으로 본다면 우리 사회도 유럽의 여러 나라들과 마찬가지로 사회민주주의의 모습을 띠고 있는 것이 정상적인 형국이라 하겠습니다. 하지만 일본으로부터 독립하면서 우리 사회는 자유민주주의 이념을 신봉하는 미국으로부터 절대적인 영향을 받게 됩니다. 외형적 국가시스템은 전제군주주의 국가에서 단번에 자유민주주의 국가로 급격한 변화를 맞이하게 되었던 것입니다. 하지만 내면적으로는 오랜 기간 전제군주주의와 가부장제 사회문화에 젖어 있었던 대다수의 국민들은 자유민주주의에 대한 낯섦으로 인해서 구체제의 인습에 그대로 남아 있으려는 성향을 보였습니다. 그러한 성향의 국민들이 우리나라의 주류를 형성하여 왔습니다. 다만, 미국의 자유민주주의를 받아들이고 그것을 우리 사회에 실현하려는 세력은 소수로서 지금까지 민주화를 위해 헌신하신 분들이 대표적 인물들입니다. 그래서 우리나라는 영국의 모델도 아니고 미국의 모델도 아니고 어쩌면 프랑스 모델에 가까울 수도 있습니다. 하지만 프랑스는 국민들의 힘에 의해서 스스로 전제군주주의를 정리하고 자유민주주의의 길을 걸어갔습니다. 우리는 자유민주주의를 향한 노력이 외부, 즉 미국으로부터 도입되고 심어졌다는 점에서 프랑스와는 또 다른 측면이 있습니다. 그래서 오늘날 우리 사회에는 전제군주주의 성향과 자유민주주의 성향이 동시에 자리 잡은, 다소 어정쩡한 상태로 남아 있다고나 할까요. 다만, 전제군주주의 성향의 시민들은 구시대의 전통을 물려받은 것이기에 주로 나이가 든 노인세대들이 중심을 이루고 있습니다. 그리고 자유민주주의 성향의 시민들은 자유민주주의 국가체제에서 태어나고 민주주의 사회문화에서 자라났기에 구세대의 패러다임과는 상이한, 구세대와는 다소 대립적인 구도를 형성하게 된 것입니다. 그래서 우리 사회는 세대 간의 갈등이 일어나고 있다고 말합니다. 태극기집회와 촛불집회는 이러한 두 세력의 충돌현상인 것입니다. 두 세력의 충돌에서 촛불세력이 이겼다는 것은 그러한 이들이 우리 사회의 다수이고 앞으로 우리나라는 자유민주주의 국가로 나아가게 된다는 것을 의미합니다. 미국의 영향입니다. 그럼에도 불구하고 전제군주주의 국가이념은 완전하게 사라지지 않을 것이며 괴멸되어서도 안 됩니다. 개인보다 사회를 중시하는 사상과 철학이 들어 있기 때문입니다. 유럽의 국가들처럼 진화된 형태로 남아서 우리가 가고자 하는 이상적인 미래사회, 인간복지사회의 한 이념적 축으로 살아 있고 남아 있어야 합니다.

05
경쟁주의 패러다임 비판

저자는 조그마한 산골 마을에서 소규모 농사일을 하는 부모님에게서 태어나 약 2km 되는 거리의 초등학교를 졸업하고 약 4km 떨어져 있는, 강을 2번이나 건너는 중학교에 입학하게 되었습니다. 중학교라고는 하지만 겨울이면 함석지붕이 강한 북풍에 떨리는 소리 때문에 책을 읽다가도 잠시 중단하여야 하는 그런 교실이었습니다. 시설은 보잘것없고 한 학년이 2개 학급인 소규모이지만 시골이라 모든 것이 정겹게 느껴지던 곳이었습니다. 1학년 입학을 하고 다른 초등학교에서 온 새로운 친구들과 사귀기도 전에, 당시에 농업을 전공하시고 우리에게 '실업'이라는 과목을 가르치시던 선생님께서 첫 수업을 시작하시면서 우리에게 경쟁할 것을, 그것도 아주 혹독한 경쟁을 할 것을 주문하셨습니다. 선생님의 그림솜씨는 별로셨지만 칠판에 회전의자를 하나 그리셨습니다. 그리고 저 멀리 무수히 많은 사람들이 출발선상에 서 있는 것을 그림으로 보여 주셨습니다. "이제 총소리가 나면 이 많은 사람들이 저기에 있는 회전되고 안락한 고급의자를 향해서 달려가게 된다. 그런데 불행하게도 그 의자는 하나밖에 없다. 그 많은 사람들 중 오직 한 사람만이 의자에 앉을 수 있다. 여러분은 한 사람이 되겠는가? 아니면 의자를 빼앗기고 울면서 신세를 한탄하는 다수의 사람이 될 것인가? 그 선택은 오로지 여러분에게 달려 있다. 나는 여러분이 의자에 앉을 수 있는 사람이 되기를 바란다." 기억이 분명하지는 않지만 당시의 말씀을 재구성해 보면 대충 위와 같은 내용이었습니다. 나는 그 당시에 선생님 말씀이니 가르침을 잘 따라 의자에 앉을 수 있는 사람이 되어야 하겠다고 속으로 다짐을 하였습니다. 속으로 아마도 선생님께서 말씀하신 뜻은 사회적으로 크게 출세하라는 가르침이라고 여겼습니다. 그리고 목적지를 향해서 옆도 뒤도 돌아보지 말고 달려서 치열한 경쟁 속에서 이겨야 한다고 생각했습니다. 옆에 나란히 앉아 있는 다정한 친구도 나의 경쟁자였습니다. 당시의 그 말씀은 너무도 오랫동안 내 마음을 지배하면서 무조건 빨리 달려야 하겠다는 다짐을 무수히도 많이 하였습니다. 2019년 오늘 정년퇴임을 하고 멋진 연구실에서 자유로운 시간을 보내면서도, 일상을 나는 아직도 쫓기면서 마음의 평화를 누리지 못하는 삶을 살아오고 있습니다. 무언가 생산적이고 발전적인 일들을 하지 않고 놀고 있다는 생각이 들면 왠지 불안하고 초조해집니다. 그래서 연구실에 일찍 나오지 않으면 누군가로부터 꾸지람을 들을 것 같습니다. 그 선생님 덕분에 저는 아직도 의자를 향해서 끊임없이 달리고 있는지도 모릅니다.

우리 집 아이가 초등학교에 다니던 시절이었습니다. 아내는 여느 집 어머니와 마찬가지로 아이들이 받아오는 시험지와 성적에 관심이 많았지요. 어느 날 점수가 매겨진 산수시험지를 들고 왔습니다. 아이가 자랑스럽게 어머니에게 내밀었습니다. "엄마 오늘 산수시험 쳤어." "응, 그래?" 시험지를 받아든 엄마는 얼굴이 환해지면서 "야아~ 백점 맞았네! … 정말 잘했구나, 내 새끼" 하면서 안아주었습니다. 아이가 다시 말을 이었습니다. "엄마, 그런데 5명이 백점 받았어요." 엄마의 얼굴이 금방 시무룩해지면서 "그러니?" … "그래도 잘했다. 우리 아들 장하다." 그러고 나서 몇 개월이 지난 뒤였습니다. 다시 아들이 산수 시험지를 들고 와서 그전처럼 자랑스럽게 어머니에게 내밀었습니다. "엄마, 근데 오늘은 한 개 틀려서 95점밖에 못 받았어." 엄마의 안색이 금방 바뀌었습니다. "뭐라고? 한 개 틀렸어? 맞힐 수 있었는데도?" 아이를 원망하는 듯한 태도로, 질책하는 듯한 태도로 아쉬움을 나타내는 아내의 얼굴은 실망감으로 가득해 보였습니다. "문제가 어렵더냐?" "다른 아이들도 그러는데 문제가 어려웠던 모양이야, 뒤에 생각해 보니 맞힐 수 있는 문제였는데…" 아이가 말꼬리를 흐리니 엄마가 다음에는 틀리지 말고 신중하게 문제를 풀어야 한다고 훈계하면서 대화를 마무리하는 듯하였습니다. 아이가 "그런데 엄마, 내가 한 개 틀리기는 하였지만 우리 반에서는 일등을 했어"라고 말했습니다. "뭐라고? 일등 했다고? 아이고 우리 새끼 일등을 했구나" 하면서 어머니의 태도는 돌변하였고 아이를 안아주었습니다. "그러면 한 개 정도는 틀려도 괜찮다. 그래도 다음에는 한 개도 틀리지 마라!" 아이는 이미 엄마의 마음과 태도를 짐작하고 있었으며 엄마의 심정을 헤아리고 있었던 것입니다. 이 세상의 대부분의 엄마들이 자녀들에게 보이는 전형적인 행태일 것입니다.

위의 이야기는 우리 사회에서 일어나고 있는 경쟁주의를 말하고 있습니다. 지금까지 경쟁주의는 우리 사회에서 지나칠 만큼 미화되고 찬양되어 왔습니다. 비판적 성찰과 경각심은 물론 없었거니와 단 한 번도 도마 위에 올려놓고 어두운 측면에 대한 학술적, 전문적인 논의와 토론을 진행해 온 기억이 없습니다. 경쟁과 경쟁주의는 무조건 좋은 것이고 찬양받아야 하는 것으로 의식화되어 왔습니다. 사실 우리 인류사회의 역사를 돌이켜 보면 국가와 사회체제, 이념과 사상, 시대와 사회적 가치를 넘어서서, 인간의 삶과 일상에서 경쟁주의만큼 지대한 영향을 미친 것은 없었습니다. 경쟁주의는 시대를 뛰어넘고 체제를 초월하여, 사상이나 이념보다 더 집요하고 강력하게 인간사회를 지배해 왔습니다.

태초에 인간이 있었습니다. 먹고 사는 문제를 자연에서 해결하여야 했던 인류는 여느 동물과 마찬가지로, 같은 동족으로서 인간들 간의 경쟁은 물론이고 다른 동물들과도 경쟁해서 이겨야 살아남을 수 있었으며 먹이를 확보할 수 있었습니다. 당시의 이러한 인간의 모습은 오늘날 약육강식의 동물세계를 보면 어느 정도 짐작할 수 있습니다. 적자생존과 정글의 법칙이 지배하기에 오로지 강한 유기체만 살아남게 됩니다. 약한 유전자는 스스로 도태되거나 경쟁구조에서 희생이 됩니다. 먹이를 두고 벌이게 되는 경쟁은 필연적인 것이었기에 원시사회 인간의 일상에서 경쟁과 다툼은 지극히 당연한 것으로 인식되었습니다. 점차 문명과 문화가 발달하면서 경쟁주의는 진화하게 되지만 그 본질은 바뀌지 않고 지속적으로 이어져 오고 있습니다.

다음백과사전에 의하면 경쟁competition은 일반적으로 둘 혹은 그 이상의 유기체, 동물, 개인, 경제집단이나 사회집단 등 이들 간에 있어서 영역, 자리, 자원, 재화, 짝지, 명성, 인정, 포상, 집단이나 사회적 지위, 혹은 리더십과 이익을 위해서 벌이게 되는 다툼이나 경연이라 할 수 있습니다. 이는 zero-sum, winner takes all 게임으로서 어느 한 편이 이기거나 얻게 되면 다른 편은 모든 것을 잃어버리게 됩니다. 얻은 자는 승자가 되고 잃은 자는 패자가 됩니다. 이러한 경쟁은 똑같은 환경 속에 공존하고 있는 살아 있는 유기체들 간에 자연스럽게 일어나게 되는데, 동물들은 주로 마시는 물, 먹이, 짝짓기, 그리고 자연 자원들을 놓고 경쟁하게 됩니다. 사람들도 음식과 짝지 등을 두고 경쟁하지만, 부, 권력, 명성과 유명해짐을 두고도 다툼관계를 형성하게 됩니다. 경쟁이라는 말은 협동cooperation이라는 말과 대치되는 개념으로 사용되는데 특별히 시장경제와 비즈니스에 있어서 아주 중요한 개념으로 자리 잡게 되었습니다. 그리고 나아가 무역, 정치, 스포츠, 교육, 연구 활동, 과학 기술, 전쟁과 무기, 심지어는 휴머니즘과 봉사 부문에서도 경쟁의 개념이 도입되어 일상의 삶을 자신과 타자와의 경쟁구조로 바꾸어 놓게 되었습니다. 경쟁주의competitionism는 인간의 삶에서 '경쟁'을 당연하게 받아들이고 경쟁이 인간사회를 지배하는 보편적인 가치임을 인식하고 그 결과를 수용한다는 것입니다. 그리고 나아가 그러한 모든 사실과 현상을 적극적으로 지지한다는 것입니다. 그래서 경쟁주의는 어떠한 문제도 없으며 비판의 여지도 허락되지 않았습니다. 전제군주주의와 같은 국가체계, 공산주의나 자본주의와 같은 경제적 이념, 자유와 평등의 사상, 자유주의와 민주주의와 같은 이데올로기보다 더 강력하고 그것을 넘어서는 차원에 있었습니다. 그만큼 경쟁주의는 인간의 삶과 일상에 지대한 영향력을 행사해 왔으며 지금도 영향을 미치고 있습니다.

다음의 글은 중앙일보(2018. 3. 12) 이하경 주필이 쓴 '이하경 칼럼'의 일부입니다. 이하경 주필은 우리 사회에서 심각한 수준에 이른 탐욕과 경쟁주의를 지적하고 있습니다. "이 나라의 부모들은 눈만 뜨면 내 자식에게 무조건 싸워서 이기라고 가르친다. 세상은 은메달, 2등은 기억하지 않는다고 속삭인다. 경쟁과 성공이 나란히 최고의 가치로 버티고 있는 지구상 유일의 나라가 한국이다. 악착같이 좋은 대학 나와서 좋은 직장 취직해야 어깨 쭉 펴고 다닌다. 이렇게 해서 전 국민의 1%만 의기양양하고 나머지는 죄가 없어도 고개 숙여야 하는 코미디 같은 상황이 벌어지고 있다." "괴테는 괴물과 싸우는 사람은 스스로 괴물이 되지 않도록 조심해야 한다고 했다. 우리는 차별과 탐욕이라는 거대한 괴물을 미워하고 맞서 싸운다고 생각했는데 어느새 괴물이 돼버렸다." "이 나라에서는 아무리 근사한 법을 만들어도 잘 지켜지지 않는다. 아직도 피란민 시절의 기회주의적 심리상태가 지속되고 있기 때문이다. 1년에 24만 건, 2분에 한 건 꼴로 사기 사건이 발생하는 것도 우연한 일은 아니다. 김웅 인천지검 공안부장은 이런 한국을 '사기 공화국'이라고 규정하고 '사회 전체에 세속적인 욕망이 창세기 바다처럼 들끓고 있다'고 일갈한다.(검사내전 부키) 적대와 편법의 DNA는 오장육부에 이어 마침내 미세혈관까지 점령해 인간다움의 증거인 관용 · 연대 · 평등을 조롱하고 있다. 그렇기에 북핵의 완전 폐기와 휴전체제의 평화체제로의 전환은 포기할 수 없는 과제다. 편법 · 탈법 · 차별 · 억압 · 폭력을 정당화하는 심리적 전쟁과 피란민 의식을 끌어안고 살 수는 없지 않은

가." 이하경 주필도 우리 사회에서 일어나고 있는 탐욕과 지나친 경쟁주의, 그로 인해서 나타나는 편법과 탈법, 그리고 차별을 척결해야 한다고 보고 있습니다. 그러한 탐욕과 경쟁은 우리 사회를 경쟁주의 사회로 만들어 버렸으며 그 결과 사람다움이 중심을 이룬 사회는 사라지고 비인간적인 심각한 사회문제로 범벅이 되어 있습니다. 그의 글은 우리 모두를 아주 속 시원하게 해 줍니다. 최소한으로 말해서 경쟁주의 패러다임은 교육현장에서만큼은 배척되어야 합니다. 앞서 지적한 바와 같이 아이러니컬하게도 우리 사회의 교육현장은 그 어떤 영역이나 다른 부문보다 경쟁주의 성향이 두드러지게 나타나고 있습니다. 내 아이는 다른 아이들보다 공부를 잘해야 하고 반드시 경쟁에서 이겨야 합니다. 대부분의 부모들은 그것을 자녀를 학교에 보내고 학업을 계속하게 하는 목적으로 삼고 있습니다. 공부만 잘하면 됩니다. 그리고 다른 학생보다 더 잘 할 수 있다면 수단과 방법을 가리지 않고 최선을 다합니다. 오로지 교육과 수업의 목적이 경쟁에서 이기는 것입니다. 그래서 상급학교에 진학하고 가장 우수한 대학을 졸업하여 사회적으로 안정되고 모두가 선호하는 직업을 가지고 모든 것을 누리며 살기를 간절히 바랍니다. 그것이 부모와 아이들의 삶의 목적이자 목표가 되고 있습니다. 경쟁주의가 낳은 매우 어두운 측면이자, 사회적 불행입니다. 학교는 다른 사람들을 이기기 위해서 가는 곳이 아니라 자신의 자질을 탐색하고 잠재 가능성을 계발하여 건강하고 아름다운 일생을 살아갈 수 있도록 지원하고 안내하는 곳이 되어야 합니다. 저자는 언제부터인가 피아노 음악을 좋아하게 되었습니다. 그런데 태어나고 자란 환경에서는 피아노 근처에도 갈 수 없었으며 아마도 고등학교에 진학한 후에 피아노를 처음 접하였던 것 같습니다. 음반을 직접 구입하고, 혼자서 들을 수 있는 여건이 되면서 피아노 음악을 즐겨 들었던 기억이 납니다. 오랫동안 몸담은 학교에 재직하면서 음악학과 피아노 전공 교수님께 지나가는 말투로 물었습니다. "나도 피아노 공부 좀 할 수 있겠습니까? 연습하고 훈련하면 피아니스트가 될 수 있을까요?" 그래도 그 교수님은 동료의 말이라 웃으면서 언제 시간 맞추어 연구실로 오라고 하셨습니다. 드디어 피아노 교수님의 지도에 따라 피아노 실기실의 피아노 앞에 앉았습니다. 그 교수님이 나에게 피아노를 한번 쳐 보라고 하셨습니다. 두서없이 건반을 오가며 동요를 노래하였습니다. 한참을 지켜보더니 조용히 피아노를 덮고 함께 실기실을 나서면서 조심스럽게 말씀하셨습니다. "꼭 배우셔야 하겠습니까? 이미 손가락이 굳어 있어서 유연성이 없으니 가는 길이 험난하고 어려울 것 같은데요." 이미 그때 내 나이는 40대 중반으로 접어들었기 때문이었습니다. 노력하면 안 되는 것은 아니지만 힘들고 어렵다는 것이었습니다. 그냥 취미활동의 수준에서 피아노를 배워보라는 충고를 주셨습니다. 정중하게 인사를 하고 돌아 왔지만 아마 그 교수님은 실기실로 가기 전부터 내가 피아노 공부를 하기에는 이미 늦었다는 것을 알고 계셨던 것으로 보입니다. 지금도 그 장면을 떠올리기라도 하면 스스로 얼굴이 붉어집니다. 그리고 내가 어릴 때부터, 손가락과 손놀림의 유연성이 가장 좋았을 때부터 피아노를 접하고 공부를 하고 연습을 하였더라면 아마도 나는 피아니스트의 길을 갔을지도 모릅니다. 할머니 품속에서 자라나면서 하루에 한 번씩 꼭 들었던 말이 있습니다. "학교에 가면 열심히 공부하여 아버지처럼 땅 파서 먹고살지 말고 펜대를 잡고 살아야 한다." 너무도 많이, 오랫동안 들어왔던 터라 지금도 할머니의 말씀하시는 모습이 눈에 선합니다. 학교에 정식으로 입학하기 전부터 누나를 따라서 학교에 가는 것을 좋아하게 되었으며 학교에 가서는 열심히 공부하였습니다. 그리고 반드시 1등을 해야 하고 경쟁에서 이겨야 하며 훗날 출세하는 것이 학교 다니는 목적이 되었습니다. 피아노에 관심을 가지는 기회는 원천적으로 봉쇄되었으며 피아노 배우고 싶은 마음은 내 삶에서 아무것도 아니었습니다. 아니 피아노는 내 삶의 영역으로 들어올 수 없는 먼 나라 이야기였습니다. 그렇게 노력하여 할머니의 가르침대로 글을 쓰는 학자의 길을 걸었습니다. 그러면서도 항상 두 가지 주제가 내 주위를 맴돌면서 나에게 소리치고 있었습니다. 하나는 항상 무엇엔가 쫓기면서 초조하게 살아가는 것이고, 다른 하나는 내 안에 어떤 자질과 잠재 가능성이 있는지에 대한 의문이었습니다. 누군가에게, 무엇으로부터 쫓기는 삶은 퇴임을 하면 끝이 날 것으로 여겼습니다. 하지만 정년퇴임 후 1년이 지나서도 아직도 쫓기는 일상은 계속되고 있습니다. 무언가 하지 않으면 불안하고 경쟁구조 속에 놓이게 되면 오히려 안도감을 느낍니다. 나는 나 자신의 삶을 살아오지 못하였으며 형식적으로 더없이 자유로워진 지금도 나는 내면의 자신을 충분히 챙기지 못하고 있는 것입니다. 내가 다시 어린 시절로 돌아간다면 진짜자기의 소리에 귀를 기울이고 할머니의 이해를 구하고 싶은데… 그리하여 나 자신의 삶을 진지하게 살아가고 싶은데… 그리고 끝까지 승자의 삶을 살고 싶은데 말입니다.

공병효(1952)는 『교육받은 야만인: 크리슈나무르티와의 대화』에서 경쟁의 본질은 결과 지향적이기 때문에 개인은 자신의 욕망으로부터 벗어나 자유로운 행동을 할 수 없게 된다고 하였습니다. 학교에서 아이들에게 상과 벌을 수단으로 서로 간에 경쟁을 시키는 것은 결국 인간의 이기심만을 촉발시키게 됩니다. 하지만 경쟁구조를 벗어나게 되면 어린이는 물론이고 교사도 상과 벌의 압박감으로부터 어느 정도 자유로워지고 자신의 내면의 소리에 귀 기울일 수 있게 된다고 하였습니다. 경쟁의 본래 모습은 다른 사람들과 다투는 것이고 내가 성공하기 위해서는 상대방이 실패해야 한다는 것을 전제로 합니다. 경쟁관계에서는 상대방은 상호관계의 벽이 될 수밖에 없는 구조입니다. 그래서 경쟁과 협동은 결코 양립할 수 없으며 경쟁과 경쟁주의는 어떤 형태로든 교육현장에서 정당화될 수 없는 것이라고 말하고 있습니다.

이상사회, 복지사회, 성숙한 민주주의 사회는 이러한 이기적 경쟁의식, 타인과 경쟁주의와는 다소 멀리 있습니다. 사회의 모든 구성원이 자신의 자질과 능력을 계발하여 자아실현을 하며, 잠재 가능성까지도 실현할 수 있도록 지원하고 서비스를 제공하는 사회, 그리하여 내면의 소리에 귀를 기울여 자신을 존중하여 기쁨을 누리는 사회가 되도록 해야 합니다. 복지사회의 모습입니다. 그래서 경쟁주의는 비판받아야 하고 부분적으로는 배척되어야 합니다.

제5장

가야 할 사회의 철학과 이념

01

실존주의 철학과 구성주의 관점

실존주의 철학

실존주의는 '인간의 삶에 대한 철학'이요, 동시에 '개인의 의미에 관한 이론'이라고 할 수 있습니다(김성회, 1988). 이 말은 실존주의란 인간이 일상적인 삶을 살아감에 있어서 가지고 있는 하나의 태도이자 가치라는 것입니다. 동시에 개개의 인간에게 내재하고 있는 존재의 의미를 설명하려는 하나의 이론이라는 것입니다. 그래서 실존주의는 인간의 행동을 설명하려는 하나의 이론이라기보다는 인간 자신과 존재의 의미, 삶의 방식에 대한 가치 그리고 타인이나 세계와의 관계 등을 규정하려는 철학입니다.

실존의 어원은 라틴어에서 온 것으로서 "Ex-Sister", 즉 '밖에 나타나다'의 뜻을 가지고 있습니다(안병욱, 1972). 실존의 이와 같은 어원적 의미는 전제된 것이 있습니다. 그것은 무언가 사실로 실재하고 있다는 것입니다. 그래서 실존을 설명하고자 할 때에는 '본래부터 있는 것'에 대한 가정이나 전제가 있어야 합니다. 실존주의는 인간 철학이기에 '실존'은 인간이 '본래부터 있는 것'으로만 머무는 것이 아니고 있는 것을 밖으로 드러내려는 욕구를 가지고 있어서 실존이라는 말 속에는 이 부분까지도 포함되고 있습니다. 그런 의미에서 실존이란 '상태에 국한하는 것'이 아니라 '행동까지 나아가는 과정'입니다. 실존이란 원래 철학 용어에서 비롯되었습니다. 실존주의 철학이 대두하기 이전부터 '존재와 본질'에 관한 언급이 있어 왔는데 실존주의 철학이 발달하면서 존재와 본질의 개념이 확실하게 규정되기에 이른 것입니다. 실존은 인간의 존재를 나타내는 말에 국한되어 사용되며 항상 인간의 존재가 실제로 있음을 말해주는 것이기에 실존은 인간의 존재방식을 나타내는 것으로 볼 수 있습니다. 그래서 실존이라는 말은 오로지 인간에게만 해당되는 것으로서 항상 개별적인 인간의 본래적인 존재방식입니다. 이 말은 인간을 사물적인 범주로서 파악하거나 해석해서는 안 된다는 의미도 내포하고 있습니다. 실존주의는 사물들을 기준이나 모델로 하여 인간을 설명하려 해서는 안 되는 것입니다. 사물은 존재가 있는 것이 아니라 사물로서 실체가 있을 뿐이며 그 자체의 고유성만 가지고 있을 뿐입니다. 우리는 사물의 고유성을 '본질'이라 규정하는데 인간에게도 본질은 있습니다. 하지만 인간은 존재가 먼저 있고 그 다음에 본질이 따라오게 됩니다. 사람은 태어나면서 이미 존재하게 됩니다. 사람으로서 개인은 자신의 삶과 일상에서 어떤 의미를 부여하고 어떤 가치를 추구하며 살아가게 되는지 자신이 결정하고 최종 책임을 지며, 스스로의 본질을 만들어 가게 됩니다. 그래서 인간은 존재가 본질에 앞서는 것입니다. 하지만 사물은 그러하지 않습니다. 예를 들어 설명하자면, 여기에 한 켤레의 신발이 있을 때 우리는 '그것은 신발이다'라고 말합니다. 이때 신발은 하나의 구체적인 사물을 예시하고 설명하는 보편적인 개념입니다. 신발은 가죽으로 만들어졌을 수도 있고 천으로 만들어졌을 수도 있습니다. 운동화일 수도 있으며 구두일 수도 있습니다. 색깔도 다양할 수 있지만 그 모든 차별화된 특성도 초월해서 우리는 그 사물을 신발이라고 본질을 규정함으로써 사람들이 신고 다니는 물건으로 개념을 보편화하게 됩니다. 그러기에 사물의 본질은 보편적인 형상을 가지고 있으며 변화하지 않는 속성을 가지고 있습니다. 사람들은 대상으로서 사물이 있음을 인지하고 사물을 해석하며 그 의미를 부여한 후 자신과의 이용관계를 파악합니다. 사물은 존재가 아니라 실재가 있는 것이며, 그러한 실재는 본질에 의해서 만들어지거나 창조되는 것입니다. 사람은 신고 다닐 수 있는 어떤 사물이 필요함을 느끼고 그 필요성에 의해서 신발을 만들고 신발의 형식과 내용을 바꾸어 왔습니다. 하지만 인간은 사물과 근본적으로 다릅니다. 본질에 의해서 사람이 만들어지게 되고 존재하게 되는 것은 아닙니다. 존재는 본질에 우선하게 되며, 존재한 후에 본질을 형성하게 됩니다. 사람은 태어나는 순간, 그 존재는 어떤 사람으로 성장하게 되며, 어떤 가치와 의미성을 완성하게 될지 아무도 모릅니다. 그래서 인간은 태어나는 순간 본질이 없거나 형성되지 않은 상태입니다. 선한 존재도 악한 존재도, 학식이 있는 것도 없는 것도 아닙니다. 성장하고 살아가면서 본질을 형성해 갑니다. 이를 두고 사르트르Sartre는 '존재가 본질에 앞선다'고 하였습니다. 인간은 오로지 자신만이 자신의 삶과 일상을 살아가게 됩니다. 순간순간의 삶의 선택이나 일상이 개인의 본질을 형성하게 되는 것입니다. 사물처럼 이 사람, 저 사람으로 대체할 수 없습니다. 인간 개개인은 어느 누구와도 바꿀 수 없는 고유한 존재이며 그 존재하는 방식도 스스로 선택하고 책임지게 됩니다. 그래서 인간은 개별성, 주체성, 독자성을 가진 유일무이한 현실적 존재입니다.

실존주의 철학에서는 다음의 네 가지 정도를 핵심적인 내용으로 보고 있습니다. 첫째는 개인의 자유와 인간의 유일성의 기본적 가치에 대한 강조, 둘째, 인간의 성장과 의미의 실현, 그리고 삶의 계속적인 과정의 한 부분으로서 고통에 대한 인식, 셋째, 인간이 자신의 정체성을 발견하고 삶의 의미를 찾아가는 가장 우수한 방법으로서 '순간'을 강조하는 것, 넷째, 인간 삶의 양면성, 즉 통제적이면서도 자발적인, 차분하면서도 활동적인, 이기적이면서도 타인을 배려할 줄 아는 그런 삶을 유지하고자 하며 그것을 강조하는 것입니다(Krill, 1996).

이러하듯 인간은 선택과 자기결정의 의지를 가지고 있으며 자유로운 존재입니다. 자유로운 자기결정과 선택에 책임을 지고 그것을 실행할 수 있는 존재입니다. 한마디로 말한다면 인간은 스스로의 삶을 결정하고 본질을 형성해 나가는 주체적인 존재입니다. 그래서 국가는, 사회와 조직은, 국민이나 구성원들을 한 사람의 인간으로서 존엄과 가치, 독특성을 인정하고 존중해 주어야 합니다. 그리고 자기결정권을 개인의 권리로 보고 침범하는 것을 삼가야 하며 개개인의 성장과 발전, 잠재 가능성에 주목하고 그것을 계발, 실현하는 데 최선을 다해야 합니다. 그래서 실존주의 철학은 현대사회는 물론이고 미래의 복지사회에 있어서 국가, 사회의 조직과 모든 공적인 노력의 근본적인 바탕을 이루게 됩니다.

실존주의 철학은 인간 개개인의 존재와 본질을 설명하는 사상적, 관념적 체계이지만 나아가 타인과의 만남이나 관계형성, 그리고 상호작용에 관한 부분도 규정하고 있습니다. 야스퍼스K. Jaspers는 교제의 철학을 말하였는데 '나는 오로지 타자와의 교제 안에서만 나 자신이 될 수 있다'고 하였습니다. 다른 사람과의 관계에서 이루어지는 교류야말로 한 사람의 인간이 참된 인간으로 태어나게 해 주는 근본적인 조건이라고 하였습니다. 이는 사람은 혼자서 스스로 존재하는 것이 아니라 타인과 상호 교류하는 가운데 인간의 의미가 규정된다는 것을 말해주고 있습니다. '나'라는 실존은 '너'라는 실존과 어떤 관계를 맺으면서 살아갑니다. '나'라는 실존은 결코 혼자서 독단적으로 살아갈 수 없고 '너'라는 실존이 함께 존재해야 나도 있게 되는 것입니다. 이 말을 존재와 본질의 관점에서 본다면 인간의 존재 자체도 타인과 함께하는 본질이 규정되어야만 설명될 수 있다는 것입니다. 그래서 인간은 사회적 존재가 되는 것입니다.

사르트르는 한 사람의 인간으로서 '나'는 '타자'와 만나게 되는데, 이는 두 독립된 주관의 만남이기 때문에 서로가 부딪히게 되고 상호 갈등이나 배제는 필연적이라고 보았습니다. 타자의 자유는 나에게 공포의 대상으로 다가오고 나는 타자의 세계로 흡수되면서 나의 자유를 상실하게 됩니다. 그래서 나를 바라보는 타자의 시선이 중요하고 타자의 시선은 나의 생존조건이 되어버립니다. 그래서 인간과 인간 사이에는 인격적 상호관계 성립이 불가능하다고 봅니다. 사르트르의 이러한 상호관계성에 대한 이론은 전제군주주의와 가부장제 사회문화를 설명하는 데 유용할 수 있겠습니다.

마르틴 부버M. Buber는 실존주의 철학을 '만남의 철학', '관계의 철학'이라는 말로 설명하고 있습니다. 부버는 '태초에 관계가 있었다'라는 말로 그의 이론들을 설명하고 있습니다. 이는 태초에 내가 존재하고 그러고 나서 관계를 맺으면서 본질을 형성하게 된다는 통상적인 관념을 뛰어넘는 것입니다. 사람은 태어나는 순간 이미 어머니와의 관계가 시작됩니다. 어쩌면 부모의 관계 속에서 내가 태어난다고 볼 수도 있습니다. 부버는 사람과 사람은 '만남'을 통해서 존재하게 된다고 하였습니다. 여기에서의 만남은 '참 만남'encounter과 일반적인 만남을 모두 의미하는데, 이러한 만남은 두 존재 간의 상호관계성을 의미하며 인간이 살아가는 일상이나 삶은 곧 만남라고 보았습니다. 참다운 삶이란 두 실존이 서로 마주보고 서서 참 만남을 통해서 상호 교류하는 일상을 말합니다. 두 존재의 만남과 상호교류는 두 가지 차원에서 이루어집니다. 하나는 '나와 너'의 참 만남과 관계이고, 다른 하나는 '나와 그것'의 만남과 관계입니다. 이와 같이 부버는 '나와 너'의 관계와 '나와 그것'의 관계를 구분하고 있는데, 나와 너의 관계는 실존적 관계, 참된 인간적 관계라고 할 수 있지만 나와 그것의 관계는 경험과 이용의 관계라는 것입니다. 가령 가족관계에서 부부관계나 부모자녀 관계에 있어서 이성적으로는 나와 너의 관계라고 규정하지만 일상에서 나타나는 현상은 서로에 대하여 경험하고 이용하는 관계, 즉 나와 그것의 관계로 나타나는 경우가 대부분입니다. 이와 같은 부버의 관계개념을 프리드만은 다음과 같이 설명하고 있습니다. 첫째, 만남이란 상호 대향성으로서 상대방의 선입관이나 편견 없이 서로를 있는 그대로 수용하고 인정하는 것입니다. 둘째, 직접적인 만남이 아주 중요합니다. 셋째, 만남의 현재성으로서 지금 여기에서 일어나고 있는 것을 나타냅니다. 지금 여기에서 이루어지고 있는 것은 만남 이외에 아무것도 없습니다. 넷째, 만남의 강한 정도를 말합니다. 만남에서 자신의 전적인 가담, 선택, 결단은 필연적인 것이라서 주체성을 가진 인간만이 자유롭게 만남을 체험할 수 있고 자신의 본질을 형성해 갈 수 있습니다. 이러한 내용의 만남과 관계의 철학은 오늘날 자유민주주의 국가와 성숙한 민주주의 사회의 근간이 되고 있습니다.

이제 역사적 흐름을 타고 인류사회는 제3차 산업혁명의 시대를 지나고 있습니다. 곧 제4차 산업혁명의 시기가 도래할 것으로 보입니다. 이미 제1, 2차 산업혁명을 거치면서 기계와 문명, 기술이 인간을 배제시키는 현상을 경험하였습니다. 제3차 산업은 그러한 인간 소외현상을 보다 심화시키고 있으며, 제4차 산업 시대에는 인간 존재 그 자체가 크게 위협받게 될 것으로 보입니다. 컴퓨터와 IT를 기반으로 하는 새로운 산업의 발달은 인간중심의 사회가 아니라 물질과 기술 중심의 사회로 전환시킴으로써 사람들이 설 자리는 점점 줄어들게 될 것으로 보입니다. 그리고 극단적인 경우에는 과학과 기술은 특정한 사람들이 필요로 하는, 혹은 전제군주주의 국가가 필요로 하는 복종형 인간을 만들어 낼 수도 있을 것입니다. 과학과 기술이 단순하게 사람들을 배제시키는 차원을 넘어서서 과학과 기술이 일부 사람들만이 필요로 하는 유형의 사람들을 제작하는 우려할 만한 현상이 도래한다는 것입니다. 이러한 경우에 실존주의 철학에서 말하는 인간존재의 고유성 영역인 존재와 본질의 전도현상이 일어나게 됩니다. 실존주의 철학에서 사람은 존재가 본질에 절대적으로 우선하는 것이며, 또한 다른 사람과의 만남과 맺어지는 관계도 참 만남과 나와 너의 관계를 핵심으로 합니다. 하지만 제4

차 산업혁명의 시대가 보편화되면 인간도 사람의 이러한 본래 모습이 아니라 사물이나 재화로서의 가치밖에 부여받지 못하는 사태가 벌어질 수 있습니다. 즉, 인간도 사물과 마찬가지로 본질이 존재에 우선하는 현상, 나와 너의 관계가 아닌 나와 그것의 관계로 전락할 수 있게 됩니다. 우리가 일상에서 필요성에 의해서 옷을 만들고 개인에게 적합한 옷을 골라 입듯이, 인간도 유전자 조작을 통해서 특정한 수요나 필요성에 맞추어 그러한 상황에 적합한 인간을 만들어 내고, 요구되는 기능에 알맞게 인간을 부려먹는 현상이 일어날 수 있습니다. 그리고 사람이 죽는 것까지 인위적으로 통제함으로써 사람이 태어나고 죽게 되는 상황, 지금까지 신의 영역으로 여겨졌던 부분까지 사람들이 관여함으로써 자연과 섭리를 부정하는 세상이 도래하는 것입니다. 인간 존재 자체가 부정되는 현상이 일어나게 되는 것이지요. 그것을 우리는 걱정하지 않을 수 없습니다. 그래서 휴머니즘으로서 실존주의 철학은 이 시대를 넘어서는 미래사회까지 관통할 수 있는 철학이자 인문사상이며 인간을 이롭게 할 수 있는 이념으로 남아 있어야 합니다. 실존주의는 복지사회를 받쳐주는 철학적 기반이 되어야 하는 이유입니다. 제4차 산업혁명과 함께 도래할 수 있는 복지사회에서도 인간은 존재가 항상 본질에 우선한다는 실존주의 철학의 가치는 존중되어야 합니다. 그러한 범주를 넘어서지 않는 수준에서 과학과 기술의 발달도 허용되고 받아들여져야 합니다.

구성주의 관점

구성주의는 여러 학문 분야에서 논의되고 있지만 여기에서는 철학, 심리학, 교육학의 영역을 중심으로 살펴보겠습니다. 구성주의

constructivism라 함은 '사람들이 자신의 직접적, 간접적 경험을 통해서 지식이나 사실, 그리고 그 의미를 구성'해 내고 있다는 이론입니다. 이 세상의 객관적인 실체나 사실은 실재하는 것이 아니라 그것을 말과 글로써 설명하고 있는 개인의 노력의 결과물이라고 봅니다. 구성주의는 철학, 심리학, 두뇌공학에 뿌리를 둔 지식에 관한 이론으로서 특별히 실존주의 철학에 깊은 관련을 가지고 있습니다. 구성주의에서는 지식과 사실이란 독자적으로 실재하는 것이 아니라 환경과의 상호작용을 통해 개인에 의해 구성된다는 점을 강조합니다. 다시 말하면 지식은 하나의 사실로서 발견되는 것이 아니라 합리적인 과정과 개인 경험에 의해서 만들어진다는 것입니다. 이는 세계가 인간에 의해 창조된 것으로서 지식과 사실은 잠정적이며 불확실한 측면을 가지고 있습니다. 나아가 지식의 구성과정에서 개인의 능동적 참여뿐 아니라 사회적 맥락에서의 상호작용의 중요성도 강조합니다.

구성주의는 객관주의objectivism와는 대비되는 개념으로서 하나의 현상이나 실체 등의 탐구대상을 보는 관점과 내용이 객관주의와는 판이하게 다릅니다. 객관주의는 사실주의realism의 하나로 볼 수 있는데, 탐구대상으로서 세계에 대한 어떤 주관적인 평가나 개인의 이해관계를 배제할 것을 요구하는 방법론적 사고방식의 하나입니다. 그래서 인식주체로서 개인의 선입관이나 가치판단은 언제나 객관적인 사실을 왜곡시킬 수 있다고 봅니다. 객관주의에 따르면 우리는 현실세계를 단지 관찰하고 보이는 그대로 서술할 수 있을 뿐이며 그것을 평가하거나 개인적 의견으로 설명해서도 안 됩니다. 객관주의는 개인의 외부에 현실세계가 실재하며 그러한 현실세계는 인간의 경험과 독립적으로 구조화되어 있다고 가정합니다. 즉, 지식의 외재적, 객관적인 실재와 보편적인 진리의 실재를 인정하고 그것을 강조합니다.

구성주의는 하나의 이론이나 지식이 스스로 독자적으로 실재하거나, 사실, 현상, 행동, 경험, 진리 등은 객관적으로 있는 것이 아니라 그것을 경험하는 사람들에 의해서 구성되고 만들어진 결과물이라고 보는 것입니다. 그래서 구성주의에서는 현상을 경험하는 사람의 생각이나 관점, 인식, 기억, 그것을 표현하는 방식, 그리고 나아가 지식을 구성하는 과정에서 개인의 능동적 참여뿐 아니라 사회적 맥락에서 타인을 포함한 환경과의 상호작용이 매우 중요합니다(McNamee & Gergen, 1992). 구성주의는 내용에 따라 다르게 설명될 수 있지만 사회과학 영역에서는 인지적 구성주의와 사회적 구성주의 이론에서 영향을 받고 있습니다. 구성주의 이론의 역사적 뿌리는 J. Piaget의 인지발달에 관한 연구와도 관련이 있는데, Piaget는 일생 동안 아동들이 어떻게 자신의 세계를 알게 되는지에 관심을 가지고 지식은 개인의 인지와 구성의 결과물로 보았던 것입니다. 달리 표현하면 개인의 인지적 과정이 매우 중요하며 하나의 사실이나 지식, 이론, 심지어 보편적인 명제나 진리도 개인의 구성에 의해서 나타나는 것으로 설명할 수 있습니다. 그리고 나아가 인간은 사회문화적인 경험을 통해서 새로운 지식과 만나게 되고 사회적 구성주의가 나타나게 됩니다. 사회적 구성주의에서는 어떤 사실은 객관성과 주관성으로 구분하는 것이 쉽지 않아서 그것을 인지하는 사람의 주관적인 경험이나 그 사람의 생각을 이해함으로써 비로소 사물이나 현상을 알 수 있게 됩니다. 현실이나 현상은 개별적 존재의 문자나 언어적 체계에 뿌리를 두고 있습니다. 이론을 설명하거나 구성하고자 할 때 언어가 아주 중요한 기능을 하게 되는데 개인의 주관적인 경험이나 생각은 바뀔 수 있으며 현실이나 현상이라는 것도 항상 가변적입니다.

구성주의는 객관주의와는 달리 지식의 실제는 그 지식을 가지고 있는 개인의 마음속에 있는 것으로서 사람들의 경험에 의한 해석이라고 간주합니다. 따라서 인식의 주체로서 개인이 매우 중요합니다. 즉, 구성주의에서는 사물이나 사실 자체가 객관적으로 존재하는 것이 아니라 그것을 경험하는 사람에 의해서 구성되고 만들어지는 것으로 이해되기 때문에 현실이란 인간이 존재하는 언어적 체계에 뿌리를 내리고 있으며 그 자체가 매우 가변적이라는 것입니다. 그래서 구성주의자들에게 있어서 지식은 사전 경험을 바탕으로 개인이 구성하는 것으로 봅니다. 이에 경험이 다르면 동일한 지식을 가질 수 없게 됩니다. 지식은 보편적인 진리의 형상으로, 혹은 외재적 실재로서 그것을 추구하는 사람들에게 발견되는 것이 아니라 인간에 의해서 창조되는 것입니다. Matthews에 따르면 이러한 구성주의는 세계의 본질에 대한 이해가 인간에게 달려 있다는 관념주의의 본체론과 모든 것을 상대적으로 보는 상대주의 인식론에 이론적인 배경을 두고 있습니다. 따라서 지식은 잠정적이고 불확실한 성격을 지니고 있는 것입니다. 구성주의 인식론에서는 지식의 구성과 습득은 개인의 인지적인 측면과 사회적 상호관계와 상호작용의 결과로서 이루어지게 됩니다. 개인은 그가 속해서 살아가고 있는 사회의 영향을 받을 수밖에 없으니 개인의 사회적 경험과 배경은 개인의 인지적인 활동과의 상호작용 속에서 지식을 구성할 수밖에 없는 것입니다. 즉, 지식은 사회적 관계와 작용 속에서 끊임없이 구성과 재구성의 과정을 반복하면서 나아가게 되는 것입니다.

구성주의 이론은 대체로 개인적 구성주의와 사회적 구성주의로 크게 구분될 수 있습니다. 개인적 구성주의는 Piaget의 인지발달이론을 바탕으로 하고 있으며 인지적 구성주의와 맥이 닿아 있습니다. 그래서 인간의 지식 구성은 동화와 조절을 통해서 이루어지기 때문에 객관적인 지식의 실체를 인정하지 않고 있습니다. 사회적 구성주의는 그 사회를 이루고 있는 개개의 사람들이 그들의 실천행동으로 사회를 구성하고 있다는 것을 말합니다. 여기서 말하는 사회는 일반적이고 상식적인 차원에서의 사회가 아니라 지식의 장, 지식집단의 사회를 말합니다. 사회적 구성주의 이론에서는 개인적 구성주의 이론과 마찬가지로 지식과 객관적 실재가 인간의 정신적인 작용과 구성에 의해서 이루어지게 되는 것으로 봅니다. 그뿐만 아니라 그러한 지식이 형성되기 위해서는 집단과 조직, 즉 사회에서의 상호작용과 그 맥락적 상황에 의해서 이루어질 수 있다는 것을 가정합니다. 이는 개인적 구성주의에서 객관적인 지식의 실재를 부정함으로써 야기될 수 있는 문제점들을 극복하고 미비점을 수정, 보완하려는 차원에서 사회적 구성주의는 설득력을 가지고 있습니다. 아동은 자신의 세계를 스스로 이해하고 구조화할 수 있는 존재라고 보았던 Piaget와는 달리 Vygotsky는 아동의 인지적 발달은 개인의 내적 성장에서 나아가 사회적인 상호작용의 결과로 나타나게 된다고 보았습니다. 즉, 아동은 다른 사람과의 관계 속에서 영향을 받으며 인지발달과 성장이 이루어지는 사회적 존재라고 보았던 것입니다. 그러기에 지식 또한 개인 내면의 인지적 작용과 함께 사회문화적인 상호작용이 통합적으로 이루어지는 매우 역동적인 과정이라는 것입니다.

사회적 구성주의에서는 어떤 사실은 객관성과 주관성으로 구분하는 것이 쉽지 않으므로 그것을 인지하는 사람의 주관적인 경험을 이해함으로써 비로소 사물을 알 수 있다고 주장합니다. 프랑스의 사회철학자 M. Foucault는 사회 내의 다양한 거대 담론들이 어떻게 다양한 사회집단들을 사물화하고 비인간화하는지를 드러내고 그것을 연구하는 데 일생을 바쳤습니다. 그에 의하면 사회에서 지배적인 이야기를 구성하는 사람들이 다수의 보통 사람들을 복종시키는 힘을 가지고 있다는 것입니다. 예를 들면, 의사, 교육자, 목회자, 정치가, 저명인사 등과 같은 사회의 기준을 정하는 자들이 있어서 그들이 정한 기준에 의해서 사람들의 신체, 성과, 인격이 판단되고 있습니다. 그래서 그 이야기 자체가 모든 사회 구성원 내부에 내재화된 진실이 있다는 것을 믿었습니다. 사회심리학자인 K. Gergen은 사람들이 의미를 만들어 내는 데 사회적 상호작용이 강력한 영향을 미친다고 보았습니다. 인간은 자율적 존재로서 독립된 신념을 가지고 있다고 보는 관점을 직면시키면서 인간의 신념은 사회적 맥락 내의 변화에 따라 얼마든지 바뀔 수 있는 것이라고 주장하였습니다.

이러한 구성주의 이론은 실존주의 철학을 바탕으로 하고 있습니다. 결국 실존주의의 주체성과 독립성, 자유와 개인주의를 기반으로 그 위에 구성주의는 서 있는 것으로 보입니다. 실존주의가 하나의 철학으로서 사물과 세상을 보는 하나의 유의미한 사조, 가치, 철학이라면 구성주의는 그것을 구체화하기 위한 하나의 관점이자 접근법이라 하겠습니다. 이러한 실존주의 철학과 구성주의 관점은 오늘날 우리 사회에서 일어나고 있는 대 혼란 현상을 분석하고 미래의 복지사회로 나아가기 위한 공공의 노력을 뒷받침해 주는 유용한 철학이자 이념적 기반이라 하겠습니다. 즉, 우리 시대에서 지금까지의 전제군주주의 국가체계와 가부장제 사회문화가 지워져 가고 새롭게 등장하는 자유민주주의 국가체계와 개성이 충만한 민주적 사회질서의 구도에서 요구되는 철학이고 이념이라는 측면에서 실존주의는 다시 조명되고 구성주의는 주목받아야 합니다. 실존주의와 구성주의는 인간복지사회를 주도하고 뒷받침하는 사상이자 가치로서도 전혀 손색이 없을 것입니다.

02

복지사회의 철학적 기반으로서 실존주의

복지사회는 복지국가의 기반 위에 서 있는 휴먼 소사이어티입니다. 복지국가는 전문적 지식이자 이론으로서 사회복지학을 근간으로 하는 개념입니다. 사회복지의 접근방법 혹은 사회복지를 구성하는 핵심적인 기둥의 하나라 할 수 있는 사회복지실천은 실존주의 철학을 그 기반으로 하고 있습니다. 그래서 사회복지실천에 있어서 가장 직접적이고 핵심적인 관심의 대상은 인간입니다. 사회복지실천은 인간의 개별적 존재에 관심을 가지고 개인의 삶과 생활, 행동, 나아가서는 그 사람을 둘러싸고 있는 환경체계를 인간중심의 관점에서 분석하고 연구의 대상으로 삼고 있습니다. 그러기에 사회복지실천은 개인의 행복과 불행의 영역을 탐구하며 고통과 억압, 문제로부터 벗어나고 개별적, 사회적 복지를 증진시키고 실현하는 일과 인간적 욕구를 충족시키는 일에 적극적으로 관여해 왔습니다. 이를 달리 표현하면 사회복지실천은 인간의 존엄과 가치에 대한 인식과 휴머니즘을 실행에 옮기는 일에 관련되어 있습니다(김수환, "실존주의 관점에서 구성한 사회복지실천의 준거틀," 사회과학연구 제32집 4호, 경성대 사회과학연구소, 2016. 11.에 나오는 내용 중 다소의 부분들을 이 단락에 가지고 왔습니다).

실존주의 역시 인간에 대한 관심과 인간중심의 가치인식에서부터 출발합니다. 실존이라는 말은 사물이나 자연현상이 아닌 오직 인간에게만 사용할 수 있는 용어이며 인간의 존재나 지금 여기에 있는 그대로의 실상에 대한 물음, 그리고 그 물음에 대한 대답의 한 방식입니다. 그래서 실존은 인간이 지금 여기에 존재하고 있는 하나의 방식을 말합니다. 이런 점에서 실존주의는 인간을 모든 사고와 가치의 중심에 두는 인본주의적 입장을 나타내고 있습니다. 사르트르는 이러한 측면에 주목하여 '실존주의는 휴머니즘이다'라고 하였습니다. 이는 실존주의의 핵심적인 내용으로서 Krill은 다음과 같이 설명하고 있습니다. 가장 먼저 실존주의는 인간 개인의 유일성과 자유를 기본적인 가치로 보고 있습니다. 그 위에 인간의 성장과 의미를 실현, 나아가 삶의 계속적인 과정의 일부분으로서 고통에 대한 인식이 이루어집니다. 또한 자신의 정체성을 발견하고 삶의 의미를 실현시키는 방법으로서 순간을 중시합니다. 마지막으로 인간이 살아가는 삶에 양면성이 있다는 것을 인식하고 있습니다. 뿐만 아니라 실존주의에서는 인간의 존재와 본질에 대한 개념이 아주 중요한데, 존재는 본질에 우선한다고 규정하고 있습니다. 이러한 실존주의의 핵심적인 부분들은 사회복지실천의 기반이 되어 전 과정에 녹아들어 있는 것입니다.

이러하듯이 사회복지실천과 실존주의는 인간과 인간에 대한 관심을 핵심적인 공유의 부분으로 삼고 있습니다. 실존주의는 휴머니즘이며 사회복지실천은 휴머니즘을 실행에 옮기는 일입니다. 그러기에 실존주의는 인문학, 철학의 영역에 속하는 것이며 사회복지실천은 사회과학이자 생활과학으로 보는 것이 옳습니다. 상담이론을 전공한 Dreyfus(1969)는 실존주의는 모든 상담기법의 체계화를 초월하는, 상담에 있어서 기본적인 태도요, 철학으로 간주된다고 하였습니다. 그리고 사회복지실천이 인간의 삶과 일상생활에 관련된 만족과 불만족, 인간의 행동을 주된 관심의 대상으로 삼는다면 실존주의는 인간의 존재 그 자체의 실상과 의미 탐구, 존재방식을 규정하려고 합니다. 이러한 구조와 관계에서 본다면, 즉 존재가 본질에 우선한다는 논리에서 본다면 사회복지실천은 실존주의를 기반으로 하고, 그 위에 서 있는 하나의 과학적, 이론적 체계입니다. 그래서 실존주의 이론에서는 존재와 본질에 대한 탐구를 함께 내포하고 있지만 사회복지실천에서는 주로 본질에 대한 의미성을 탐구하는 데 집중하는 측면(Hepworth et al., 2002)이 강합니다.

인간 삶에 대한 철학이라는 측면에서 실존주의는 존재를 중심으로 접근하고 있는 것이라면 개인의 의미에 관한 이론이라는 측면에서 본다면 실존주의는 본질에 관한 내용을 말하고 있습니다. 결국 실존주의에서 가장 핵심적이고 기본적인 개념은 '실존과 존재'와 '본질과 의미'에 관한 부분이라 하겠습니다. 이들 두 관념적 영역은 상호 분리될 수 있으면서도 동시에 상호 연결되어 있는 연속적인 개념이라 할 수 있습니다. 실존주의에서는 인간의 행동이나 사회적 활동에 집중하기보다는 인간 자신이나 존재함, 그리고 나아가서는 다른 사람과의 관계나 세상과의 관계와 의미를 탐구하는 하나의 철학이라고 할 수 있습니다. Sinsheimer(1969)는 실존주의 철학과 이론들이 다음과 같은 몇 가지 면에서 사회복지실천에 녹아들어 있는 것으로 보았습니다. 첫째, 사회복지실천에서 치료의 목적은 클라이언트로 하여금 성과가 충만한 자유 및 자주성을 성취하게 하는 것입니다. 즉, 사회복지실천의 전 과정을 전인적인 입장에서 보며 지금의 현실 속에서 클라이언트가 자신을 파악하게 도와줍니다. 둘째, 인간은 내적 갈등이나 발달상의 장애로 문제가 있을 수도 있으나 기본적으로 책임성 있는 선택을 할 수 있는 잠재능력과 자유를 가지고 있습니다. 이는 일반적으로 대부분의 클라이언트들은 문제를 안고 있어서 인생의 실패자나 사회적 낙오자로 받아들여질 수도 있음을 경계하는 것입니다. 셋째, 인간은 다른 사람들의 도움을 통해 힘이 생기고 억압이나 문제로부터 벗어남으로써 생의 의미를 찾을 수 있습니다. 넷째, 인간은 본래부터 그리고 인간의 존재 조건에는 존엄성이 내재되어 있습니다. 다섯째, 인간은 계속적으로 변화, 발전하는 과정 속에 있습니다. 여섯째, 인간은 도움을 받음으로써 고차원의 진정한 자아의 상태로 나아갈 수 있습니다.

사회복지실천에서 인간에게 고통이란 책임성과 자유에 기반을 둔 진실한 삶의 본래적인 부분입니다. 따라서 실천과정에서 워커는 클라이언트의 심리적인 불안이나 고통을 제거하는 데 초점을 맞추어서는 안 됩니다. 그리고 그가 가지게 되는 문제도 그의 생활의 일부로 보고 수용하는 자세를 가져야 합니다. 또한 인간은 자신의 혼자 힘만으로는 성장하는 데 한계가 있으므로 타인과의 대화, 환경과의 상호작용을 통해서 자신의 의미를 만들어 갑니다. 사회복지실천과정에서 '지금-여기'가 매우 중요한 의미로 다루어지고 있는데, 이는 실존주의 이론에서 온 것이며 특별히 실존주의 치료이론은 혼란스러운 아노미의 세계에서 방향상실, 가치혼돈, 불확실한 정체감 등의 문제를 가진 클라이언트에게 가장 잘 적용되는 것으로 보입니다.

Krill은 실존주의 중심의 치료에서 세 가지 원칙을 제시하고 있습니다. 첫째, 클라이언트 중심의 치료적 접근이 되어야 합니다. 둘째, 경험적 변화에 대한 강조입니다. 이는 지금-여기에서의 자각 촉구, 선택과 행동을 위한 과제를 포함하고 있습니다. 지금-여기에서의 자각촉구 기법은 행태치료자, 참 만남 집단지도자, 교류분석, 정신분석적 심리치료에서도 활용되고 있습니다. 선택과 행동을 위한 과제의 기법은 행동수정, 의사소통이론, 현실치료, 인지치료, 교류분석 등 많은 부문에서도 활용되고 있습니다. 셋째, 종교적, 철학적 관점과 가치에 대한 관심을 가져야 합니다.

가치란 관습이나 신념, 행동의 규준, 그리고 문화, 일군의 집단, 혹은 개인에 의해서 바람직하다고 생각되는 원칙이나 선호하는 것이라고 이미 규정하였습니다. 그래서 가치는 모든 사람들에게 의사결정이나 그의 행동을 실행하는 데 영향을 미칩니다. 사회복지 문헌에 의하면 사회복지실천은 몇 가지 중요한 가치를 지니고 있습니다. 첫째는 인간의 존엄성과 개인의 독특함을 인정하고 존중해 주는 것입니다. 둘째는 개인의 자기결정권에 대한 인식을 가지는 것입니다. 셋째는 개인의 변화가능성에 대한 가치로서 개인의 성실성을 향상시키고 능력을 신장시키는 일에 관심을 둡니다. 여기에는 개인의 잠재능력을 계발하는 것을 포함합니다. 넷째는 사회정의의 실현과 관련된 것으로서 개인들은 상호간에 사회적인 책임을 가지게 된다는 것입니다(NASW, 1995). 이러한 사회복지실천의 가치들은 실존주의의 존재론을 바탕으로 한 본질이나 의미를 규정하는 부문과 밀접한 관련이 있는 것으로 보입니다. 사회복지실천에서 인간의 존엄성과 개인의 독특함을 인정하는 데서 출발한다는 가치가 실존주의의 존재론에 연결되어 있다고 한다면, 자기결정권이나 개인의 변화 가능성에 대한 주목, 상호 간의 사회적 책임에 대한 인식은 실존주의의 본질론에 해당하는 것이라 하겠습니다. 이에 실존주의 인간관과 사회복지실천의 가치 간의 상관성을 세 가지 측면에서 정리해 볼 수 있습니다. 첫째, 실존주의의 '존재가 본질에 선행한다'는 관점은 사회복지실천의 가장 핵심적인 가치인 '인간의 존엄성'에 대한 철학적 기반을 제공합니다. 둘째, 실존주의에서는 인간의 본질이 끊임없이 변화하고 성장을 향해 움직이고 있는 것이기에 인간이 한계상황을 자각하고 이러한 한계상황을 극복함으로써 잠재력을 실현하려는 역동적인 존재로 파악하고 있습니다. 셋째, 사회복지실천의 구체적인 대상에 관한 논의입니다. 실존주의 인간관의 영향으로 사회복지실천 대상이 확대되고 있으며 문제에 대한 해석 또한 변화하고 있습니다.

사회복지실천에 필요한 이론이나 지식체계는 보는 사람들의 입장에 따라 약간의 차이가 있기는 하지만 큰 부분에 관해서는 의견이 일치하고 있습니다. 그것은 사회복지실천의 역사와 가치와 윤리, 구성요소, 사회복지실천의 원조관계, 사회복지실천 면접과 기록, 사회복지실천 과정, 예방적 실천, 이론적 모델들 등을 포함하고 있습니다. 이들 이론들 중에서 핵심적인 부분을 이루고 있는 가치와 관계, 그리고 실천과정을 중심으로 실존주의 기반의 사회복지실천 지식을 논의해 보고자 합니다.

먼저 실존주의의 인간관을 바탕으로 하고 있는 사회복지실천의 가치와 클라이언트에 대한 이해를 살펴보면 양자는 휴머니즘의 기반 위에 함께 서 있습니다. 실존주의에서 인간존재의 의미를 탐구한다는 것은 존재와 본질의 개념에서 출발하는 것이 올바릅니다. 실존주의 철학에 정통한 사르트르도 존재는 본질에 앞서는 것으로 보았는데, 이 말은 실존주의와 인간을 이해하는 데 매우 유용합니다. 존재라는 말은 인간이 실제로 여기에 구체적인 형상으로 있다는 것을 나타내는 것입니다. 그리고 본질은 존재하고 있는 그 사람을 여러 가지 면에서 해석하고 설명하려는 의도에서 사용되는 말입니다. 인간은 태어나는 순간, 그 찰나에는 본질은 없는 상태입니다. 그는 선도 악도, 학식도 무지도, 좋아하는 것도 싫어하는 것도, 부자도 빈자도 그 어떤 것도 아닙니다. 있는 그대로의 사람일 뿐입니다. 그는 자라면서 그러한 본질들을 구성하고 자기 자신을 체계화시켜 갑니다. 매 순간마다 이루어지는 삶의 내용과 선택이 우리의 본질을 형성하게 됩니다. 즉, 실존주의에서 보는 인간은 스스로 자신의 본질을 만들어 가는 존재입니다. 그러기에 실존주의에서는 인간 존재에 대한 존엄과 가치 인식, 인간의 주체성과 자유와 의지에 대한 강조, 선택과 결정, 책임에 대한 존중, 그러한 구도에서 이루어지는 타인과의 관계를 중시합니다. 이러한 실존주의 인간관을 다음과 같이 정리할 수 있겠습니다. 첫째, 모든 인간은 유일하고 독특한 개인이며 전체 중에 있는 하나의 사물이나 보편적인 사회적 기능의 일부로 보지 않습니다. 둘째, 모든 개인은 스스로 책임 있는 결정과 주체적 행동을 통해서 자신에 대한 의미와 본질을 구성해 가는 존재입니다. 셋째, 만약에 주관적인 진실과 객관적인 진실을 구분한다면 개인의 주관적 진실은 객관적인 진실에 우선하는 것이 바람직한 사회입니다. 이는 개인의 일상생활에서 주관적인 경험이 매우 중요하다는 것을 의미합니다. 넷째, 인간은 고정불변의 상태로 실재하는 것이 아니라 끊임없이 변화하며 계속적으로 나아가는 과정에 있는 존재입니다. 이러한 변화나 진전은 생물학적, 정신적, 사회적으로 이루어집니다. 다섯째, 모든 세상사를 합리적이고 이성적으로 설명할 수는 없는 것입니다. 논리적인 체계나 과학적인 연구 방법만이 진리에 도달할 수 있는 것이 아닙니다. 실존주의에서 발달해 나온 구성주의는 사회복지실천에서 사회복지사의 전문적인 도움을 받는 대상자, 즉 클라이언트에 대한 이해와 원조관계 속에 그대로 녹아들어 있습니다.

정신의학 문헌에서 Braten(1961)은 전문적인 서비스의 대상으로서 인간을 실존주의 관점에 서서 다음과 같이 설명하고 있습니다. 첫째, 인간은 자유로우며 그 자신을 스스로 정의하며 주관적인 자유를 경험하게 됩니다. 둘째, 인간은 자신만의 독특성을 계발합니다. 셋째, 다른 사람들과 대화하며 관계 속에 살아갑니다. 넷째, 개개인의 독특한 경험이 가장 중요한 권위입니다. 다섯째, 지금 현재에 충실해야 합니다. 여섯째, 실천을 배제한 진리는 존재하지 않습니다. 일곱째, 인간은 그 자신을 능가할 수도 있습니다. 여덟째, 인간은 그 자신의 독특한 잠재력을 창조적으로 실현합니다. 아홉째, 자신의 결정에 따라 각 개인은 인간을 선택합니다. 정신의학에서 치료의 대상자인 환자에 대한 의미를 잘 나타내 주고 있는 이러한 해석은 사회복지실천에서 서비스의 대상으로 보고 있는 클라이언트에 대한 실천가의 입장 정리에도 그대로 적용할 수 있을 것입니다. 그래서 실존주의 관점에서 클라이언트를 이해한다면 클라이언트는 스스로 자신과 환경을 변화시킬 수 있는 주체적이고 자유로운 존재이며, 자신이 직면한 문제를 해결할 능력을 자신 안에 가지고 있는 것으로 봅니다. 그래서 사회복지실천가는 클라이언트의 인권과 그러한 능력과 자질, 잠재 가능성을 존중하고 계발하며 구체적으로 실현할 수 있도록 도와주는 원조자의 역할을 하게 됩니다. 하지만 초기 사회복지실천의 발달과정에서 사회복지실천가들은 클라이언트를 치료나 개조의 대상으로 보기 시작하였습니다. 주로 빈곤과 질병, 사회적 낙오자라는 입장에 서서 구호나 치료, 실천가로부터 일방적으로 주어지는 서비스를 소비하는 사람들이 곧 원조대상자들이라고 보았던 것입니다. 이와 같이 클라이언트를 치료와 보호의 대상으로 보았던 전통적인 시각은 1930년대부터 일어나기 시작한 기능주의의 발달과 함께 심각한 비판과 도전에 직면하게 된 것입니다. 그리하여 클라이언트의 존엄과 가치를 적극적으로 인정하기 시작한 기능주의 입장은 오늘날까지 클라이언트 중심의 가치와 실천지침으로 정착되었습니다.

사회복지실천에 있어서 원조관계는 전문적 원조자로서 사회복지사와 사회복지사의 서비스를 기대하는 클라이언트 간에 맺어지는 인간관계입니다. 이는 전문적인 관계인 동시에 원조적인 관계라는 특성을 가지게 되는데, 이 관계는 서비스 공급자와 소비자 간에 계약의 형식으로 이루어지는 참 만남encounter을 그 출발점으로 시작됩니다. 이러한 원조관계의 본질은 타인에 대한 관심, 소명의식과 책무, 수용, 감정이입, 명백한 의사소통, 진실성, 권위와 힘, 목적을 가지고 있는 것으로 요약될 수 있습니다. 사람들 간의 참된 만남은 실존주의의 실존적 만남을 의미합니다. May에 의하면 참 만남은 일반적으로 두 사람의 우연한 만남이나 처음으로 알게 되는 것이 아니라 두 사람 중 어느 한 사람, 때로는 두 사람 모두를 위해 만남으로부터 일어나는 결정적인 내면의 경험입니다. 이러하듯 참된 만남은 어떤 사람 자신과 서로의 존재를 인정하는 사람들이 함께 만나는 것입니다. 내가 당신을 만나서 당신을 대상이 아닌 또 다른 존재로 인정할 때 이것이 하나의 '나-당신'의 관계이며 이것이 참 만남인 것입니다. 사회복지사는 클라이언트와의 참 만남을 통해서 사회복지실천을 실행해 나가게 됩니다. Bradford는 참 만남을 바탕으로 한 사회복지실천의 관계를 6개의 하위개념을 이용하여 구체적으로 설명하고 있습니다. 그것은 자기결정주의와 선택의 자유, 개별화와 주관성, 성장과 변화에 대한 능력과 잠재력의 현실화입니다. 그리고 사회복지실천에서 이러한 관계이론과 실존주의에서 만남의 개념이 통합되어 하나의 실천모형으로 나타나게 되는데 그것이 인도주의 모형입니다. Bradford에 의하면 인도주의 모델은 실존주의 철학에서 참 만남의 개념을 가져오고 사회복지실천에서 관계이론을 가져와서 이들 서로를 결합하였을 때 그것을 인도주의 모형이라 부른다는 것입니다.

또한 사회복지실천은 일정한 형식의 구조화된 과정을 가지고 있으며 각 과정에 따라서 사회복지사가 수행해야 하는 과업이 다르게 나타납니다. 일반적으로 사회복지사와 도움을 필요로 하는 사람 간의 참 만남을 시작으로 사회복지사는 상대방이 어떤 서비스를 원하는지 파악하여 전문적인 원조관계를 맺을 것인지를 먼저 결정하게 됩니다. 그리고 단계적으로 문제를 해결하거나 욕구를 충족시키도록 도움을 줍니다. 이러한 일련의 과정을 Boyle과 그의 동료들은 클라이언트가 당면하고 있는 문제를 이해하고 상호 간에 전문적 관계를 수립하며 클라이언트의 환경을 다양한 관점에서 사정하는 과정, 양측이 협력하여 목표를 세우고 개입계획을 수립하는 과정, 그리고 문제를 해결하기 위하여 개입하는 과정, 그리고 평가와 종결의 과정으로 구성하고 있습니다. 이러한 일련의 과정은 모든 사회복지실천 이론서에서 거의 공통적으로 나타나고 있습니다. 즉, 먼저 클라이언트의 욕구나 문제를 사정하고, 나아가 문제나 욕구에 전문적인 원조나 개입을 하게 되며, 그리고 결과를 평가하고 종결하는 과정이 있습니다.

사회복지실천에 있어서 생활모델은 인간이 살아가는 데 있어서 그를 둘러싸고 있는 상호교류에 초점을 맞추고 사람들이 살아가면서 경험하게 되는 문제의 해결에 집중합니다(Gitterman, 1996). 그러기에 자연세계에서 살아가는 인간의 모습이나 생태학이론을 중시하게 됩니다. 자연세계이든 생태학적 접근이든 이는 기본적으로 생물학의 영역에 속하는 것으로서 인간을 하나의 유기체로 보고 있습니다. 자연의 일부로서 한 생명체는 어떻게 생존하고, 주어진 환경 속에서 어떻게 조화와 균형을 유지하게 되는지에 관심을 가집니다. 그리고 때로는 부적응하거나 실패하게 되면 그 과정을 구체적으로 밝히는 것이 중요한 과제입니다. 생활모델은 다른 모델과 마찬가지로 개인이 경험하게 되는 문제나 실패, 부적응에 보다 많은 관심을 가지고 있습니다. 이러한 인간의 문제나 부적응에 대하여 전통적인 심리학은 심리내적이거나 개인적인 책임이 있는 것으로 간주하였으며, 사회체계이론 등에서는 문제의 원인이나 책임이 외부 환경체계에 있는 것이라고 보아 왔습니다. 하지만 생활모델은 인간의 문제나 부적응, 욕구도 개인 내면이나 외부환경만의 산물이 아니고 개인과 환경 간의 상호작용의 결과물로 봅니다(Germain & Gitterman, 1996). 이는 결국 인간의 생활 그 자체에서 발생하는 욕구와 문제에서 이론이 출발하고 있다는 것입니다. 이러한 이치는 실존주의에서 말하는 인간의 생존과 존재, 그리고 삶과 생활에 대한 본질의 문제에서부터 출발하는 것이라 하겠습니다.

03
시시포스적 인간

그리스 신화에 시시포스Sisyphos라는 신도 아니면서 인간도 아닌, 신이기도 하면서 동시에 인간이기도 한, 곧 신인神人이 나옵니다. 시시포스는 할아버지가 헤렌, 아버지가 아이올로스, 어머니는 에나레테이었습니다. 신화 속에서 시시포스는 코린토스라는 조그마한 도시를 건설하여 왕이 되었는데 그는 영원한 죄수의 화신으로 형상화되어 현대에까지 잘 알려져 있는 인물입니다. 프랑스의 실존주의 철학자 알베르 까뮈Albert Camus의 『시지프의 신화』는 실존주의의 관점에서 시시포스를 해석하고자 한 작품으로 널리 알려져 있습니다. 이를 재해석한다면 그리스 신화에 나오는 시시포스는 오늘날의 실존주의 철학과 사상을 기반으로 구성되어 있다는 것입니다.

시시포스는 '시지프스'로 부르기도 하는데 그는 코린토스 왕국을 건설하였기에 당시 헬레니즘 시대에 코린토스 왕국에서는 그를 전설적인 인물로 받아들였습니다. 시시포스는 잔꾀가 많은 인물로 유명하여 다른 사람들을 속이는 것을 좋아하였으며 욕심이 매우 많았다고 합니다. 여행객과 당시의 방랑자들을 속여 죽이기도 하였으며 심지어는 다른 신들을 속이기도 하였습니다. 오랜 시간이 흐른 후에 죽음의 신 타나토스가 그를 데리러 오자 시시포스는 도리어 타나토스를 붙잡아 족쇄를 채우고 감금하는 일이 일어났습니다. 시시포스가 죽음의 신을 가두었으니 한동안은 아무도 죽지 않았다고 합니다. 그만큼 시시포스는 강력하고 막무가내였습니다. 결국 전쟁의 신 아레스가 와서 타나토스를 구출하고 시시포스를 잡아서 데리고 갑니다. 하지만 시시포스는 꾀를 부려 아내 메로페에게 부탁하기를 자신이 죽게 되면 제사를 지내지 말라고 일러두게 됩니다. 시시포스는 죽은 후 저승에서 제사를 받지 못하는 신세가 되니 저승의 신 아데스에게 아내가 자신의 제사를 지내도록 설득하기 위해서 이승에 다녀오겠다고 간청하고 아데스는 이를 승낙하게 됩니다. 그러나 이승, 즉 코린토스에 돌아와서는 저승으로 돌아가는 것을 거부하여, 나중에 헤르메스가 강제로 저승으로 돌려보내게 되는데, 이러한 그의 처신은 신들에게 미움을 사게 되어 무서운 형벌을 받게 됩니다. 즉, 언덕 아래에서 산꼭대기까지 큰 돌(바위)을 밀어 올리는 벌을 받게 되는데, 이 바위는 정점에 이르게 되면 다시 언덕 아래로 굴러 떨어지게 됩니다. 따라서 시시포스는 끊임없이 바위를 밀어 올리는 작업을 반복적으로 해야 하는 운명에 처한 것입니다. 시시포스가 왜 이런 벌을 받아야 하는지에 대한 설명은 명확하지 않으나 분명한 것은 신들로부터 벌을 받았다는 것입니다. 시시포스는 벌을 받아 다시 아래로 되돌아 올 것을 알면서도 무거운 돌을 언덕 아래에서부터 산 위로 밀어 올리게 된다는 것이 이 신화의 주제입니다.

알베르 까뮈는 시시포스가 무겁고 힘들지만 바위를 산 위로 올렸으나 다시 아래로 굴러떨어질 줄 알고도 바위를 위로 굴리는 시시포스의 모습, 위로 밀어올린 바위가 아래로 떨어졌을 때 다시 바위를 올리려고 언덕을 내려오는 시시포스의 모습에서 사람들의 참된 삶의 의미를 찾고 있습니다. 이를 두고 까뮈는 인간승리라고 하였습니다. 그리스 신화의 시시포스 이야기에서 시시포스를 현실을 살아가는 현재의 인간으로 보았을 때 그에게 주어졌던 바위는 무엇을, 어떤 의미를 주는 것일까요? 2019년 오늘을 살아가고 있는 현대인들은 그 어떤 시대의 사람들보다 삶의 내용이 절박하고 일상이 고달프다고 말합니다. 한마디로 아우성입니다. 월요일 아침부터 금요일 저녁까지, 어떤 사람들은 주말도 없이 바쁘게 살아갑니다. 그리고 하는 일과 일상은 거의 동일하며 반복적이고 지속적입니다. 따라서 현대인에게 있어서 시시포스의 바위는 일상의 생활과업을 의미하는 것으로 규정할 수 있습니다. 사람들은 자기 숙소에서 아침이면 잠자리에서 일어납니다. 세수를 하고 아침식사를 마친 후 각자의 일을 하러 집을 나섭니다. 사람마다 하는 일은 다르지만 하루 종일 일을 합니다. 배가 고프고 때가 되면 식사를 하고 힘들면 휴식을 취합니다. 그리고 저녁때가 되면 어김없이 집으로 돌아가는 차를 타고 집에서 가족들과 애정을 나눕니다. 이러한 삶의 모습은 약간의 차이는 있을지라도 거의 대부분의 사람들의 범주에 속하고 있습니다. 그리고 이러한 나날은 반복적이고 지속적으로 우리에게 다가옵니다. 자동으로 아침이면 눈을 뜨고 일어나며 비 오는 날 아침이면 일하러 나가기 싫어도 할 수 없이 문을 나섭니다. 보다 근원적으로 나는 누구이며, 왜 여기에 이렇게 살고 있는 것인가? 내가 살아 있다는 것은 어떻게 증명할 수 있는가? 이렇게 사는 것이 바람직한 것인가?

등등 스스로에게 질문을 해 보기도 합니다. 실존주의는 이러한 근원적인 질문에서 출발하여 시시포스와 그의 바위를 설명해 주는 하나의 철학적 기저를 이룹니다. 내가 왜 여기에 이렇게 존재하는지, 어디에서 와서 어디로 가는지에 대한 것은 중요하지 않습니다. 다만, 나는 여기에 이렇게 존재하는 것에서 출발합니다. 과거는 중요하지 않습니다. 지금 이 순간에, 여기에서, 내가 있는 그대로, 한 사람으로 이렇게 살아 움직인다는 것, 그리고 그것을 내가 알고, 인지하고 있다는 것, 그것이 중요하고 거기에서 모든 것은 출발합니다. 그러하기에 나는 나에게 주어져 있는 일상생활 과업을 시시포스처럼 묵묵하게 수행하지 않으면 안 됩니다. 다시 배가 고파지는 것을 알면서도 지금 이 순간에 나는 먹지 않으면 안 됩니다. 내일 다시 반복된다 하더라도 오늘 저녁에는 잠자리에 들고 아침이면 일어날 것입니다. 그래서 인간은 자신에게 주어진 일상생활과업을 수행하는 존재입니다. 그 이상도 그 이하도 아닙니다. 자신에게 다가오는 생활과업은 지고지순한 것이라서 장기간 내가 거부할 권한도 능력도 없습니다. 그냥 순명하며 살아가면 됩니다. 그것을 내가 결정하는 것입니다. 다만, 인간은 어떤 일을 하고 무엇을 추구하며 살아가는 것이 가장 행복한지에 대한 탐색은 열려 있습니다. 하지만 그러한 삶의 의미 추구도 생활과업 속에 절대적으로 내포되어 있는 것입니다. 그래서 사람이 살아가는 데 필요하다고 인간들이 스스로 만들어 놓은 온갖 제도와 시스템, 자원, 재화도 사회 구성원 개개인이 자신에게 주어진 생활과업을 잘 수행하도록, 그리하여 거기에서 기쁨과 만족을 얻을 수 있도록 지원하고 서비스하는 것이 국가이고, 정치이고, 행정이 되어야 합니다. 그리고 대다수의 사람들이 일상생활 과업 수행을 통해서 삶의 의미를 추구하고 행복할 수 있는 사회가 우리가 가야 할 장래의 모습입니다. 시시포스가 바위를 밀어 올리는 행위는 운명이자 의무감에서 비롯된 것이 아니라, 즉 피동적, 수동적 인간 존재가 아니라, 적극적이고 능동적이며 자율적, 주체적 존재라는 점입니다. 본인의 자유의지와 무관하게, 어쩔 수 없이 바위를 산꼭대기로 밀어 올리는 것은 아닙니다. 분명한 것은 자기결정의 결과라는 것입니다. 바위를 밀어 올리기를 스스로 중단할 것인지, 아니면 계속적으로 밀어 올리는 길을 선택할지의 과제는 전적으로 자신에게 달려 있습니다. 비록 신들로부터 미움을 받아 무거운 바위를 힘들게 밀어 올리고, 꼭대기에서 바위는 다시 아래로 굴러 떨어지는 형벌을 받기는 하였으나 그러한 형벌을 받아들여 바위를 산 위로 밀어 올릴지 혹은 포기할지는 전적으로 시시포스의 몫이고 그의 결정사항에 속하는 일입니다. 굴러 떨어지는 바위를 바라보면서 시시포스는 무슨 생각을 하였을까요? 지친 마음에 허탈감을 느끼고 신들을 원망하지는 않았을까요? 산 아래로 향하는 자신의 발걸음을 중도에 포기할 수도 있었습니다. 바위가 너무 무겁다고 느낀 나머지 요령을 피우고 싶지는 않았을까요? 그래도 시시포스는 끝까지 실존주의의 주체자로서 흔들림을 보이지 않습니다. 자기 자신의 자유의지로 오늘 아침도 바위 앞에 평화로운 마음으로 다가섰습니다. 그리고 산과 언덕길을 쳐다봅니다. 눈동자는 빛나고 정신은 맑아지며 마음은 더없이 평화롭습니다.

04
사회주의 논쟁을 넘어서

프랑스 대혁명의 이념인 자유와 평등과 우애에서, 잘 알려진 바와 같이 '자유'의 이념은 시장경제를 축으로 하는 자본주의와 자유민주주의 국가의 사상적 기둥이 되었습니다. 그리고 평등의 이념은 공산주의와 사회주의 국가의 핵심 사상이 되었습니다. 사회주의socialism는 이와 같이 프랑스 대혁명에서 나온 평등사상과 깊은 관련성이 있습니다. 사회주의는 개념 규정, 그 의미와 내용, 수준과 실현 방법 등 여러 가지 면에서 시대와 사회에 따라 다양하게 논의되고 있어서 한마디로 설명하는 것은 어렵습니다. 하지만 사회주의 개념은 앞에서 논의한 바와 같이 개인과 사회, 개인주의와 사회주의의 관점에서 들여다보는 것이 가장 고전적이고 포괄적인 접근이 될 수 있을 것입니다. 개인과 사회는 불가분의 관계에 놓여 있습니다. 개인을 중시하는 사상을 개인주의로 규정하였듯이 사회를 개인보다 중시하는 경향을 사회주의로 본다는 것입니다. 사회주의에 대한 이러한 접근은 매우 광범하여 나라와 사회에 따라 다양한 내용과 형식을 가지고 있을 수밖에 없습니다. 그래서 오늘날 사회주의는 어느 나라에서 어떤 형상으로, 그리고 어떤 방법으로 나타나고 있는가를 살펴봄으로써 그 의미와 내용을 파악하는 것이 보다 용이할 것입니다.

초기 사회주의는 유럽에서 시작된 산업혁명 이후 시장경제 중심의 초기자본주의가 발달하면서 야기된 부정과 부패, 불평등, 구조적으로 발생하는 폐해 등에 대한 관심과 비판에서 시작되었습니다. 초기 자본주의 경제구조에서 가난과 사회적 불의가 보편화되면서 자연발생적으로 노동자들은 사회적 불의를 바로잡기 위하여 조직을 만들고 노동자운동을 시작하게 되었습니다. 그리고 이러한 노동자운동을 뒷받침해 주는 사상으로 사회주의가 활용됩니다. 즉, 경제활동과 발전이 일어나면서 동반된 사회문제와 사회주의가 연결되어 있었음을 말해주는 대목입니다. 그리고 점차적으로 일반 시민들의 동등한 정치적 참여와 권리에 관심을 가지면서 신분적인 차이를 주목하게 되었습니다. 그리고 평등의 이념은 점진적으로 확산하게 됩니다. 18~19세기의 초기 사회주의는 아직 이론체계가 정립되지 않았으며 주장하는 사람에 따라서 다양한 차이를 가지고 있었습니다. 하지만 다수의 사회주의자들은 경제활동을 중심으로 각자의 사회공헌도에 따라 자신의 몫을 받는 것이 바람직하다고 여겼습니다. 그리고 사회는 모든 시민들에게 일상생활에 필요한 최소한의 의식주를 제공해야 한다고 보았습니다. 그 위에 교육, 건강, 교통, 오락 등 기본적인 사회서비스도 이루어져야 하는 것이었습니다. 나아가 모든 시민들이 신분상의 차이를 극복하고 동등한 정치적 참여와 권리를 누릴 것을 요구하였습니다. 그런데 이러한 사회주의는 일반 시민들의 입장에서 설명되고 있는 것이지만 사회지배계층에서도 사회주의를 거론하였습니다. 인터넷 다음백과사전에 의하면 1870년대 후반 독일에서 사회주의를 지지하는 사회단체들을 불법단체로 규정하였던 총리 비스마르크Bismarck도 '국가는 우리의 제국을 위해 사회주의를 도입해야 한다'고 선언하게 됩니다. 당시에 파시스트와 전제군주주의자 등의 보수적인 입장을 가진 지배계층에서도 자신들은 사회주의 국가 건설에 관련되어 있음을 말하였습니다. 따라서 사회주의는 단순하게 지배계급이나 피지배계급만의 관심에서 일어난 것이 아니라 계층과 경제 수준을 넘어서고 있음을 말해주고 있는 것입니다.

보듯이 사회주의는 유럽에서 시작되고 발전하게 되면서 사회주의는 하나의 이념이자 운동, 사회행동, 정치사상으로 자리매김을 하게 됩니다. 특별히 카를 마르크스K. Marx는 사회주의의 발달에 깊숙하게 관여하게 됩니다. 초기 자본주의 경제 구조는 노동자들의 가난과 사회적 불의를 만들어 내고 노동자들은 스스로 조직화하여 노동운동으로 발전시킵니다. 당시의 노동운동은 빈곤과 불의를 타개하기 위한 단순한 사회운동으로 출발하지만 점차적으로 가난과 불의가 일어나게 된 경제구조나 사회구조 분석에로 나아가게 됩니다. 그리고 그러한 분석을 가능하게 한 것이 마르크스 등의 사회주의자, 공산주의자였습니다. 마르크스는 공산당선언과 제1인터내셔널을 통해서 급진적인 사회주의를 발달시키게 됩니다. 즉, 역사는 계급투쟁에 의해서 형성되는 것으로 보고 노동자들의 계급투쟁을 불러일으킵니다. 노동자계급은 자본가들의 감독과 지배에 대항하면서 프롤레타리아의 계급투쟁은 결과적으로 사회주의 사회를 견인해 온다고 하였습니다. 그리고 사회적으로 노동자들은 생산활동자로서 자신들의 운명을 스스로 만들어 감으로써 정치적, 경제적, 사회적 억압으로부터 해방될 것으로 보았습니다. 마르크스는 이러한 그의 노선을 과학적 사회주의라 불렀는데, 사실은 그가 주장하는 내용대로 본다면 프롤레타리아에 의한 혁명을 말하고 있었습니다. 하지만 마르크스의 이러한 노선은 과격하고 급진적인 운동으로 보이면서 이에 반감을 가진 유럽에서는 전제주의적 접근이 아니라 민주주의적인 접근에 의한 사회주의로 나아가게 됩니다. 그래서 사회주의는 사회민주주의, 혹은 민주사회주의의 모습을 하게 됩니다. 오늘날 유럽은 물론이고 세계적으로 사회민주주의 이념을 지향하는 사회민주당, 즉 사민당은 여러 나라로 확산되기에 이릅니다. 가장 대표적인 나라가 독일로, 유럽의 여러 나라에서 사회민주주의를 표방하고 있으며 국가를 발전시켜 나가는 이념적 노선으로 받아들이고 있습니다. 이들 나라에서는 러시아와는 달리 사회주의를 신봉하되 혁명적인 방법이 아니라 개혁이나 혁신을 통해서 점진적으로 민주주의와 사회주의를 결합하려 하고 있습니다. 독일과 영국, 프랑스, 덴마크, 스웨덴, 이탈리아, 스페인 등 거의 대부분의 유럽국가에서 사회주의는 사회민주주의로 발전해 나가면서 자본주의의 점진적인 개선, 민주주의의 도입과 실현을 통해서 사회주의를 실용적으로 바꾸어 가게 되었습니다. 동시에 이들 유럽 국가에서 나타나는 특징은 사회민주주의를 지향하는 정당들이 정치세력으로 성장하고 영향력을 확대하면서 복지국가의 건설을 정치활동의 목표로 삼게 되었다는 것입니다. 즉, 유럽의 많은 나라에서 마르크스적 시각에서 벗어나 복지국가의 이념으로 바뀌어 갔습니다. 독일의 사민당은 다원주의를 말하고 '경제권을 전체 국민의 손에 넣어주고 자유민들이 평등하게 함께 일하는 공동체를 창설하는 데 목표를 둔다'고 선언하기에 이릅니다. 그리고 영국에서는 제2차 대전 이후에 노동당이 집권하면서 철도, 항만 등 기간산업을 국유화하였으며 모든 국민을 대상으로 하는 의료보험제도를 도입합니다. 전반적으로 완전고용을 이루고 사회보장제도를 확충함으로써 오늘날의 복지국가의 기초를 마련하게 된 것입니다.

이와 같이 유럽에서의 사회민주주의는 마르크스 중심의 공산주의와 이념적인 뿌리를 공유하고 있지만 공산주의의 과격성, 호전성, 투쟁성과 전체주의를 배격합니다. 혁명적인 방법이 아니라 점진적인 개혁에 의해서 이상적인 사회주의 국가 건설이 가능하다고 본 것입니다. 그러면서 다른 한편으로는 민주주의를 결합시켜 나갔습니다. 결과적으로 사회민주주의는 독일에서 가장 활발하게 전개되었으며 그러한 기운은 유럽의 다른 나라들로 확산되어 나갔습니다. 다만, 영국은 독자적인 사회민주주의 길을 걷게 됩니다. 그리하여 이들 유럽의 사회민주주의 국가에서는 국가기간산업을 국가의 통제하에 두면서도 자유로운 경제활동을 통해서 국가경제를 발전시키고 부의 공정한 분배로 나아가려 하였습니다. 이러한 사회민주주의는 프랑스 대혁명에서 나온 자유와 평등을 그 바탕으로 하고 있음은 물론입니다. 특별히 평등에 대한 요구는 사회주의 이념의 핵심을 이루고 있습니다. 평등은 모든 사람들이 자신의 고유한 삶을 바람직하게 영위할 수 있는 공정하고도 기회가 균등한 사회적 권리를 말합니다.

유럽의 사회민주주의가 이렇게 발달해 온 과정에서 주목해야 할 부분이 있습니다. 오늘날의 사회민주주의 국가들은 복지국가의 전형으로 자리매김하고 있다는 것입니다. 그리고 프랑스를 제외하면 대부분의 사회민주주의를 지향하는 나라들은 이전에 전제군주주의 국가였다는 것입니다. 지금은 입헌군주제의 형식을 띠고 있기는 하지만 아직도 형식적이긴 하나 국왕제도를 유지하고 있음을 눈여겨보아야 합니다. 왜 이들 국가는 전제군주주의 형태를 온전하게 벗어버리지 않고 있을까요? 비록 대통령제로 전환하기는 하였지만 어찌하여 프랑스에서는 사회주의적 요소를 구석구석에서 엿볼 수 있을까요? 역사적 과정을 통해서 본다면 복지국가는 전제군주주의 사회에 뿌리를 두고 있으며, 전제군주주의는 사회주의의 모습으로 사회주의는 다시 민주주의와 결합하면서 복지국가의 형상을 갖추어 왔습니다. 거꾸로 말한다면 복지국가는 사회주의와 민주주주의의 이념적 기반 위에 서 있는 것입니다. 전제군주주의 나라에서는 빈곤 등의 사회문제는 국가의 문제이고 국왕의 책임으로 귀결되었습니다. 오래전부터 대표적인 전제군주국가였던 영국에서는 빈민들을 위한 국가적 노력과 대응책이 마련되었습니다. 그러한 노력과 대응은 사회주의가 발달하면서 새로운 도전으로 부각되었던 것이라 여겨집니다. 만약에 우리 사회가 복지국가를 넘어서서 복지사회를 지향하고 있다면 사회주의에 대한 콤플렉스와 논쟁은 넘어서야 합니다. 더욱이 보다 근원적으로 전제군주주의에 익숙해진 삶을 살아온 기성세대들은 사회주의를 비판할 수가 없습니다. 왜냐하면 오랫동안 전제군주주의적 삶을 살아왔으며 사회주의국가 건설에 일정 부분 깊숙하게 관여되어 있기 때문입니다. 그리고 사회주의에 대한 비판은 복지국가 건설, 복지사회의 실현에 아무런 도움이 되지 못할 뿐만 아니라 오히려 해악이 될 수 있을 것입니다. 개인과 사회는 불가분의 관계에 있듯이 하나의 사회나 국가는 개인주의와 사회주의의 결합과 융합에 의해 성숙한 모습으로 나타나기 때문입니다. 다음의 글들은 사회주의와 관련하여 논의되고 있는 구체적인 장면을 나타내 주고 있습니다.

장면 1

田감사원장 "이념논쟁 할 땐가" .. 정치권에 일갈

입력 2004. 04. 30. 10:38 수정 2004. 04. 30. 10:38

[머니투데이 박승윤 기자] 전윤철 감사원장이 4 · 15총선 이후 정치권에 일고 있는 이념논쟁에 대해 "지금은 이념논쟁이 아니라 밀려오는 파고에 현명하게 대처해 국가경쟁력을 강화해야 할 때"라며 일갈을 가했다.

또 목소리가 커진 젊은 계층에 대해서는 "20-30세대는 아버지 세대가 고생해 만든 과실을 따먹으면서 돌아오는 몫이 적다고 불평만 한다"며 "선배로서 비애를 느낀다"고 토로했다.

전윤철 감사원장은 30일 서울 롯데호텔에서 열린 대한상의 초청 조찬간담회에서 "양대 정당이 당의 정체성과 관련해 진보-보수논쟁을 하고 있는데 국민들에게 이데올로기 논쟁이 와 닿을지 의심스럽다"며 "지금이 이념논쟁을 벌일 때냐"고 반문했다.

전 원장은 "빈곤에 허덕이던 베트남이 지난 1992년 자유시장 경제로 돌아선 후 생산량이 2.5배나 늘어나고 동구 국가들이 유럽연합(EU)에 편입하는 것은 사회주의와 자본주의의 경제성과를 단적으로 보여주는 사례"라며 "이데올로기 논쟁은 1990년대에 이미 끝났다"고 말했다.

(장면 1 이 부분은 머니투데이 박승윤 기자가 2004년 4월 30일에 보도한 내용의 일부입니다)

장면 2

[팩트 체크] '토지공개념'이 사회주의 제도?

오대영 기자/2018-03-22 21 : 52

[전희경/자유 한국당 대변인(어제)]

토지공개념 강화, 경제민주화 강화와 같은 내용은, 자유 시장 경제 포기 선언과 다름이 없습니다.

이 정권의 방향이, 대한민국의 정체성인 자유 민주주의와 시장경제가 아니라

사회주의에 맞추어져 있음을 재확인시켜 주는, 충격적인 내용이 아닐 수 없습니다.

[앵커]

'토지공개념'은 사회주의 제도인가? 오늘(22) 팩트 체크의 주제입니다.

이것은 토지공개념을 다룬, 오늘자 언론 보도 내용들입니다.

"토지공개념 제도가 있는 나라는, 잠비아뿐이다. 헌법에 도입하면, 사회주의 국가 된다." "토지공개념이 헌법에 들어간 사례는, 전 세계적으로 한 군데도 없다."

온라인 공간에서도 이런 글들이 많습니다.

오대영 기자, 청와대가 헌법에서 어떤 부분을 바꾼다고 한 것이죠?

[기자]

현행 헌법은, 토지공개념을 2개 조항으로 나눠서 설명을 하고 있습니다. 먼저 23조 3항인데요, "공공 필요에 의한 재산권의 수용 · 사용, 또는 제한 및 그에 대한 보상은 법률로써 한다"라고 돼 있습니다. 다음은 122조입니다. "국가는, 국토의 효율적이고 균형있는 이용 · 개발과 보전을 위하여, 법률이 정하는 바에 의해서, 필요한 제한과 의무를 과할 수 있다"입니다.

[앵커]

일각에서는, 그동안 없던 개념이 새롭게 들어가는 거라는 비판을 하던데, 이미 있던 개념인 것이군요. ……

우리나라는, 1962년 개헌 때 처음으로 들어왔습니다. 박정희 전 대통령이 집권한 5 · 16 뒤입니다. 그리고 1972년에, 유신헌법에서 더 확대가 됐습니다. 이후 노태우 정부에서는, 이를 토대로 강력한 법을 도입했습니다. 다만, 세율이 높고 범위가 너무 넓다는 점 때문에 헌재가 제동을 걸었습니다. 이후, 노무현 정부는 이런 헌법적 논란을 감안해서 정책을 추진했습니다.

(장면 2 이 부분은 jtbc에서 2018년 3월 22일에 앵커와 오대영 기자가 대담으로 보도한 내용의 일부입니다)

(장면 3)

토지공개념이 공산주의? 고등학생도 비웃는다

[아이들은 나의 스승 132] '땅은 소유의 대상이 아니'라는 고등학생과의 대화

18. 03. 24 18 : 15　최종업데이트 18. 03. 24 18 : 15　서부원(ernesto)

"저런 얼토당토않은 말에 수긍하는 분들이 있다니, 그저 놀라울 뿐이에요. 사람들은 듣고 싶은 것만 듣고, 믿고 싶은 것만 믿는다더니, 말하는 이나, 또 그걸 믿는 이들이나, 저희 눈에는 의식이 여전히 20세기에 머물러 있는 사람들 같거든요. 몇몇 친구들은 '무뇌충'들 아니냐며 키득거리기도 해요."

문재인 대통령이 발의한 개헌안을 두고 대한민국을 공산화시키려는 좌파들의 야욕이 드러났다며 발끈한 자유한국당의 반발에 대한 한 아이의 반응이다. 지난 22일 자유한국당은 대변인 논평을 통해, 토지공개념을 명시한 대통령의 개헌안에 '사회주의 관제 개헌'이라며 맹공을 퍼부었다. 토지의 공공성을 강조하자, 마치 기다렸다는 듯이 색깔론으로 응수한 것이다.

결국, 저들의 주장은 공산주의라는 말만 들으면 파블로프의 개처럼 반응하는 가엾은 유권자들에게 보내는, 표를 먹고사는 정치인으로서의 몸부림일 뿐이라고 덧붙였다. 또래 친구들 중에도 공산주의 말만 나오면 토끼눈을 치켜뜨는 아이들이 더러 있다면서, '레드 콤플렉스'의 강인한 생명력에 혀를 내두르기도 했다. 이는 그가 친구들 앞에서 통일의 당위성을 부르짖는 이유이기도 하다.

(장면 3 이 부분은 오마이뉴스에서 2018년 3월 24일에 보도한 내용의 일부입니다)

위의 글 장면 1~3의 내용은 매스컴에 보도되고 있는 것을 일부분씩 그대로 옮겨온 것입니다. 내용을 곰곰이 들여다보면 사회주의를 비판적으로 거론하는 분들은 대부분이 사회주의에 대한 개념이나 의미를 제대로 알지 못하거나 왜곡하여 말하는 것으로 보입니다. 주로 정치하시는 분들이 자신이나 자신이 속한 정당의 입장에서 사회주의를 정략적으로 이용하고 있다는 느낌을 지울 수 없습니다. 더구나 자신의 선

배들이 이미 오랫동안 사회주의 제도와 정책을 도입하여 시행하고 있었음에도 그러한 사실에 대한 인식이 전혀 없다는 것은 무식과 무지에 가깝다고 할 것입니다. 정치인으로서 지도자로서 자격미달입니다. 오로지 그간의 남북 대결구도에서 사회주의와 반공을 정치적으로 이용해 온 못된 버릇이 남아 있는 것이겠지요. 토지공개념도 그러한 구도의 연장선상에 서 있는 것이라 하겠습니다.

시사용어사전에 의하면 토지공개념이란 모든 국민의 생활기반이고 다른 소유권과는 달리 공공적 의의가 큰 토지의 소유권에 제한을 가하고 공공적 의의를 부여하는 것입니다. 오늘날 자본주의 국가에서도 토지가 공공재로 인식되면서 토지소유권 절대사상에도 변화가 요구되기에 이르렀습니다. 이와 같이 토지공개념이란 토지의 공적 사용을 위해 사유재산권을 제한하거나 유보할 수 있다는 사상이나 관념을 말합니다. 이는 사회주의, 공산주의 국가와는 달리 토지의 사유화가 이루어진 민주주의, 자본주의 국가에서 토지의 공적 목적과 공익 창출을 위한 합리적 이용에 대한 정치적, 제도적 접근을 가능하게 하는 것입니다. 우리나라에서는 1950년 3월에 발효된 농지개혁법이 그 효시라고 할 수 있습니다. 가구당 보유할 수 있는 규모를 제한하여 특정한 개인이 다량의 농지를 소유하지 못하게 법으로 막은 것입니다. 이는 소수의 사람들이 다수의 소작농을 지배하게 되면서 일어나는 빈부의 차이를 줄이기 위하여 도입되었습니다. 1996년 농지법으로 대체되면서 토지공개념은 남아 있습니다. 1971년에는 토지공개념과 관련하여 그린벨트 제도가 도입되었으며 1976년에는 당시 건설부 장관이 "토지를 절대적 사유물로 인정하기 어려운 우리나라의 실정에 비추어 볼 때 토지공개념의 도입이 필요하다"라고 발표하면서 토지공개념에 관한 정책이 본격적으로 도입되기 시작하였습니다. 제6공화국에 들어와서는 부동산 투기 근절을 목적으로 하는 개인의 토지 소유 · 개발 · 이용 · 처분 등에 대해 법적인 제한을 가할 수 있는 토지공개념의 입법화를 추진하기도 하였습니다. 그리하여 1987년 개정된 헌법의 제23조 제2항, 제3항, 제122조는 토지공개념이 반영된 것으로 평가되고 있습니다. 이후 정부의 지원으로 토지공개념연구위원회를 구성하여 토지공개념 도입방안을 연구하고 검토하도록 하였습니다. 그 결과 1989년에는 「택지소유상한에 관한 법률」, 「개발이익 환수에 관한 법률」, 「토지초과이득세법」이 제정되기에 이릅니다. 이러한 법률들의 제정이 의미하는 바는 우리나라에서 토지가 사유재인 것은 분명하지만 동시에 공적인 재화의 특성을 가지고 있어서 공익을 위해서라면 토지의 소유권을 제한하거나 유보할 수 있도록 한 것입니다. 그리하여 국민들이 토지소유의 적정화를 유지하고 실소유자의 토지소유를 지원하며, 개발이익에 따른 불로소득을 국가에서 환수하는 것, 그리고 기업 등이 토지를 과다하게 보유하는 것을 억제함으로써 토지이용의 효율성을 높이는 것이 핵심적인 내용이었습니다.

우리나라에는 그린벨트greenbelt제도도 도입되어 있습니다. 이 말은 뜻하는 바 그대로 녹색띠입니다. 녹색띠는 자연환경이 잘 보존되고 있는 녹지대를 지칭하는 말로서 일종의 개발제한구역으로 설정되었음을 의미합니다. 그린벨트는 현대사회에서 도시가 확장하면서 높은 빌딩이 숲을 이루게 되고, 도시 전체가 콘크리트화 하면서 녹지공간의 부족으로 인해 삶의 질이 떨어지게 된 것과 관련이 있습니다. 도시의 무절제한 팽창을 막고 도시 내, 혹은 도시 주변에 녹지 환경을 보전하기 위하여 국가 차원에서 지정한 녹지지역을 그린벨트라고 합니다. 그래서 대부분의 경우 그린벨트는 도시 주변지역을 띠 모양으로 둘러싸고 있는 형상을 이루고 있습니다.

관련 자료에 의하면 국가에 의한 그린벨트 구역의 설정은 몇 가지 목적을 가지고 있다고 합니다. 첫째는 도시로서의 인구집중을 억제하여 도시과대화를 방지해 줍니다. 둘째로 녹지대의 형성, 자연풍치의 환경조성 및 보호, 상수도 수원 보호, 오픈 스페이스 확보, 비옥한 농경지의 영구보존 등을 통해 자연환경을 보전합니다. 셋째로 대도시 공해문제가 심화되는 것을 방지합니다. 넷째로 위성도시의 무질서한 개발과 중심도시와의 연계를 방지합니다. 다섯째로 안보상의 저해요인을 제거하고 중요시설물을 보호합니다. 이러한 그린벨트제도는 영국에서 1955년부터 시행되었는데 영국은 14개 권역에 15,557km의 개발제한구역을 보유하고 있습니다. 이는 국토 전체면적의 12%에 해당하는 것입니다. 독일은 1891년 아디케스법을 제정하여 토지이용규제와 개발이익의 국가 환수를 처음으로 제도화하였습니다. 독일은 선진국 중 가장 강력하게 개발규제를 시행하는 나라로 전 국토를 '개발허용지역'과 '개발억제지역'의 두 가지로 구분하고 있습니다. 프랑스는 중앙정부에 국토정비계획이 있고 그 밑에 도시계획과 농촌계획이 있습니다. 토지의 용도를 건축이 가능한 지역과 건축이 제한된 지역으로 구분하여 농지와 임야의 무질서한 개발을 방지하고 건축 가능한 토지이용과 도시개발이 계획된 범위 내에서 수행되도록 유도하고 있습니다. 미국은 이들 나라와는 달리 강제성을 갖지 않는 개발권양도제TDR

를 두고 있는데, 이는 토지 이용권은 토지 소유주에게 남겨두되 토지 개발권은 공공기관에게 양도할 수 있는 제도입니다. 이 제도에 따르면, 공공녹지를 보전하기 위해 녹지보전지구 내에서는 농경과 제한된 위락용도 이외의 그 어떤 개발도 규제됩니다. 그리고 영국의 영향을 받은 호주, 뉴질랜드, 남아공 등은 대부분 개발제한구역 제도를 도입하고 있으며 네덜란드와 러시아 등에도 개발제한구역과 유사한 녹지대가 설치되어 있습니다. 아주 특별히 중국에서는 자본주의, 민주주의 국가와는 달리 도시지역의 대부분의 토지를 국가가 소유하고 있으며, 농촌지역의 토지는 집체소유로 되어 있습니다. 도시지역에서 토지는 소유권과 이용권이 분리되어 있는데, 원칙적으로 토지 소유권은 국가가 가지고 있으며 매매나 증여 등이 원천적으로 불가능하게 되어 있습니다. 토지 사용권은 국가로부터 무상으로 분배받거나 취득의 형태로 획득한 토지에 한하여 인정되고 있는데, 이때 사용권을 거래하거나 담보설정 등의 형태로 사용할 수 있을 뿐입니다. 농촌 지역의 집체소유 토지사용권은 원칙적으로 분배나 취득의 대상이 될 수 없게 되어 있습니다.

사회주의의 또 다른 측면이라 할 수 있는 계획경제에 대한 논의를 해 보겠습니다. 널리 알려진 바와 같이 우리나라는 제3공화국이 출범하면서 국가적, 사회적, 경제적 변화가 크게 일어나게 되는데, 특히 경제개발 5개년 계획의 추진은 국가발전과 국민생활변화에 지대한 영향을 미치게 됩니다. 1962년에 박정희 정부가 제1차 경제개발 5개년 계획을 출범시키고 1966년에 1차 계획을 마무리 짓게 됩니다. 그 이후 7차례에 걸쳐 경제개발 5개년 계획을 수립하고 적극적으로 추진하여 1996

년에 완료하게 됩니다. 이러한 경제개발계획의 추진 목표는 1, 2차와 3, 4, 5차, 그리고 6, 7차에 따라서 내용을 달리하고 있습니다. 1, 2차에서는 경제 전반에 걸친 성장과 발전을 도모하는 포괄적인 성격을 가지고 있었으며 부분적으로는 자원을 배분하려는 계획을 가지고 있었습니다. 제3차부터는 제1, 2차의 성과를 바탕으로 경제규모의 확대와 복잡해진 경제구조에 적응할 수 있는 시스템을 구축하고, 정책계획의 실효성을 높이기 위한 조치들을 마련하였습니다. 제6, 7차에서는 당시까지의 성장과 발달을 바탕으로 결실을 나누고 소득 배분에 보다 중점을 두어 추진하였습니다. 그러한 경제개발계획의 추진 결과 우리나라 국가 경제는 많은 발전과 성장을 이루어 냈으며 세계적으로는 개발도상에서 벗어나고 절대적 빈곤으로부터 어느 정도 자유롭게 되었습니다. 한마디로 말한다면 국가는 경제적으로 어느 정도 부유해지고 국민들은 가난으로부터 해방되었다고 하겠습니다. 이러한 결실은 계획경제의 적극적인 추진과 정치지도자의 리더십, 그리고 국민들의 적극적인 참여가 만들어 낸 결실이라 하겠습니다. 하지만 이러한 의도적이고 계획된, 그리고 국가에 의하여 추진된 경제개발사업의 적극적인 실시는 자본주의, 자유민주주의 국가에서 채택하는 시장경제 중심의 정책모형이 아니라 사회주의, 사회민주주의 국가의 정책모형에 가깝습니다. 즉, 우리 사회는 이미 오래전에 사회주의 경제체제를 부분적으로 도입하고 있었다는 것을 말해줍니다.

그리고 또 다른 과제, 국가 기간산업의 국유화, 혹은 공공화에 대한 논의입니다. 기간산업이란 "철강, 석탄, 전력, 조선업 등 다른 산업을 발전시키는 데 꼭 필요하며 한 나라 산업의 기초를 이루는 산업"을 의미합니다. 그래서 기간산업은 한 나라 산업의 토대가 되는 기초산업으로서 없어서는 안 되는 측면이 있습니다. 박정희 대통령의 제3공화국은 경제개발 5개년 계획의 적극적인 추진과는 별개로 국가 경제를 운용하고 산업을 크게 일으키는 데 기본이 되는 기간산업에 먼저 손을 대기 시작하였습니다. 고속도로를 건설하고 도로망을 국가에서 구축하여 물류의 이송을 용이하도록 하였습니다. 철로를 확충하고 크게 개선하고자 하였습니다. 항만을 만들고 해외로 화물을 운송할 수 있는 기반을 만들었습니다. 석유공사를 설립하여 에너지를 효율적으로 활용할 수 있게 하였으며 제철회사를 설립하여 철강을 기반으로 하는 산업들을 일으킬 수 있도록 지원하였습니다. 공항을 확충하고 산업단지를 국가에서 만들어 생산활동을 적극적으로 지원하였습니다. 그리고 이러한 산업활동을 가능하게 해주는 전력을 확보하기 위하여 댐을 건설하여 전력을 생산하기 시작하였습니다. 국가에 의하여 주도된 이러한 일련의 정책과 사업들은 자본주의를 지향하는 자유민주주의국가에서 쉽게 취할 수 있는 것이 아닙니다. 이러한 국가 기간산업의 국유화 내지 공공화는 복지국가를 향해 나아가는 모든 사회민주주의 국가에서 가장 보편적으로 나타나는 현상입니다. 당시 박정희 정부는 이미 언급한 바와 같이 자유민주주의 국가의 대통령으로 기능한 것이 아니라 전제군주주의 국가 성향의 전제군주로서의 위상을 가지고 있었기에 이러한 사회주의 정책과 국가개입에 보다 적극적이었다고 볼 수 있습니다. 이러한 측면에서 본다면 박정희 대통령의 3공화국은 서구의 사회민주주의 노선을 이미 걷고 있었던 것입니다. 결국 기간산업의 국유화는 곧 복지국가의 기반이고 복지국가는 사회주의 이념을 근간으로 하고 있었던 것입니다. 더욱이 이러한 정책과 사업의 도입이 우리나라에서도 상향식이 아닌 하향식이라는 점에서 또 다른 의미가 있는 것이라 하겠습니다.

사회주의와 관련된 사안으로서 건강보험제도–처음에는 의료보험제도–의 도입이 있습니다. 건강보험제도 도입 초기, 의료보험이라 함은 사람들이 질병이나 생활상의 사고나 부상, 사망으로 인하여 일시에 많은 가계지출이 발생할 경우 경제적 부담을 줄여주기 위하여 국가 등이 제도적으로 조직화하여 국민들의 생활안정을 도모하는 사회보장제도의 하나입니다. 복지국가의 골격을 이루고 있는 사회보장제도는 이러한 건강보험제도와 소득보장제도의 두 축으로 이루어져 있습니다. 건강보험제도, 의료보험제도는 사회보험제도에 의한 의료보험방식과 공적부조사업(공공부조)에 의한 의료보호서비스로 다시 구분될 수 있습니다. 우리나라에서 의료보험제도는 1963년 12월 16일 의료보험법이 제정되면서 부분적으로 추진되기 시작하였습니다. 또한 1977년에는 생활보호대상자들을 중심으로 하는 의료보호사업이 실시되기에 이릅니다. 의료보험은 가입방법 면에서는 강제 가입을 원칙으로 하기 때문에 모든 국민을 대상으로 실시하는 것으로서 보험료 부담은 국민들의 소득 수준에 따라 차등부과하게 됩니다. 그러나 보험급여는 차등이 아닌 필요에 따른 균등급여를 원칙으로 하고 있으며 보험료는 관련 법률에 의해 강제 징수를 하게 됩니다. 이러한 의료보험제도는 19세기 후반 독일에서 시작하여 영국은 물론 유럽의 여러 나라들로 확산되어 나갔습니다. 오늘날에는 세계적으로 많은 나라에서 도입하고 있는 실정이며 자유민주주의와 시장경제를 근간으로 하는 미국에서도 의료보험제도와 의료보호서비스는 부분적으로 도입되어 있습니다. 우리나라에서 의료보험제도의 전면적인 실시는 국민들의 건강증진은 물론이고 경제적 지원을 통해서 균형 잡힌 가계소득을 이루는 데 도움이 되어 왔습니다. 관련 자료에 의하면 국민들의 평균수명은 크게 늘어났으며 영유아 사망률의 감소, 의료서비스망의 확충과 의학발전 등에 있어서 많은 변화와 발전을 이루었습니다. 무엇보다도 국민들이 질병에 걸리거나 다쳤을 경우 의료비 걱정을 하지 않고 일상의 삶에 전념할 수 있고, 그리하여 정신적 안정을 유지할 수 있게 해 주었습니다. 즉, 국민의 기본적인 생존권을 국가가 보장하는 사회안전망을 갖추어 주었다는 면에서 아주 획기적이라 할 수 있습니다.

이러한 의료보험제도는 알려진 바와 같이 사회민주주의를 표방하는 복지국가에서 시작되었으며, 사회보장제도의 한 축으로서 복지국가의 근간을 이루고 있습니다. 그래서 우리나라에서는 제5공화국의 전두환 정권이 들어서면서 국가의 국정지표를 복지국가 건설에 두었습니다. 복지국가는 이미 언급한 바와 같이 사회민주주의 이념을 근간으로 하고 있습니다. 의료보험제도와 복지국가 건설을 도입하고 추구하기 시작한 것은 소위 보수주의 정권에서부터라고 할 수 있습니다. 보수주의 정권에서 왜 이러한 사회주의적인 정책과 제도를 도입하게 되었는가에 대한 답은 이미 영국 등의 전제군주주의 국가에서 답이 나와 있습니다. 국민들의 고통과 가난은 국가와 절대권력자의 책임이자 해결 노력의 주체라는 인식에서 비롯된 것입니다. 다시 말하면 국리민복에는 보수와 진보가 다를 수가 없다는 것을 보여주고 있습니다. 지금까지 여러 가지 면에서 소위 보수주의를 지향하는 정부에서 사회주의적 정책과 제도를 도입하였음에도 불구하고 오늘날 우리 사회에서는 아직도 사회주의 논쟁이 아주 뜨겁습니다. 복지국가를 넘어서 복지사회를 향해 나아가고자 한다면 우리는 이미 사회주의와 자유주의의 두 가지 사상과 이념 속에 깊이 들어와 있음을 알아야 합니다. 정치지도자들은 더 이상 국민들을 현혹시키지 말고 사회주의 논쟁을 접어야 하며 정치 집단의 당리당략으로 사회주의를 나쁘게 몰아가서도 안 됩니다. 사회주의는 결코 나쁜 악의 축이 아니라 사람들을 이롭게 하는 사상이나 이념으로서 이미 우리들 가까이에서 우리를 위해서 봉사하고 있는 것입니다.

05 성숙한 민주주의를 지향하며

전통적인 인류사회의 모습으로 간주되어 온 전제군주주의 국가체제와 가부장제 사회문화의 병폐 등으로 인해 우리 사회는 대혼란 속으로 빠져들었음을 살펴보았습니다. 다수의 국민들은 촛불을 들고 적폐청산이라는 미명 아래 국가, 사회의 대 개혁, 대 변혁을 요구하게 되었습니다. 이러한 현상과 논의는 실존주의 철학을 바탕으로 한 구성주의 관점에서 보면 명쾌한 이해가 이루어집니다. 사회적 적폐를 일소하고 노정된 문제들을 치유하는 데 집중하는 것이 지금의 시대를 살아가는 주인공들의 책임과 의무임에 틀림없습니다. 그래서 국가의 의미와 사회적 정의를 재구성하자는 주장은 설득력이 있습니다. 하지만 이러한 노력은 기존의 전통사회에 대한 단순한 반작용, 상대적인 접근만으로는 장래성이나 지속성이 부족하게 되고 정당성도 없거니와 미래가 어둡습니다. 이에 우리들의 국가와 사회가 나아가야 할 바람직한 모습을 구체적으로 그려내고 그러한 모습의 실현을 위해 모든 노력과 국민적 에너지를 모아야 합니다.

보다 바람직한 미래사회의 모습과 미래 지향적인 우리들의 노력에 있어서 우선적으로 검토할 수 있는 것은 미국이라는 국가의 역사와 현재의 상황에 대한 관심입니다. 미국은 여러 가지 면에서 오늘의 인류사회를 이끌어 갈 뿐만 아니라 우리 대한민국에는 아주 특별한 귀빈이기 때문입니다. 미국은 다 알고 있는 바와 같이 1776년 독립 이후 오늘에 이르기까지 자유민주주의를 표방하고 있습니다. 자유민주주의는 정치적 사상이자 이념이며, 미국 국민들이 신봉하고 떠받들고 있는 최고의 가치입니다. 자유민주주의는 자유주의와 민주주의가 혼합된 정치원리로서, 국가기관으로부터의 간섭을 최대한 줄이고 개인의 자유는 최대한 보장하는 것을 목표로 삼습니다. 또한 주권을 가진 국민의 의사에 따라 국가의 중요한 일들을 결정하고 처리하는 정치원리라 하겠습니다. 그래서 미국에서 자유민주주의는 개인의 자유와 권리를 보장하는 자유주의와 정치적 평등을 지향하는 민주주의의 이념이 서로 조화와 균형을 이루어야 한다는 의미를 내포하고 있는 것입니다. 자유민주주의는 자유주의와 민주주의로 분리하여 설명될 수 있습니다. 자유주의는 프랑스 대혁명에서 나온 자유, 평등, 우애의 이념 중에서 '자유'의 개념과 의미를 같이하고 있습니다. 자유주의란 집단이나 조직에 의한 통제가 아니라 개개인의 자발성과 주체성을 우선시하며, 국가와 사회의 제도는 개인의 자유를 최대한 보장하고 개인의 특성을 존중하기 위해 존재한다고 봅니다. 이러한 자유주의 사상은 고대 그리스까지 거슬러 가지만 인류역사에서 본격적으로 논의되기 시작한 것은 17~18

세기 유럽에서부터라고 볼 수 있습니다. 다만, 미국의 초기 역사에서 살펴 본 바와 같이 전제군주주의 국가시스템에서 보편적인 시민들이 군주제의 구속과 억압에서 벗어나 자유롭게 살 수 있는 새로운 땅을 찾아 나서면서 자유주의는 미국에서 적극적으로 실현되고 꽃을 피우게 됩니다. 미국인들은 자유의 여신상을 아메리칸 드림의 상징으로 여기고, 모든 국민들이 자유롭게 살아가는 인간 사회의 실현이라는 초심을 길이 기억하고 후세들에게 물려주기를 바랐습니다. 그러나 구성원 개개인의 자유는 다른 구성원들을 제약하거나 침범할 수밖에 없는 필연적 상황에서 미국인들은 민주주의를 발달시키게 됩니다. 링컨 대통령이 남긴 게티즈버그 연설은 전 세계적으로 자유민주주의을 지향하는 모든 국가들의 우상이 되었습니다. "… 국민의, 국민에 의한, 국민을 위한 정부 …" 이 문구에서 보듯이 자유를 중시하는 민주주의, 미국의 자유민주주의는 여기에서 구체적으로 형상화되고 있습니다. 우리나라 대한민국도 정부가 출범하면서 헌법의 규정에 의하여 자유민주주의 국가를 지향하고 있으며 오늘에 이르고 있습니다.

민주주의란 무엇입니까? 영어의 democracy는 demos와 kratos의 합성어입니다. 데모스는 민중을 나타내고 크라토스는 지배를 의미합니다. 그래서 민주주의를 어의로 번역한다면 '민중의 지배'로 볼 수 있습니다. 여기에서 민중은 다수의 일반적, 보편적 시민을 말합니다. 전통적인 전제군주주의 국가에서는 피지배계층의 사람들을 지칭하는데 그들은 자유를 억압받고 정치적 권력은 제한되었습니다. 집단과 조직을 이끄는 사람들은 1인 체제 혹은 소수의 집단지도체제를 갖추고 있어서 그들은 다수의 시민들을 다스렸습니다. 그러나 근대 시민혁명을 통해서 다수의 피지배계층의 일반시민들은 다스림을 일방적으로 받았던 구도에서 벗어나 국가의 권력과 정책결정 및 집행에 직접 참여함으로써 개개인의 인간적 존엄성을 확립하게 되었습니다. 즉, 소수의 지배계급에 의한 억압과 착취로부터 벗어나 개인의 자유와 평등이 침해되는 것을 최소화함으로써 일반시민이 국가의 주체가 되는 구조를 만들게 되었습니다. 이를 민주주의 국가, 또는 민주주의 사회라고 부릅니다.

전통적인 사회체제, 즉 전제군주주의 국가에서는 개개인의 시민들이 보장받고 당연히 누려야 할 자유, 평등, 존엄성의 가치를 외면받았습니다. 아주 특별히 인간 존엄성은 인류사회에서 모두가 지키고, 확장시켜 나가야 할 매우 소중한 가치임에 틀림없습니다. 인간 존엄성이 배척되고 무시되는 사회는 좋은 사회, 우리가 가야 할 바람직한 사회라고 할 수 없습니다. 이러한 가치에 대하여 대부분의 사회와 국가가 동의함으로써 오늘날 민주주의는 보편화되기에 이르렀습니다. 즉, 자유민주주의 국가의 건설은 절대 다수의 국가에서 추구하는 보편적 가치로 자리 잡았으며 우리나라 또한 그러한 범주에 속하고 있습니다. 자유민주주의 국가의 건설, 자유와 평등을 실현하는 사회, 이 얼마나 가슴 벅차고 희망에 가득한 찬가를 부르게 하는 말입니까? 우리 사회는 형식적으로는 1948년부터 시작되었지만 그동안 전제군주주의 국가 체제와 가부장제 사회문화 속에서 살아 왔습니다. 인간존엄과 자유와 평등의 가치가 실현되는 사회와는 상당히 멀리 떨어져 있었습니다. 이제 진정한 의미에서 자유와 평등, 그리고 인간의 존엄성이 귀한 대접을 받을 수 있는 사회를 향하여 걸음마를 시작하는 단계에 와 있습니다. 이제 우리는 어디를 향해서 어디로 나아가야 할 것인지, 전제군주주의와 가부장제를 벗어나는 것으로, 자유민주주의를 올바르게 실현하는 것만으로 우리는 만족할 수 있을 것인지, 아니면 그 세상을 넘어서서 이상향을 향해서 나아가야 할 것인지, 우리는 답해야 합니다. 2019년 현재 미국을 중심으로 본다면 자유민주주의 국가는 어느 정도 실현된 것으로 간주되지만 미국사회는 아직도 가야 할 길이 있으며 보다 이상적인 사회를 향해서 나아가야 합니다. 그 해답을 성숙한 민주주의 사회의 실현에서 찾으려 합니다. 성숙한 민주주의 사회는 자유와 평등을 기본적 이념으로 하고 그것을 보편적으로 실현하며 우애의 정신으로 사회를 통합하는 것입니다. 그러한 사회를 우리는 복지국가를 넘어서는 복지사회로 규정합니다.

성숙한 민주주의deep democracy사회로 나아가기 위해 매우 세밀하게 구체적인 내용과 방법을 논의하는 것은 우리들이 풀어야 할 과제입니다. 구성주의 관점에서 사회적 담론을 통해 합의를 도출하여야 하겠지만 여기에서 우리는 포괄적 개요와 전반적인 그림을 그리고자 합니다. 우선 논의의 출발점을 프랑스 대혁명에서 제시된 세 가지 정신이자 가치로 불리는 자유와 평등과 우애에서 시작함이 바람직할 것입니다. 이미 지적한 바와 같이 자유와 평등은 지금까지 인류사회가 발전해 오면서 자유주의, 사회주의, 민주주의, 자본주의, 공산주의 국가에서 크게 활용하여 국가와 사회가 지향하는 목표로 이미 자리 잡게 되었습니다. 그리고 가장 극적으로는 미국을 중심으로 하는 자유민주주의 국가의 모습으로 대표되고 있습니다. 하지만 프랑스 대혁명에서 제시된 가치 중에서 아직도 본격적으로 주목받지도, 존중받지 못하고 있는 우애의 정신이 있습니다. 우애는 우리 사회에서 박애로 번역하여 혼선을 가져오기도 하였지만 프랑스 혁명에서 제시된 것은 프랑스어 fraternite, 영어의 fraternity입니다. 이는 우리말로 번역하면 '우애', '형제간', '동포애', '협동단체', '동업자 간 혹은 동호자 간'이라는 말이 됩니다. 이는 모든 사람의 인품을 존중하고 평등사상에 입각하여 인종, 종교, 관습과 문화, 국적을 초월한 보편적 인류애를 의미하는 박애philanthropy와는 엄연하게 다른 것입니다. fraternity는 원래 남자형제들을 가리키는 말이었습니다. 즉, 형제와의 관계는 핏줄관계로서 타인과의 일반적 계약관계와는 본질을 달리합니다. 형제관계는 정과 사랑으로 이루어져 있으며, 상호 간의 이해와 협력 속에 끈끈함으로 맺어진 정서적, 사회적 공동체 관계입니다. 혈연적, 공동체적 관계이기에 동물의 세계와는 달리 갈등과 다툼도 많지 않으며 다툼이 있다 하더라도 아주 미미하게 일어납니다. 설사 갈등과 다툼이 일어난다 하더라도 곁가지에 불과할 뿐이지요. 그래서 이 말을 정의한다면 "특정한 사회공동체나 조직 내에서 구성원들 간의 자유와 평등을 존중하고 상호 이해와 협력을 바탕으로 한, 평화적 관계를 토대로 한 연대"라고 할 수 있습니다. 이러한 의미에 가장 적합한 우리말은 '우애'에 해당합니다. 1789년에 프랑스 대혁명이 일어나면서 자유와 평등의 가치는 곧바로 '인간과 시민의 권리선언'에서 제시되고 있지만 우애의 가치는 1795년 '인간과 시민의 권리와 의무'에서 자유와 평등의 가치보다 조금 늦게 나오게 됩니다. 이 1795년의 선언에서 우애와 관련하여 "자기가 바라지 않는 것은 남에게도 행하지 말고, 항상 자신이 원하는 좋은 일을 남에게 베풀어야 한다"고 설명하고 있습니다. 이러한 시기적인 차이 현상, 그리고 우애의 가치를 곰곰이 뜯어보면 아주 중요한 측면이 있음을 알 수 있습니다. 즉, 자유와 평등은 프랑스 대혁명에서 아주 핵심적인 부분을 차지하고 있습니다. 그리고 그것을 실현하는 구체적인 방법이나 수단, 과정으로서는 우애의 가치를 들고 있다는 것입니다. 그래서 여기에서 우애는 자유와 평등의 실현을 위해 노력하는 모든 사람들에 대한 사랑을 의미합니다. 모든 인류에 대한 보편적인 사랑이 아니라 자유와 평등의 가치를 공유하고 있는 피를 나눈 형제들에 대한 진한 사랑을 말하고 있는 것입니다. 그래서 프랑스 대혁명에서 제시된 세 가치 중 '우애'는 우애를 말하는 것이며, 그것은 곧 같은 가치를 가지고 함께 살아가는 형제에 대한 사랑을 지칭하는 것입니다. 그러한 조직이나 사회공동체는 부부, 가족, 집단, 중소규모의 조직, 지역사회, 국가, 유엔 등이 있습니다. 성숙한 민주주의의 관점에서 본다면 자유와 평등을 실현한 사회라 하더라도 거기에는 반드시 형제애로 연결된 구성원들, 서로가 우애의 정신이 충만하여 사람냄새를 풍기며 살 것을 요구하는 것입니다. 자유와 평등의 가치를 실현하지 못하는 사회나 국가에 대해서는 그들이 자유와 평등의 가치를 존중하고 실현할 수 있도록 우애의 정신으로 돕고 지원하는 것도 곧 성숙한 민주주주의 국가라 할 수 있겠습니다. 지금의 전제군주주의 국가를 넘어서서 자유와 평등이 어느 정도 실현된다 하더라도 고도화된 무기와 무력, 전쟁을 통해서는 결코 성숙한 민주주의 사회로 나아갈 수 없는 것입니다. 이는 부드러움이 강함을 이긴다는 이치와도 같은 것입니다. 형제간의 우애를 바탕으로 한 평화만이 성숙한 민주주의 사회를 말할 수 있습니다. 이를 달리 표현한다면 개인주의와 사회주의의 단순한 결합을 넘어서는 융합의 차원이라고 할 수 있습니다. 그래서 성숙한 민주주의는 '우애적 개인사회주의'의 의미와 동일한 것으로 볼 수도 있습니다.

자유민주주의 국가는 전제군주주의 국가, 사회주의 국가, 공산주의 국가 모습보다는 진일보하거나 진화한 사회라 말할 수 있습니다. 그리고 사회민주주의 국가를 넘어서는 개념일 수도 있습니다. 성숙한 민주주의 국가는 자유민주주의 국가보다 한 걸음 더 나아간 진화한 사회에 속합니다. 하지만 성숙한 민주주의 사회에는 자유민주주의 국가의 유전자가 진하게 녹아들어 있습니다. 마찬가지로 사회민주주의 국가의 유전자도 진하게 녹아들어 있습니다. 우리의 인류 사회는 지금까지 사회적 개혁과 변화, 진화를 이야기하면서 그 접근방법은 항상 거시적, 체제적, 국가 차원에서의 구조적인 접근을 일삼아 왔습니다. 프랑스 대혁명에서 시작된 자유민주주의 운동이 그러하고 미국의 독립전쟁과 남북전쟁, 수차례에 걸친 산업혁명, 나치와 일본 군국주의에 의한 대재앙, 1~2차 세계대전, 6 · 25 전쟁, 그리고 최근에 우리 사회를 뒤흔들고 있는 두 전직 대통령에 대한 적폐청산 작업과 가부장제 사회문화의 척결 운동 등 이 모든 것은 거시적인 측면에서 역사적 진화를 말해주고 있습니다. 그리고 이러한 진화는 우리 사회에도 자유민주주의의 흐름을 이어가게 할 것입니다. 그러한 큰 흐름 속에서 우리가 보지 못하거나 놓치고 있는 부분이 있습니다. 외형적으로는 자유민주주의 국가를 이루었다고 후손들에게 자랑할 수 있을 것입니다. 그러나 내면까지 속이 꽉 찬 자유민주주의 사회를 이룩하지는 못하였다는 것입니다. 우리가 거기까지는 나아가지 못하더라도 후손들에게 나아갈 길, 이상적인 사회로 나아가는 올바른 방향을 잡아주어야 합니다. 성숙한 민주주의 사회는 프랑스 대혁명에서 말하고 있는 우애, 즉 자유와 평등의 가치를 공유하고 있는 형제들에 대한 사랑에서 출발해야 합니다. 즉, 가족애에서 출발해야 합니다. 성숙한 민주주의는 가족 내 자유민주주의를 실현하고 촉진하는 것이라 할 수 있습니다. 국가적, 사회적 노력에 의하여 전제군주주의 국가의 모습은 사라져 갑니다. 가부장제 사회문화도 사회적으로는 어느 정도 흔적이 지워지고 있습니다. 가족 내에서 가부장제의 가장 큰 축인 남성에 의한 여성의 지배구조가 무너지고 있습니다. 다만, 어머니에 의한 자녀의 지배구조는 오히려 가부장제 문화를 강화하고 있는 것처럼 보여집니다.

'가족', 이 말은 언제 들어도 우리의 가슴을 설레게 하고 마음을 짠하게 울립니다. 가족은 인류의 역사가 시작되면서 그 자리에 있었으며, 사람은 거의 대부분이 가족 안에서 태어나고 가족 안에서 자라고 가족 안에서 어른이 됩니다. 그리고 가족들이 지켜보는 가운데 죽음을 맞이하게 됩니다. 가족은 곧 사람들이 존재하는 하나의 양식이 되었습니다. 가족을 연구하는 모든 학자들, 인간의 성장과 발달에 관여하는 많은 연구자들, 사람들의 부적응 행동을 연구하고 가르치는 교육자들, 그리고 사회복지학자들, 심리학자들이 동일한 의견을 보이는 부분이 인간의 성장과 발달, 인격과 성품, 인간 됨됨이는 그가 나서 자란 가족, 가족생활과 밀접한 관련이 있다는 것입니다. 그리고 성장 후의 사회적 적응과 부적응은 가족생활에 깊숙이 관련되어 있음을 말해줍니다. 아주 특별히 영유아기의 어린 시절은 그 사람의 인품에 결정적인 영향을 미친다는 것이 중론입니다. 그래서 사람은 어떤 가정에서, 어느 부모를 만나 어떤 성장과정을 거쳐 왔는가에 집중적인 관심을 가지게 됩니다.

앞에서 설명한 바와 같이 현대를 살아가는 대부분의 사람들은 참자기와 거짓자기의 모습이 들어 있으며 그러한 거짓자기와 참자기의 뒤에는 가족이 있다는 이론이 있습니다. 이는 가설을 넘어 타당성이, 정당성이 인정되어 상당 부분 이론화되었습니다. 전제군주주의 국가에서는 한마디로 말한다면 가짜자기로 살아가는 사람들의 집합소가 사회입니다. 군주와 가부장은 자유민주주의와는 거리가 먼 방식, 즉 강압적이고 지배적인 통치방식, 일방적인 의사소통, 폐쇄적이고 절대적인 권력의 행사 등의 방식으로 사회와 가정을 이끌었습니다. 그러한 사회에서 가구원과 국민들은 자신의 내면의 소리에 귀를 기울이거나 관심조차 가질 수 없게 합니다. 인간의 기본적인 욕구, 가령 아프거나 슬퍼서 울고 싶어도 울지 못하게 하고, 편안하게 쉬고 싶은 시간에도 쉬지 못하게 통제를 받았습니다. 울고 싶고 쉬고 싶은 내면의 소리는 인간의 기본적인 욕구 중 일부이기에 그러한 욕구는 충족이 되지 않으면 일생 동안 계속적으로 추구하게 됩니다. 자유와 평등이 엄격하게 제한된 가족생활은 결국 가짜자기로 살아가는 사람들을 양성하는 결과를 가져오게 되고 그런 사람은 내면의 진짜자기의 간절한 소리에 일생 동안 시달리게 됩니다. "나를 보아 주고 안아 주세요. 나를 사랑해 주세요. 나를 챙겨 주세요…" 우리 사회에서 가짜자기의 모습으로 살아가는 사람들은 국가에 충성하고 부모에게 효도하는 사람을 바람직한 인간상으로 삼도록 가르침을 받았습니다. 인간으로서의 존엄과 가치는 박탈당하여도 최소한의 자유와 인간적 존중이 주어지지 않아도 그것을 문제 삼지 않았습니다. 1950년대 초엽에 태어난 저자는 그런 구도의 가족 안에서 태어나고 자랐으며 전통적인 가부장제 문화를 고스란히 지닌 채 성인이 되었습니다. 국가 차원에서 본다면 충성스럽지는 않더라도 최소한 말 잘 듣는 충실한 백성이자 부모를 섬길 줄 아는 사람으로 자란 것이지요. 자유민주주의 국가의 가족은 갓 태어난 아이라 할지라도 그는 자유와 평등의 권리를 가지고 있습니다. 미국처럼 철저하게 개인주의로 무장합니다. 정말로 자기만을 아는, 자기 내면의 소리에 충실한 사람, 그리하여 가짜자기와는 결별한 사람으로 보입니다. 성인이 되고 나면 자기만을 알고, 내면의 소리만 집중하면 되기에 부모도 형제자매도 관심 밖에 있습니다. 부모가 출가한 자녀 집에 가거나 장성한 자녀가 부모 집을 방문하려면 사전에 허락을 받고 면담일정을 정하는 일은 이제 보편화되었다고 합니다. 흔히 말하듯이 그것이 미국의 사회요, 가정이고 가족생활이지요. 여기에는 가족애나 가족 간의 우애는 사라진 것으로 보입니다.

성숙한 민주주의는 자유와 평등에서 발달한 주체성과 자율성을 바탕으로, 그 위에 쌓아올린 우애를 스스로 실현하는 구도를 말합니다. 그것은 단계적인 과업으로서 가장 먼저 자신을 사랑하고 신뢰하며 우애를 쌓아야 합니다. 그래야 진짜자기를 사랑하고 존중할 줄 알게 되면 자존감과 자기분화 수준은 높아집니다. 일상은 행복하고 기쁨과 평화가 충만한 삶을 살 수 있는 기틀을 만들게 됩니다. 그 다음 그 개인은 자기 가족을, 그리고 소속한 집단과 조직, 지역사회, 그리고 국가, 인류사회를 향해서 우정의 문을 열고 우애의 손길을 뻗을 수 있게 됩니다. 그래서 성숙한 민주주의는 진정한 가족민주주의가 되어야 합니다. 우애, 내가 관계하고 있는 사람들을 향해 열어주는 마음과 내미는 손의 우애, 그것이 성숙한 민주주의 사회의 핵심적인 가치입니다. 연구결과에 의하면 인간은 태어나면서 기본적인 욕구를 가지고 태어난다고 합니다. 그런 기본적인 욕구는 반드시 충족되어야 하며, 욕구의 충족은 기쁨과 만족을 줄 뿐만 아니라 건강한 인성을 발달시키는 데 중요한 기능을 하게 됩니다. 전제군주제나 가부장제에 익숙한 사람들은 아이들이 하고 싶다고 해서 다 해주면 안 된다고 믿고 있으며, 엄하게 통제하고 훈육하며 가르쳐야 한다고 말합니다. 다시 말하면 아이들은 자유를 누릴 만큼 성숙하지 못하며 평등을 보장할 만큼 자라지 못하였다고 주장합니다. 일견 일리가 있어 보입니다. 하지만 그러한 시각에서 자녀와 아이들의 교육을 담당하였던 시기는 이미 비판받았으며 역사의 뒤안길로 사라지고 있습니다.

제6장

가야 할 사회의 인간상

01
복지국가를 넘어서, 인간복지사회

언급한 바와 같이 복지사회는 복지국가, 사회복지와 밀접한 관련이 있습니다. 복지국가의 실현을 위해서 사회복지는 필수요건입니다. 사회복지에 나오는 사회복지정책과 사회복지실천의 두 기둥을 근간으로 짓게 되는 집이 복지국가입니다. 그러나 복지사회는 복지국가나 사회복지와는 다른 차원에서 논의되어야 합니다. 복지사회는 복지국가를 기반으로 하는 상위의 개념이자 세계입니다. 복지사회는 사회복지를 넘어서 인간복지, 즉 휴먼 웰페어가 실현된 사회를 말합니다. 인간과 사회를 이롭게 하는 여러 가지 제도와 법을 완벽하게 구비하여야 함은 물론입니다. 그리고 모든 구성원에게 개인의 욕구를 중심으로 개별화된 서비스를 제공하여야 합니다. 복지사회는 사회의 모든 구성원 개개인이 만족하고 기쁨과 평화로 충만한 삶을 살아가는 그런 사회를 말합니다. 국가나 사회 중심이 아니고 인간이 중심이 된, 개개인의 만족과 행복한 삶의 총합이 복지사회를 만드는 것이라 할 수 있습니다.

제도적 복지국가의 이념과 사상은 프랑스 대혁명에서 나온 자유, 평등, 우애의 정신과 직접적이며 깊은 관련을 가지고 있습니다. Marshall 교수는 복지국가의 기본적인 특징은 경렬한 개인주의와 집합주의로 표현될 수 있다고 하였는데, 개인주의는 자유의 이념을, 집합주의는 평등의 이념을 나타내는 것입니다. 복지국가의 이러한 특징은 Thoenes의 설명에도 그대로 나타나고 있습니다. 그는 복지국가는 자유주의 국가와 사회주의 국가가 혼합된 또 하나의 새로운 형태의 모습을 보여주는 것이라고 하였습니다. 따라서 복지국가는 자유민주주의 국가의 이념과 동일한 수준에서 이념적 특징을 보여주고 있는 것입니다. 즉, 이념적 차원에서는 공동 부분을 가지고 있지만 사회복지제도와 서비스 전달체계의 구축이라는 면에서 차이가 있을 수 있습니다. 다시 말해서 자유민주주의 국가와 복지국가의 차이는 사회복지제도와 정책, 공공서비스가 얼마만큼 잘 구비되어 있는가에 의해서 구별될 수 있는 것입니다. 가령 대표적인 자유민주주의 국가인 미국을 많은 사람들이 복지국가로 보지 않는 것이 그 예입니다. 그리하여 복지국가는 자유와 평등의 이념을 존중하고 그것을 실현하고 있으며 그 위에 사회복지 공급 시스템을 상당한 수준으로 갖추고 있는 나라를 말합니다. 이러한 의미의 복지국가는 복지사회와는 구별될 수 있으며 구분되어야 합니다. 복지사회는 복지국가를 넘어서서 보다 이상적이고 우리가 가고자 하는 길의 목적지와 가까운 개념이라 하겠습니다. 논란과 논의의 여지가 있기는 하지만 복지사회에 이르고자 하는 노력은 복지국가의 실현을 바탕으로 하지 않고서는 무망한 것처럼 보입니다. 나아가 우리는 아무리 복지국가로서의 완벽한 시스템을 갖추었다 하더라도 그 조직 안에 살고 있는 사람들이 정말로 만족하고 행복한가 하는 질문에 대답하여야 합니다. 우리가 복지국가라고 보고 있는 북유럽의 몇몇 국가에서 자살률이 높게 나타나는 것을 우리는 어떻게 설명하여야 할까요? 복지사회는 복지국가의 모습에서 한 걸음 나아가 국민들 간에 우애, 즉 사랑이 충만한 사회를 꿈꾸고 있다면 지나친 환상에 해당하는 것일까요? 결코 그렇지 않음을 믿고 있으며 구체적인 논의는 제7, 8장에서 진행하려 합니다. 다만, 여기에서 분명하게 정리해야 할 부분은 복지국가이든, 복지사회이든 사회복지와 밀접한 관련이 있다는 것입니다. 사회복지는 거시적, 혹은 미시적 노력이든 복지국가와 복지사회를 지탱해 주는 핵심적인 기둥입니다. 사회복지의 거시적 측면, 즉 사회복지정책이 복지국가와 관련성이 더 깊다면, 사회복지의 미시적 측면, 즉 사회복지실천은 복지사회와 보다 관련성이 많다고 할 수 있습니다. 따라서 사회복지실천을 통한 복지사회의 인간상을 논의하는 것은 우리가 가야 할 길의 이정표에서 구체적인 목표가 될 수 있겠습니다. 우리가 가고자 하는 사회는 복지사회입니다. 복지사회는 곧 인간복지사회를 말합니다.

가족제도는 인류의 역사와 그 궤를 함께하여 왔습니다. 그리고 앞으로도 가족제도와 가족생활은 보편적인 삶의 양식이며 존재의 방식이 될 것입니다. 혼인은 늦추고, 결혼을 하지 않겠다는 사람들이 늘어나고 있습니다. 결혼을 하더라도 자녀를 출산하지 않겠다는 사람, 단 한 명만 낳겠다는 사람들이 많이 있습니다. 자유민주주의 국가에서 나타날 수 있는 극단적인 개인주의를 보여줍니다. 겉으로 보기에는 멀지 않아 가족이 망하고, 사회가 소멸되는 것은 아닌지, 국가가 반 토막 날까 봐 걱정을 하게 됩니다. 성숙한 민주주의 사회, 인간복지사회에서는 개인의 자발적이고 주체적인 참여에 의해서 자녀를 출산하고 사회를 발전시키는 상황으로 나아갈 것입니다. 국가는 그러한 자기결정이 이루어질 수 있는 완벽한 제도적 장치를 갖추어 주어야 합니다. 결국 성숙한 민주주의 사회에는 성숙한 개인과 성숙한 가족이 중심을 이루고 성숙한 국가는 그러한 개인과 가족이 평화로운 삶을 살아갈 수 있도록 보장하는 것입니다. 이러한 구도에서 가장 핵심을 이루는 부분은 가족복지입니다.

가족복지의 실현은 복지국가는 물론이고 복지사회의 기둥이자 핵심을 차지합니다. 인류의 역사가 시작된 이래 가족은 인간 개인과 항상 함께 있었습니다. 가족은 인간 존재의 구체적인 형식이었으며 가족생활은 개인적 삶의 중추를 구성하여 왔습니다. 모든 개인의 행복과 불행은 가족과 연결되어 있으며 가족 안에서 개인의 만족과 불만족은 사회로 이어졌습니다. 그래서 가족이 건강하면 개인도 건강하고 사회도 건강합니다. 그래서 가족복지의 달성 여부는 복지사회의 가장 중요한 지표라 할 수 있습니다. 지금 우리 사회가 걱정하고 있는 인구 감소의 문제도 결국은 국가의 문제이기 이전에 가족과 가족생활의 문제입니다. 극단적인 이기주의와 개인주의는 가족공동체를 무너지게 하며 사회생활의 단위로서 전통적인 가족의 설자리를 앗아가는 결과를 초래합니다. 그리고 우리 사회에서 일어나고 있는 크고 작은 문제들, 예를 들면 아동문제, 노인문제, 청소년비행문제, 가정폭력문제, 범죄문제, 마약문제, 중독문제, 정신질환문제 등 어느 것도 가족문제와 연결되어 있지 않은 것이 없으며 그 해결 노력 또한 가족과 연계되어야 합니다. 이러한 사회문제들의 가장 밑바닥에는 일탈하는 개인이 있으며 그 개인의 뒤에는 그의 가족이 있습니다.

이론적으로 이미 말하였듯이 아주 특별하게 모든 개인은 어린 시절 성장 발달하는 환경과 여건이 어떠한지에 크게 영향을 받게 됩니다. 그 환경의 중심에 가족과 부모가 있습니다. 그래서 개인문제와 사회문제, 인류문제의 저변에는 그의 원가족이 있음을 우리는 알고 있습니다. 가족복지가 달성된 가정에서 태어나고 자라면 개인은 건강하고 성숙한 인성으로 사회와 균형과 조화를 이루며 살아갈 수 있다는 논리입니다. 복지사회는 가족복지의 달성이 필수적이라 하겠습니다. 복지국가를 이룩하려는 모든 노력도 가족복지를 구심점으로 삼고 연결망을 구축하여야 합니다. 복지사회에서 가족복지는 가부장제 가족문화와는 거리가 멀어야 하되 사회주의 이념은 일정 부분 수용되어야 합니다. 지금까지 그래왔듯이 앞으로도 인류사회는 끊임없이 진화하고 발전해 나갈 것입니다. 손주의 초롱초롱한 눈망울에서 그 희망을 봅니다. 아이의 부모를 핵심으로 하는 온 가족이 아이를 얼마만큼 건강하게 성장 발달할 수 있도록 도와주고 환경을 제공하는지의 여부에 따라 우리 사회의 미래가 달려 있는 것입니다. 지금의 어머니들처럼 자녀를 극단적인 개인주의자로 키울 것인지, 복지사회에 걸맞은 사회 구성원으로 자라나고 성장하게 도울지는 전적으로 오늘의 우리에게 맡겨진 과제입니다. 하지만 건강한 아이를 양육하는 일은 '나와 내 가족이 할 수 있는 일'이며 해야 할 과업이자 책임인 것입니다.

02

실존주의 관점에서 구성한 인간상

가야 할 사회, 인간복지사회에서 살아가는 사람들은 어떤 모습을 하고 있을까요? 아니 어떠한 모습을 하고 있어야 할까요? 복지사회는 결국 그 안에 살고 있는 사람들이 모두가 다 행복한 삶을 살아가는 상황을 가정하고 있는 것입니다. 그래서 우리는 복지사회의 인간상에 대한 논의를 하지 않을 수 없습니다. 복지사회의 철학적 기반을 우리는 실존주의 철학에서 가져왔습니다. 실존주의는 현대사회 인간을 설명하는 데 있어서 가장 적합하다고 간주되기 때문입니다. 우리는 실존주의에서 핵심적인 부분으로서 존재와 본질에 관한 논의를 하였습니다. 존재라는 말은 오직 사람에게만 쓸 수 있는 용어로서, 여기에 한 사람의 인간이 있는 형상 그대로 살아 있음을 나타냅니다. 복지사회 인간상에 대한 논의도 여기에서부터 출발합니다. 그리고 복지사회의 필수요건인 사회복지실천과 실천을 위한 준거틀의 구성도 여기에서부터 출발합니다. 실존주의에서 존재는 유일하지만 그 본질은 하나 이상일 수 있습니다. 여기에서 구성하는 인간의 본질은 생활인이지만 생활인의 모습과 스펙트럼은 몇 가지로 나뉠 수 있는 것으로 보았으며, 이를 생물인, 일상인, 사회인, 의미인, 자유인의 다섯 가지로 유형화하였습니다. 이러한 내용은 〈표 1〉에 구체적으로 나타나 있습니다(김수환, "실존주의 관점에서 구성한 사회복지실천의 준거틀," 사회과학연구 제32집 4호, 2016 참조).

〈표 1〉 실존주의 관점에서 구성한 인간의 모습

<table>
<tr><th colspan="2">실존주의 관점</th><th colspan="3">사회복지실천 준거틀</th></tr>
<tr><th>존재</th><th>본질(생활인)</th><th>사회복지실천인간상(일상생활과업을 행하는 존재)</th><th>잠재적 클라이언트</th><th>추가적인 설명</th></tr>
<tr><td rowspan="2">지금 여기에 살아 있는 사람(있는 그대로의 개별화된 인간 모습)</td><td>• 자유인(영성인)
• 인간은 정신적, 영적 존재이며 현실을 초월할 수 있음
• 인간은 영성적 생활인임</td><td>• 영성생활 중심의 인간상(영혼중심 생활)
• 인간은 영적 세계의 삶을 추구하는 존재임
• 영성의 실현과 달성을 위한 생활과업이 있음
• 인간은 영성생활과업을 수행하는 존재임</td><td>영성생활과업 수행과 관련된 욕구 미충족이나 문제에 직면한 사람</td><td rowspan="2">• 인간의 네 가지 차원의 생활과업은 매일(하루), 일주일(주간), 한 달(월간), 계절, 일년(연간), 일생, 개별화된 주기로 나타날 수 있음
• 이 네 가지 차원의 생활과업은 주기와 더불어 입체적으로 이해되어야 함
• 하지만 이러한 모든 과업은 오늘일상생활과업으로 나타나게 됨</td></tr>
<tr><td>• 의미인(가치생활인)
• 인간은 가치를 추구하고 삶의 의미를 탐색하는 존재임
• 인간은 의미추구 생활인임</td><td>• 의미생활 중심의 인간상
• 인간은 개별화된 삶의 의미와 가치를 추구하는 존재임
• 삶의 의미와 가치를 추구하는 생활 과업이 있음</td><td>의미와 가치추구 생활과업 수행과 관련된 욕구 미충족이나 문제에 직면한 사람</td></tr>
</table>

	• 사회인(사회생활인) • 인간은 사회적 존재이며 타인에 대하여 사회적으로 연결되어 있음 • 인간은 사회적 생활인임	• 인간은 의미생활과업을 수행하는 존재임 • 사회생활 중심의 인간상 • 인간은 사회를 떠나서 살 수 없음 • 대인과 직업중심의 사회생활과업이 있음 • 인간은 사회생활과업을 수행하는 존재임	사회생활과업 수행과 관련된 욕구 미충족이나 문제에 직면한 사람	• 네 가지 차원의 생활과업은 엄격한 구분이 어려운 면도 있으며 사안에 따라서는 두 세 가지 차원에 걸쳐서 일어날 수도 있음
지금 여기에 살아 있는 사람(있는 그대로의 개별화된 인간 모습)	• 일상인(일상생활인) • 가까운 사람 상호 간에는 친밀감과 상호의존적 존재임 • 인간은 기본적 일상생활인임	• 기본적 일상생활 중심의 인간상 • 인간은 가족생활을 통해서 친밀감을 나누고 보호와 의존을 함께하는 존재임 • 이와 관련된 기본적일상생활과업이 있음 • 인간은 기본적 일상생활과업을 수행하는 존재임	기본적 일상생활과업 수행과 관련된 욕구 미충족이나 문제에 직면한 사람	
	• 생물인(자연인) • 인간은 하나의 유기체로서 이 세상에서 가장 중요한 관심사임 • 인간은 유기체적 생활인임	• 생존생활 중심의 인간상 • 인간은 생존에 관한 가장 기본적인 욕구를 실현하려는 존재임 • 한 생명체로서 유기체적 생존에 필요한 과업이 있음 • 인간은 생존생활과업을 수행하는 존재임	생존생활과업 수행과 관련된 기본적 욕구의 미충족이나 문제에 직면한 사람	

인간의 가장 밑바닥에 있는 모습은 생물인으로 표현되는 자연세계의 동물적 속성을 그대로 간직하고 있는 것입니다. Maslow에 의하면 자연의 일부로서 인간은 생존하는 것을 가장 중요하게 여깁니다. 생존하기 위한 애씀은 모든 유기체, 생명체에서 나타나는 공통적인 현상으로서 적으로부터 자기를 보호하고, 음식을 섭취하고 배설하며, 유기체로서 균형을 이루려 합니다. 인간도 마찬가지로 이와 같은 동물적 속성을 지니고 있으며 그것을 실현하기 위해서 끊임없이 움직입니다. 먹고 입고 자고 아픔과 위험의 국면에서 도움을 요청하는 모든 생명체의 활동이 여기에 속하는데, 이보다 더 기본적인 인간의 모습은 없습니다. 이러한 인간의 모습은 생물학적 생활인으로 표현할 수 있습니다. 그래서 인간은 생존과 안전에 관한 기본적인 욕구를 충족시키려는 존재입니다. 그리고 생존과 안전을 실행하는 데 관련된 생활과업이 있으며 인간은 그러한 생활과업을 수행하지 않을 수 없습니다. 사회복지실천에서는 이러한 인간의 모습을 생존생활과업을 수행하는 존재로 규정합니다. 따라서 생존생활과업 수행과 관련된 기본적인 욕구의 미 충족이나 문제를 가진 사람은 잠재적 클라이언트가 되는 것으로 봅니다.

생물인의 다음 형상은 인간이 자신에게 주어진 일상의 삶을 살아가는 모습이 있습니다. 이를 일상인으로서 기본적 일상생활인이라 규정합니다. 아침이면 일어나고 저녁이면 잠자리에 듭니다. 일정한 시간이 되면 규칙적으로 식사를 하고 자신의 사회적 활동에 따라 정해진 시간에 집을 나서고 저녁이면 귀가합니다. 이러한 삶의 내용은 주로 가정을 통하여 이루어지고 생물인과도 깊은 연관이 있습니다. 인간의 이러한 일상 모습은 끊임없이 반복적으로 계속됩니다. 인간은 자신을 향해서 다가오는 기본적 일상생활과업을 외면하거나 그 수행을 장기적으로 거부할 수가 없습니다. 그리고 인간은 가족생활을 통해서 애정과 친밀감을 나누며 상호의존과 보호를 제공합니다. 사회복지실천에서 이러한 인간 모습은 기본적 일상생활과업을 수행하는 존재로 규정합니다. 따라서 기본적인 일상생활과업 수행과 관련된 욕구의 미충족이나 문제를 가진 사람이 잠재적 클라이언트가 됩니다.

그 다음은 사회인의 영역이 있습니다. 사회인은 사회적 생활인의 내용을 담고 있어서 모든 인간은 자신에게 주어지는 사회활동과 사회생활과업을 수행하는 존재로 자리매김해 왔습니다. 인간이 사회적 동물이자 존재라는 말은 오래전부터 있어 왔듯이 인간은 사회생활을 떠나서 살아갈 수 없습니다. 거의 모든 사람은 하루의 일정한 시간에 집을 나서고 다양한 사회활동과 인간관계 속으로 들어갑니다. 학교로, 사무실로, 정해진 일터로 각자의 역할을 감당하기 위해서 사회적 관계망 깊숙이 관여하게 됩니다. 이러한 사회활동 또한 하루나 일정 기간을 주기로 끊임없이 반복되며 인간은 자신에게 주어지는 사회적 생활과업을 장기적으로 거부할 수 없으며 자신에게 주어지는 사회생활과업을 성실하고 계속적으로 수행하지 않을 수 없습니다. 사회복지실천에서는 이러한 인간의 모습을 사회생활과업을 수행하는 존재로 규정합니다. 따라서 사회생활과업 수행과 관련된 욕구의 미충족이나 문제를 가진 사람이 잠재적 클라이언트가 됩니다.

그리고 다음에는 의미인의 생활영역이 있습니다. 이는 달리 표현하면 의미추구 생활인이라고 할 수 있는데, 인간은 사회생활을 통해서,

혹은 사회생활을 넘어서서 자신만의 고유한 삶의 의미를 추구하고 그것을 실현하기 위해서 존재하고 살아갑니다. 인간 삶의 이러한 측면은 Maslow의 자아실현이론에도 잘 나타나 있듯이 인간은 다른 동물과 달리 자아와 존재의 의미를 탐구하고 자신만의 고유한 삶의 의미를 추구하며 살아가는 존재입니다. 자신이 추구하는 삶의 의미나 가치가 재물의 획득이든, 권력 등의 높은 지위를 획득하는 것이든, 아니면 고귀한 사랑을 실현하고 나눔을 통해서 내면적 기쁨과 만족을 경험하든, 사람들은 그 가치를 쫓아서 끊임없이 움직입니다. 결국 인간은 자신만의 고유한 삶의 의미와 가치를 추구하며 살아가는 존재인 것입니다. 사회복지실천에서는 이러한 인간의 모습을 의미생활과업을 수행하는 존재로 규정합니다. 따라서 의미생활과업 수행과 관련된 욕구 미충족이나 문제에 직면한 사람이 잠재적 클라이언트가 됩니다.

마지막으로는 자유인 혹은 영성인으로 명명될 수 있는 영성적 생활인의 모습이 있습니다. 인간은 정신적 영적 존재이며 현실을 초월하는 세계에 관심을 가지고 있습니다. Zastrow에 의하면 이 부분은 인간의 가장 높은 수준의 정신적인 내면의 영역이자 영혼의 복지를 지향하는 것이기에 사회복지실천가들에 의한 실천적 접근은 매우 신중하고 조심스럽게 논의되어야 합니다.

이러한 다양한 인간 모습을 인간의 본질로 보았을 때 사회복지실천에서 지향하는 인간의 모습과 실천 내용은 자연스럽게 상호 연결될 수 있습니다. 생물학적 생활인에서는 생존생활 중심의 인간 모습이 나오고, 일상적 생활인에서는 일상생활 중심의 인간 모습이 나옵니다. 사회적 생활인에서는 사회생활 중심의 인간 모습이 나오고, 의미추구 생활인에서는 의미추구생활 중심의 인간 모습이 나오게 됩니다. 그리고 영성적 생활인에서는 영성 생활 중심의 인간의 모습이 나옵니다. 이러한 인간의 다섯 가지 차원의 모습에 따른 생활과업은 매일(하루), 일주일(주간), 한 달(월간), 계절, 일 년(연간), 일생 또는 개별화된 주기로 나타날 수 있을 것입니다. 그럼에도 불구하고 다섯 가지 차원의 모든 생활과업은 오늘 하루의 일상생활과업으로 다양하게 나타나게 되며 인간은 그날에 주어지는 일상생활과업을 수행하는 존재가 됩니다.

모든 사람은 자기 자신에게 주어지는, 던져지는 일상의 생활 과업들을 장기간 외면하거나 거부할 수 없습니다. 하나의 유기체, 한 생명체로 존재한다면 그것은 반드시 수행하지 않을 수 없는 필연적인 과제입니다. 그러한 인간의 운명과 과업수행의 숙명은 시지프의 신화에서 나타나고 있는 시지프의 삶과 같은 것이라고 할 수 있습니다. 따라서 사회복지실천에서 보고, 규정하는 인간의 의미는 일상생활과업을 수행하는 존재, 그 의미 이하도 이상도 아닙니다. 모든 사람이 자신에게 주어지는 다섯 가지 차원의 일상생활과업을 만족스럽게 수행하게 되면 개인적으로 행복한 사회이고 사회적으로 복지사회가 실현된 것이라 하겠습니다. 우리는 부부문제를 흔히 접할 수 있는데 그 의미는 보편적으로 부부가 다투거나 싸우고 폭력을 행사하는 것 등을 뜻합니다. 하지만 부부가 다투거나 갈등관계에 있는 것은 일상적으로 있을 수 있는 일이며 문제로 보기 어렵습니다. 왜냐하면 그것이 삶의 한 단면이기 때문입니다. 다만, 다툼과 갈등, 스트레스와 고통이 극심하여 부부 중 한 사람이나, 둘 다 함께 일상생활과업을 수행하지 못하는 현상이 일정

기간 지속될 때 우리는 그것을 문제로 규정합니다. 그리고 그러한 문제는 나아가 다섯 가지 차원으로 구분해서 접근할 수 있을 것입니다. 복지사회는 결국 이러한 다섯 가지 차원에서 인간의 살아가는 모습을 정형화할 수 있습니다. 이는 다섯 단계의 전 과정에서 만족스러운 삶을 영위하여 최소한 의미인의 영역까지 실현시키며, 마지막에는 자유인의 영역으로 들어가게 하는 것이 복지사회의 궁극적인 목표라 하겠습니다.

03
인간상과 사회복지실천

앞서 복지사회에서 기대되는 인간상을 구성하였습니다. 그러한 인간상을 실현시키기 위한 구체적인 노력으로서 사회복지실천에 관한 이야기를 보태려 합니다. 사회복지실천에서 인간의 문제를 분석, 해결하고 사람들의 사회적 적응을 돕는 다양한 이론적 모형과 지식, 기술들이 나오고 있습니다. 그러한 치료상담의 이론적 모형 중에 교류분석이론이 나옵니다. 교류분석이론은 에릭 번Eric Berne이라는 정신과 의사가 만든 이론적 모형인데 실천에서 아주 좋은 성과를 내고 있어서 많은 사람들로부터 인정과 지지를 받고 있습니다. 에릭 번이 말하기를 인간은 자유로운 존재이기에 자율적이고 자신의 행동을 스스로 결정하였기에 책임도 따르는 것이라 하였습니다. 그래서 복지사회의 인간상과 연결될 수 있습니다. 이러한 인간존재의 분석을 네 가지 차원에서 시도하고, 그중에서 각본 분석은 사람이면 누구나 인생 각본을 가지고 살아가는 것으로 보았습니다.

인생 각본은 승자의 각본과 패자의 각본, 그리고 평범한 각본의 세 가지 유형으로 나누어집니다. 승자의 각본은 자아를 실현하고 현실에서 적응적 행동을 보이며 일상에서 만족감과 행복을 느끼며 살아가는 각본을 말합니다. 패자의 각본은 문제행동을 보이고 현실에서 부적응과 불만족, 고통과 억압을 경험하는 삶의 각본을 말합니다. 그리고 평범한 각본은 그럭저럭 살아가는 인생을 말합니다. 즉, 승자는 삶과 인생을 성공적으로 살아가는 사람을 말하며 패자는 실패한 삶이나 인생을 지칭하는 뜻으로 사용됩니다. 내용으로 본다면 승자의 삶은 진짜자기의 모습으로 살아가는 사람을 의미하며 패자의 삶은 가짜자기의 모습으로 살아가는 사람을 의미하는 것으로 볼 수 있습니다. 따라서 승자의 삶은 가짜자기의 모습으로 점철된 인간 형상과는 다소 거리가 먼 것으로서 자기 내면의 소리에 귀를 기울이고 참된 자아를 실현하면서 살아가는 삶을 의미하는 것입니다. 여기에서 말하는 승자는 세속적, 현실적 일상에서 말하는 승자와는 거리가 있는 것이라 하겠습니다.

사회적으로 성공적인 삶을 산다는 것은 보통 어느 정도 출세를 하였는지, 돈을 얼마나 많이 벌었는지, 높은 지위에 올라 절대적인 권력을 많이 누리는지, 그리고 사회적 명성을 크게 쌓았는지를 말하게 됩니다. 그러나 여기에서 말하는 승자의 의미는 그러한 기준과는 상당한 거리가 있습니다. 한마디로 말한다면 사회적 승자는 형이하학적인 면에 초점을 맞춘 것이라면 교류분석에서의 승자는 다소 형이상학적인 면을 강조하고 있다는 것입니다. 다음 〈표 2〉는 승자와 패자의 삶을 측정해 볼 수 있는 척도입니다. 교류분석이론을 바탕으로 재구성하였는데 80개의 문항으로 이루어집니다. 각 문항은 승자와 패자의 삶과 인생여정을 나타내는 것으로서 자신의 있는 그대로를 체크하도록 되어 있습니다.

〈표 2〉 승자와 패자 체크리스트

아래의 예문(문항)들은 개인의 인성을 알아보기 위해서 마련된 것입니다. 자신의 인성을 다른 사람에게 과시할 필요는 없으며, 감추거나 수치스럽게 여길 이유도 없습니다. 자기 자신의 있는 그대로를 정확하게 체크해 보는 것이 중요합니다. 예문을 읽어본 후에 자기의 실제를 정확하게 판단하고 그 정도에 해당되는 숫자를 기록해 주십시오. 성인용으로 만들어진 것이기에 자신에게 해당되지 않거나 관련이 없는 항목은 체크하지 마시고 미 체크한 문항 수만큼 합계점수에 반영하면 됩니다.

＊ 다음 문항들(1~50)의 판별 기준입니다.
0 : 절대 아니다 1 : 아니다 2 : 보통이다 3 : 그렇다 4 : 매우 그렇다
(가령 1번 예문의 경우, 절대 그렇지 않으면 0을, 매우 그러하면 4를 표기하십시오)

1	(약간의 건강문제가 있지만) 신체적, 정신적으로 나는 건강하다고 생각한다.	
2	자신에 관하여 긍정적인 이미지를 가지고 있으며 자신을 사랑한다.	
3	모든 일에 '예', '아니요'를 분명히 한다.	
4	평소에 내가 가진 것을 타인에게 나누어 주며 기쁨을 누린다.	
5	내가 알고 있는 사람들(타인)을 아껴주고 사랑하려고 애쓴다.	
6	일상생활에서 편안하고 균형을 이룬 마음가짐으로 살아간다.	
7	매사에 지혜나 아이디어를 스스로 찾으려고 노력한다.	
8	내가 가지고 있다고 사료되는 재능들을 잘 활용하고 있다.	
9	나 자신의 감정의 흐름을 잘 파악, 어느 정도 조절하고 있다.	
10	일이 바빠도 심리적으로 여유를 가지고 살아간다.	
11	일과 중의 시간을 낭비하지 않고 잘 활용하고 있다.	
12	(주로 하는 일이) 일하는 것 자체가 신나고 매우 즐겁다.	
13	나는 여성(남성)으로 태어난 것에 만족한다.	
14	인생은 희망적이고 살아볼 만한 가치가 있는 것이다.	
15	매사에 적극적이고 (좋은 일이면) 열심히 하려고 애쓴다.	
16	자신을 적절히 통제할 줄 안다(예를 들면, 절식).	
17	어떤 일을 할 때 결과만 중시하는 것이 아니라 그 과정도 중시한다.	
18	나의 일상생활은 자신과 타인에게 속임이 없이 진실한 편이다.	
19	항상 여유를 가지고 타인에게 양보할 수 있는 마음과 태도를 가진다.	

20	마음에 느끼는 감정(슬픔 등)이나 욕구(사랑 등)를 솔직히 표현한다.	
21	어떤 일이 잘못되면 내 잘못이 무엇인지를 함께 생각한다.	
22	과거, 현재, 미래 중 나에게는 현재가 가장 중요하고 의미 있다.	
23	가급적이면 아름다운 것을 생각하고 선한 일을 행하려 한다.	
24	매사에 있어서 억지로 참는 것이 아니라 자연스럽게 참을 수 있다.	
25	내 주위에 있는 모든 (자연)환경을 있는 그대로 즐기면서 산다.	
26	일할 때는 열심히 일하고 놀 때는 열심히 논다.	
27	다른 사람의 기쁜 일은 나의 일처럼 진심으로 축하해 준다.	
28	속상하는 일이 있으면 다른 사람에게 속 시원하게 말해 버린다.	
29	종교를 가지고 있으며 신앙생활을 열심히 하고 있다.	
30	취미생활을 적극적으로 하고 있다.	
	〈소 계 (　　) / 120〉	

31	친부모의 있는 그대로를 존중하고 사랑한다.	
32	배우자에게 만족하면서 살고 있다.	
33	부부간에는 대화가 진지하게 잘 이루어지고 있다.	
34	부부간에는 서로 깊이 이해하고 있으며 인생의 동반자로 여긴다.	
35	배우자에게 잘못했을 때 '잘못했다'고 시인하고 이해를 구한다.	
36	자녀들을 진실로 사랑하고 그들을 존중해 준다.	
37	자녀들에게 잘못했을 때 '잘못했다'고 시인하고 이해를 구한다.	
38	나에게는 우리 집이 이 세상에서 가장 안락하고 좋은 곳이다.	
39	집안의 중요한 일이나 문제는 전 가족이 함께 의논하고 결정한다.	
40	나는 가족 구성원들로부터 존중과 신뢰를 받고 있다.	
	〈소 계 (　　) / 40〉	

41	주위의 사람들이 나를 가까이 하고 친하게 지내려고 한다.	
42	나는 다른 사람들에게 '참 좋은 사람이다'라는 말을 흔히 듣는다.	
43	대부분의 경우 다른 사람들과 어울리는 것이 즐겁다.	
44	다른 사람의 말이나 의견을 귀담아 듣고 또한 의견을 존중해 준다.	
45	다른 사람이 잘하면 참된 마음으로 칭찬해 준다.	
46	타인의 장점을 인정하고 자신보다 훌륭한 면은 존중해 준다.	
47	평소에 타인이나 사회에 봉사활동을 실천하여 매우 즐겁다.	
48	이웃과 친하고 사이좋게 지내고 있다.	
49	나의 마음을 털어놓고 이야기할 수 있는 사람이 주위에 항상 있다.	
50	지역사회의 문제에 관심을 가지고 있으며 그 해결을 위해 노력한다.	
	〈소 계 (　　) / 40〉	

＊ 다음 문항들(51~80)의 판별 기준입니다. 이는 위의 기준과는 다르니 유념하십시오.
4 : 절대 아니다 3 : 아니다 2 : 보통이다 1 : 그렇다 0 : 매우 그렇다
(가령 51번 예문의 경우, 절대 그렇지 않으면 4를, 매우 그러하면 0을 표기하십시오)

51	매사에 이해관계를 따져서 이득은 행하고 손해가 되면 행하지 않는다.	
52	왠지 장래의 일이 불안하고 걱정이 된다.	
53	다른 사람에게 나 자신의 과거를 자랑삼아 자주 말한다.	
54	가급적이면 미래의 부귀영화를 위해서 오늘을 희생하면서 살아간다.	
55	화장을 하지 않았거나 옷차림 등 외모가 허술하면 속이 상한다.	
56	나의 자질과 능력이 타인에 비해 떨어지고 있어서 열등감에 빠진다.	
57	얼굴이나 신체적 조건으로 인해서 속상하고 스트레스를 받는다.	
58	다른 사람보다 잘났다고 우쭐대는 경향이 있음을 지적받고 있다.	
59	경제적으로 잘사는 것에 대하여, 상대적으로 부자라서 우월감을 가진다.	
60	경제적으로 못사는 것에 대하여, 상대적으로 빈곤자라서 부끄러움을 느낀다.	
61	경쟁(다툼)에서 지는 것은 물론이고 이기는 것도 미리 걱정이 된다.	
62	어떤 사람의 험담을 그가 없을 때 다른 사람 앞에서 하게 된다.	
63	과음이나 과식으로 인해서 고통을 받는 일이 있다.	
64	식성이나 체질 때문에 가리거나 못 먹는 음식이 있다.	
65	건강 등 여러 가지 이유로 먹고 싶은 음식을 마음대로 먹지 못한다.	
66	수돗물은 해롭기 때문에 생수나 약수를 마시려고 애쓴다.	
67	경제적으로 고통을 받고 있으며 돈 때문에 쫓기며 산다.	
	〈소 계 (　　) / 68〉	

68	직업이나 (가사를 제외하고) 주기적으로 계속 하는 일이 없다.	
69	배우자와의 이혼을 자주 생각하는 편이다.	
70	배우자, 자녀, 부모 등을 내세워서 자신의 가문을 자랑한다.	
71	'지금의 배우자가 아니고 다른 사람과 결혼했더라면' 하고 생각한다.	
72	'나도 부자로 태어났더라면' 하고 생각한다.	
73	'우리 집에서 쫓겨나지는 않을까?' 하는 걱정을 한다.	
74	'우리 집이 망하면 어떻게 하나?' 하는 걱정을 한다.	
75	가족 구성원들이 나를 이해하고 존중해 주지 않는다.	
76	가족 구성원들로 인해서 속상하는 일이 많다.	
77	다른 사람의 잘못을 보면 비아냥거리거나 비난조로 말한다.	
78	여러 가지 이유로 인해서 살고 있는 집이 마음에 들지 않는다.	
79	다른 사람과 언쟁을 자주 하거나 다툰다.	

80	일상생활에서 다른 사람에게 충고를 아주 쉽게 하는 편이다.	
	〈소 계 (　　) / 52〉	
	〈총 계 (　　) / 320〉	

• 작성자 인적사항(성명, 연령, 성별) :

• 작성일시 및 작성장소 :　　　년　　　월　　　일

• 특기사항 :

〈표 2〉에 나오는 문항들은 개인적인 영역, 가족생활 영역, 그리고 사회생활 영역으로 구성되어 있습니다. 그리고 일부는 역채점 문항으로 구성되어 있습니다. 만약 모든 문항을 체크하였을 경우 최고의 총점은 320점이 나오게 되고 최하위 합계 점수는 0점이 됩니다. 실제로 320점이나 0점이 나오는 경우는 없을 것으로 보입니다. 320점에 가까울수록 승자의 삶을 살고 있음을 의미하며 0점에 가까울수록 패자의 삶을 살고 있습니다. 중간 점수는 160점으로서 백분율로 환산하면 50점에 해당하는데, 50점 이상과 그 이하는 중요한 의미를 가질 수 있습니다. 교류분석이론에서 치료나 개입의 목적은 패자의 각본이나 평범한 각본으로 살아가는 사람들을 승자의 각본으로 살아가는 삶으로 변화시키는 것에 있습니다. 이러한 승자의 삶은 우리가 가고자 하는 미래사회, 복지사회의 바람직한 인간상이라 하겠습니다. 보다 구체적으로 1번의 '신체적, 정신적으로 나는 건강하다고 생각한다'는 문항을 살펴보겠습니다. 약간의 건강상의 문제나 취약점을 가지고 있지 않은 사람은 없겠지만 그럼에도 불구하고 긍정적인 마음으로 살아간다는 뜻입니다. 신체적, 정신적으로 자신의 건강에 대한 확신을 가지고 살아가는 사람은 진짜자기, 승자의 삶을 살고 있음을 의미합니다. 설사 중병에 걸린다 하더라도 편안하고 평화로운 마음으로 자신의 질병을 바라보는 눈을 가지고 있습니다. 왜냐하면 질병도 자신의 일부이고 투병생활도 삶

의 일부라고 보기 때문입니다. 이하 각 문항은 동일한 수준에서 판별할 수 있을 것입니다. 이들 문항에 나오는 내용들은 복지사회에서 살아가는 사람들의 바람직한 모습들을 상정한 것으로서 개인의 일상적 삶의 지표가 될 수 있을 것입니다. 아마도 복지사회에 도달하게 되면 대부분의 사람들은 100점 만점으로 보았을 경우 80~90점 이상의 높은 점수를 획득할 수 있을 것으로 기대됩니다. 추정하건대 오늘의 현대를 살아가는 사람들 중 극히 소수의 사람들만이 그러한 경지에 도달할 것으로 보입니다. 그리고 특기사항이 있으면 간단하게 기록해 두는 것이 좋습니다. 특기사항이란, 예를 들면 최근에 가족 내, 혹은 가까운 사람과의 관계에서 문제나 사건이 발생한 경우로, 그것을 기록으로 남겨두는 것이 바람직합니다.

〈표 3〉은 구성된 준거틀과 바람직한 인간상에서 본 사회복지실천의 구체적인 내용을 나타낸 것입니다(김수환, "실존주의 관점에서 구성한 사회복지실천의 준거틀," 사회과학연구 제32집 4호, 2016). 〈표 1〉에 제시된 준거틀을 기반으로 사회복지실천의 내용과 대상을 설명하고 있는 것입니다. 그리고 〈표 2〉에서 제시된 바람직한 인간상을 지향하며 그 실현을 위한 구체적인 노력을 나타낸 것입니다. 다시 말하면 준거틀과 인간상에서 볼 때 인간은 생존생활과업과 일상생활과업, 사회생활과업, 의미추구생활과업을 수행하는 존재이며, 그러한 인간의 모습을 현실에서 실현하도록 돕는 것이 사회복지실천의 본질적인 부분이라 하겠습니다. 생존생활과업의 수행에서는 인간의 생존생활과업과 관련된 욕구나 문제를 다루며, 일상생활과업의 수행에서는 인간의 일상생활과업과 관련된 욕구나 문제를 다루게 됩니다. 그리고 사회생활과업의 수행

에서는 인간의 사회생활과업과 관련된 욕구나 문제를 다루고, 의미생활과업의 수행에서는 인간의 의미생활과업과 영성생활과업과 관련된 욕구나 문제를 다룹니다. 다만, 영성생활과업과 관련된 부분의 욕구나 문제를 사회복지실천가가 다루기에는 능력의 범위를 넘어서는 것일 수도 있어서 신중한 접근이 필요합니다. 그래서 〈표 1〉의 준거틀에서는 자유인과 의미인, 즉 의미추구생활과 영성생활을 구분하였으나 〈표 3〉의 준거틀의 사회복지실천 적용에서는 이 둘을 통합하였습니다.

〈표 3〉 인간상과 사회복지실천

<table>
<tr><th>사회복지실천의 목표</th><th>사회복지실천의 내용</th><th>주요 개념들</th></tr>
<tr><td>의미생활과업의 수행에 관여함
(영성생활과업 포함)
사회복지실천은 인간의 의미생활과업 수행과 그 실현에 관심을 가짐</td><td>의미생활과업과 관련된 욕구와 문제, 자원봉사활동, 영성과 사회복지실천, 개별화된 전문적 치료와 상담</td><td rowspan="4">개인과 환경
자원과 정보
일상생활
생활과업
일상생활과업 수행
욕구와 문제
생물인, 생활인
일상인, 사회인
의미인
참 만남
나-너의 원조관계
지금-여기
사정과 개입
생태체계
자원체계
사회체계
가족체계
사회복지실천의 사정과 개입은 클라이언트의 일상생활과업 수행에 직결되어 있음</td></tr>
<tr><td>사회생활과업의 수행에 관여함
사회복지실천은 인간의 사회생활과업 수행과 그 실현에 관심을 가짐</td><td>사회생활과업과 관련된 욕구나 문제, 사회생활과업 수행에 부적응 현상을 보이는 모든 문제나 욕구에 대한 개입, 적응훈련, 직업훈련, 인간관계개선서비스, 전문화된 치료나 상담 서비스</td></tr>
<tr><td>기본적일상생활과업의 수행에 관여함
사회복지실천은 인간의 기본적 일상생활과업 수행과 그 실현에 관심을 가짐</td><td>기본적 일상생활과업과 관련된 욕구나 문제, 의식주 중심의 일상생활과업 수행에 문제가 있거나 욕구에 대한 개입과 서비스, 가족중심의 서비스, 생활시설 사업이 대표적임</td></tr>
<tr><td>생존생활과업의 수행에 관여함
사회복지실천은 인간의 유기체적생존생활과업 수행과 그 실현에 관심을 가짐</td><td>생존생활과업과 관련된 욕구나 문제, 정신 · 신체적 건강에 대한 욕구, 건강하지 못함이나 질병에 대한 직 · 간접적인 서비스, 의료사회사업, 정신보건서비스</td></tr>
</table>

그리고 사회복지실천의 준거틀을 나타내는 〈표 3〉에서는 네 가지 영역으로 구분되어 있지만 이러한 구분이 반드시 지켜져야 하는 것은 아닙니다. 실천내용의 중점이 어디에 있는지를 강조하기 위한 분류에 그 의미가 있습니다. 그리고 이들 영역의 구분에서 어떤 서비스는 두 영역, 혹은 여러 영역 간에 겹쳐서 실행되는 경우도 있을 수 있습니다. 다만, 보다 하위에 있는 내용은 보다 상위에 있는 내용보다 실천현장에서 우선적으로 다루고 서비스가 전달되어야 합니다. 왜냐하면 보다 하위의 내용이 인간의 삶에서 보다 시급한 과제로 간주되기 때문입니다. 그리고 보다 하위에 있는 내용들이 사회복지실천 현장에서 사회복지실천가들이 상대적으로 보다 많이 다루고 있는 내용들이라 사료됩니다.

04

인간상에 대한 논의와 함의

우리나라 사회복지실천의 이론과 지식, 기술은 주로 미국의 것을 수입하여 전문가 양성과정과 실천현장에서 사용하여 왔음은 보편적인 사실입니다. 미국의 사회사업실천은 미국사회의 역사적 맥락에서 태동하였으며 정신의학 중심의 심리학과 사회학 중심의 사회과학의 발달과 매우 밀접한 관련 속에 사회사업실천 이론과 지식이 발달하고 오늘의 이론적인 체계를 구축하기에 이르렀습니다. 특별히 정신의학과 임상심리학의 발달은 사회사업실천이 미시적이고 전문적이며, 기술적인 접근을 융성하게 하는 결과를 가져왔습니다. 따라서 우리나라에 유입되어 있는 사회복지실천도 미국의 그러한 경향성을 내포하고 있어서, 우리 사회의 일반주의 사회복지실천을 위한 지식과 이론체계에서도 전문적인 지식과 기술을 중심으로 구성되는 결과를 초래하였습니다. 그리고 미국에서 일반주의 사회사업실천에 관한 이론체계나 정체성이 약한 것을 우리 사회가 그대로 답습하고 있음은 부인하기 어렵습니다. 아직까지 전문적인 사회복지실천의 과정이 멀리 있는 우리 사회에서 일반주의실천에서부터 정체성을 정립하고 그 본질을 설명하는 것은 아주 절실한 과제입니다.

실존주의 관점에서 구성하고 제시된 사회복지실천의 준거틀은 이러한 문제제기에 대답하기 위해서 제시된 것입니다. 사회복지실천의 인간형상은 실존주의에서 말하는 인간존재의 실존과 그의 삶의 실현에 있으며 사회복지실천의 본질은 개개인의 다양한 생활과업을 실행하도록 돕는 것입니다. 과학으로서 사회복지실천은 이러한 철학적, 지식적인 기반을 가지고 있으며, 이를 실행하기 위한 전문가의 전문적인 서비스와 노력으로 구체화됩니다. 그리하여 우리 사회에서 사회복지실천은 철학적, 이론적 바탕을 확보함으로써 실천의 지식적인 근거와 관련된 단초가 마련되었습니다. 다시 말하면 사회복지실천현장에서 활동하고 있는 사회복지사들의 업무나 전문적인 원조사업은 철학적, 이론적 바탕을 가지게 되었습니다. 그리고 그들의 업무와 활동영역을 체계적으로, 구체적으로 재정리할 수 있는 계기가 될 것으로 기대합니다. 그렇다고 해서 제시된 사회복지실천의 준거틀은 실존주의 관점에서 구성된 것이기에 사회복지실천의 모든 이론과 지식을 망라하는 준거틀이 된다고 말할 수는 없습니다. 새로운 이론과 지식을 향한 하나의 시도에 불과할 뿐입니다. 이를 계기로 하여 사회복지실천의 정체성과 본질에 관한 논의가 보다 활발하게 이루어져서 사회복지실천을 위한 지식과 이론이 보다 진보하며, 일반화된 사회복지실천의 준거틀이 만들어지기를 기대합니다. 그리하여 복지사회로 나아가는 구체적인 과정이 되기를 희망합니다. 거듭 말하거니와 우리가 가고자 하는 곳은 복지사회입니다.

복지사회는 복지국가를 넘어서야 하고 자유민주주의 국가를 근간으로 하여야 합니다. 그래서 사회복지실천은 인간복지실천의 차원으로 높여야 합니다. 실존주의 관점에서 구성한 사회복지실천의 준거틀에 의하면 인간은 자신에게 주어진 생활과업을 수행하는 존재이며, 자신에게 주어진 일상생활과업을 수행하는 데 어려움이나 문제가 발생하게 되면 당사자의 요청에 의해서 실천가가 전문적인 서비스로 돕는 것이 사회복지실천입니다. 물론 여기에는 인간복지실천의 차원에서 논의되는 내용을 포함하고 있습니다. 이와 같이 구성하여 제시된 사회복지실천 준거틀은 다음과 같은 몇 가지 면에서 함의를 찾아볼 수 있겠습니다.

첫째, 사회복지실천의 본질을 분명하게 규정함으로써 우리 사회에서 사회복지실천의 정체성을 보다 명확하게 해 주는 효과가 있으며 나아가 복지사회의 의미를 탐색하는 데 도움을 줄 것입니다. 우리나라에 구축되어 있는 사회복지실천의 이론체계와 지식과 기술들은 주로 미국에서 생성되고 발달해 온 것입니다. 그것은 미국 사회사업실천의 영향을 받고 미국의 사회사업실천을 선호하는 연구자와 교육자들에 의해서 지식과 이론들이 우리 사회에 소개되고 학생들에게 가르쳐졌기 때문입니다. 즉, 이들은 그 과정에서 사회사업실천의 준거틀에 관한 이론이 부족한 실정을 보지 못하였거나 문제제기를 하지 않은 상태에서, 지나치게 실천과정과 개입기술에 사회복지실천의 초점을 맞추다 보니 일어난 현상이라 할 수 있겠습니다. 여기에서 구성된 사회복지실천의 준거틀은 사회복지실천의 지식과 이론들이 어디에서 어떤 근거로 현실에 있는 것인지, 그 본질은 무엇이고 무엇을 지향하는지를 명백하게 해줍니다. 사회복지실천은 인간 개개인의 다양한 생활과업 수행과 실행을 도와주는 전문적인 휴먼서비스 활동입니다. 이러한 사회복지실천의 정체성 구축은 인근 학문의 정체성과 구분되며 연구나 실행분야에서도 차별화를 가능하게 해 줄 것으로 기대됩니다.

둘째, 사회복지실천현장에서 일하고 있는 실천가들의 업무와 활동을 이론적으로 뒷받침하게 될 것입니다. 여기에서 구성된 생활과업 수행의 준거틀은 사회복지실천의 사정과 개입을 위한 구체적인 지침이나 방향을 제시해 줄 수 있을 것입니다. 우리의 사회복지실천의 역사는 미국의 그것을 수입하여 이론이 먼저 소개되었으며 그 이론을 학습한 실천가들에 의해서 현장에서의 서비스가 뒤따르게 되었습니다. 미국에서 사회사업실천은 이론과 지식보다는 현장 실천이 선행되었기에 정체성이나 본질의 문제가 발생하지 않았지만 우리 사회는 미국사회와는 반대의 길을 왔기에 이론의 당위성이나 현실에서의 적합성에 대한 문제 제기는 반드시 필요한 것입니다. 지금까지 이론에 대한 정체성이나 본질에 관한 근원적인 질문 없이 일을 해온 실천가들에게 정당성을 설명해 주는 하나의 길을 열어주었습니다. 현재 우리나라 사회복지실천 현장에서 이루어지고 있는 사회복지실천의 내용과 장면들이 클라이언트들의 일상생활과업과 사회생활과업에 집중되어 있는 것을 감안하다면 이 준거틀은 매우 유용하게 활용될 수 있을 것입니다. 특별히 각종 생활시설에서 일상생활과업 수행과 관련된 서비스를 집중적으로 담당하고 있는 사회복지사들의 업무와 활동이 이론적으로 뒷받침될 수 있으며 그들 업무의 전문적 정체감을 높이는 효과가 있을 것으로 기대합니다.

셋째, 우리나라 사회복지실천은 대부분의 이론서와 학술서적에서 사회복지실천의 준거틀이나 정체성, 본질에 관한 논의는 아주 미미한 수준이며, 전체적으로 볼 때 구조나 구성수준이 논리적이지 못하고 실천 기술 중심의 단편적인 지식에 치우쳐 있습니다. 이러한 지식 공급구조에 변화를 시도함으로써 사회복지실천의 지식체계를 재구성하게 하는 계기가 되기를 희망합니다. 나아가서는 여기에서 제시된 준거틀을 기반으로 하는 새로운 형태의 관계이론, 사정과 개입 중심의 실천과정들이 연구되고 이론화되기를 바라며, 그리하여 사회복지실천론 이론서들이 전체적으로는 논리적이고, 짜임새가 완벽해지기를 기대합니다.

제7장

가야 할 사회의 이정표와 분석틀

01
인간의 일상과 보편화된 가치

우리는, 나는 그냥 살아갑니다. 지금, 여기에 있는 그대로 살아가고 있습니다. 내가 어떻게 태어나게 되었으며 왜 여기에 이렇게 존재하는지에 대한 깊은 상념은 일상을 떠난 지 이미 오래입니다. 나의 모습이 어떻게 투영되어 나타나든, 내가 어떤 사람이든, 무슨 생각을 하고 어떤 가치를 추구하며 살든, 아침이면 눈을 뜨고 일하러 나가고 저녁이면 집으로 돌아옵니다. 그냥 습관적으로 그렇거니 하며 삽니다. 많은 사람들이 내가 하는 일을 내가 하고 싶어서 하는 것도 아니지만 먹고 살기 위해서 어쩔 수 없이 몸과 마음을 움직이며 살고 있는지도 모릅니다. 그렇게 오늘 하루도 지나갑니다. 아주 가끔씩은 내가 살아온 길을, "지금 내가 무엇을 하고 있는 거지?", 앞으로 어떻게 될지를 잠시 생각해 보기도 하지만 순간일 뿐입니다. 그래서 일상은 우리 인생에서 더없이 소중합니다. 결국 모든 사람들의 삶과 일생은 일상의 연속이자 일상생활로 구체화됩니다. 살아 움직인다는 것이 곧 일상이요. 삶이 곧 일상입니다. 인생은 보잘것없어 보이기도 하는 일상 장면의 계속이며 우리의 일생은 순간의 일상으로 이어지고 엮입니다. 아침에 일어났을 때, 눈을 뜰 수 있고 스스로 일어나서 자신의 수족을 만질 수 있으며 맑은 정신을 가다듬을 때 우리는 더없이 감사하고 행복합니다. 이것이 우리 보통사람들의 일상입니다. 형식적으로는 하루의 일상이 시작되고 있는 것이지만 그러한 순간의 연속이 일생인 셈입니다. 우리에게, 사람이 살아가는 데 일상이 중요한 이유입니다. 우리의 삶에서 일상이 중요하다면 일상의 내용이 무엇이며 또한 일상을 어떻게 구성하고 어떤 방식으로 실행해 가느냐 하는 것 또한 매우 소중한 일입니다.

앞에서 구체적으로 언급하였듯이 사람이 일상을 살아가면서 추구하는 보편적, 일반적 가치에는 크게 세 가지가 있습니다. 그것은 돈(재물)과 권력, 그리고 명예입니다. 이 세 가지 가치는 동서고금과 남녀노소를 가리지 않고 대부분의 사람들이 가지고자 간절히 소망하고 있으며, 이를 취득하기 위하여 일생 동안 자신의 에너지와 노고를 쏟아붓게 됩니다. 그리하여 대부분의 사람들은 그러한 가치를 실현하고자 자신의 모든 일상적 노력을 집중하게 됩니다. 직접적으로 표현하자면 사람들은 돈을 많이 벌어 부자가 되거나, 높은 지위에 올라 권력을 행사함으로써 만족감을 경험하고자 하며, 사회적 명망과 신뢰를 얻기 위하여 끊임없이 나아가고 모든 수단을 동원하게 됩니다. 이들 세 가지 가치 중에서도 가장 많은 사람들로부터 선택을 받고 있는 것은 돈이며, 그 다음이 권력이요, 마지막이 명예롭게 되는 것이라고 합니다.

돈과 권력과 명예의 가치는 인간 개인의 삶과 사회생활에서, 특별히 일상생활에서 아주 소중하고 바람직한 것임에 틀림없습니다. 왜냐하면 많은 사람들로부터 선택을 받았으며 개개인의 사람들에게 살아가는 의미를 부여해 주기 때문입니다. 그래서 이들 세 가지 중에서 어느 한 가지 가치를 이루어 낸다면 그 사람은 성공적인 삶을 살았다고 말할 수 있을 것입니다. 가령 돈을 버는 직업에 종사하여 큰 부를 일구었다면, 권력의 길을 걸어서 높은 지위에 올라 권력을 행사하며 살았다면, 인간과 사회를 이롭게 하여 타인들로부터 신뢰와 존경을 받는다면 그러한 이들은 삶의 현실적인 목표가 달성되었기에 크게 만족하고 기쁨으로 충만하게 될 것입니다. 그런데 여기에서 우리가 주목하고 눈여겨보아야 할 부분이 있습니다. 돈과 권력은, 명예와는 달리 인간의 원초적 욕망과 훨씬 더 가까이 있다는 것입니다. 사람들은 자신의 개인적 욕망의 충족을 위해서는 수단과 방법을 가리지 아니하고 돈과 권력을 거머쥐고자 합니다. 그 목표 달성에는 한계가 없습니다. 심지어는 돈을 많이 벌면 권력과 명예까지도 돈으로 살 수 있다고 생각하고 실행합니다. 높은 자리에 올라 권력을 얻게 되면 돈과 명예도 취하려 합니다. 왜냐하면 돈과 권력은 욕망의 노예이기 때문입니다. 오늘날 우리 주변과 사회에서 일어나고 있는, 권력과 돈이 결탁되어 나라를 나락으로 떨어뜨리고 있는 안타까운 현실을 보십시오. 우리에게 너무도 많은 것을 생각하게 해 줍니다. 그리고 간혹 명예로운 길을 걸어간 사람들 중에도 재물과 권력을 탐하여 망신을 당하는 경우도 일어나고 있습니다. 하지만 사회적으로 명예롭게 된다는 것은 이들 두 가지 가치와는 약간 다른 면을 가지고 있습니다. 명예롭게 된다는 것은 자신의 욕망을 충족하기 위한 동기 부여가 아니라 타인과 사회와 함께하는 사랑과 나눔을 그 바탕으로 하기 때문입니다. 그러한 의미에서 사회적 명예로움은 사회주의적 사고와 연결되어 있습니다. 아프리카에서 자신의 몸과 마음을 다 바쳐 소외되고 어렵게 살아가는 사람들을 위하여 살다 가신 이태석 신부님을 보십시오. 인간에 대한 지극한 사랑과 자신이 가진 것을 나눔으로써 크게 명예롭게 된, 우리 사회, 나아가 인류사회에서 존경과 신뢰와 칭송을 받음으로써 많은 사람들로부터 선망의 대상이 되었습니다. 개인주의를 넘어서, 개인적 희생과 헌신은 인류사회를 향해서 열려 있었으며 자신의 도움을 필요로 하는 사람들과, 타인과 사회를 보다 이롭게 하는 숭고한 정신을 가지고 그것을 실행한 것입니다. 존경과 사랑을 드리지 않을 수 없습니다.

이러한 사회적 가치의 구도에서 본다면 우리는 각자 사회적 존재로서 나는 어떠한 가치를 지향하고 있는지, 그리고 어떠한 가치를 목표로 하는 직업을 선택하여 살아가고 있는지를 성찰하는 것은 매우 중요한 일에 속합니다. 이 돈과 권력과 명예의 가치는 인간의 삶에서 아름답고 성공적인 여정을 가늠할 수 있는 하나의 지표이자 축이라 할 수 있습니다. 이들 세 가지 가치 중에서도 상대적으로 으뜸이 되는 것은 명예롭게 되는 일이라 할 수 있을 것입니다. 그 다음은 권력과 재물의 순서입니다. 우리는 모두가 이들 가치 중에서 한 가지 이상의 가치를 추구하면서 살아갑니다. 어떤 유형의 직업이든, 무슨 일을 하든, 돈이나 권력, 명예로움의 세 가지 가치 중 한 가지 가치와 상관이 있을 것입니다. 극히 드물기는 하지만 어떤 이는 두 가지, 세 가지 가치를 동시에 추구하거나 상호 연관되어 있는 일을 하는 경우도 있을 것입니다.

02

거미와 개미, 그리고 꿀벌과 같은 삶

일상을 살아가는 세 가지 방법과 유형

그리고 인간의 삶과 일상을 측정하고 논의할 수 있는 또 하나의 다른 측면은 사람들이 살아가는 방식과 연관되어 있습니다. 무슨 일을 하면서 살아가든, 사람은 자신의 삶을 살아가는 방식에 따라 아름답고 성공적인 삶을 살 수도 있으며 그렇지 못할 수도 있습니다.

프란시스 베이컨Francis Bacon은 영국에서 16세기에 정치가, 법률가로서, 그리고 경험론을 주창한 학자로서도 이름이 널리 알려져 있습니다. 그는 인간의 살아가는 모습을 세 가지 유형으로 나누어 설명하는 것으로 후세의 사람들은 말하고 있습니다. 그것은 사람의 사는 모습이 거미와 개미와 꿀벌의 생존하는 행태와 같다는 것입니다. 원래 베이컨은 인간의 살아가는 모습과 이들 생물의 생존방식을 직접적으로 비교하거나 상관적으로 말하지는 않았습니다. 다만, 당시의 학문과 연구 방법론을 비판하면서 이들 세 가지 생물의 예를 들게 됩니다. 즉, 기존의 학문과 연구방법은 자신의 관념적이고 독단적인 추리에 의하거나 관찰과 실험의 내용만을 나열하는 과학자들을 빗대어 설명하면서 거미와 개미와 꿀벌이 등장하게 됩니다. 베이컨은 부유하고 사회적 지위가 높은 가문의 자녀로 태어나서 일찍부터 수준 있는 교육을 받았으며 1584년부터 영국의 하원의원을 시작으로 공작 등 작위의 취득, 옥새상서, 대법관의 지위에까지 이르게 됩니다. 이러한 이력을 본다면 그는 정치가, 행정가, 법률가 등으로 분류될 수 있지만, 후세에 많은 사람들이 관심을 갖는 것은 베이컨의 이러한 이력 때문이 아니라 시간을 내어 그가 열정을 쏟았던 연구와 학문 활동에 관한 것이라 하겠습니다. 생활 속의 철학을 추구하였던 베이컨은 근대경험론의 선구자라고 불립니다. 그의 이력으로 본다면 그는 결코 과학자가 아니었음에도 이러한 평가를 받는 것은 그의 과학과 과학의 방법, 과학을 대하는 태도가 많은 것을 의미하고 있는 것으로 해석되기 때문입니다. 아무튼 거미와 개미와 꿀벌은 프란시스 베이컨의 과학적 방법론에서 출발한 것이지만 오늘날에는 많은 사람들로부터 인간의 살아가는 모습과 삶의 태도, 인생의 가치와 그 의미를 논의하고 설명하고자 할 때 자주 인용되고 있습니다.

여기에 거미줄을 쳐 놓고 먹이가 걸려들기를 숨어서 기다리는 한 마리의 거미가 있습니다. 거미가 생존하는 방식은 거미줄에서부터 출발합니다. 거미줄은 거미의 몸에서 생성되고 잘 끊어지지 않으며 끈적끈적하여 다른 생물들이 접촉하면 쉽게 떨어지지 않는 속성을 가지고 있습니다. 그래서 거미줄을 일정한 공간, 특히 외져서 눈에 잘 띄지 않는 곳에 쳐 놓기만 하면 무수히 많은 생물들이 걸려듭니다. 거미는 그 생명체들을 그냥 잡아먹기만 하면 됩니다. 이러한 약육강식의 생존방식은 하나의 사회생활 메커니즘으로서, 다수는 아니지만 우리 인간 사회에서 독버섯처럼 자라나고 나타나게 됩니다. 사람들 중에는 거미와 같은 메커니즘을 가지고 살아가는 사람들이 있습니다. 자신이 살아가기 위해서 다른 사람의 희생과 고통을 강요하는 삶을 당연한 듯 여기며 살아갑니다. 그들은 사회생활 속에서 선량하고 순수한 사람들이 알아차리지 못하도록 덫을 놓고 숨어서 기회가 오기를 기다리고 있습니다. 만약 누군가가 걸려들게 되면 무자비한 공격을 가하고 흡혈귀처럼 행동합니다. 거미가 그렇듯이 위장을 하고 있어서, 혹은 숨어 있기 때문에 잘 알 수가 없습니다. 이런 사람은 우리 사회에서 절대로 있어서는 안 되는 사람들이지만 거미가 생존하듯이 악의 형태로 남아 있습니다. 이들은 복지사회에서 반드시 없어져야 할 사람, 스스로 소멸되어야 할 대상입니다. 우리 사회에 얼마나 많은 거미형 인간이 살고 있는지, 그리고 나의 삶은 거미의 그것과 무관한지 스스로 생각하고 물어보고 판단해 볼 일입니다. 그리 많지는 않지만 날마다 매스컴의 보도에 지속적으로 나타나는 사회적 악행과 범죄행위들은 모두 여기에 해당될 것입니다. 그리고 그 또한 우리 사람들의 살아가는 일상의 방법이자 모습이기도 합니다.

개미들이 있습니다. 개미들은 무리를 이루어 가족공동체로서 살아가고 있습니다. 개미는 부지런하고 열심히 노력하며 쉬지 않고 일을 하여 공동체가 먹을 수 있는 양식을 비축하는 데 온 힘을 다합니다. 그리고 새끼 개미들을 늘리는 데 최선을 다합니다. 적이 쳐 들어 오면 목숨을 걸고 싸웁니다. 질서를 잘 지키고 구성원 간에는 협동심도 뛰어납니다. 공동체를 지키고 번식하는 일이라면 절대로 몸을 아끼지 않으며 모은 양식은 이웃에게 나누는 법이 없습니다. 죽을 때 까지 공동체에 충성하고 일만 합니다. 그들은 일을 하는 이유나 생존하는 이유에 대하여 물어보지도 않습니다. 그런 메커니즘은 애초에 가지고 있지 않습니다. 그렇다고 이웃에게 노략질은 물론이고 나쁜 짓도 하지 않으며 거미처럼 덫을 놓아 살아가지도 않습니다. 이러한 개미의 메커니즘을 가지고 살아가는 사람들이 있습니다. 자신과 가족을 위하여 최선을 다하여 열심히 일을 합니다. 부지런하고 자신을 아끼지 않으며 헌신적으로 일을 합니다. 가족공동체가 어려워지거나 공격을 당할 때, 안정을 위협받거나 문제가 발생하면 떨쳐 일어납니다. 하지만 이웃에 누가 사는지 별로 관심을 가지지 않습니다. 오로지 나 자신과 내 가족만 잘 살면 됩니다. 이웃을 못살게 굴지도 않지만 이웃과 타인을 향하여 나누는 일도 사회적 과제도 나와는 아주 멀리 있는 것으로 여깁니다. 교훈적 이야기에 나오듯이 개미는 더운 여름에도 열심히 일하여 추운 겨울에는 따뜻한 집에서 가족공동체와 평화와 안정을 누리면서 살아가지만 양식을 구걸하러 온 베짱이는 못 본 체합니다. 이런 유형의 사람은 거미형의 인간보다는 낫지만 우리 사회에서 있어도 그만 없어도 그만인 존재로 규정될 것입니다. 국가와 사회에 무익하지도 않지만 크게 유익하지도 않기 때문입니다. 오늘날 우리 사회에 만연하고 있는 개인주의, 가족이기주의를 생각한다면 우리 사회에 이러한 유형의 사람들이 얼마나 많이 살고 있는지를 가늠해 볼 수 있습니다.

여기에 꿀벌들이 있습니다. 꿀벌도 개미처럼 가족공동체를 이루며 살아갑니다. 꿀벌은 개미처럼 열심히 일을 하고 꽃을 찾아다니면서 꿀을 모으는 일에 최선을 다합니다. 열심히 일을 하여 자신은 물론이고 가족을 부양하며 공동체를 지킨다는 면에서는 개미와 흡사하지만 이 두 생명체 사이에는 아주 중요한 차이가 있습니다. 꿀벌은 꿀을 모으기 위해 이 꽃, 저 꽃을 날아다니면서 자신이 필요로 하는 꿀과 화분만 모으는 것이 아니라 꽃과 식물에게는 수정이라는 선물을 합니다. 그러면 꽃은 꿀벌의 도움으로 암수의 결합이 이루어지고 열매를 맺게 되지요. 뿐만 아니라 꿀벌들이 부지런히 모은 꿀을 사람을 비롯한 다른 생명체들이 가져갑니다. 꿀벌 공동체의 양식으로만 꿀을 사용하는 것이 아니고 아픈 사람, 건강이 필요한 사람들의 음식의 재료, 영양식으로 소중하게 활용됩니다. 이러한 꿀벌의 속성은 거미나 개미의 그것과는 확연하게 구분될 수 있을 것입니다. 꿀벌은 결코 다른 생명체를 공격하거나 약탈하지 않습니다. 개미처럼 부지런하고 일상에서 최선을 다합니다. 그러면서도 거미와 개미가 가지지 못한 자랑스러움이 있습니다. 자신과 가족을 위해서 일하고 살아갈 뿐만 아니라 꿀을 모으는 일상을 통해서 꽃의 생태체계에 긍정적이며 바람직한 영향을 미치고 도움을 주면서 살아갑니다. 그리고 나아가서는 모아온 꿀과 화분을 필요로 하는 다른 생명체에게 나누면서 살아갑니다. 사람들 중에는 꿀벌과 같이 타인과 이웃을 사랑하고 국가와 인류사회를 위해서 가진 것과 벌어 모은 것을 나누면서 살아가는 사람들이 있습니다. 이런 사람들은 우리 사회에서 꼭, 반드시 있어야 할 사람이고 국가가 필요로 하는 사람들입니다. 우리 사회의 진정한 VIP들이지요. 이러한 분들은 항상 아름다운 향기를 가족과 사회를 향해서 내뿜습니다. 자신과 가족뿐만 아니라 타인과 사회를 사랑할 줄도 압니다. 자신이 가진 것을 나누고 베풀 줄 압니다. 그러한 생각을 행동으로 실행합니다. 일상이 즐겁고 마음은 평화로우며 특별히 노후에는 기쁨과 희열로 가득합니다. 죽음이 눈앞에 가까이 와도 두렵지 않습니다. 아름답고 성공적인 삶을 측정하기 위한 검사를 하면 삶의 만족도가 가장 높게 나오게 됩니다.

03

아름답고 성공적인 삶을 측정하기 위한 틀

이상에서 인간이 추구하는 가치와 삶의 태도를 두 가지 차원에서 검토하였습니다. 하나는 돈과 권력과 명예를 지향하는 것이고 다른 하나는 거미와 개미와 꿀벌과 같은 삶의 방식을 말합니다. 〈표 4〉는 이러한 삶의 가치와 내용, 그리고 방법을 서로 교차시켜서 하나의 분석틀로 만들어 제시하고 있습니다. 이러한 분석틀은 그 구조 면에서 내용과 방법을 가지고 있습니다. 즉, 사람들이 살아가는 가치와 태도를 삶의 내용으로 규정하여 돈과 권력과 명예는 여기에 해당하는 것으로 보았으며, 거미와 개미와 꿀벌은 사람들이 살아가는 방법에 해당하는 것이라 할 수 있습니다. 이들을 상호 교차시켜 여러 개의 차원을 만들면 9가지의 경우의 수가 나오게 됩니다. 그리고 9개의 각 영역은 〈표 4〉에서 보듯이 점수로 등급이 매겨질 수 있습니다. 돈과 거미를 교차시키면 1점을 얻게 되고 권력과 개미를 교차시키면 4점이 나오게 됩니다. 명예와 꿀벌을 교차시키게 되면 9점으로서 최고의 점수가 나오게 됩니다. 그리고 각 교차되는 차원 간에는 중간 지대가 있을 수 있습니다. 가령 거미와 명예는 3점이며 개미와 명예는 6점인데 그 사이에 4점, 5점의 영역이 있을 수 있다는 것입니다. 어떤 사람이 명예로운 직업을 가졌으나 거미와 개미의 중간 정도의 방식으로 살아왔다면 4점이나 5점을 얻게 됩니다. 그리고 권력과 꿀벌을 교차시켰을 때와 돈과 꿀벌을 교차시켰을 때에는 각각 2점과 4점 이내에서 추가 점수를 줄 수 있습니다. 이는 돈, 권력과 명예의 간격을 좁히는 것으로서, 비록 돈과 권력의 길을 가더라도 욕망의 충족을 위한 삶이기는 하지만 명예의 가치를 존중하고, 살아가는 방법에서 꿀벌을 닮았다면 높은 점수를 얻을 수 있다는 것을 의미합니다. 그리고 영성의 차원은 누구든지, 무슨 일을 하든지 세속적인 삶의 한계를 벗어나서 영적 깨달음이나 영혼의 구원을 통한 영생의 세계로 진입할 수 있음을 나타내고 있습니다. 이러한 영적 세계는 명예와 꿀벌의 교차 차원에서 가장 가까이 있으며 10점 만점으로 이루어집니다. 이는 우리 인간의 삶의 목적이고 종착지이기도 합니다. 하지만 거의 대부분의 사람들은 영성 차원으로 진입하는 데 성공하지 못하고 있습니다. 대략적으로 7점 이상을 얻을 수 있다면 그 사람은 아름답고 성공적인 삶을 살고 있으며, 일생을 잘 살아왔다고 말할 수 있을 것입니다. 또한 돈과 거미의 결합은 1점으로서 최악의 점수를 얻게 되는데, 이 경우는 부정하고 다른 사람을 해치는 방법으로 돈을 벌어서 살아가는 사람들이 여기에 속합니다. 소위 사기 치고 강도와 도적질, 교묘하게 사람들을 속여 돈을 버는 행위자들이 여기에 속합니다. 그리고 9점의 최고점을 얻을 수 있는 차원은 명예와 꿀벌의 교차 차원으로서 여기에 속하는 사람들을 대표하는 직업을 말하자면 사회복지사와 교육자(참된 스승), 문화예술인, 종교인(성직자), 자원봉사자 등이 있습니다.

〈표 4〉 아름답고 성공적인 삶을 측정하기 위한 틀

사상 \ 가치 \ 삶의 방식		거미 1점	개미 2점	꿀벌 3점	영성 차원
인본주의	명예 3점	명예 · 거미 3점	명예 · 개미 6점	명예 · 꿀벌 9점	10점 만점 (성인과 깨달음, 무아의 경지)
경쟁주의	권력 2점	권력 · 거미 2점	권력 · 개미 4점	권력 · 꿀벌 6점(2점 이내 가점 가능)	
	돈 1점	돈 · 거미 1점	돈 · 개미 2점	돈 · 꿀벌 3점(4점 이내 가점 가능)	
지향하는 사상		지배주의 (제국주의)	이기주의 (개인주의)	이타주의 (복지주의)	영성주의 초월주의

〈표 4〉의 성공적인 삶을 측정하기 위한 틀에서 아름답고 성공적인 삶의 내용과 방법들은 각기 지향하는 이데올로기나 사상적 배경이 다르다는 점에도 주목할 필요가 있습니다. 상대적으로 선호도가 높은 돈과 권력의 가치가 경쟁주의 패러다임 위에 서 있는 것이라면 명예롭게 된다는 것은 인본주의 바탕 위에 자리매김하고 있을 것입니다. 경쟁주의 패러다임은 바람직한 측면이 많이 있기는 하지만 그것 못지않게 부정적이고 개인과 사회에 끼치는 해악도 적지 않다는 사실에 주목해야 합니다. 우리는 그 어두운 측면을 보지 못하고 있거나 무시하는 경향이 있습니다. 아니 경쟁주의는 본격적으로 한 번도 비판받아 본 적이 없이 인간사회를 지배하고 있는 절대적 무소불위의 이념이자 사상입니다. 돈과 권력을 얻기 위해서 경쟁주의는 개인적 희생과 사회적 비용을 너무 많이 요구하고 있습니다. 따라서 경쟁주의 패러다임의 어두운 측면

도 조명되어야 하고 비판을 받아야 합니다. 그리고 〈표 4〉에서 또 다른 방법의 측면에서 거미의 행동을 설명하는 사상은 지배주의, 제국주의이며 개미는 이기주의, 개인주의로, 꿀벌은 이타주의, 복지주의로 설명될 수 있습니다. 나아가 경쟁주의와 인문주의를, 지배주의와 이기주의, 이타주의와 상호 교차시키면 위에서 언급한 바와 같이 9개의 영역에서 만나게 되고 위의 9가지 영역을 뒷받침하는 이데올로기가 나오게 됩니다. 가령 돈과 거미의 1점 차원은 경쟁주의와 지배주의의 사상이 그것을 뒷받침하고 있으며 명예와 꿀벌의 9점 차원은 인문주의와 이타주의의 사상에 의해서 뒷받침되게 됩니다.

이러한 〈표 4〉를 기준으로 이제 우리 사회에서 일어나고 있는, 우리의 정신과 마음을 어지럽히고 있는 작금의 현상들을 분석해 보도록 하겠습니다. 먼저 돈의 정점에 서 있는 우리나라 최고 부자 가문의 이야기입니다. 이들 부자는 재산과 부를 물려받기는 하였지만 돈을 많이 벌거나 소유하고 있어서 우리나라 최고의 부자 반열에 들게 되었습니다. 하지만 돌아가신 창업주 할아버지는 사카린 밀수 사건 등으로 국가적으로 큰 물의를 일으켰습니다. 나이 많은 회장은 젊은 여성들에게 돈을 주고 성 매매를 하였다는 내용이 매스컴을 통해 2016년에 크게 보도된 적이 있으며 '회장의 차명계좌에 들어 있던 자산이 2007년 말 가액으로 4조 4,000억 원에 이르는데도 과징금 부과 대상 자산은 27개 차명계좌의 61억 원에 불과하다'(한겨레신문 사설, 2018. 3. 5)는 문제를 지니고 있습니다. 아들 부회장은 박근혜 전 대통령 국정농단 사건과 관련하여 지은 죄로 법의 심판을 받고 있습니다. 뿐만 아니라 아버지의 재산을 승계하는 과정에서 분식회계를 하여 재산을 축재하였다는 보도가 우리를 매우 놀라게 하고 있습니다. 기업의 이익을 사회에 환원한다는 차원에서 국가와 국민을 위해 세금을 제대로 납부하고 정직하게 살아가면 얼마나 좋겠습니까? 이러한 사실들은 아무리 큰 부를 가졌다 하더라도 나눌 줄 모르고 수단과 방법을 가리지 않고 보다 많은 부를 축적하는 데 집중한다는 돈의 속성과 재물의 이치를 그대로 보여주는 것입니다. 〈표 4〉의 기준으로 본다면 재물(돈)의 사유화, 권력과의 유착이나 권력에 손이 닿았다는 것, 거미나 개미처럼 돈을 벌고 썼다는 것, 꿀벌처럼 돈을 벌어서 쓰지 않았다는 것, 대재벌 후예로서 사회적 명예를 얻었음에도 그것을 지키지 못한 점 등으로 설명할 수 있습니다. 다음은 권력의 정점에 있었던 박근혜 전 대통령과 이명박 전 대통령입니다. 이들은 최고의 권력을 행사할 수 있는 지위에 올랐음에도 권력의 사유화와 남용, 지위를 이용하여 재물에 관여한 점, 부모로부터 물려받은 사회적 최고의 명예를 얻었음에도 명예의 가치를 내팽개친 점 등으로 요약됩니다. 특별히 이명박 전 대통령은 대통령이 되기 전에 이미 가진 재산이 엄청나게 많은 부자였습니다. 돈을 많이 번 사람이 권력에 손을 댄 것입니다. 결과적으로 본다면 이 전 대통령이 대통령의 자리에 오른 것은 국가와 국민을 위하여 봉사하기 위함이 아니라 철저하게 속내를 속이고 돈을 벌어들이고 자산을 확대하는 데 관심이 있었기 때문이었던 것으로 보입니다. 심각한 삼가분립의 훼손에 해당합니다. 그리고 최근에 미투운동의 선상에서 우리의 마음을 아프게 하는 어느 고명한 시인의 경우입니다. 최영미 시인의 주장에 따르면 그 시인은 성추행의 행위를 하여 최 시인에게 깊은 정신적 고통과 마음의 상처를 주었습니다. 그 시인은 노벨 문학상 후보에 올랐다는 영광스러움과는 별도로, 우리 국민들 정신이나 마음속 깊이 영혼을 노래하는 시인으로 추앙받고 있었습니다. 말 그대로 명예로운 길을 살아 왔습니다. 돈이나 권력과는 무관하게 아름다운 시어를 통해 모든 이의 마음을 적셔주었습니다. 비록 돈과 권력을 탐하지는 않았지만 쌓아온 명예를 지키는 일에 실패한 것은 아닐까요? 명예로운 길을 택하였지만 일부분은 거미처럼 살아왔다는 것을 의미합니다. 최영미 시인의 말을 그래도 인정한다면 말입니다. 또한 우리 사회에는 명예로운 길을 걸어 왔으면서도 어떤 분들은 돈에 욕심을 내거나 권력을 기웃거리다가 낭패를 보는 경우가 허다하게 일어나고 있습니다. 하루가 멀다 않고 매스컴에 터져 나오는 사건과 사고들을 보십시오. 특히 최근의 미투운동과 관련하여 안희정 충남 도지사의 경우, 교직에 종사하는 이들, 연예계에서 명성을 날리던 이들, 문학인들, 심지어는 성직자까지도 명예스러움이 무너져 내리고 있어서 안타까움이 매우 큽니다. 다음의 글을 보면 다소 마음의 위안을 찾을 수 있을 것입니다.

우리나라 축구 선수 출신의 체육인으로서 베트남에서 국가 대표 축구팀 감독을 맡고 있는 인물에 관한 이야기입니다. 시사저널(2018. 12. 25) 안성모 기자가 쓴 "[올해의 인물⑨] 베트남 '국민영웅' 박항서 감독"이라는 제목의 글에 나오는 내용입니다. "그야말로 '박항서 신드롬'이다. 2018년 한 해 박항서 감독은 스포츠계는 물론 사회 · 경제 · 문화계 전반에 열풍을 불러일으켰다. 베트남에서 국민적 영웅으로 확고히 자리 잡은 그는, 한국과 베트남을 이어주는 민간외교관으로서도 최고의 역할을 하고 있다. 스포츠 분야 올해의 인물에 당당히 뽑힐 만하다." 우리나라 사람으로서 축구 선수 출신인 박항서 감독이 베트남에서 축구대표팀 감독을 맡아서 성공적인 신화를 만들고 베트남에서 국민적 영웅으로 떠오르고 있다는 내용을 안성모 기자가 알려주고 있습니다. "'박항서 신드롬'이 불러온 베트남의 한국에 대한 우호감정은 우리 경제에도 특별한 기회로 다가오고 있다. 베트남 현지 언론에 따르면, 최근 응우옌쑤언푹 베트남총리는 '박항서 정신'을 경제발전 모델에 넣기를 바란다는 뜻을 밝혔다. 쑤언푹 총리가 베트남 산업 지원 육성을 위한 솔루션 개발회의에서 '박항서 감독이 축구를 통해 베트남에 위대한 업적을 쌓았던 방법과 마찬가지로 정신과 비전을 승화시킬 필요가 있다'며 베트남 경제가 글로벌 경쟁력을 갖추기 위해 박항서 감독의 성공사례를 참고해야 한다고 밝힌 것이다." 베트남에서는 박항서 신드롬이 일어나고 있으며 대한민국의 국위를 크게 선양하고 있다는 내용을 포함하고 있습니다. 이러한 소식은 스포츠경향에서도 보도되고 있습니다. 스포츠경향(2018. 12. 24) 황민국 기자가 쓴 "'박항서 매직'에 한국 · 베트남 홀딱 빠지다"라는 제목의 글을 보십시오. "박 감독이 베트남에서 사랑받는 이유는 성적이 전부는 아니다. 베트남 국영방송 VTV는 아예 2018년 베트남을 빛나게 만든 최고의 인물로 박 감독을 선정하기도 했다. 박항서 감독(59)은 불과 1년 전까지 국내에서는 잊혀진 사람이었다. 2002년 한 · 일 월드컵에서 수석코치로 한국 축구의 4강 신화에 힘을 보탰지만, 젊은 지도자가 선호되는 세태에 변변한 일자리조차 잡기 어려웠다. 그랬던 그가 '인생의 마지막 기회'라고 벼르던 이역만리 베트남에서 국민 영웅으로 화려하게 부활했다." 황민국 기자의 보도에 의하면 베트남 국영방송국에서 2018년에 베트남을 빛낸 최고의 인물로 박항서 감독을 선정하였다는 것입니다. 그러한 박 감독의 위상 뒤에는 박 감독이 베트남의 문화를 파고들어 그 나라의 일원으로 자신을 몰입시킨 결과라고 황 기자는 보고 있는 것입니다. "박 감독은 베트남 문화를 면밀히 관찰한 뒤 그 문화를 존중하면서 한 발짝 다가서는 자세로 마음을 훔쳤다. 박 감독이 경기를 뛰다가 다친 선수가 조금 더 편하게 쉴 수 있도록 자신에게 주어진 항공편의 비즈니스석을 양보한 것이 대표적 일화다. 베트남어도 영어도 모른다던 그는 이제 베트남 선수들의 진정한 아버지가 됐다." 그리고 이러한 박 감독의 베트남에서의 입지는 베트남 국내에 머물지 않고 우리나라에까지 긍정적인 영향을 미치고 우리나라 국민들의 마음까지 사로잡았다는 것입니다. "흥미로운 것은 박항서 앓이가 베트남을 건너 한국까지 번졌다는 점이다. 박 감독이 지휘봉을 잡았다는 이유로 베트남이 출전한 스즈키컵 결승전 2차전 국내 시청률이 지상파(SBS 18.1%)와 케이블(SBS스포츠 3.8%)을 합쳐 21.9%에 달했다. 한 수 아래로 여겼던 동남아 축구가 토요일 황금시간대에 지상파에서 중계된 것도 놀라운데 시청률은 상상을 초월했다. 2018 러시아 월드컵 결승전이 국내에 중계될 당시 지상파 3사 합산 시청률이 20.7%였다는 점을 감안하면 이 시청률은 얼마나 대단한 것인지 짐작할 수 있다." 이들 두 매스컴의 보도 이외에도 많은 언론에서 박항서 감독을 높이 평가하는 보도가 연일 이어지고 있습니다. 연합뉴스(2018. 12. 28)는 "[박항서 매직] ① 한국에 대한 생각 바꿨다… 참전용사 마음도 녹여"라는 제목의 보도를 하였습니다. 이 보도에 따르면 베트남에서 "땡큐 코리아"를 외치면서 박항서 감독 사진을 들고 태극기 응원을 하는 것이 일상화되었다고 합니다. 심지어 베트남전에 참전한 베트남용사들은 '이제 관계가 많이 좋아졌네'라고 말하고 있으며 베트남에 진출한 한국기업은 물론이고 한국제품 매출이 쑥쑥 올라간다고 합니다. 이러한 현상을 두고 "박 감독이 축구를 통해 베트남 국민의 자존심을 살려 준 게 주요 요인"이라고 베트남 주재 김도현 한국대사가 말하였다고 합니다. 이러하듯 박항서 감독이 베트남은 물론이고 한국에서도 많은 사람들로부터 인기가 있고 존중과 신뢰를 받고 있다는 것은 무엇을 뜻할까요? 그리고 왜 그럴까요? 축구 분야를 포함해서 스포츠 분야에서 세계적으로 명성을 날린 선수들이 우리나라에 한둘이 아닙니다. 그들은 왜 박항서 감독과 다르게 우리에게 다가오는 것일까요?

스포츠는 앞에서 언급한 바와 같이 돈을 벌거나 권력을 취하기 위한 길도, 그러한 분야도 아닙니다. 그럼에도 불구하고 프로 스포츠라는 미명하에 많은 이들이 돈 버는 데 관심을 가지고 스포츠계로 뛰어들고 있는 것이 오늘의 현상입니다. 나무랄 수는 없지만 바람직하지는 않습니다. 스포츠를 통해서 나라와 사회를 빛내고 국민들을 기쁘게 하고 스트레스를 해소하게 해 주며, 정신적으로 크나큰 위안을 주는 것이 스포츠인들이 해야 할 일입니다. 돈 버는 것은 개인주의의 연장선상에 있는 것이며 국가와 국민들을 즐겁게 하는 것은 사회주의의 관점인 것입니다. 스포츠를 이용하여 많은 돈을 벌고 혼자서 잘 먹고 잘 사는 것은 다수의 국민들과 아무런 관련이 없는 것입니다. 박항서 감독은 보도에서 보듯이 개인주의의 길을 걸은 것이 아니라 사회와 국가를 중심으로 생각하고 타인을 존중하는 차원에서 스포츠 지도자로 우뚝 섰습니다. 성공보수를 나라와 조직을 위해 기꺼이 내 놓았습니다. 감독자, 지도자로서 권력을 행사함에 있어서 상대방은 그의 겸손함을 느낄 수 있었습니다. 상대방을 연구하고 이해하며 세심하게 배려하여, 선수로서 개인 자신이 가지고 있는 능력과 자질, 잠재 가능성까지 계발할 수 있도록 안내하고 격려함으로써, 모든 선수들이 정신을 스스로 무장하고 소질을 최대한으로 쏟아내게 만들었습니다. 그러한 그의 태도와 노력은 베트남 온 국민을 열광하게 만든 것으로 보입니다. 이전에는 그 어떤 축구 감독도 하지 않았으며 이전의 감독들은 오로지 자신의 입신양명에만 집중하였기 때문입니다. 박항서 감독은 명예로운 길을 그렇게 걸어갔습니다. 앞으로도 권력에 취하지 아니하고 돈에 눈이 멀지 않도록 국민적으로 성원을 보내야 하겠습니다. 삼가분립의 올바른 길입니다.

이제는 우리 보통사람들의 이야기를 해야 하겠습니다. 우리 대부분의 국민들은 위의 세 가지 가치 중에 하나 또는 두 가지 이상의 중복적인 가치를 추구하면서 살아갑니다. 그중에서도 돈의 가치를 쫓아서 사는 사람들이 가장 많을 것이며, 그 다음이 권력, 그리고 명예의 순이 될 것입니다. 일상에서 어떤 일을 하면서 살아가든 하는 일을 중심으로 본다면 최소한 세 가지 가치 중 하나에 해당됩니다. 개미처럼 사는 것을 나무랄 수는 없지만 돈을 많이 벌기 위해서 수단과 방법을 가리지 않고, 심지어는 거미처럼 돈을 벌려는 사람들도 많이 있는 것 같습니다. 꿀벌처럼 돈을 벌려는 사람을 만나기는 정말 쉽지 않습니다. 이런 사람들은 어느 정도의 재산을 축적하면 재산을 바탕으로 권력과 명예를 넘보게 됩니다. 다음은 권력을 추구하면서 살아가는 사람들이 있습니다. 죄짓고 매스컴에 오르내리거나 숨겨진 이들 중에는 권력을 이용하여 돈을 벌거나 명예를 누리려는 사람들이 있습니다. 그럴 수 있는 기회가 온다면 마다하지 않습니다. 오히려 그러한 기회를 만들고자 애를 쓰기도 합니다. 명예로운 길을 가는 이들도 마찬가지입니다. 가령 학교 선생님들이 돈과 권력에 관심을 가지고 거기에 빠져드는 경우를 많이 보았습니다. 돈과 권력을 가까이 할 수 있는 기회를 가진다면 아마 대부분의 선생님들도 초연하게 살아갈 수 없으리라 생각됩니다. 우리 사회는 자신이 어떤 일을 하고 있든 무슨 가치를 지향하고 있든, 돈 버는 일에 올인하고 있는 것처럼 보입니다. 부모님들, 특별히 어머니들은 자녀들이 다른 아이들과의 경쟁에서 이기고 사회적 출세를 할 수 있다면 수단과 방법을 가리지 않고 쟁취할 것을 주입시킵니다. 다시 말하면 돈을 많이 벌거나 높은 지위에 오를 수 있다면 최고의 삶이라고 가르치고 육성합니다. 거미처럼 사느냐, 꿀벌처럼 사느냐 하는 것은 중요하다고 여기지 않습니다. 명예로운 길은 돈과 권력에 비해서 바람직하지 않기 때문에 명예로운 길을 가려 하여도 돈이나 권력을 얻는 데 명예로운 직업을 이용할 것을 주문합니다. 대표적인 직업의 경우가 의사입니다. 의사는 원래 직업적 속성이 명예로운 길이지만 우리 사회에서는 돈 잘 버는 직종으로 탈바꿈하였습니다. 소위 강남의 부동산 열풍과 투기에서 오는 국가적 경제 혼란을 보십시오. 아마도 이러한 보통사람들 개개인이 대통령의 자리에 앉는다면 어떻게 될 것 같습니까? 아마도 지금의 혼란에 대하여 손가락질할 수 있는 사람이 얼마나 되겠습니까? 그런 면에서는 작금의 사태에 대하여 공동의 책임이 어느 정도 있는 것이 아닐까요? 자신의 눈 속에 들어 있는 들보는 뒤로하고 남의 눈의 티끌만 보고 있지는 않은가요? 오늘의 사태를 보면서 돌을 던질 수 있는 사람이 몇이나 될까요?

04
교육 생각

가짜자기의 모습으로 탐욕의 노예가 되어 패자로서의 삶을 일생 동안 살아갈 것인가? 아니면 진짜자기의 모습으로 일상의 주인이 되어 승자로서의 삶을 살아갈 것인가? 하는 문제는 이 시대를 살아가는 민주 시민들에게 가장 심각한 위기이자 도전이며 가장 중요한 화두라 하겠습니다. 왜냐하면 우리는 사람이고 사람답게 살아야 하며 각자의 삶에 주인으로서 주체성과 자율성을 가지고 행복을 실현하는 존재이기 때문입니다. 그리고 이러한 구도에서 미래 지향적이고 가장 핵심적인 사회적 노력은 교육의 역할과 기능입니다.

교육(教育)은 '가르치고 육성한다'는 의미를 가지고 있습니다. 사전적으로는 '사회생활에 필요한 지식이나 기술 및 바람직한 인성과 체력을 갖도록 가르치는 조직적이고 체계적인 활동'으로 정의되고 있습니다. 원시사회에서 오늘의 문명사회에 이르기까지 인류사회는 교육의 힘과 열매를 따먹으며 계속적으로 발전해 왔습니다. 교육이 없었다면 인간은 하나의 생명체, 유기체로서 동물적인 속성만으로 생존해 왔을 것입니다. 이러한 의미에서 교육은 오늘날의 인류사회 그 자체입니다. 그래서 교육은 인류사회의 역사만큼 오랫동안 가족생활 중 부모와 자녀 간에, 학교에서 교사와 학생 간에, 사회에서 선배와 후배 간에, 가정교육 · 학교교육 · 사회교육이라는 이름으로 다양하게 실행되었습니다. 우리는 교육이라고 하면 보편적으로 학교교육을 지칭하는 것으로 받아들이게 됩니다. 하지만 인성발달이론과 심리발달이론에 의하면 학교교육보다 가정교육이 보다 더 중요함을 느낍니다. 이들 이론에 의하면 인간의 인지, 인성, 심리발달은 취학하기 이전에 어느 정도 결정되기 때문입니다. 자신의 일생 삶을 진짜자기와 가짜자기로 살아갈지, 노예로 살아갈지 주인으로 살아갈지, 승자로 살아갈지 패자로 살아갈지 어느 정도의 윤곽이 드러나는 시기가 가정교육의 시기라고 보는 것입니다. 이러한 이론은 우리의 속담에도 잘 드러나 있습니다. '세 살 버릇 여든까지 간다' 라는 말 속에 말입니다.

연세대학교 황금중 교육학부 교수가 한겨레신문(2018. 12. 25)에 기고한 내용을 보면서 우리의 교육 현실을 함께 걱정하지 않을 수 없습니다. "교육 현실에서 학부모의 영향력은 긍정적이든 부정적이든, 절대적이다. 학부모는 한국 교육의 발전에 큰 기여를 해 온 동시에 교육의 탈선에도 깊이 관여해 왔다. 그런데 최근 들어서는 부정적 영향이 더 커 보인다. 학부모의 혼돈과 욕망이 우리 교육을 그 본연의 길에서 벗어나도록 하는 주요 요인이 되고 있다." 우리나라 교육 현실에서 학부모들이 미치는 부정적인 영향에 주목해야 한다는 것을 말해줍니다. 학부모들의 탐욕이 사교육의 원천이 되어 있으며 나아가 공공의 교육영역까지 침범하여 심각한 교육현실을 만들어 내고 있음을 지적하고 있는 것입니다. "자유학기제, 무시험제의 정책은 역설적으로 입시체제를 중학교, 초등학교 단위로 전면적으로 확산시키고 공고화하는 요인이 돼버렸다. 그리고 이런 상황에까지 이른 데에는 학부모의 자녀에 대한 걱정과 자기 욕망이 자리하고 있다. 사교육이 이런 상황을 부추기고 끌어간다지만, 결국 사교육도 이런 공포와 욕망의 사슬에 묶인 학부모의 의식 기반이 있기에 활개를 칠 수 있는 것이다." 그래서 황금중 교수님은 바람직한 교육현장을 위해서 학부모들의 인식이 바뀌어야 한다는 것입니다. "학부모 의식의 대전환이 시급하다. 물론 인간의 내면적 관성을 바꾸는 일은 쉽지 않다. 장기적 과제이며 온 국민의 지혜와 열정의 결집을 요한다. 그러니 이 과제는 과제대로 수행해 가면서 당장 병세를 완화할 수 있는 조처도 필요하다. 그 하나는 이렇듯 교육적 관점에서 아직 신뢰받기 어려운 현재의 학부모 의식이 개입할 여지를 줄이는 것이다." 황금중 교수가 한겨레에 기고한 글의 핵심은 학부모의 경쟁의식과 욕망, 즉 오로지 우리 집 자녀가 좋은 학교를 다닌 후에 사회적으로 출세시켜야 한다는 마음과 행동이 우리나라의 교육을 망치고 있다는 것입니다. 이러한 주장에 대하여 뜻 있는 사람들은 크게 공감하고 있으리라 여겨집니다. 우리나라에서 교육의 대개혁이 필요하다면, 그리고 그 개혁을 전 국민적으로 지지하고 참여한다면 그 출발점은 학부모인 내 자신의 가족에서부터 출발합니다. 학교당국이나 국가의 교육부서, 교육전문가나 선생님들에게 기대할 수는 없습니다. 이 문제 역시 국민들의 의식과 성숙한 수준에 의존하고 있는 것이기에 나 자신부터 변화의 물꼬를 터야 할 문제입니다.

가정교육은 우리 사회에서 오랫동안 가부장제 가족제도와 밀접한 관련 속에서 매우 엄격하게 이루어져 왔습니다. 가족 내에는 엄격한 가족 규칙과 가족 윤리와 도덕률, 오랫동안 지속되어 온 가족문화가 있어서 부모는 자녀를 일방적으로 훈육하고 가르치는 입장이었습니다. 아버지가 가족을 대표할 뿐만 아니라 가족 구성원들을 다스리고 어머니는 아이들을 키우고 가족 내 살림살이를 보살피는 역할을 감당하였습니다. 남자, 특히 맏아들은 가족권력을 승계하였으며 가문과 대를 잇는 문화 속에 가족의 지배자로 군림하였습니다. 이러한 구도에서 가정교육은 부모의 의식수준과 지식 정도에 의하여 가족과 사회가 필요하다고 생각되는 사람으로 자리 매김하는 것이 주요 목표였습니다. 그래서 가족과 사회, 국가가 필요로 하는 인재가 되는 것이 가정교육의 내용이고 목적이었던 것입니다. 한마디로 말한다면 사회적으로 출세를 하는 데 가정교육의 목표가 있었던 것입니다.

저자의 경우를 회상하면, 할머니의 말씀을 기억할 수 있는 수준에서 뇌리에 남아 있는 가장 강력한 말은 '네가 커서 뭐가 되려 하느냐'였습니다. 할머니께서 제가 말을 알아들을 수 있을 때부터 계속적으로 저에게 하신 가르침이었습니다. 그 말씀에는 나중에 어른이 되었을 때 가문과 집안을 빛낼 수 있는 훌륭한 사람이 되어야 하고 그러기 위해 지금은 오로지 열심히 공부해야 한다는 것이었습니다. 당시에 공부라는 것은 국문과 한문을 익히고 책을 열심히 읽는 것이었습니다. 그리고 할머니와 아버지께서 가끔씩 교훈적인 이야기를 들려주시는 것이었습니다. 아주 특별히 아버지께서는 남자로서 가문의 아들로서 어떻게 처신해야 하며 사회를 위해 어떤 일을 할지에 대하여 훈육하셨으며 제가 가진 인성 중에서 특별히 나쁜 것이라고 여기는 것을 콕 집어서 크게 나무라셨습니다. 제 자존심과 자아정체감을 크게 훼손하면서 말입니다. 그러면서 아버지는 어머니를 가끔씩 폭행하셨는데, 아버지가 어머니를 폭행하실 때면 저의 마음과 가슴은 찢어지고, 상처가 나서 울고 계시는 어머니를 보면서 무엇을 느끼고 생각하였겠습니까? 이러한 저의 가정교육은 가부장적 가족에서 나타나는 전형적인 모습이라고 할 수 있을 것입니다. 한마디로 말한다면 매우 유해한 가정교육이었습니다.

1960년대부터 시작된 산업의 발달과 사회의 급속한 변화로 확대가족은 핵가족으로, 가부장적 가족생활은 민주적 가족생활로 서서히 바뀌어 왔습니다. 그리고 가정교육의 내용과 방법도 작지만 변화가 일어나게 되었습니다. 가장 큰 변화는 가정생활에서 아버지의 권력은 몰락하고 어머니가 세력을 차지하게 되었다는 것입니다. 지금까지 아버지가 주로 감당해 왔던 가정교육의 주체가 어머니에게로 옮겨가고 있는 것입니다. 어머니는 아이들을 낳고 주로 돌보고 양육하면서 아이들에게 전권을 행사하게 되었습니다. 알고 계시는 바와 같이 우리 사회에서 어머니들의 교육열은 대단합니다. 가부장제 사회에서와 마찬가지로 아이들을 훈육하고 가르치며 사회적으로 출세하는 데 모든 정열을 쏟아붓습니다. 그러기 위해서 지금 여기에서는 공부를 잘해야 합니다. 공부 잘하는 아이를 만들 수 있는 일이라면 물불을 가리지 않습니다. 더욱이 공부를 잘한다는 것은 자신의 능력을 계발하고 잠재 가능성을 적극적으로 실현하는 것이 아니라, 다른 아이와의 경쟁에서 이기는 것이며, 여기에 모든 것을 걸고 있습니다. 가정교육은 바뀌어야 합니다. 그러기 위해서는 어머니가 바뀌어야 합니다. 가장 근본으로는 자녀를 보는 시각부터, 패러다임을 바꾸어야 합니다. 우리 집의 아이들은 '내 새끼'가 아니라 '주체성과 정체성을 가진 한 사람'으로 존중해 주어야 합니다. 그들은 자신의 삶을 살아갈 권리가 있으며 그들만의 고유한 일생이 있다는 것을 인정하는 데서 출발해야 합니다.

사회인으로 살아가기 위해서는 사회생활 훈련과 교육이 필요합니다. 하지만 교육의 내용을 지나치게 부모나 사회에 두지 말고 자녀의 인성발달과 진짜자기 계발에도 관심을 가지고 대해야 합니다. 아이들을 더 이상 부모들의 삶을 살게 해서는 안 됩니다. 그들 자신의 삶을 살아갈 수 있도록 놓아 주어야 합니다. 사람들이 부모의 노예로 살지 않게 하고 사회의 주인이 되게 하려면 특히 이 세상의 어머니들이 바뀌어야 합니다. 많은 어머니들은 이렇게 말을 합니다. '너희들이 잘되라고.' 물론 여기에서 잘된다는 것은 전적으로 어머니의 기준이고 판단입니다. 피아제의 인지발달이론에서 보듯이 인지구도와 지식을 자신이 구성하고 조직화할 수 있도록 부모는 도와주어야 합니다. 그러기 위해 교육 방법 면에서는 부모에 의한 주입식 훈육을 지양하고 스스로 창의성을 계발하고 주체성을 신장할 수 있도록 도와야 합니다. 그리고 부모는 말로써 가르치려 하지 말고 말과 행동으로 아름답고 행복하게 살아가는 모습을 보여줌으로써 자녀들에게 모델이 되어야 합니다. 그것이 가정교육의 본래 모습입니다. 가정교육에서 부모가 건강하고 아름다워야 하는 이유입니다. 보웬은 다세대 전수과정이라 하여 모든 개인의 인간 됨됨이는 대를 이어 전수되어 가는 것이라고 하였습니다. 단 한 번에 이룰 수 없으며 다세대 전수과정을 거쳐 완성이 되더라도 지금 이 순간에 나 자신으로부터 출발해야 합니다.

학교교육 이야기로 이어집니다. 저는 초등학교 입학하기 전에 못 따라오게 말리는 누나 뒤를 밟아 2km 정도 떨어진 학교에 다닌 적이 있습니다. 너무너무 학교에 다니고 싶었습니다. 입학하는 순간부터 '앞으로 나란히'라는 담임선생님 말씀에 맞추어 앞뒤와 옆으로 줄이 어긋나지 않도록 정렬해 서는 것이 교육이었습니다. 그리고 교장선생님의 훈화말씀을 전교생이 도열하여 귀담아 들어야 했습니다. 그리고 실천하겠다는 다짐을 마음속으로 하였습니다. 교실에서는 분야별로 교과서가 있어서 가급적이면 내용을 익히고 외워서 시험을 쳐야 했습니다. 우수한 성적을 낸 어린이들에게는 담임선생님께서 상과 칭찬을 주셨으며, 성적이 나쁘면 꾸지람을 듣고 다른 어린이들이 보는 앞에서 매로 손바닥을 맞거나 회초리로 종아리를 맞았습니다. 항상 우수한 성적으로 칭찬을 받았지만 단 한 번 시험을 그릇쳐 손바닥을 맞은 기억이 납니다. 그때 제 자존심은 여지없이 무너지고 마음의 상처는 매우 깊게 오래도록 남아 있었습니다. 중학교를 거쳐 대도시의 이름 있는 고등학교에 진학하였습니다. 거기도 마찬가지였습니다. 매주 월요일 아침이면 전교생을 운동장에 모았습니다. 학생들은 교단을 향해서 줄을 서고 맨 앞에는 반장이 대표로 섰습니다. 담임선생님들은 맡은 반의 앞에 줄을 서서 학생들을 보고 계셨습니다. 교장선생님께서 교단에 등단하시면 총 학생회장의 구령에 따라 교장선생님께 전교생이 거수경례를 하였습니다. 교장선생님의 훈화는 주로 이렇게 시작하였습니다. '학생 제군들!' 고등학교는 초등, 중등과는 달리 대학 입시라는 중차대한 관문이 있었기에 지독하게 공부를 시켰습니다. 교육내용은 당연히 대학입시와 관련된 것이 주류를 이루었으며, 인성발달이나 영성의 가치를 추구하는 영역은 아예 학습과목에 들지도 못하였습니다. 교육방법 또한 철저한 주입식, 암기식 교육이었습니다. 시험성적만이 중요하고 치열한 경쟁에서 이기는 것이 교육의 목적이고 목표가 되었습니다. 한마디로 말한다면 입시학원이라 할 수 있었습니다. 그동안 우리 사회는 크게 변모하였지만 지금의 학교교육은 발전적인 변화를 가져왔을까요? 물론 약간의 변화는 일어나고 있을 것이지만 이와 같은 큰 흐름에는 변화가 일어나지 않았습니다.

전제군주주의 국가체제와 가부장제 사회문화에서 주류를 이루었던 유해한 교육은 휴머니즘 교육으로 바뀌어야 합니다. 국가 · 사회 중심의 주입식 교육은 인간중심의 창의적 교육으로 바뀌어야 합니다. 사상적 노예를 양성하던 교육에서 인간사회 주인을 양성하는 교육으로 바뀌어야 합니다. 가르치는 교육에서 모범을 보이는 교육으로 바뀌어야 합니다. 가르치는 사람 중심의 교육이 아니라 배우는 사람 중심으로 교육이 바뀌어야 합니다. 가짜자기를 양산하는 교육에서 진짜자기를 발견하는 교육으로 바뀌어야 합니다. 돈과 권력과 명예를 싹쓸이하는 교육에서 어느 한 가지라도 진실하게 추구하는 교육으로 바뀌어야 합니다. 경쟁에서 이기는 교육이 아니라 자아를 발굴하고 극대화하는 교육으로 바뀌어야 합니다.

저는 대학에서 짧지 않은 기간 동안 연구와 교육을 해 왔습니다. 본격적인 대학 강의를 15년 정도 하고 나서 수업방식을 확 바꾸었습니다. 학생들은 제 수업에 올 때까지 약 12년을 학교교육을 통해서 주입식, 암기식 교육방식에 익숙해져 있었습니다. 논술형의 주관식 시험을 치르게 되면 수강자들은 하나같이 교재나 수업 중에 나왔던 지식과 이론들을 그대로 옮겨 쓰기에 급급하였습니다. 소위 '앵무새 교육'이었습니다. 지식이나 이론을 주체적으로 소화하지 못하니 그 어떤 창조적인 학문 활동으로도 나아가지 못하였습니다. 그래서 수업의 내용과 방식을 확 바꾸었습니다.

먼저 제가 쓴 국내서와 미국 대학에서 교재로 사용하는 영어 원서 2권을 교재로 채택하고, 한 학기 15주 수업 중 시험과 평가 시간을 제외한 12주에 맞추어 교재의 내용을 12가지 주제로 나누었습니다. 3~4명의 수강자들을 한 조로 하여 총 12조가 국내서, 영어 원서의 각각 한 주제씩, 두 가지 주제를 맡아 수업시간에 발표와 질의응답을 합니다. 발표는 교재와 참고도서를 활용하여 자료를 준비하고, 발표일 3일 전에 e-강의실 게시판에 올려 나머지 11개 조가 미리 해당 주제를 확인하고 이에 맞는 질문지를 준비할 수 있도록 합니다.

한 수업시간에 2개 조가 발표를 하는데, 수업 시작 전에 담당교수는 2개 조의 발표 자료와, 나머지 11개 조가 두 가지 발표 주제에 대해 작성한 질문지 22장을 수거하여 출석을 확인합니다. 총 150분의 수업시간에 한 주제의 발표와 질의응답은 약 25분간 이루어집니다. 담당교수는 발표를 지켜보고 때로는 개입하며 점수를 매기고, 발표가 마무리되면 약 30분간의 정리 및 강의로 수업을 마무리합니다. 점수는 매 시간 공개하여 수강자들이 그때그때 확인할 수 있게 하는데, 시간이 흐를수록 보다 높은 점수를 받는 경향을 보입니다. 이렇게 수업을 진행한 후 수강자들의 반응과 강의평가를 보면, 몇 가지 면에서 변화가 뚜렷하게 나타남을 알 수 있습니다.

첫째 주어진 주제의 지식이나 내용에 대하여 수강자들은 주체적으로 학습하고 능동적, 적극적으로 학습활동에 임하였습니다. 힘들고 어려우며 많은 시간을 투입해야 하기에 불평과 불만도 있었지만 학기가 끝날 무렵에는 공부를 제대로 했다는 반응을 보였습니다. 원래 지식이나 이론이라는 것은 강의하는 교수의 것이 아니라, 진리나 객관적인 사실로서 이미 있는 것입니다. 다만, 학생들은 그것을 보지 못하고 있거나 알지 못할 뿐이며 교수는 보고 있다는 것의 차이입니다. 강의하는 많은 이들은 그러한 지식과 이론이 곧 자기 것인 양, 자기만 알고 있는 것처럼 전수하려 하며 가르치려 듭니다. 교육활동은 그런 것이 아니라, 지식과 이론의 우물로 안내하는 것이 강의자의 역할일 것입니다. 있는 그대로의 지식이나 이론들을 어떻게 재구성할 것인지는 전적으로 수강자들의 몫으로 남겨두어야 합니다.

둘째, 수강자들은 함께하는 조원들과 상호 간에 소통하고 협력하며 본격적인 사회활동을 연습하고 훈련하는 기회를 갖게 해 주었습니다. 공동의 목적을 달성하고 좋은 성적을 얻기 위해서 일과 역할을 분담해야 하고 자신의 미진한 노력은 소집단의 불이익으로 이어지기 때문에 매우 열성적으로 수업에 임하게 되었다는 것입니다. 그러면서 학급 내에서 가까운 친구를 만들어 가는 효과도 있었습니다.

셋째, 발표와 질문, 응답 수업을 통해서 자신의 주체성과 정체성을 확인하였다는 학생들이 많았습니다. 다른 사람들 앞에만 서면 발표는커녕 말하는 것도 부끄러워하고 우물쭈물하였는데 그러한 모습에서 벗어나 아주 당당하게 자신의 주장을 할 수 있게 되었다는 것이었습니다. 그냥 발표, 답변하는 훈련이 아니라 수업이면서도 성적이 걸려 있기 때문에 피해갈 수 없는 상황에 몰리면서 적극적인 태도로 바뀌었다는 것입니다. 가끔씩 졸업생들은 현장에서 일을 하면서 업무를 아주 훌륭하게 소화해 낼 수 있었다는 말을 하였습니다. 이러한 수업방식은 수강자들에게 아주 많은 것을 가져다주는 효과가 있었지만 명백한 한계가 있었습니다. 그것은 절대평가를 금지하고 상대평가를 실시하라는 학교 당국의 성적평가 기준이 문제가 되었습니다. 학교 당국은 교육부를 말합니다. 상대평가는 학생들을 줄을 세우는 것입니다. 아주 나쁜 방법이지요. 개인차는 있는 것이고 자신의 노력 정도와 성취 정도, 변화하는 질과 양을 측정하여 절대적 평가를 해 주어야 합니다. 그것이 교육의 길이요, 교육자가 해야 할 일에 속합니다.

교육을 다시 생각합니다. 공급자 중심의 교육이 아니고 소비자 중심의 교육으로 바뀌어야 합니다. 큰 틀에서 패러다임의 대 전환이 요구됩니다. 피아제의 인지발달이론의 관점에서 자신의 사고와 개념을 스스로 구성하도록 부모님과 선생님, 어른들은 도와주어야 합니다. 그래서 우리 사회 미래의 주인들이 사상적 노예로부터 벗어나 미국처럼 주체적으로 인류사회를 이끌어 가는 창조적 인간으로 크게 성장하게 될 것입니다. 보다 작게는 욕망과 탐욕으로부터 어느 정도 자유로워지며, 진짜자기, 즉 내면의 목소리에 귀를 기울이면서 승자로서 일상의 삶을 살아가게 해 주어야 합니다.

제8장

삼가분립 이야기

01
오징어 게임 이야기

YTN PLUS 최가영 기자가 2021년 10월 2일에 보도한 '오징어 게임' 등 YTN에서 다룬 오징어 게임 관련 내용을 보면 우리나라 작품 오징어 게임이 세계적으로 대 홍행을 일으키고 있다는 것입니다. 2일, 글로벌 OTT(온라인동영상서비스) 순위 집계 차트인 플릭스페트롤 차트는 오징어 게임이 83개 국가 중 덴마크와 터키 두 개의 국가를 제외한 미국, 일본, 핀란드, 인도네시아 등 8개국에서 '넷플릭스 오늘의 톱10 TV 프로그램'순위에서 1위를 차지했다고 밝혔다."(최가영 기자) 우리나라의 문화 콘텐츠인 방탄소년단의 K-팝과 영화 '기생충'이 지구촌을 달구더니 '오싱어 게임'이라는 영상물은 넷플릭스 공개 26일 만에 전 세계 1억 명 이상의 이목을 집중시키고 94개국에서 시청률 1위에 오르는 기록을 달성했다고 합니다. 한 마디로 말하면 세계인들이 우리나라 작품 '오징어 게임'에 매료되고 있는 것이지요. 이러한 보도와 함께 많은 매스컴에서 전하고 있는 소식들을 종합하면 우리나라에서 황동혁 님이 각본, 연출, 감독하였으며, 이정재, 박해수, 정호연 등 유명 배우들이 등장하는 드라마 '오징어 게임'이라는 영상물이 지난 9월 17일에 넷플릭스라는 매체를 통하여 전 세계에 오픈되었습니다. 이 영상물은 8편으로 구성되어 있으며 모두 시청하는 데 5~6시간이 소요된다고 합니다. 전 세계적으로 남녀노소, 다양한 문화, 국가, 인종을 막론하고 선풍적인 인기몰이를 하여 많은 사람들을 열광시키고 있다는 것입니다.

오징어 게임은 원래 우리나라에서 어릴 적에 아이들이 친구들과 함께 편을 나누어 놀면서 즐기는 놀이의 한 형태 또는 게임이라고 할 수 있습니다. 땅바닥에 오징어 모양과 비슷한 세모와 네모, 원 그림을 그려놓고 일정한 순서와 규칙에 따라 공격하고 방어하는 형식의 집단 게임이라 할 것입니다. 이 오징어 게임은 실제로 상대 팀과 극심한 정도의 몸싸움이 이루어지고 심한 경우에는 팔이나 다리, 무릎, 온몸에 상처를 입는 등 큰 사고로 이어질 수도 있고, 최악의 경우에는 집단 간에 싸움이 일어날 수도 있어서 이 놀이 자체를 못하게 금지하는 곳도 있었다고 합니다. 이 오징어 놀이 게임은 어린 시절 아이들이 또래 집단과 순수한 놀이, 친교, 즐거움을 얻으려고 하는 활동이지만 드라마에서는 게임을 통해 목숨을 걸고 도박을 하는 내용을 그려내고 있습니다. 주인공 성기훈은 가난하고 사회문화적으로도 뒤처진 생활을 하는, 어떻게 보면 인생과 삶의 실패자, 낙오자라고 할 수도 있습니다. 쪽방에서 나이 들고 병약한 어머니와 극도로 가난하게, 거지처럼 처참한 일상을 살아가고 있습니다. 아내와는 이혼을 하였으며, 딸아이는 아내가 재혼하면서 데리고 갔지만 생일날 선물 하나 사줄 형편이 되지 못할 만큼 빈곤하고 불쌍하게 삽니다. 경마 등 투기에 빠지고 술을 마시며, 어머니의 병원비를 빌리러 재혼한 전처를 찾아갈 만큼 자기존중감도 없는, 한마디로 말하면 아주 형편없는 사람으로 묘사되고 있습니다. 이러한 사람들은 자신들이 살고 있는 세상을 스스로 지옥과 같다고 말을 합니다. 각자 사정과 형편은 다르겠지만 수준과 정도는 비슷한 사람들이 456명 모여서 일확천금을 얻을 수 있다는 갈망에 사로잡혀, 자신의 목숨을 담보로 게임을 한다는 것이 핵심적인 줄거리입니다. '무궁화 꽃이 피었습니다'라는 첫 게임을 시작으로 오징어 게임이 마지막인 6개의 게임을 진행하면서 사람들이 하나둘 씩 죽어나가는 것입니다. 한 사람의 목숨 값은 1억 원으로서 첫 게임이 끝나면서 201명의 사람들만 남게 되고 264명의 사람들이 죽으니 264억 원의 돈이 모이게 되는 것입니다. 그리고 마지막 게임으로 한 사람이 남으면 그가 456억 원을 모두 가지게 된다는 것을 의미합니다. 여기에서 아주 중요한, 주목해야 할 사안이 있습니다. 201명이 살아남았을 때 이들은 죽어가는 동료들을 보면서 큰 돈보다는 살아야겠다는 생각에 계약서의 내용대로 201명이 자유롭게 투표하여 101명이 나가는 것을 찬성하고 100명이 게임을 계속하는 것을 선택하지만 다수결의 원칙에 의해 이들은 원래의 일상생활 터전으로 돌아오게 됩니다. 그러나 지옥 같은 현실에 염증을 느끼고 다시 자유의지에 의하여 스스로 게임의 현장으로 되돌아오는 결정과 선택을 하게 됩니다. 그만큼 돈에 대한 갈망과 욕망, 탐욕이 컸다는 것, 그리고 현실에서 오는 환멸과 거기에서 벗어나고 싶은 강력한 의지를 나타내는 것입니다. 그래서 이 드라마의 핵심적인 주제는 인간의 돈에 대한 끝없는 탐욕이라 하겠습니다. 다만, 가난하고 소외되었거나, 사회적 낙오자들을 주인공들로 설정하여 자신의 목숨보다 돈을 많이 버는 것을 더 바람직한 가치, 혹은 귀하게 여기는 풍조를 그려냄으로써 약간의 아쉬움을 남깁니다. 그나마 주인공이나 극 중 노인의 역할에서 부분적이나마 돈이나 재물보다 휴머니즘을 보다 바람직한 것으로 설정하였다는 것, 그리고 큰돈을 얻게 되면 사람들은 당연히 기쁘고 행복할 것으로 생각하지만 주인공과 노인은 돈이 너무 많아도 결코 행복하지 않다는 것을 말하고 행동으로 보여주고 있습니다. 결국 이 오징어 게임의 내용과 흥행몰이는 크게 보아서 두 가지 측면에서 이 책의 주제와 관련이 있을 것입니다. 첫째, 자본주의 사회에서 나타나고 있는 배금주의 풍조와 맹목적이고 무자비한 부의 축적이 그 어떤 가치보다 가장 상위에 자리매김하고 있다는 것을 보여주고 있는 것입니다. 돈은 사회의 모든 것을 지배하고, 인간이 존재하고 사람답게 살아가는 데 가장 소중한 가치로 인식되어 무조건적으로 끌어 모아야 하며, 돈이 없거나 부족한 사람은 사회적으로 실패한 낙오자라는 오명이 씌워져 있습니다. 돈만 있으면 하지 못하는 일이나 넘보지 못할 영역이 없다고 생각합니다. 가장 극명하게 나타나는 현상이 돈이 돈을 벌고 유전무죄, 무전유죄라는 말도 안 되는 논리입니다. 그리하여 우리 사회에서 돈을 많이 가진 자는 소수이고 못 가진 자는 다수라는 사실입니다. 그래서 일부의 사회주의 국가, 공산주의 사회에서는 오징어 게임에 대하여 자본주의 체제의 병폐이자 근원적인 모순이라고 비판하면서 자신들의 사회체계가 보다 더 우월하다고 말하고 있는 것입니다. 이 부분은 자본주의 국가와 자유민주주의 사회에서 넘어서야 할 하나의 과제이자 도전입니다. 그 길은 인간성 회복과 주체성의 확립을 통하여 삼가분립의 가치를 실현시키는 것으로 귀결될 수 있을 것입니다. 둘째, 인간의 개인적 욕망 충족을 향한 인간의 끝 모르는 질주를 진하게 그려내고 있는 것입니다. 여기에서 인간욕망은 욕구의 수준이 아니라 탐욕의 차원입니다. 탐욕은 채워지지 않는 바구니와 같은 것이어서 그 끝이 없습니다. 돈을 향한 도전과 돈을 바탕으로 하는 인간유희는 그 어떤 것과도 바꿀 수 없다는 것을 보여줍니다. 자신의 목숨을 담보로 게임을 합니다. 돈이 자신의 생명보다 귀하다는 것을 말해주는 대목입니다. 사람은 한 목숨 죽으면 모든 것이 끝이 나고 허무한 결과만 덩그러니 남을 텐데 말입니다. 생명보다 더 깊은 돈에 대한 탐욕과 집착에서 우리가 얻어야 할 교훈은 무엇일까요. 그렇게 오징어 게임은 21세기 초엽 오늘을 살아가고 있는 우리 인류의 보편적인 모습을 아주 적나라하게 그려내고 있는 것이지요.

셋째, 오징어 게임을 접한 사람들이 사상과 이념, 국가, 정치체제, 사회조직을 넘어서서 한결같이 그렇게 열광하는 이유는 무엇일까요? 거기에는 인류사회에 보편적으로 드리워져 있는 극심한 경쟁주의 구도가 있으며, 경쟁주의 패러다임에 젖어들면 승자와 패자는 필연적으로 나오게 된다는 것입니다. 승자에게는 여유로운 삶의 내용과 인간다운 일상이 주어지면서 많은 것을 누리고 살아가지만, 패자는 사회적 낙오자로서 절규하게 되는 것입니다. 사람들은 사회적 승자가 되려고 발버둥치지만 결과적으로 승자보다 패자가 훨씬 더 많다는 것입니다. 오징어 게임은 그러한 패자들이 절규하는 이야기를 극명하게 그려내고 있는 것입니다. 거액의 돈을 거머쥐어 승자의 기쁨을 누리려는 원망은 자신의 목숨까지 담보로 해야 하는 지옥의 섬으로 다시 발걸음을 옮기게 합니다. 주인공을 비롯한 게임에 참가한 사람들은 1번을 제외하고 455명의 사회적 패배자들입니다. 패배자들끼리 목숨을 담보로 한 경쟁을 통하여 주인공은 456억의 거금을 얻어 승자가 되지만 돈을 쓸 줄 모릅니다. 이러한 전반적인 흐름은 어느 한 조직이나 사회, 국가만의 문제가 아니라 인류사회 전체의 문제가 분명해 보입니다.

오늘의 인류사회에서 가장 두드러진 자본주의 국가, 자유민주주의의 모습을 하고 있는 미국을 살펴볼까요. CNN 방송 보도(2021. 10. 23)에 의하면 이 오징어 게임에 대하여 미국사회가 들썩이고 많은 사람들이 열광하는 이유가 있다고 합니다. 그것은 사회적 불평등이 심화되고 빈부의 격차가 늘어나면서 사회적으로 루저(패배자)가 많아지고 황금을 향한 그들의 꿈과 희망도 사라지고 있기 때문이라고 합니다. 그들은 일확천금을 획득하려는 서부개척시대의 전통을 이어받아 지금도 돈과 목숨을 걸고 '서바이벌 게임'에 올 인하고 있는 것입니다. 오징어 게임은 단순한 오락물이나 재미를 넘어서서 그 어떤 희망과 가치를 찾을 수 있기 때문에 선풍적인 인기몰이를 하고 있는 것으로 분석되고 있는 것입니다. 이는 미국에 국한되지 않고 자본주의 국가, 자유주의 사회를 넘어서 전 세계에서 필연적으로 나타나는 빈익빈, 부익부 현상을 적절하게 묘사하고 있기에 세계적 드라마가 되었을 것입니다. 이러한 현상은 국가 간에도 이루어지고 있습니다. 잘사는 나라와 그렇지 못한 나라가 있습니다. 아직도 가난으로 질병을 치료하지 못하고 다수의 국민들이 제대로 먹지 못하여 아사하고 있는 사람들과 그들의 국가를 생각해 보십시오. 우리 사회에서 일어나고 있는 이러한 병폐는 곧 세계적인 관심사이고 곧 인류 공통의 문제라 할 것입니다. 돈에 대한 집념과 탐욕, 한 가득 채워지지 않을 돈 바구니를 등에 지고 돈 몰이를 하는 부자들, 인간답게 제대로 먹고 살기 위해 큰돈을 모아야겠다는 오징어 게임의 주인공들, 돈 벌고 모으는 것을 유일한 즐거움으로 삼고 살아가는 사람들, 돈을 모아서 무엇을 하겠느냐고 물으면 돈을 많을수록 좋다고 대답하는 사람들, 이분들은 모두가 돈의 가치를 쫓아서 삶을 살아가는 사람들입니다. 그리고 돈의 위력을 이용해 권력을 가까이 하려는 사람들, 돈으로 명예로움을 살 수도 있다고 생각하는 사람들, 우리 사회에서 가장 보편적으로 자리매김하고 있습니다. 자신의 돈 버는 목적을 달성하기 위해서는 무자비하게 경쟁하고, 약육강식의 밀림으로 몰아갑니다. 돈 버는 일이라면 거미처럼 사는 것도 불사합니다. 오로지 나와 내 가족만이 안중에 있는 것입니다. 이러한 현상이 대한민국을 넘어서 인류사회에 보편화되어 있다는 것은, 오징어 게임 드라마가 세계적 홍행몰이를 하고 있다는 것은, 왜 삼가분립이 필요하고 그 운동이 전개되어야 하는가를 역설적으로 말해주는 것이라 하겠습니다.

02
복지사회를 위하여

오늘을 살아가고 있는 대한민국의 구성원들, 우리가 향해서 나아가고 걸어 가야 할 길은 명백해 보입니다. 그것은 복지사회입니다. 복지사회는 우리 인류가 실현 가능하다고 믿고 있는 가장 이상적인 사회이자 나라이며 지상낙원의 세상입니다. 국가를 단위로 하여, 어쩌면 종국에는 모든 인류가 행복하고 만족스러운 삶을 살아가는 이상적인 사회가 될 것입니다. 그 길을 걸어가기 위해서는 눈앞에 놓인 당장의 과제, 복지국가를 넘어서야 합니다. 다양한 사회복지제도와 정책이 어느 정도 완벽하게 갖추어지고 사회복지실천이 도입되어 있다면 우리는 그러한 모습을 복지국가라고 합니다. 소위 보편적인 사회복지의 실현이 이루어진 나라를 말합니다. 아직 완벽하지는 않지만 서구의 일부 선진국들은 복지국가의 반열에 들었다고 볼 수 있습니다.

가장 대표적인 나라를 든다면 영국입니다. 영국은 소위 요람에서 무덤까지 사람들이 인간답게 살아갈 수 있는 제도적, 법적 장치를 갖추었습니다. 즉, 제도적, 보편적 복지가 웬만큼 갖추어져 있습니다. 이러한 복지국가의 모습은 스칸디나비아 제국을 비롯한 유럽을 중심으로 발달해 왔습니다. 우리는 이러한 복지국가들의 모습에서 주목하지 않으면 안 되는 부분이 있습니다. 이들 국가는 아직도 국왕제도를 두고 있는 전제군주주의 국가의 전통을 가지고 있다는 것입니다. 그래서 오늘날의 이들 국가를 전제군주주의 성향이라고 부릅니다. 이들 복지국가를 뒷받침하고 있는 아주 강력한 이념은 사회민주주의입니다. 이는 사회주의와 민주주의의 결합입니다. 전제군주주의는 전체주의, 전제주의, 군주주의, 제국주의 등과 밀접합니다. 이들 나라에서 공통으로 나타나는 사상적 기저는 사회주의입니다. 아직도 국왕제도를 헌법에서 규정하고 있으며 국가가 개인을 보호하고 개인의 문제도 국가가 책임지며, 개인은 국가에 봉사하고 헌신하는 전통적, 사회적 흐름을 따르고 있습니다. 그러면서도 다른 한편에서는 자유민주주의의 물결을 받아들이고 있는 것이라 하겠습니다. 어쩌면 사회주의와 민주주의가 조화와 균형을 이룬, 아주 절묘한 신의 한 수를 두고 있는지도 모릅니다. 그리고 사회복지, 복지국가의 모습을 드러냄으로써 전통은 유지하고 국민들의 복리는 최대한 증진시키는 결과를 만들었습니다. 이러한 서구의 역사적 흐름과 진화과정에서 우리는 무엇을 찾을 수 있을까요?

아직까지 대한민국 오늘, 우리 사회에는 전제군주주의 성향이 상당한 부분 남아 있음을 봅니다. 우리 사회에서 전제군주주의는 뿌리 채 척결되어야 할 대상이 아니라 계승하고 발전시키며 진화적 노력을 증진시켜야 합니다. 그것은 곧 사회민주주의라는 옷으로 새롭게 단장을 하는 것입니다. 영국 등에서 보듯이 복지국가를 향한 기치를 내걸고 힘

차게 나가야 합니다. 거기에는 사회민주주의가 뒷받침되어야 합니다. 이를 기저로 하는 정파와 정치세력이 나타나야 합니다. 복지국가의 근간은 사회민주주의임을 분명히 밝혔지만, 사회민주주의는 복지국가에 머물지 않고 복지사회의 큰 기둥으로 남게 될 것입니다. 지금의 우리나라 제1야당, 자유한국당은 정당들 중 전제군주주의 성향에 가장 가깝습니다. 그들의 선배는 비록 사회주의의 가치를 내걸지는 않았지만 이미 사회주의, 사회민주주의를 상당 부분 실천해 왔습니다. 복지사회로 나아가기 위해서는 자유민주주의뿐만 아니라 사회주의, 사회민주주의도 반드시 있어야 합니다. 가장 이상적인 구도에서 본다면 사회민주주의는 두 기둥에서 하나의 축이 되어야 합니다. 다만, 이러한 구도를 보지 못하고 있음이 아주 안타깝습니다. 자유한국당의 정치 지도자들과 국회의원들, 이들은 자신들의 가치와 신념체계, 세상을 보는 패러다임을 직시하고 역사적 흐름과의 연결고리를 찾아 나서야 합니다. 개인의 권력을 잃어버리지 않으려고 애쓰고, 큰 흐름을 놓친다면 역사의 죄인이 될지도 모릅니다. 하지만 역사는 항상 진화하여 왔기에 시간이 걸리더라도 발전된 형상으로 나타날 것입니다.

복지사회의 두 기둥 가운데 하나가 사회민주주의라면 다른 하나의 축은 자유민주주의가 될 것입니다. 이러한 두 기둥은 다시 하나로 융합되어 성숙한 민주주의로 나타나게 됩니다. 즉, 복지사회를 지탱하는 사상적 축은 곧 '성숙한 민주주의'입니다. 성숙한 민주주의는 강렬한 개인주의와 집합적 사회주의의 융합으로 이루어집니다. 그래서 성숙한 민주주의 사회는 '개인사회주의'의 형상을 띠고 있습니다. 개인사회주의의 형상을 잘 보여주고 있는 예를 들면 순수한 의미의 자원봉사활동이 있습니다. 자원봉사활동은 기본적으로 개인주의, 자유주의를 기반으로 하고 있습니다. 전적으로 자의에 의해서 어느 누구로부터 간섭과 감독을 받지 않습니다. 다른 사람의 입장을 이해하고 지지하며 자신에게 손을 내밀면 기꺼이 잡아주는 것입니다. 그래서 개인주의의 바탕 위에 사회주의 이념을 더 보태고 있는 형국입니다. 이들은 주체적, 자율적인 존재로서 개인 자신의 삶의 의미를 충족시키는 일상을 살아가는 것입니다. 그리고 나아가 자발적으로 이웃과 사회를 위해서 자신이 가진 것을 나누고 봉사를 하는 것입니다. 분망한 상황에서 이룬 개인적인 성공을 사회를 향해 내어놓는 구도입니다. 개인도 행복하고 사회도 복지가 이루어지는 것입니다. 그래서 복지사회에서 순수한 자원봉사활동은 확대되어 나갈 것입니다. 돈을 많이 번 사람, 높은 지위에서 권력을 가진 사람, 사회적으로 명성을 얻은 사람들 모두가 자원봉사활동을 일상화하여야 합니다. 거꾸로 말한다면 자신이 행하는 일상의 과업 속에서 자원봉사의 정신을 가꾸어야 합니다. 어떤 일을 하면서 살아가든 거미의 방식을 멀리하고 개미의 일상을 넘어서 꿀벌처럼 평화롭게 살아가는 것입니다. 그래서 복지사회에 살게 되는 사람들은 모두가 승자입니다. 자기 내면의 참자기가 부르는 소리에 귀를 기울일 줄도 압니다. 지금 우리 사회에 거세게 불어 닥치고 있는 민주화의 바람, 그 연장선상에 복지사회가 있습니다. 거기에는 전제군주주의와의 단절이 아니라 진화된 전제군주주의의 모습도 함께 담겨 있습니다. 이 세상에 완벽한 혁신은 없습니다. 역사는 지나온 과거를 바탕으로 삼아 점진적으로 나아가기 때문입니다. 우리는 다시 '개인과 사회'라는 주제로 돌아가게 됩니다.

알려져 있는 바와 같이 자유민주주의는 프랑스 대혁명 이후로 프랑스에서 크게 발전하였으며, 미국에서 자유의 여신상이 상징하듯이 꽃을 피우고 있습니다. 하지만 이들 나라들 또한 우리가 가고자 하는 가장 이상적인 사회의 모습을 갖추고 있지 못합니다. 사회를 걱정하는 기운이 아직도 부족합니다. 미국에서 총기사고는 사흘이 멀다 않고 온 세상을 떠들썩하게 합니다. 언제 어느 곳에서 자신이 총탄에 쓰러지게 될지, 사람들이 불안 속에 하루하루를 보낸다면 이 나라를 우리는 복지사회라고 볼 수 없음은 자명합니다. 개인이 총을 쏠 수 있는 자유를 가졌지만 다른 사람의 무고한 목숨을 앗아갈 수 있는 자유까지 향유할 수는 없는 것입니다. 미국에서 총기를 규제하지 못하는 것은 총기를 소지하고 쏠 수 있는 개인의 자유를 침범한다는 서부 활극의 전통적인 흐름이 미국사회를 지배하고 있기 때문입니다. 총기규제는 곧 사회주의와 연결되어 있습니다. 자유주의, 자유민주주의는 우리 인류에게 아주 소중한 가치입니다. 하지만 개인의 자유가 다른 개인의 자유를 침범하게 되면 거기에는 사회주의 사상과 가치가 내포되어야 합니다. 그래서 복지사회에서는 자유민주주의와 사회민주주의는 두 기둥이 되어야 합니다. 이는 거시적인 안목에서 본다면 역사적 진화에 속합니다. 역사는 물 흐르듯 서서히, 그러나 반드시 복지사회로 흘러갑니다. 복지사회에서는 개개인이 요람에서 무덤까지 완벽한 복지제도 속에 진짜자기의 모습을 실현하며 일상을 살아감으로써 모든 국민들이 승자의 삶을 살아가게 해 줄 것입니다. 국민은 국가와 사상의 노예가 아니라 자유를 누리고 자아정체성을 실현하면서 살아갑니다. 그럼에도 불구하고 이웃과 사회, 국가를 위해서 스스로 선택한 양보와 헌신을 통해서 이상사회를 이룰 것입니다. 이는 우리가 아직도 가야 할, 오랫동안 절대다수의 국민들이, 성실하게 걸어야 할 길이며 목적지입니다. 그 사회를 향하여, 오늘 당장에 우리는 삼가분립의 길에 나선다면, 처음에는 한두 사람의 여정으로 시작된다 하더라도 걸어가면서 동행은 늘어날 것입니다.

전제군주주의와 자유민주주의는 오늘의 우리 현실을 조망하는 유용한 안경이 되었습니다. 대한민국의 출발과 함께 전제군주주의는 형식적으로 사라지고 자유민주주의 국가체제를 갖추었습니다. 자유민주주의 국가에서 전제군주주의적 통치와 정치를 하는 것은 명백한 잘못입니다. 전제군주주의 시각에 매몰되어 있으면, 밀려오는 자유민주주의의 역사적 큰 물줄기를 보지 못한다면, 그것은 정치지도자 개인의 불행을 넘어서 국가의 재난이자 국난으로 이어집니다. 박근혜 전 대통령, 이명박 전 대통령이 그랬으며, 권력을 가진 많은 이들이 끝없이 몰락하는 모습을 우리는 목격하였습니다. 돈을 많이 벌어들인 이들 또한 사욕에 눈이 멀어 감옥을 넘나들었습니다. 더욱 심각한 것은 전 국민들, 모든 사회조직과 직업은 돈 버는 일에 몰입되어 있습니다. 수단과 방법을 가리지 않고 돈을 모으는 데 혈안이 되어 있습니다. 사회적으로 명성을 날린 사람들도 자유민주주의의 시대적 흐름을 읽어내지 못하고 가부장제 사회문화에 심취하여 명성에 걸맞지 않은 추한 모습을 보여줌으로써 우리 사회는 크나큰 혼란 속으로 빠져들었습니다. 무질서하고 혼란스러우며 때로는 무섭기도 합니다. 가진 자들의 탐욕은 끝이 보이질 않습니다. 모든 국민들이 돈이라는 술에 취하여 음주 운전을 하는 형국입니다. 돈과 술은 공통점이 많이 있습니다. 가장 큰 공통점은 사람을 취하게 만들고 취한 사람은 정신이 몽롱하여 사리 분별력이 떨어진다는 것입니다. 술에 취하여 살인 운전 하는 것을 경계하듯이 돈에 취하여 참자기를 버리지 않도록 정신을 바짝 차려야 합니다. 돈에 취한 대한민국의 이러한 오늘은 내일을 향한 진보적 노력을 더욱 가속화시킬 것입니다. 권력은 민주주의 국가의 권력다워야 합니다. 돈은 공공재이기에 재력은 제자리를 찾아야 합니다. 사회적 명예는 거저 주어지는 것이 아니라 명예에 걸맞은 명성을 사회적으로 쌓아야 하며 그것을 지키려는 의지를 가져야 합니다.

03
삼가분립에 대하여

본래 삼권분립은 입법, 행정(집행), 사법(재판)의 권력분립, 즉 법을 만들고 법을 집행하며 집행의 잘잘못을 판결하는 것으로 권력을 나눔으로써 견제와 균형을 이루게 된다는 것을 의미합니다. 이 삼권분립의 목적은 권력의 남용을 막고 고유한 권리를 보장하는 것으로서 현대적이고 입헌적인 헌법에서 필수적인 요소입니다. 이러한 권력분립의 사상은 몽테스키외Montesquieu의 권력분립론에 기반을 두고 있으며, 특별히 권력의 집중과 전제군주의 독재를 부정하는 의미로서 근대사회 이후 대부분의 나라에서 헌법의 정통적 원리로 기능해 왔습니다. 이러한 삼권분립은 국가제도와 국가경영의 틀, 그리고 정치권력의 구조와 관련이 있는 것입니다. 그러나 제2의 삼권분립, 즉 삼가분립에서 제시되고 있는 돈과 권력과 명예의 가치는 모든 국민 개개인, 일반사람들의 삶과 직결되어 있다는 점에서는 차이가 있습니다. 이 책의 많은 분량을 이 부분에 할애하여 논의하여 왔듯이, 지금-여기에서 우리 사회의 책임 있는 어른들이 삼가분립을 이루어야 하고 이루지 않으면 안 되는 중요한 이유들이 많이 있습니다. 그리고 삼가분립을 지켜야 합니다.

위의 모든 이야기들은 삼가분립을 주목하기에 충분합니다. 2019년을 전후한 오늘, 우리 사회에 나타나고 있는 모든 문제와 고통과 혼돈은 이들 세 가지 가치가 뒤죽박죽되어 있는 것과 깊은 관련이 있습니다. 이들 세 가지 가치는 지위고하를 막론하고 남녀노소를 불문하고, 시기와 장소를 가리지 않으면서 모든 사람들의 일상에 지대한 영향을 미치고 있는 흉물로 변화하였습니다. 경쟁주의라는 미명 아래에서, 돈을 많이 벌면 그 자체로서 성공한 삶으로 평가되고 만족하는 것이 아니라, 셀 수 없을 정도로 더 많이 벌어야 하고 권력까지 탐하며, 나아가 재산을 이용하여 명예까지도 거머쥐어야 만족하는 사람들이 거의 대부분입니다. 권력을 가진 사람들은 권력을 사유화하고 이를 돈을 버는 수단으로 이용하게 되었으며 명예까지 얻어야 속이 시원한 세상이 되었습니다. 명예로운 길을 걸어가는 사람들도 돈에 대한 욕심을 버리지 못하고 권력도 수시로 넘보면서 살아갑니다. 뿐만 아니라 어떤 길을 걷고 있든 살아가는 방법 면에서는 꿀벌처럼 살아가지는 못할망정 거미처럼 나쁘게 일상을 꾸려갑니다. 이러한 개개인의 사람들이 모여 살면서 오늘날의 사태를 잉태하고 키워왔으며 화산이 폭발하듯 터져 나오게 되었습니다.

우리는 일상 속에서 사람들이 행하는 일과나 주업이 직업적 정체성이나 본질적인 면에서 본다면 세 가지 가치 중 어디에 속하는지 어느 정도 드러나 있기 때문에 알 수가 있습니다. 특히 돈을 버는 일, 권력에 집중하는 일은 아주 명백하게 드러나 있습니다. 돈을 버는 일에 관련된 것은 영리를 목적으로 하는 모든 조직과 집단, 개인이 여기에 속합니다. 대표적으로 기업인이 있으며, 상업인, 공업인, 일부 서비스업 등이 있습니다. 이들의 삶과 일상의 목표는 돈을 많이 버는 것입니다. 그래서 돈을 벌기 위한 사회적 행위는 정당합니다. 국가는 이들이 돈을 벌 수 있도록 제도적, 법적, 행정적 장치를 마련해 주고 지원을 아끼지 않아야 합니다. 왜냐하면 이들은 우리 사회에서 경제의 큰 축을 이루고 있기 때문입니다. 다만, 돈을 벌어들이더라도 거미의 행태는 취하지 말고 가급적이면 꿀벌의 형상과 방법을 따라가기를 바라는 바입니다. 그리고 권력을 가진 사람들은 소위 삼권분립의 대상이 되는 사회적 지위를 가진 이들이라 말할 수 있습니다. 일체의 국가와 자치단체에 소속된 공무원들은 모두가 권력의 길을 걷고 있는 사람들입니다. 지위가 낮은 분이든, 지위가 높은 사람이든, 아니면 소위 핵심적인 보직에 있든, 한가한 자리에 머물든, 이들은 국민들에게, 보통사람들을 향하여 권력을 행사하는 이들입니다. 이들은 권력을 시민을 향해 봉사하는 차원에서 받아들이고 소명하였으면 좋겠습니다. 지금의 국회의원들처럼 자신의 잇속을 챙기고 당파와 당리당략에 따라 공무를 집행하는 관행을 버렸으면 좋겠습니다. 진정으로 자신을 뽑아준 사람들을 향한 보다 겸손한 권력이 되었으면 좋겠습니다. 꿀벌처럼 말입니다.

우리 사회에서 명예로움을 가장 소중한 가치로 여기고 살아가는 사람들도 매우 많습니다. 명예의 가치 영역에 머물고 있는 사람들은 보다 직접적인 이해를 필요로 하기에 여기에서 구체적으로 논의하고자 합니다. 명예로운 가치를 먹고 사는 이들은 농업인, 서비스업, 아마추어 스포츠인, 연예인, 예술인, 문인, 교사, 의료인, 사회복지사, 종교인 등 매우 다양하고 많은 이들이 있습니다. 농업인의 범주에는 농민은 물론이고 축산, 어업에 종사하는 이들도 포함됩니다. 다만, 이 범주에 속한다 하더라도 기업형식으로 경영하는 이들은 제외됩니다. 왜냐하면 기업은 돈을 버는 것을 목적으로 삼기 때문입니다. 농업, 축산업, 어업인들은 사람들이 먹고 마시는 음식을 생산하고 사람들의 건강을 지켜주며 유기체로서 인간의 생존을 가능하게 해 주는 대단히 유용하고 중요한 일을 하는 사람들입니다. 직접적인 생산 활동을 통해서 자신의 가족은 물론이고 다른 사람들의 생명을 지켜주는 더없이 소중한 기능을 하는, 우리 사회에서 없어서는 안 될 가장 존중받아야 할 사람들입니다. 많은 사람들이 식탁에 앉아 감사기도를 올립니다. 저희가 일용할 양식을 주시어 배고픔을 이겨내고 건강한 몸으로 일을 할 수 있게 해 주셔서 너무너무 감사합니다. 그래서 이들은 자부심을 가지고 일할 수 있도록 해 주어야 합니다. 다만, 먹는 것을 생산하는 만큼 보람과 의미는 있지만 돈을 버는 직업은 아닙니다. 일부 기업형식의 농 · 축 · 어업을 운영하는 사람들이 있지만 그들은 이 일을 통해서 많은 돈을 벌겠다는 생각을 바꾸어야 합니다. 본래의 직업적 정체성은 잊어버리고 돈 버는 일에만 집중하면서 사회적으로 많은 문제를 일으키고 있습니다. 예를 들면, 닭을 집단 사육하면서 농약을 마구 뿌려 농약에 오염된 달걀을 유통시켜 국민들의 건강을 크게 해치는 일입니다. 이와 유사한 사례는 아주 많습니다. 그래서 이러한 사람들은 명예로운 직종 말고 돈 버는 직종으로 바꾸어서 이윤을 추구하기를 권고합니다. 우리가 사회적으로 존중되고 스스로의 명예로움을 지켜야 하는 직종은 적지 않습니다. 위에서 열거한 직종들 이외에도 곰곰이 생각하면 많은 분야가 있습니다. 기본적으로 돈과 권력과는 무관한 직업이니 돈과 권력에 대한 집념이나 집착을 훌훌 벗어 버리고 안빈낙도 하면서 평화롭게 살아가는 방법을, 즉 명예로운 길을 꿀벌처럼 살아갔으면 좋겠습니다. 그러면 복지사회에서 참자기의 모습으로 승자의 삶을 살아갈 수 있을 것입니다. 아마도 죽음을 맞이하는 순간에 자신은 혼자서 평화로운 마음으로 웃게 되지만 주위의 사람들은 나의 죽음을 안타까워하고 나를 위해 울게 하는 그런 인생이 되지 않을까요?

그러기 위해서는 무엇보다 먼저 삼가분립에 대한 의지를 가져야 합니다. 우리가 살아가는 일상에서 세 가지 보편적인 가치가 있다는 것을 인정하고 자신도 그중 하나의 가치를 쫓아가는 삶을 살고 있음을 인지하여야 합니다. 다수가 공감하고 있는 바와 같이 우리 사회에서 대부분의 시민들은 삼가분립에 대한 인식이 없는 것처럼 보입니다. 삼가분립은 좋은 것이고, 지금의 우리 사회가 직면한 어려움을 극복하여 다수의 사람들이 행복하고 평화롭게 살 수 있는 곳으로 나아가는 데 도움이 된다는 생각을 가져야 합니다. 뿐만 아니라 삼가분립은 자신만의 고유하고 충실한 삶의 여정을 가능하게 해 준다는 믿음을 가지는 것이 우선입니다. 그래서 삼가분립의 가치와 정신을 존중하고 자신의 삶에서 진정으로 그것을 받아들여야 합니다. 이는 패러다임의 대 전환을 의미합니다. 사고방식과 신념체계, 가치관을 바꾸는 일에 속합니다. 사람이 산다는 것은 오로지 부귀영화를 추구하는 것이고 건강하게 장수하는 것이 최고의 가치라는 생각에서 물러나서 자신과 자신의 일상을 돌아볼 수 있어야 합니다. 자신이 가고 있는 길이, 하고 있는 일이 세 가지 가치 중에 어디에 속하는 것인지, 그리고 진실로 자신이 원하는 방향으로 가고 있는지 살펴보는 안목을 가져야 합니다. 무조건 돈은 많이 벌면 좋은 것이기에 수단과 방법을 가리지 않고 재물을 긁어모으는 것이 선이라는 사고방식에서 벗어나야 합니다. 높은 자리에 올라 권력을 가지면 돈도 함께 벌어들일 수 있으며 많은 돈을 가져야 한다는 생각으로부터 자유로워야 합니다. 사회적으로 명예로움을 부여받은 자리와 지위에 이른 사람들은 돈과 권력을 멀리하는 것이 기쁨이라는 진실을 깨우쳐야 합니다. 그리고 세 가지 가치 중에서 오로지 한 가지 가치만을 추구하면서 살아가겠다는 강한 의지를 가지고 주위의 사람들에게 동의를 구하며 겉으로 내비쳐야 합니다. 어느 한 가지 가치를 추구하여 그것을 취하였다면 그 사람은 성공적인 삶을 살았으며 사회적으로 신뢰와 존경을 받을 수 있다는 풍토를 만들어야 합니다. 높은 지위에 올라 권력을 얻었다면, 그리고 그 권력을 꿀벌처럼 행사하였다면 그는 국가와 사회로부터 명예도 덤으로 얻게 됩니다. 돈을 많이 벌어서 꿀벌처럼 살았다면 그 또한 사회적 존경과 명예를 취득하게 될 것입니다. 조갑제 칼럼니스트가 지적하였듯이 돈과 권력, 그리고 명예의 세 가지 가치를 모두 쟁취하려는 미국의 트럼트 대통령은 바람직한 인간상이 아닙니다. 그러한 인식을 우리 모두가 가져야 합니다.

그리고 우리는 자신의 직업적 정체성이나 하고 있는 일상의 과업이 어떤 가치영역에 속하고 있는지, 속해야 하는지에 대한 명확한 인식을 가질 필요성이 있습니다. 지금 우리 사회에서 일어나고 있는 카오스, 아노미, 무질서, 혼란스러움, 시기와 질투와 갈등, 이 모든 것들이 하고 있는 일의 가치전도와 관련이 있는 것으로 보입니다. 언급하였듯이 유치원을 설립하고 경영하며 유아교육에 참여하고 있는 사람들은 모두가 교육자의 영역에 속하고 명예로운 가치의 길을 걷고 있는 이들입니다. 그들은 자신의 직업적 정체성이 돈이나 권력을 추구하는 가치의 영역이 아님을 인정해야 합니다. 그리고 명예의 가치에 어울리는 삶을 살아가야 합니다. 흔히 말하듯이 내일의 주인공을 양육하는 일만큼 소중하고 아름다운 일도 없습니다. 그런 자부심을 가지고 선생님으로서의 역할과 기능에 충실하다면 대부분의 학부모와 일반 국민들로부터 절대적인 지지와 존경을 이끌 수 있을 것입니다. 그리하여 획득한 명예는 자신의 인생계급장이 되어야 마땅합니다.

또한 매스컴에 보도되고 있는 중학교, 고등학교, 대학교 등 각급 학교에서 일어나고 있는 각종 비리를 보십시오. 돈을 받고 채용하는 인사비리, 공금을 부풀리거나 엉터리 집행으로 돈을 착복하는 행위, 연구비를 개인 돈으로 삼아 마구 거두어들이는 것 등 형태도 아주 다양합니다. 교육자로서, 교사로서 가지 말아야 할 길을 걸으면서도 최소한의 죄의식도 느끼지 못하는 것처럼 보입니다. 의사도 마찬가지입니다. 아픈 사람을 낫게 해주고 질병을 고쳐주며, 병든 사람의 건강을 보살피는 일을 감당하는 직업이니 그 어떤 일보다 존귀하고 우리 사회에 꼭 필요한, 없어서는 안 될 소중한 사람들입니다. 의료 분야에서 돈과 관련된 사고가 사흘이 멀다 하고 매스컴을 달구고 있습니다. 의료인들이 인술보다는 돈을 버는 직업으로 오인하고 있는 것이지요. 히포크라테스의 마음속으로 자본주의의 숨결이 깊이 스며들어 있음을 봅니다. 의사들도 교육을 감당하는 교사들처럼, 명예로운 삶을 살아가는 직업적 정체성을 가지고 있습니다. 그 본래의 가치를 훼손하지 않았으면 좋겠습니다. 이와 같이 삼가분립과 관련하여 우리 사회에 드러나 있는 모든 직업과 일상의 과업들에 대한 정체성과 그 본질을 재정립하는 노력을 하였으면 합니다. 많은 사람들은 연예인들이나 스포츠 선수들이 돈을 많이 벌고 있으며, 그들의 직업적 정체성을 돈 버는 것이라고 여깁니다. 틀렸습니다.

요약해서 말한다면 우리 사회에서 삼가분립이 확립되어야 하고 삼가분립운동을 일으켜 전 국민이 참여하고 지지하는 형태로 진행되기를 희망합니다. 그리하여 우리나라와 사회가, 절대 다수의 국민들이 보다 살기 좋은 곳으로 나아가기를 간절하게 원하고 바랍니다. 지금까지 국가와 온 국민적 노력이 파이를 키우는 일에 집중하여 왔다면 이제는 그러한 거시적 패러다임을 바꾸어야 할 시기에 이르렀습니다. 파이는 충분하게 커졌지만 만족할 줄 모르고 무한정 커지는 파이에만 관심을 가지고 사회적 이슈로 부각시키고 있습니다. 그러한 흐름은 국민 개인들의 탐욕을 바탕으로 하고 있거나 연결되어 있기에 의도적이고 인위적인 노력과 에너지를 투입하지 않으면 욕망의 전차는 계속 달리게 될 것입니다. 그래서 나 자신부터 삼가운동을 시작하려 합니다. 가장 이상적으로는 돈의 권력과, 권력의 권력, 명예의 권력을 가진 자들부터 시작하는 것이 바람직하지만 그것을 기대하기는 어려울 것 같아 보입니다. 내가 변하고 가족이 바뀌면, 그리고 이웃과 함께하고 지역사회를 바꾸면 삼가분립이 확립된 사회, 우리의 미래사회인 이상사회, 곧 성숙한 자유민주주의 사회, 복지사회로 나아갈 수 있을 것입니다. 저자는 〈표 4〉의 척도에서 자신의 삶을, 살아온 여정을 현재를 기준으로 평가해 보았습니다. 저는 일생 동안 사회복지전공자로서, 그리고 사회복지사를 양성하는 교육자와 연구자의 길을 걸어왔으며, 사회복지실천 현장에도 일정 부분 관여하였습니다. 감히, 대략 7점을 받을 수 있는 여정이었다고 스스로 생각하였습니다. 명예롭게 되는 길을 선택하여 일생 동안 그 길만 왔으며 보통 사람들의 수준인 개미의 차원에서 근무하며 살았습니다. 일을 하고 월급을 통해 돈을 벌었으며 자신과 가족을 부양하고 가족을 섬기는 수준에서 살았습니다. 퇴임을 하면서 특임교수 제도가 있었지만 신청하지 않았습니다. 당분간 대학원 강의를 해 주었으면 하는 학교도 있었지만 부드럽게 거절하고 양해를 구하였습니다. 지금 이 순간에도 학위까지 받고 시간강의도 하지 못하여 줄을 서서 저의 퇴임을 기다리는 젊은 학도들의 얼굴을 살펴보십시오. 우리의 아들, 딸들입니다. 그들에게 기회를 주지 못하고 끝까지 자리를 지켰으니 미안할 뿐입니다. 부끄럽지만 돌아보니 개미에서 꿀벌 쪽으로 조금은, 일상생활에서 1점 정도는 나아갔다는 느낌을 가집니다. 인생살이 만점을 9점으로 본다면 2점이 모자라는 점수이지요. 이제 퇴직을 하였으니 얼마간의 세월이 될지 모르지만 모자라는 2점을 자원봉사활동을 통해서 채우려 노력하겠습니다. 이웃을 돌아보고 지역사회를 위해서 조그마하지만 순수한 봉사활동을 하려 합니다. 가진 것을 나누려 합니다. 전공이 사회복지실천, 가족(복지)치료상담이니 전문적인 지식과 이론, 기술을 이웃과 사회에 나누어 드리려 합니다. 지금까지 사회적으로 나눈 것보다 받은 것이 훨씬 더 많다고 생각하니 얼굴이 화끈거립니다. 어쩌면, 나눔의 일상화와 생활화가 아니고 특정의 자원봉사활동을 통해서 가진 것을 나누어 2점을 채우겠다면 그것도 하나의 욕망일지도 모릅니다. 하지만 마음가짐은 그러합니다.

인간의 돈과 권력을 향한 욕망을 무작정 나무랄 수 없고 긍정적인 면이 많이 있기는 하지만, 인류사회와 개인의 삶에서 부정적이고 어두운 그림자도 드리웠습니다. 그러하기에 돈과 권력을 향한 의지를 가지고 그 일에 열중하시는 분들에게 감히 말씀드립니다. 마음을 가다듬고 돈과 권력 앞에 보다 겸손한 태도로 임하여야 합니다. 그리고 무엇보다도 꿀벌처럼 살아가는 삶의 방식을, 모습을 보여주셔야 합니다. 그러한 삶의 여정은 국가와 사회를 위한 것이 아니라 자신을 위한, 그리고 자신의 아름답고 더없이 소중한 일상을 위하는 길이기도 합니다.

04
나 자신으로부터의 변화

아무리 생각해도, 또 다시 생각을 해도 결론은 '사람'입니다. 그리고 또 사람입니다. 여기에 아주 흔한 '인간'이 한 명 있는 것이 아니라 사람이 한 명 있습니다. 그는 여기에 지금, 바로 이 순간에 있는 그대로의 형상으로 '존재'합니다. 그 존재는 유일합니다. 인간됨의 내용과 수준을 넘어서서 본질적으로 사람으로 존재하고 있습니다. 그래서 다른 사람과 비교하거나 나 자신의 입장과 기준으로 그를 평가한 후 판별하는 것도 삼가야 합니다. 그렇게 오늘 지구상에서 유기체로서 생명력을 가진 모든 사람들은, 존재하고 있는 사실만으로도 존중되어야 하고 섬김을 받아야 합니다. 한 명의 사람이 지금 여기에 존재한다는 것은 '본질'로서 구체화됩니다. 인간의 본질은 존재의 기반 위에 나타나는 하나의 실체입니다. 그리고 하나의 실체로서 인간의 본질은 일상생활과업으로 모습을 드러냅니다. 그래서 인간은 사회에서 자신에게 주어진 일상생활과업을 수행하는 존재, 그 이상도 그 이하도 아닙니다. 인간은 일상생활과업을 수행하는 존재 그대로입니다. 아침이면 일어나 낮에는 일을 합니다. 저녁이면 집에서 잠자리에 듭니다. 배가 고파서 때가 되면 식사를 하고 적절하게 배설을 합니다. 피곤하면 쉽니다. 여유로운 시간에는 즐기면서 삽니다. 이렇게 하루 24시간 간격으로 반복되는 삶을 살고 있습니다. 이러한 인간의 본질적 모습은 오랜 역사 속에서 변함없이 이어져 왔습니다. 일상생활과업의 수행은 인간 본질의 필요조건이기에 시시포스처럼 저항하지 않고 무거운 바위도 자신의 삶의 일부분으로 순순히 받아들여야 하며 그렇게 하고 있습니다. 원시사회 인류조상들은 벌거벗기는 하였지만 그들의 수준과 내용에 걸맞은 일상생활과업을 수행하면서 살다 가셨습니다. 오늘의 우리들은 시대적, 사회적 수준과 내용에 어울리는 일상생활과업을 수행하면서 살고 있습니다. 오랜 세월 뒤에 지금의 우리도 그렇게 조상으로 남게 될 것입니다. 저의 손주 아이 세대를 훌쩍 뛰어넘어 아주 먼 훗날에도 사람들은 일상적 생활과업을 수행하는 일에서 자유롭지 못할 것입니다. 아무리 오랜 세월이 흘러도 일상생활과업 수행이라는 큰 틀은 변하지 않을 것입니다. 다만, 일상생활과업 수행의 내용과 방법, 그리고 수준은 진화할 수 있을 것입니다.

인간의 일상생활과업에서 사람들이 가장 큰 관심을 보이는 부분은 낮 동안 무슨 일을 어떻게 하면서 살아가는지에 관한 것입니다. 원시사회와 달리 현대사회는 사람들이 직업으로서 하는 일의 유형과 내용, 일을 하는 방법 등이 수천 가지로 세분화되어 있습니다. 미래 세대에는 그러한 직종 분화가 더욱 가속화되어 갈 것입니다. 하지만 그 많은 직종과 기능, 역할에도 불구하고 사람들이 하고 있는 일의 내용과 성격을 세 가지의 가치를 기준으로 구분할 수 있습니다. 그것은 돈과 권력, 그리고 명예로움을 추구하는 것입니다. 앞에서 이미 논의하였듯이 사람들이 하는 직업적 과업들은 이들 세 가지 가치의 범주 안에 들어가게 됩니다. 다만, 2개의 영역에 걸친 경우, 혹은 2개 영역 중 어디에 속하게 되는 애매모호한 경우도 있을 것입니다. 그럼에도 불구하고 이러한 분류는 오늘의 우리 사회가 직면하고 있는 문제와 혼란스러운 상황을 이해하고 분석하는 데 매우 유용합니다. 뿐만 아니라 미래의 사회를 논의함에 있어서도 이러한 규준은 유효할 것으로 판단하였습니다. 그리고 더 있습니다. 사람들이 하는 일을 돈을 많이 벌거나, 권력을 취득하는 것, 그리고 사회적으로 명예롭게 된다는 것은 일의 내용에 관한 것이기에, 그러한 내용을 실현하는 방법도 사람이 살아가는 의미를 구현하는 데 대단히 중요하다고 보았습니다. 그래서 거미의 사는 방식과 개미의 방식, 그리고 꿀벌이 살아가는 방식을 도입하여 내용과 방법을 2차원으로 교차시켜 인간의 일상생활과업 수행을 평가하고자 하였습니다. 이러한 삶의 평가 방식은 삼가분립을 주장하기 위한 구체적인 접근방법으로 선택한 것입니다. 제7장에서 제시된 측정 틀에서 높은 점수를 받았다면 아름답고 성공적인 삶의 여정을, 인생을 살아 온 것이라고 말씀드리고 싶었습니다. 그리고 모든 사람들이 높은 점수를 얻게 되는 일생을 살아가기를 바라는 간절한 마음도 녹아들어 있었습니다.

삼가분립의 관점에서 볼 때 우리의 현실은 너무도 참담하고 카오스적 현상이 세상을 점령하고 있었습니다. 어쩔 수 없이 우리들의 아픈 현재의 사실들을 이야기의 줄거리에 올리지 않을 수 없었습니다. 불가피하게도 구체적으로 이름을 적시한 경우도 있었는데, 그들의 명예를 훼손하고자 한 목적이 아니라 현상을 설명하기 위한 선택이자 인용이었습니다. 우리의 현실을 논의함에 있어서 거시적인 관점에서 전제군주주의 국가체계와 가부장제 사회문화의 개념을 도입하였음은 정말로 유용하고 잘한 일이라고 여겨졌습니다. 특별히 정치와 권력의 문제를 규명함에 있어서 이들 두 개념은 현재를 조명하고 미래를 내다볼 수 있는 아주 적절한 선택이라고 생각합니다. 즉, 보다 거시적인 시각에서 현실적인 문제를 들여다보고 앞으로 나아갈 방향을 예견하는 데 이보다 더 좋은 잣대도 없다는 것입니다. 그러하기에 이 책의 내용을 구성하고 있는 상당한 부분들은 전제군주주의 국가체계와 가부장제 사회문화와 연결되어 있음을 인정합니다. 삼가분립의 시각에서 본다면 정경유착과 절대권력의 문제는 아주 심각합니다. 돈을 많이 가진 이들은 권력을 탐하고 세력을 확장하여 우리 사회를 좌지우지하고 있습니다. 그뿐만이 아니라 사회적으로 명예롭게 살아가야 할 이들도 이미지가 추락하고 명예는 더럽혀지고 있었습니다. 이러한 모든 문제와 대혼란 현상은 전제군주주의 국가체계와 가부장제 사회문화에서 자유민주주의 국가와 민주적 사회질서로 나아가는 시대성에 그 뿌리를 두고 있습니다. 역사의 주류적 진화과정에서 일어나는 필연적인 현상이라 할 수 있습니다. 거시적인 시각에서 본다면 역사의 물줄기는 전제군주주의 국가에서 자유민주주의 국가로 전환되고 있는 것입니다. 우리의 현실에서 비판의 대상이 되고 있는 사람들은 그러한 전환을 인지하지 못하고 있거나 받아들이지 못하고 있는 것으로 보입니다. 이에 전환기적 현상으로서 구세대와 신세대 간의 갈등과 대립은 어쩔 수 없이 나타나게 됩니다. 보다 젊은 세대는 시대적 상황에 걸맞은 가치로 자리매김하고 있다면 구세대 중심의 보수주의는 이제 구시대의 가치를 지키려고 몸부림칠 일이 아니라 보다 진화된 형태로 대응하는 것이 흐르는 역사에 대한 순리일 것입니다. 이러한 현재의 문제들과 어지러움을 보는 미시적인 시각에서는 인간의 지나친 탐욕과 거짓자기의 모습으로 살아가는 개인적 삶을 문제 삼을 수 있습니다. 다수의 사람들은 내면에서 호소하고 있는 참자기에 대한 인식이 원천적으로 차단당하는 사회 시스템과 문화를 가지고 있습니다. 대부분의 사람들은 거짓자기의 모습으로 살아갈 수밖에 없습니다. 그래서 거짓자기에 충실한 삶을 살아가는 사람들은 끝없는 탐욕에 시달리고 세 가지 가치에 대한 혼란스럽고 뒤엉킨 모습을 나타내고 있습니다. 주어진 자유와 민주주의를 마다하고 자유로부터의 도피를 선택함으로써 전제군주주의 국가체계에서 볼 수 있는 순응하는 메커니즘을 작동시키고 있는 것입니다.

아직도 우리 사회는 가야 할 길이 있으며, 그 길은 아주 멀고 험난해 보입니다. 그래도 역사는 지금까지 그래왔듯이 항상 진화하고 바람직한 방향으로 발전할 것입니다. 프랑스 대혁명과 미국의 자유민주주의 체제에서 얻어야 할 교훈은 아주 많습니다. 영국 등의 사회민주주의 선진국에서도 배울 점이 한두 가지가 아닙니다. 아주 특별하게 우리가 가고자 하는 복지사회는 이들 국가의 복지국가 모형을 기반으로 하고 있습니다. 우리가 원하는 미래사회로 나아가려면 세상을 보는 기존의 패러다임을 바꾸고 지나친 경쟁주의를 경계해야 합니다. 그러면서도 우리는 일정한 수준의 목표를 기반으로 하는 미래사회, 즉 복지사회의 실현에 대한 이상을 굳게 다져야 합니다. 복지사회는 대부분의 사람들이 개인적으로는 최대한 행복하고 평화로운 일상을 영위하고 그러한 개개인들의 집합이 이루는 사회를 의미합니다. 그러한 복지사회의 실현을 위해서 오늘의 우리는 몸과 마음을 다하여 노력해도 모자랄 것입니다. 저 초롱초롱한 눈으로 할아버지를 정겹게 쳐다보고 있는 손주의 세대에는 지금의 고통과 어려움으로부터 어느 정도 해방될 수 있도록 말입니다. 이러한 논의는 다소 당위적이고 포괄적이며 형이상학적이라고 비판받기에 충분합니다. 그래서 우리는 삼가분립을 생각합니다. 돈과 권력과 명예의 가치를 삼권분립하듯이 분립하자는 것입니다. 돈을 버는 사람은 오로지 돈 버는 일에만 집중하고 권력을 탐하거나 명예를 넘보지 않았으면 좋겠습니다. 돈 버는 방법도 꿀벌을 닮았으면 좋겠습니다. 권력의 길을 걷는 자는 돈에 대한 탐욕을 거두어들이고 올곧은 권력자로서의 명예를 추구하면서 살아가면 좋겠습니다. 그리고 명예로움의 직업을 가졌다면 절대로 돈이나 권력을 다투지 않았으면 합니다. 명예의 길은 당연히 꿀벌처럼 살아가는 사람으로서의 직업적 특성을 가지고 있습니다. 영국 대주교의 지하무덤 묘비석 문구처럼 나부터 변화하는 노력을 통해서 삼가분립이 확립되기를 희망합니다. 내가 변화하지 않고 내 가족이 바뀌지 않는다면 이상적인 사회를 영원히 이룩할 수 없을 것입니다. 저는 나름대로 명예로운 길을 큰 부끄러움 없이 성실하게 지나왔다고 생각합니다. 꿀벌 같은 삶은 아닐지라도 꿀벌을 모델로 삼아 나름의 일상을 엮어 왔습니다. 이제 모자라는 부분들을 보충하려 합니다. 아들과 제자들, 그리고 손주들은 삼가분립의 가치를 실현하는 삶을 살아갈 수 있도록 간절하게 기도합니다. 아버지로서, 스승으로서, 할아버지로서 전형적인 삼가분립의 모형을 보여주지는 못하였지만 약간의 길은 열어놓고 직접 보여주려 하였다는 생각을 하니 그나마 마음의 위안으로 삼습니다. 지금 시작하여도 늦지 않았습니다. 나 자신으로부터 시작된 삼가분립과 삼가분립운동은 세상을 바꿀 것입니다. 사람만이 희망이기 때문입니다. 사람인 내가 바뀌면 가족이 바뀌고 가족이 바뀌면 이웃이 변할 것입니다. 이웃이 바뀌면 사회가 진화하고 사회가 바뀌면 온 세상이 바뀌게 될 것입니다.

에필로그 각시네 이야기

이제 이 책을 마무리하는 이야기를 하려 합니다. 이 삼가분립 이야기 구성에서 지금까지 다루어 온 스토리는 다소 장황하면서도 지루한 면이 있다는 것을 알고 있습니다. 그러나 그것은 이야기의 논리적 구성을 위한 어쩔 수 없는 일이었습니다. 다소 불필요한 부분이라고 여길 수도 있을지, 그리고 이 글을 읽으시는 분의 개인적 성향에 어긋나는 내용도 있을 것이며 전체적인 맥락과 흐름을 이해하기 어렵다고 느끼는 부분도 있을 것입니다. 하지만 이야기의 정당성을 위해 이론적 토대를 구축하거나 현상을 설명하기 위한 논거로서 다소 난해하거나 생뚱맞다고 여길 만한 부분도 함께 논의하였습니다. 쉽고 일목요연하게 정리하지 못한 점은 글쓴이의 지적 능력의 한계라고 이해해 주시면 고맙겠습니다. 지금까지의 모든 스토리를 마무리 압축하는 차원에서 엮은, 사실기록 중심의 '각시네 이야기'가 여기에 있습니다.

2020년 오늘 대한민국에 김미선이라는 분이 살고 있습니다. 그분과 가족들이 살아가는 방식과 삶의 내용이 알려지면서 EBS1, KBS2, 데일리 굿 뉴스 등 여러 매스컴에서 보도를 하여 입소문을 타게 되었고 이제는 다수의 사람들로부터 관심과 주목을 받게 되었습니다. 이들 매스컴의 보도 내용과 다양한 자료들을 참고로 하여 '각시네 이야기'를 구성하였습니다.

'각시네 이야기'의 중심에는 김미선 원장님이 계시는데 60대 초반의 전라북도 전주시 효자동에서 '각시 미용실'을 운영하시는 사장님이십니다. 처음에는 조그마한 미용실로 출발하였으나 지금은 식당과 헌옷 매장을 미용실 부설로 함께 운영하는 소규모의 기업만큼 성장하였습니다. 김미선 원장님은 결혼 후 수원에서 큰 부자는 아니지만 남부럽지 않는 수준의 넉넉한 생활을 하고 있었습니다. 그러던 어느 날 남편이 하던 사업체가 넘어지면서 빈털터리가 되었으며 가족이 무작정 전주로 내려오게 되었고 당장에 호구지책이 없었던 부부는 식객이 되기도 하였으며 배를 곪는 일이 자주 있었다고 합니다. 부부가 함께 노력하였으나 몸과 마음의 고생은 물론이고 갖은 설움과 고통을 겪게 되었습니다. 그러다가 김 원장님은 미용 일에 손을 대기 시작하였던 것입니다. 그리고 오늘에 이르기까지 수십 년이 흘렀습니다.

현재 김 원장님의 하루 일과는 새벽 5시부터 시작됩니다. 미용실 손님들과 이웃 주민들에게 무료로 제공할 음식의 식재료를 준비하는 것에서부터 고객들에게 서비스할 품목들을 하나하나 체크하고 분류하며 필요한 것은 시장에 가서 구입하는 것입니다. 그리고 그러한 준비 작업에 가족 구성원들도 동참을 합니다. 차량운전을 포함하여 여러 가지 일손을 도와주는 것이지요. 식재료의 준비도 자신의 가족들이 먹는다고 생각하여 품질이 좋은 것으로 정성을 다하여 구입하고 손질을 합니다. 그러한 노력은 미용실을 찾는 손님들이 식사를 하면서 느끼는 반응에서 잘 나타나고 있는 것으로서, 하나 같이 음식이 맛있고 자기 집에서 먹는 식사 못지않게 훌륭하다는 것입니다. 그래서 EBS1 방송국의 '한국기행' 방송 프로그램의 부제목을 보면 '밥 먹으러 미용실 간다'라고 하였을 정도입니다. 그래서 '각시 미용실'은 밥을 무료로 제공하는 미용실로 자리잡은 지 이미 수십 년이 되었습니다. 인근의 지역사회 주민은 물론이거니와 멀리 타 지역에서도 일부러 찾아올 정도로 많은 사람들로부터 각시 미용실과 김 원장님은 사랑을 받고 있습니다. 그래서 미용실은 항상 많은 사람들로 북적이고 있습니다. 더욱이 미용실에서 여성들이 머리를 손질할 경우 도시지역의 타 미용실보다 저렴한 요금을 받는다고 하는데 대략적으로 조사를 해보니 도시지역에 있는 미용실에서 손님들로부터 받는 요금은 3만 원에서 5만 원 정도가 보편적이었습니다. 요금은 다른 곳보다 저렴하며 가정식 식사까지 제공하고 있으니 많은 사람들로부터 인기가 있으며 존중과 신뢰를 받을 수밖에 없을 것입니다. 보도에 의하면 "어떤 사람은 공짜 밥을 먹기 위해서 머리가 빨리 길기만 기다리는 손님도 있다고 할 정도"라는 것입니다. 김 원장님께서 하신 "나보다 사람이 더 좋아요"라는 말 속에 나타나 있듯이 돈보다 사람을 더 사랑하고 사람을 섬길 줄 아는 분이십니다. 그래서 자신의 미용실을 찾는 손님들은 단순한 고객이 아니라 인간적으로 교류하고 사랑을 나누며, 그러기 위해서 온 가족이 힘을 모으고 정성과 최선을 다해 고객과 지역사회 주민들에게 서비스를 실천하고 있는 것입니다. 미용실을 찾는 고객들에 한해서 식사를 무료 제공하는 것을 넘어서, 자신의 가족들이 어려웠던 시절을 생각하면서 지역사회 내에서 경제적 어려움이 있는 이웃 주민들에게도 맛있는 식사를 대접하고 있다는 것입니다.

이러한 나눔과 봉사의 생활을 30년 이상 해오다 보니 얼마 전부터 미용실 옆 공간에 이웃사람들이 입던 옷, 아직 깨끗하고 새 것 같은 옷들을 전시하고 손님과 지역사회에 판매하는 일이 자연스럽게 시작되었습니다. 개당 천 원에서 5천 원 사이의 저렴한 가격으로 판매하는데 전시된 옷가지는 고객들이 무료로 가져다주는 것이 대부분이라고 합니다. 이 매장에는 책이나 가방 등 재활용이 가능한 물품들도 들어오고 있으며 멀리 타 지역에서도 기부물품이 들어온다고 합니다. 옷을 사가는 손님들은 돈을 사랑의 열매 로고가 그려진 상자에 넣으면 되고 그렇게 모인 돈을 김 원장님은 전액 사랑의 열매에 기증한다고 합니다. 거기에 김 원장이 개인적으로 번 돈을 더 보탠다고 하니 나눔과 봉사의 정신이 얼마나 진하게 묻어나고 있는지 느낄 수 있습니다. "새것과 다름없는 옷을 받아서 팔고, 이 돈으로 이웃을 도울 수 있다는 게 큰 기쁨이자 보람"(데일리 굿 뉴스, 2021. 9. 16. 김신규 기자)이라고 말하는 김 원장님. 우리의 이목이 집중되지 않을 수 없습니다.

김미선 원장님의 꿀벌 행보는 여기에서 그치지 않습니다. 지역사회에서 경제적으로 어려운 이웃들과 소외된 사람들을 집으로 초대하여 무료로 중식을 제공하고 사랑을 베푸는 일도 보편화되었다고 합니다. 뿐만 아니라 자신의 미용기술을 지역사회에 재능기부를 통해 나누고 있습니다. 사회복지관에 가서 이미용 자원봉사활동을 하는가 하면 다소 경제력이 떨어진 지역주민들을 위해서 이미용 무료 봉사활동을 하고 계십니다. 정기적으로 말입니다. "그러다 보니 도움을 받는 장애인들 가운데는 김 원장을 '엄마'라고 부르며 따른다. 한 손이 불구인 어떤 장애인은 주변 아파트를 돌며 헌 옷가지들을 주어 와서 김 원장에게 전해주기도 했다. 이런 정성에 너무 감사하고 감격했다고 김 원장은 전했다."(데일리 굿 뉴스, 김신규 기자) 이와 같이 하시는 일의 내용과 활동량을 따진다면 김 원장님은 몸이 열이라도 모자랄 지경이며 하루해가 너무 짧다고 할 것입니다.

김 원장님의 남편은 대한적십자 봉사단체 전주지역 주민자치위원장으로 활동하고 있으면서 김 원장님을 아주 적극적으로 돕고 있다고 합니다. 자녀들은 처음에 부모님들의 봉사활동을 만류하였는데 이제는 자녀들도 부모님을 이해하고 든든한 후원자가 되었다고 합니다. 결국 김 원장님의 꿀벌행보는 온 가족을 꿀벌가족으로 바꾸어 놓은 형국이 되었습니다. "배가 고파 미용실 앞을 서성이던 손님, 신체 일부분이 없어 움직이지도 못하던 장애인 손님, 모두 어떻게 끼니를 해결하고 있을지 걱정"(데일리 굿 뉴스, 김신규 기자), "건강이 허락하는 한 지금의 봉사활동을 계속 할 것"이라고 김 원장님은 말씀하고 계십니다. 다른 보도자료에 의하면 김 원장님은 건강이 허락한다면 100세까지도 지금의 활동, 봉사와 나눔의 삶을 이어가고 싶다는 포부를 밝혔다고 합니다. 마음가짐이 정의롭고 정신이 건강하니 아마도 그러한 바람은 이루어 질 것으로 사료됩니다. 또한 그렇게 되기를 마음모아 기도합니다.

김미선 원장님과 그분의 가족들이 살아가는 이야기는 우리의 일상에서 잔잔한 감동과 희열을 느끼게 해줍니다. 그것은 다른 사람과 이웃을 무자비한 경쟁자로 인식하는 것이 아니라 존중하고 함께 살아가자며 손을 내밀고 있기 때문입니다. 나와 내 가족의 존재가 소중하고 귀하기에 이웃에도 사람이 살고 있다는 것을 인지하고 이웃 분들의 존재와 본질도 자신의 가족으로 경험하면서 살아가고 있기 때문입니다. 많은 사람들이 그렇게 살아가기를 희망하지만 쉽게 다가가고 실행할 수 있는 일이 아니기 때문일 것입니다. 주인공과 가족 구성원들은 참된 인간의 모습으로 가치지향적인 삶을 살고 있습니다. 강요된 자기결정이나 어쩔 수 없는 선택이 아니라, 자유로운 의지와 영혼, 참자기의 부름에 적극적으로 응답하신 분들입니다. 인간의 보편적인 욕망, 특별히 탐욕으로부터 어느 정도 자유로운 분들입니다. 욕망의 대지 위에서 많은 사람들과 함께 살아가면서도 타오르는 욕망의 불꽃을 끄고 욕망이라는 이름의 전차에서 내렸습니다. 그리고 내면의 목소리에 귀를 열고 울부짖고 있는 진짜 자기의 모습을 보았습니다. 허상과 세속적인 부귀영화를 쫓기보다는 자아실현의 울림을 들었으며 거울 속에 비친 거짓 자기를 직시하신 분들입니다. 추락하고 더럽혀진 명예의 길이 아니라 이웃과 사회로부터 존경과 신뢰를 받음으로서 명예롭게 되는 길을 선택하신 것입니다. 복지사회의 초석을 놓고 계십니다. 이분들의 삶의 내용과 궤적은 우리 사회에서 '나비효과'로 나타날 것이며 그렇게 되기를 희망합니다. 현실적으로 이분들은 우리 사회에서 아주 보편적인 삶을 살아가시는, 주어진 일을 천직으로 생각하면서 최선을 다해서 아주 진지하게 자신의 삶을 살아가고 계시는 보통 사람이십니다. 그래서 가족이 생활하는 데 필요한 재화와 돈을 벌어들입니다. 부자는 아니지만 가족생활에 필요한 재화의 부족함이나 경제적 어려움은 없습니다. 마음만 먹으면 더 많은 돈과 재물을 모을 수 있지만 그 길을 가지 않고 이웃과 재화를 나누면서 함께 살아가는 길을 선택하셨습니다. 직업으로 선택한 일 자체가 높은 권력의 자리에 오르는 것도 아닙니다. 많은 돈을 벌기 위한 기업 활동이나 사업가의 길을 걷는 것도 아닙니다. 다른 사람들에 대한 이용과 미용 일을 통해서 돈을 벌면서, 사람과 사회를 아름답게 하는 사회서비스의 길을, 즉 명예로운 길을 택하였던 것입니다. 이미 논의한 바와 같이 우리 사회는 돈과 권력, 그리고 명예로움 중에서 어떤 가치를 선택하였는지 불문하고 거의 대부분의 사람들은 돈을 모으고 재력을 과시하는 일에 집중하고 있습니다. 그리고 그 병폐는 아주 심각한 수준에 이르렀습니다. 이제 나아가 과학과 기술의 발달로 제4차 산업혁명이 일어나고 있으니 인간의 삶과 일상도 더욱 크게 변모할 것입니다. 다수의 사람들은 과학과 기술에 종속되어 인간 로봇이 될 수도 있으며, 그리고 인간소외와 비인간화 현상은 심화되어 갈 것입니다. 지금의 큰 흐름이 지속되어 간다면 복지사회를 향한 진화는 고사하고 사람들의 삶의 질은 더욱 떨어지고 영혼은 피폐해질 것입니다. 인간은 물질과 과학에의 예속은 가속화할 것이고 새로운 형태의 노예로 전락할 것입니다. 더욱 심각한 문제는 눈앞에 놓인 그러한 바람직하지 못한 상황의 전개를 절대 다수의 사람들이 인지하지 못하고 있다는 것입니다. 우리 사회에서 종교도 그 해결의 답을 내놓지 못하고 있으며 일부 종교는 오히려 노예로서의 인간 삶을 촉진하는 일면을 드러내 보이고 있습니다. 이에 삼가분립과 그 운동은 하나의 대안으로 자리잡아 가기를 갈망합니다. 김 원장님처럼 모든 사람들이 자신이 하는 일의 내용에 휴머니즘의 가치를 담아 결정하고 그 실행방법은 꿀벌을 닮은 모습으로 살아갔으면 좋겠습니다. 그런 분들이 다수가 되면 나라는 건강하고 사회는 얼마나 아름다울까요. 아니면 최소한 권력자는 돈과 명예를 넘보지 않으며 권력자의 길을 충실하게 갔으면 좋겠습니다. 돈을 버는 부자들은 권력을 탐하거나 명예를 돈으로 사지 않았으면 합니다. 부자답게 자신이 일군 재력을 사회에 환원하면서 살았으면 좋겠습니다.

명예로운 길을 가시는 분들은 명예로움을 지키는 길을 벗어나지 않았으면 좋겠습니다. 그런 사람들이 모이면, 다수가 되면, 그것이 선각자들이 그리던 이상사회이고 이 책에서 이야기하는 복지사회에 근접하는 것입니다. 각시네 가족은 그래서 지금의 우리 사회에서 가장 소중한 사람들입니다. 진정한 의미에서 브이아이피입니다. 사회적으로 존중과 신뢰를 받아야 합니다. 이웃을 통해서, 지역사회를 통해서, 지역사회를 넘어서 '각시네 가족'이 자꾸 자꾸 늘어나야 합니다. 그분들이 보내는 사랑과 나눔의 메시지가 경직되고 얼어붙은 이 시대 사람들의 심장을 녹이고 달구어야 합니다. 그래서 삼가분립 이야기는 지금 우리들의 이야기를 바탕으로, 더디기는 하지만 우리들이 나아가야 할 내일의 이야기입니다. 많은 사람들은 시장이나 마트에서 필요한 물건이나 식재료를 사면서 보다 싸게 사는 패러다임, 가급적이면 가격을 깎아서 헐하게 구입하면 만족스러워 하고 즐거워합니다. 재물을 많이 가진 부자들은 물론이고 대부분의 보통 사람들도 그러한 생각을 합니다. 절약과 저축을 통해 부를 축적하는 것을 최고의 가치로 여기도록 가르칩니다. 돈이 들어오는 문은 열어놓고 나가는 문은 닿아 놓았습니다. 이제 우리는 수박을 하나 살 때 비싸다고 느껴지더라도 천원을 더 얹어서 주는 것은 어떨까요. 많은 사람들이 그러한 마음으로 오래 동안 실행한다면 천 원은 어떠한 효과와 위력을 발휘할까요. 이는 천 원을 더 지불할 능력의 문제가 아니라 마음가짐, 즉 삶의 패러다임의 문제이기 때문입니다.

우리 사회는 지난 2019년, 2020년의 2년 동안 코로나19 사태로 큰 혼란과 경제적 어려움에 직면하였습니다. 생계의 위협을 경험하시는 분들이 한두 분이 아니었습니다. 위드 코로나 상황으로 접어들면서 몇

명의 지인들이 소규모 만남의 자리를 가졌습니다. 오랜만에 식사와 술을 한 잔 하면서 즐거운 시간을 보냈습니다. 유독 한 사람이 술을 마시지 않고 사이다를 마시고 있었습니다. 그분은 원래부터 술을 잘 하시는 분이시라 하나같이 술을 권하였고 자기도 마시고 싶지만 차 때문에 술을 마시지 못한다고 하였습니다. 차를 몰고 집에 가야 한다는 것이었습니다. 그래서 제가 나섰습니다. "김 선생, 한 잔 하고 대리운전을 하지." '……' 아무 대답이 없다가 그분은 대리운전을 하기보다는 그냥 차를 몰고 가겠다는 것이었습니다. 다시 타이르듯 말을 건넸습니다. "김 선생, 대리 운전비는 시내에서 웬만하면 2만 원 이내의 요금일 텐데, 마음 편히 술 마시고 대리운전을 부르지요", "요즈음 대리운전 하시는 분들 손님이 없어서 돈벌이가 되지 않아 울상이라는데, 그분들도 좀 먹고 살아야죠", "대리운전비가 2만 원 나오면 김 선생님 경제능력이라면 1만 원 정도 팁도 좀 주시고, 그러시지요. 그러면 그 대리운전기사는 얼마나 기쁘고 즐거울까요. 그리고 김 선생님께 감사해할까요." 잠시 생각하더니 "예, 선배님 한 잔하고 대리운전 시키겠습니다." 많은 분들은 돈이 들어오는 길은 크게 닦아 놓고 나가는 문은 잠그거나 좁게 만듭니다. 그것이 일상화되어 있는 것입니다. 그런 분들을 나무랄 수는 없지만 지금의 사회적 상황에서 바람직한 행동이라고 말할 수도 없습니다. 다만 그러한 마음가짐에서 벗어나, 돈을 쓰면 아까운 것이 아니라 이웃을 위해 3만 원을 나눈다고 생각하면 세상을 보는 눈이 확 달라지게 될 것입니다. 마음은 더욱 평화로워질 것입니다. 김미선 원장님처럼 이웃과 더불어 살아가는 것이, 그리고 나눔과 보살핌에서 오는 기쁨이 보다 선한 삶이기 때문입니다. 사회를 보다 아름답게 만들 수 있기 때문입니다. 삼가분립 이야기, 지금은 별로 주목받지 못하고 많은 사람들로부터 외면당하고 있지만 손주들의 눈망울을 넘어서 그 자손들이 우리들의 이야기에 공감하고 동참해 주기를 간절히 염원합니다. 그리하여 손주들 이후의 세대에서는 사람들이 사람답게 살아갈 수 있는 복지사회의 도래를 꿈꾸며 긴 이야기를 마무리합니다.

김 수 환

글쓴이는 경북 의성의 산촌에서 농부의 아들로 태어나서 비안중학교 졸업 후 대구고등학교를 거쳐, 대구대학교 사회복지학과에서 학부와 대학원을 수료하고 철학박사 학위를 취득하였습니다. 한사실업전문대학 전임강사를 시작으로 경성대학교 사회복지학과 교수로, 교직에 약 40년간 재직하였습니다. 경성대학교 총장의 직위에 잠시 머물렀다 2017년 8월 말에 정년퇴임하였으며 명예교수로 남아 있습니다. 전공은 사회복지실천과 가족복지실천으로서 몇 권의 저서와 다수의 논문을 발표하였습니다. 전공과 관련하여 미국에서 연수와 훈련을 받았으며 퇴임 후 몇 년간 부산에서 가족문제치료상담 연구실을 개소하여 가족문제를 가진 분들을 위하여 연구와 치료상담 자원봉사활동을 실행한 것을 비롯하여 35년간에 걸쳐서 공사의 사회복지관련기관에서 사회봉사활동과 전문직자원봉사활동을 실천하였습니다. 가톨릭교회 신자입니다.

(da4541@daum.net)

(개정판)

삼가분립(三價分立) 이야기

돈과 권력 그리고 명예

| 저자 | 김수환

| 1판 1쇄 | 발행 2019년 5월 15일
| 개정판 1쇄 | 발행 2022년 4월 20일

| 발행인 | 김동훈
| 발행처 | **공동체**

| 주소 | 경기도 고양시 일산동구 호수로 358-39 동문타워 I 905호(백석동)
| 전화 | 031)814-3000(대표)
| 팩스 | 031)814-3100
| 홈페이지 | www.compub.co.kr
| 전자우편 | compub@naver.com
| 출판등록 | 2005년 10월 6일
| 등록번호 | 제396-2005-36호

| ISBN | 979-11-6725-166-4
정가 20,000원